轨道交通工程施工技术与管理

中电建铁路建设投资集团有限公司　著

中国建筑工业出版社

图书在版编目（CIP）数据

轨道交通工程施工技术与管理／中电建铁路建设投
资集团有限公司著. — 北京：中国建筑工业出版社，
2023.7（2024.3重印）
ISBN 978-7-112-28890-8

Ⅰ. ①轨… Ⅱ. ①中… Ⅲ. ①城市铁路－轨道交通－
工程施工－文集 Ⅳ. ①U239.5-53

中国国家版本馆 CIP 数据核字(2023)第 121569 号

本书收录了中电建铁路建设投资集团有限公司建设者近期撰写并予以遴选的
50 篇专业文章，涉及轨道交通工程创新管理及车站工程、区间工程、轨道工程、
机电安装工程、地下管廊工程等诸多方面，内容丰富，实用性强，具有很强的指导
性和创新性。

本书中未特别标注的，单位为 mm。

责任编辑：徐仲莉　张　磊
责任校对：芦欣甜
校对整理：张惠雯

轨道交通工程施工技术与管理
中电建铁路建设投资集团有限公司　著

*

中国建筑工业出版社出版、发行（北京海淀三里河路 9 号）
各地新华书店、建筑书店经销
北京红光制版公司制版
建工社（河北）印刷有限公司印刷

*

开本：850 毫米×1168 毫米　1/16　印张：21　字数：598 千字
2023 年 7 月第一版　　2024 年 3 月第二次印刷
定价：99.00 元
ISBN 978-7-112-28890-8
（41266）

序

 非常高兴为中电建铁路建设投资集团有限公司编著的《轨道交通工程施工技术与管理》作序。作为中国电建的特邀专家，我为中国电建进入城市轨道交通工程建设领域十余年来所取得的成就感到欣慰。

 栉风沐雨十二载，中国电建先后承建国内 20 余座城市的轨道交通工程建设，大力实施创新驱动发展战略，吸收水电行业先进技术，移植整合，跨界创新，攻坚克难，通过工程实践，形成了具有电建特色的地下工程防水、盾构智能掘进、控制爆破、装配式建筑和地铁大型场站清水混凝土施工等先进技术；积极践行绿色低碳发展理念，开发应用"四新"技术，减少污染、降低能耗、保护生态环境；贯彻"网络强国、数字中国"战略，凝练了"数字建造""智慧地铁"电建方案。提升了中国电建在轨道交通领域的核心竞争力和品牌影响力。

 该公司广大一线技术工作者以丰富的工程实践和勇于创新的科学精神，围绕"五位一体"工程目标，聚焦解决工程技术难题，不断探索、系统总结，形成了一系列的科研成果和核心技术，编著了《轨道交通工程施工技术与管理》。本书涵盖了轨道交通车站工程、区间工程、绿色智能建造、综合施工技术和创新管理等诸多方面，内容丰富，实用性强。这些文章都是围绕该公司承建的轨道交通工程而撰写，具有相当强的指导性和创新性，反映了中国电建在轨道交通工程施工领域的整体技术与学术水平。是该公司拼搏进取、追求卓越的缩影，可为广大建设者提供有益的参考和借鉴。

 我相信，中电建铁路建设投资集团有限公司一定能够百尺竿头更进一步，紧跟行业发展趋势，瞄准现代前沿技术，与时俱进，自我革命，系统创新，砥砺前行，以高质量科技创新赋能企业高质量发展，为推动行业技术进步、加快建设交通强国、科技强国做出更大的贡献！

中国工程院院士：陈湘生

2023 年 7 月

前　　言

中电建铁路建设投资集团有限公司（以下简称"电建铁路公司"）是引领中国电建轨道交通及市政业务发展的平台企业，紧紧围绕"成为最具竞争力的建设投资集团"的企业愿景，秉持"创新·发展"核心价值观和"明德善建、品质至上"的企业精神，自 2012 年以来，先后在深圳、成都、武汉、福州、南京、重庆、雄安、青岛等近 20 个城市、新区参与了多条地铁建设，总里程近 900km，业已成为国内城市轨道交通投资建设的主力军。

公司深入贯彻习近平新时代中国特色社会主义思想，进一步提高创新意识，增强创新发展的责任感和紧迫感，把科技创新摆在企业改革发展全局的核心位置，落实创新驱动发展战略，不断提高公司科技创新能力和水平。自进军轨道交通工程建设领域以来，在京沪高铁建造技术创新总结的基础上，加快科技自立自强，结合工程实际，发动公司广大一线技术人员开展技术研究。在多种复杂环境、不良地质条件下，开展深大基坑开挖支护、立体地下空间施作、盾构智能掘进等关键技术研究；在践行绿色建造、"双碳"目标要求下，开展渣土资源化利用、清水混凝土、装配式地铁车站等关键技术研究；在建设"网络强国、数字中国"的时代背景下，开展智能化、数字化轨道交通工程建造技术研究，有力塑造了公司"安全文明、科技创新、绿色环保、数字智能"的品牌形象和声誉。

《轨道交通工程施工技术与管理》的编著和出版旨在总结公司在轨道交通工程中实践经验的近期成果。笔者以亲身经历的工程实例为依据，反映了轨道交通工程在创新管理及车站工程、区间工程、绿色智能建造、综合施工五个方面存在的问题和解决处理方法，具有较高的实用性和参考价值，充分体现了广大施工技术和管理人员追求完美、传承创新、勇攀科学高峰的精神风貌，也是公司在轨道交通工程施工技术与管理方面的一次全方位展示。本书编著过程中得到广大干部职工的热烈响应，各技术人员、科技人员、管理人员踊跃投稿，经多次遴选后，精选了 50 篇入册，作为电建铁路公司城市轨道交通建设的历史文献出版发行，供下一步施工参考。

在城市轨道交通建设及关键技术的研究过程中，始终得到电建铁路公司董事长厉建平、总经理张海库等领导的关心和支持，本书成稿过程中得到了中国电力建设股份有限公司首席技术专家宗敦峰、和孙文及西南交通大学仇文革教授、兰州交通大学霍曼琳教授、北京交通大学沈宇鹏教授的指导和帮助，在此一并表示感谢。

编者

2023 年 7 月

目　录

轨道交通绿色智能建造

轨道交通综合施工

特邀专稿

新时代打造企业品牌影响力核心问题的思考

厉建平

（中电建铁路建设投资集团有限公司，北京 100070）

摘　要：品牌影响力是企业综合发展成果的直观体现。通过对中电建铁路建设投资集团有限公司发展模式及发展成果的剖析，系统性总结提炼新时代背景下公司在轨道交通投资建设领域实现从无到有、由弱变强的几项核心要素，结合当前时代形势、轨道交通行业发展形势及中央企业发展使命，进一步提出企业在未来发展中不断提升品牌影响力、实现高质量发展的核心思路和工作重点，为新时代打造企业品牌影响力提供借鉴。

关键词：轨道交通；企业发展；品牌影响力

1　引言

从党的十八大开始，中国特色社会主义进入新时代。十年间，国家全面深化改革，社会主义市场经济更加成熟定型，市场化配置要素的体制机制持续完善，为各项事业发展创造了良好氛围，中电建铁路建设投资集团有限公司（以下简称中国电建）城市轨道交通事业的发展便源于此。在这个伟大的机遇面前，中国电建勇敢迎接挑战，从零开始，勇毅前行，积极开展城市轨道交通工程的投标工作，十余年来接连中标多项城市轨道交通工程，凭借着敏锐的市场洞察力和深厚的技术实力，中国电建逐渐在城市轨道交通领域崭露头角，赢得了市场的认可和赞誉。星星之火终成燎原之势，在中国的城市轨道交通领域，中国电建品牌越来越深地走进人们的视野。

2　新时代的历史使命

党的二十大报告指出："建设现代化产业体系，坚持把发展经济的着力点放在实体经济上，推进新型工业化，加快建设制造强国、质量强国、交通强国、网络强国、数字中国"。发展实体经济，建设交通强国，是构建新发展格局的重要支撑和服务人民美好生活的坚实保障。国家在新的发展阶段，通过顶层设计引领交通强国建设，擘画了新的发展蓝图，轨道交通行业发展空间广阔。

按照《中华人民共和国国民经济和社会发展第十四个五年规划和 2035 年远景目标纲要》，国家将有序推进城市轨道交通发展，提高交通通达深度，推动区域性铁路建设，推进城市群都市圈交通一体化，加快城际铁路、市域（郊）铁路建设，京津冀、长三角、粤港澳大湾区的轨道交通网将基本建成。随后在"十四五"现代综合交通运输体系发展规划中进一步明确，"十四五"期间，全国城市轨道交通投资额预计达到 1.8 万亿元，全国城市轨道交通运营里程将由 6600km 提升至 10000km，相较于 2020 年底运营里程增长 52%，城轨建设规划获批城市数量将同步增加。

新的形势不仅体现在规模上的增长，更重要的是新阶段将呈现出新的发展特征。一是轨道交通行业重点的变化。国家发展改革委在《2022 年新型城镇化和城乡融合发展重点任务》（发改规划〔2022〕371 号）中明确提到"以轨道交通为重点健全都市圈交通基础设施"，城际铁路和城市轨道交通因其具有运载量大、运行速度快、绿色环保的优势，将成为都市圈交通的重要发力点。从中长期角度来看，城镇化建设所形成的城市群和都市圈将进一步形成轨道交通需求，并将给行业带来重大变化：首先，按照区域一体化发展趋势，城市间互联互通、市内轨道交通与城际铁路间的互联互通是首要任务，城市界限将日渐模糊，项目投资主体也将由单独的城市变为区域城市群，这是主体的变化；其次，当前国内在建、已批复待建的城轨路线主要集中在中大城市内部，未来都市圈将接力城市内的建设，成为轨道交通重要的新建市场，为满足城市间的连接，除地铁外，其他制式的轨道交通发展也必将提速，市域快轨等制式轨道交通占比将大幅提升，这是内容的变化。二是投融资体制机制的创新。在行业发展早期，轨道交通项目投融资大多以政府为单一主体，包括政府全额出资模式和政府主导下的负债融资。随着建筑业投资体制的深入变革，投资主体和投融资方式更加多元，政策性金融工具、政府专项债、基础设施领域不动产投资信托基金（REITs）等方式逐步成为政府进行项目资金筹集的手段。伴随PPP（Public Private Partnership，政府和社会资本合作模式）类项目逐年减少，各地越来越多的以开发性金融、政策性金融，以及通过设立专项基金、股权投资＋施工总承包等模式引导社会资本参与项目投资建设。由此推断，未来大规模的市场竞争更是如何灵活运用、创新项目实施模式的竞争。

3 企业发展模式及现状

"十二五"之初，中国电建铁路公司从城市轨道交通单一的新兴业务类别起步，历经十余年，始终坚守"自强不息、勇于超越"的企业精神和"精工良建、品臻致远"的建设理念，成功由入局者成为强有力的竞争者，多项业绩指标高于行业平均水平，在专业领域蓬勃发展的同时，逐步汇融到中国电建"水、能、砂、城、数"的主业格局中，成为中国电建基础设施板块的重要构成。

3.1 坚持政治保障、党建引领

中国电建铁路公司始终坚持以习近平新时代中国特色社会主义思想为指导，紧紧围绕新时代党的建设总要求，推动全面从严治党各项举措落地见效，推进党建与业务深度融合，党组织把方向、管大局、促落实作用得到切实发挥，为业务发展指明方向、营造氛围，以高质量党建引领保障业务高质量发展，这是中国电建城市轨道交通业务蓬勃发展的不二法门和重要遵循。

3.2 坚持战略导向、市场为王

市场是企业存续的基础和保障，中国电建城市轨道交通从深圳起步，依托中国电建集团优势，已先后进入近20个城市的轨道交通市场，品牌影响力不断扩大，市场竞争力不断增强。一是坚持以市场为导向。强化市场布局，建立了覆盖全国大部分地区和重点城市的营销体系；强化重大项目营销策划，集中资源、突出重点；强化在建项目管理，以良好的履约实现既有市场的持续发展、区域规模的持续扩张。二是坚持整合联动资源。联动中国电建集团内部各相关成员企业，发挥各自专业和属地资源等多方面优势，并联合外部企业，实现优势互补，推动城市轨道交通市场开发能力的持续提升。三是坚持创新商业模式。紧紧跟随市场变化，不断创新商业模式，采用BT、PPP、BOT、股权投资＋施工总承包、基金认购＋施工总承包等多种模式推动市场开发，并积极开展TOT＋施工总承包、资源捆绑＋施工总承包模式的研究和实践，适应市场形势。四是积极延伸产业链条，发展相关多元的产业链一体化业务，推进地下商业空间开发、装配式产业基地等上下游关联产业的纵深突破，加强与市场的紧密联动关系，拓宽盈利空间，系统提高综合竞争力和高质量发展能力。

3.3 坚持精细管理、优质履约

中国电建轨道交通坚守初心，始终抱着敬畏的心态，将项目履约作为展现集团实力、塑造行业品牌形象的窗口，坚持精工良建，打造品质工程。在规模影响力不足以支撑品牌打造的情况下，更加注重聚焦高品质履约，努力将自身优势放到最大，经过十余年的深耕，探索形成了较为成熟的具有中国电建特色的地铁施工管理模式，实现了建设一个项目、扎根拓展一片市场的目标，在行业内赢得了一席之地，品牌地位不断提升。一是坚持目标引领，构建标准体系，通过多个项目的成功管理实践，确立了"安全文明，优质按期，绿色环保，科技创新，投资可控，业主满意"的项目建设管理目标，形成了一套成熟、可复制的项目建设管理模式，构建了项目全过程管理的"四个标准化"（管理制度、人员配备、现场管理、过程控制）履约运行体系，建立了以业主考核评比为核心的履约评价标准和激励约束机制。二是强化全过程管控，突出安全、质量、工期、效益、科技、环保"六位一体"管控重点，抓实里程碑工期节点和关键工序，确保项目高标准起步、高起点开工、高质量施工、高品质交付。三是加强资源投入及自身能力建设，历经十余年发展，构建了自有为主、外租为辅的盾构施工模式，施工能力逐年提升；经过多年的项目探索和实践，已逐步形成具有中国电建特色的盾构掘进综合技术，多个项目盾构进度指标屡创新高。与此同时，中国电建在城市轨道交通领域的全产业链能力也在同步提升，涉及机电安装、系统设备等多点组合的产业链条在十余年间不断完善。四是聚焦创新发展优势，以科技创新、品质创优统领项目建设全过程，打造了一批国家级优质工程；以数字化智慧化建设赋能现场管理，积极把中国电建成熟水电技术和先进数字化创新优势应用到城市轨道交通项目建设中，形成了车站防渗漏、机电安装、场段工程、数字化建造等多项业内领先的技术优势，初步实现了城市轨道交通行业的数字化加工、装配式安装、智慧化运营，"亮剑"中国电建品牌"硬核实力"。

3.4 坚持内培外引、孵育人才

始终坚持"内部培养和外部引进双轮驱动"，孵育一支具有中国电建特色的城市轨道交通专业人才队伍。一是依托在建的重大工程，内部通过现场技术指导、专业培训、劳动竞赛、现场观摩、交流锻炼等方式，促进水电人才向城市轨道交通人才转型。二是着力补短板、强弱项，先后出台一系列制度办法，引导系统内相关企业不断加强员工执业资格建设，通过组织考前轮训、出台激励政策等多措并举推动专业建造师数量大幅增长，在满足市场需求的同时，也培养建立了一支数量充足的项目经理人才队伍。三是优化人才引进策略，一方面对专业性、紧缺性的成熟高端人才重点采用社会招聘方式从外部的行业领军企业引进，从业人员不断充实；另一方面着力开拓轨道交通专业优势院校引入渠道，为轨道交通业务发展储备新生力量。

3.5 坚持科技引领、技术创新

一是依托在建项目开展了"复杂环境及地质条件下地铁修建关键技术研究""轨道交通工程BIM全生命周期集成管理系统研发及应用"等重大专项科技攻关，突破了瓦斯盾构、双模盾构、特殊气候环境下地铁施工等技术难题。尤其是在轨道交通数字建造系统应用、BIM＋GIS技术应用、地下工程防水技术、地铁盾构综合施工、光面爆破等方面形成了技术优势，在工程数字化、工程智慧化领域处于领先地位，打造了全国城市轨道交通领域数字地铁、智慧轨交的应用典范。二是为顺应建筑行业绿色发展需要，完成了暗挖地铁车站、装配式车站、顶管车站、渣土规模化资源利用等行业前沿技术的科技立项，构建了企业数字、绿色品牌体系，推进了行业绿色低碳发展。三是组建了"中国电建集团智慧轨道交通工程技术研究中心"，与地方政府合建智慧轨道交通工程技术研究中心，吸收融合水电行业先进技术，广泛开展科技攻关，取得了一批具备国际先进水平的核心知识产权，建设了一批有代表性、示范性的工程，以科技实力进一步提高了中国电建的行业话语权、知名度和影响力。

4 发展思路与展望

作为现代国有企业市场主体，就企业发展自身而言，新时代、新使命、新担当，就是要按照国务院国资委"一利五率"实现"一增一稳四提升"的总体要求，不断加强技术和服务创新，不断提高产品和服务品质，不断提升市场和盈利能力，不断增强行业竞争力和品牌影响力。

中国电建城市轨道交通将始终坚持集团建世界一流企业的发展愿景和服务国家战略的历史使命，坚持"自强不息，勇于超越"的企业精神，坚持"诚实守诺，变革创新，科技领先，合作共赢"的经营理念，牢牢抓住"市场"和"现场"两条线，一方面主动融入新发展格局，紧紧围绕国家、区域重点中心城市，围绕区域一体化城市群建设，加强战略营销，完善市场布局，形成产业规模；另一方面坚持以新发展理念为引领，以高质量发展为中心，全面加强管理创新和科技创新，加强生产管理，提升履约水平，以现场保市场；形成市场和现场"两场互动"、管理创新和科技创新"两轮驱动"的发展格局，不断推进中国电建城市轨道交通发展高质量、上规模。为此，要着重关注以下几个方面。

4.1 聚焦重点区域，参与重大工程，提高市场标识度

城市轨道交通的重大项目资源配置要求高，要坚持集团化作战、一体化发展的思路，集聚和整合各单位资源，充分发挥在城市轨道交通领域长期积累的相对优势，积极服务国家战略，全面参与国家综合立体交通网建设，聚焦重大战略区域，重点布局京津冀、雄安新区、粤港澳大湾区、长三角一体化、成渝双城经济圈、中原城市群等国家战略区域的核心城市及其辐射的都市圈（图1），不断加强高端对接，加速完善专业市场营销网络，建立和完善公共关系网络，利用好重大工程、重点区域的政策优势，积极扩大市场份额，提高中国电建城市轨道交通的品牌影响力和市场标识度。

图1　成都轨道交通18号线"电建号"主题列车

4.2 把握行业发展，创新商业模式，提升价值创造力

深入研究行业和区域发展的政策和规划，牢牢把握行业市场态势，积极抢抓优质竞争类订单。面对复杂多变的市场环境和多样化的客户需求，强化对商业模式的创新和甄别，完善权责分配合理、风险收益对等的运营管控机制及退出机制，在风险可控的前提下，提升业务发展与产业资本和金融资本的融合，积极通过合伙企业合作＋EPC、股权投资＋EPC、ABO等诸多模式创新发展，不断加强产业链协同，拓展高附加值、高成长空间的关联业务领域，加速转型升级，提升价值创造能力。

4.3 加强能力建设，强化内部管理，创新发展驱动力

质量就是效益，现场就是市场。要深刻认识到现场履约管理对企业生存发展的重要意义，市场和口碑，得之不易、失之不难，做坏一个项目就会丢掉一片市场，这是现阶段行业发展面临的重要课题，对此，我们唯有坚持以结果为导向、持续深化改革、强化内部管理、激发内在动力，

通过健全和完善相关工作机制来不断推进和提升自身发展能力和履约管理水平。

4.4 深化融合发展，加强合作共赢，提升协同发展力

持续锻造核心能力，融入时局，融入大势，不断整合优势资源，实现强强联合。积极加强与同行业优势企业的对接合作，加强技术创新，加速提升行业领域的技术和资源集成能力；深化与金融机构的战略合作，创新融资模式，加大直接融资比例，加速提升吸收、整合社会资本的能力，不断扩大朋友圈，构建低成本的综合竞争力。

4.5 加强数字建设，深化科研创新，提升科技引领力

顺应绿色发展要求，紧跟技术变革趋势，持续加大科技投入，加速推进数字化、信息化技术的集成、研发和应用，大力推进核心技术攻关及研究应用，推进工程设计建造与绿色节能、智慧、数字等因素有机融合，全面提升项目的科技含量（图2），进一步提高科研成果转化，使新技术、新工艺得以转化为支撑战略新兴市场开拓、扩大既有市场份额、降低工程履约管理成本、提高企业利润和核心竞争力的有效手段，切实以科技引领品牌不断做大做强。

图2　深圳市轨道交通网络运营控制中心NOCC2号调度大厅

5 结论

在新时代背景下，中国电建铁路公司明确坚持集团建世界一流企业的发展愿景和服务国家战略的历史使命，通过坚持政治保障党建引领，坚持战略导向、市场为王，坚持精细管理，优质履约，坚持内培外引、孵育人才，坚持科技引领、技术创新，形成了特有的中国电建发展模式。立足未来，要聚焦重点区域，参与重大工程，提高市场标识度、把握行业发展，创新商业模式，提升价值创造力，加强能力建设，强化内部管理，创新发展驱动力，深化融合发展，加强合作共赢，提升协同发展力，加强数字建设，深化科研创新，提升科技引领力，不断提高中国电建铁路公司的品牌影响力。

参考文献

[1] 崔禄春. 关于习近平新时代中国特色社会主义思想理论起点问题的思考[J]. 东岳论丛，2020，41(8)：143-149，192.

[2] 习近平. 高举中国特色社会主义伟大旗帜 为全面建设社会主义现代化国家而团结奋斗[N]. 人民日报，2022-10-26(1).

[3] 习近平. 决胜全面建成小康社会 夺取新时代中国特色社会主义伟大胜利[N]. 人民日报，2017-10-28(1).

[4] 顾乃华，陶锋，吴伟萍，李凡. 广东经济学界"学习贯彻落实党的二十大会议精神"笔谈（四）[J]. 南方经

　　济，2023(3)：1-10.

[5]　胡海波，毛纯兵，黄速建. 新中国成立以来中国工业化制度演进逻辑与基本规律[J]. 当代财经，2023(6)：16-28.

[6]　王一钦. 我国现代产业体系构建的驱动要素及经济效应研究[D]. 长春：吉林大学，2022.

[7]　周文，白佶. 论新发展格局与高质量发展[J]. 兰州大学学报(社会科学版)，2023，51(1)：1-13.

[8]　陈健. 新发展格局引领实体经济高质量发展的优势与路径[J]. 西南民族大学学报(人文社会科学版)，2023，44(1)：105-112.

[9]　习近平. 高举中国特色社会主义伟大旗帜为全面建设社会主义现代化国家而团结奋斗——在中国共产党第二十次全国代表大会上的报告[J]. 创造，2022，30(11)：6-29.

[10]　中国城市轨道交通协会. 中国城市轨道交通绿色城轨发展行动方案[J]. 城市轨道交通，2022(8)：20-35.

[11]　张振，陈思锦. 加快推进交通强国建设构建现代综合交通运输体系[J]. 中国经贸导刊，2022(2)：23-30.

[12]　周正祥，戴红梅. 交通强国铁路先行促进中西部综合交通运输体系优化研究[J]. 西安：长安大学学报(社会科学版)，2021，23(5)：41-51.

作者简介：厉建平(1965—)，男，大学本科，正高级工程师，目前主要从事轨道交通建设工程管理工作。

轨道交通工程优质履约分析

张海库

（中电建铁路建设投资集团有限公司，北京 100060）

摘 要： 工程履约管理成效是企业生存和发展的基石，通过分析现阶段城市轨道交通建设特点和难点，总结了公司在项目管理中的管理举措，聚焦数字赋能和绿色建造两个科技创新方向，说明科技创新对推动优质履约的重要支撑和引领作用。

关键词： 轨道交通工程；工程履约管理；科技创新

1 引言

我国城市轨道交通事业蓬勃发展，已成为世界上城市轨道交通在建及运营里程最长的国家。中电建铁路建设投资集团有限公司作为引领中国电建轨道交通业务发展的平台企业，致力于打造中国轨道交通投资建设知名品牌。十余年来，立足大基建，集成投建营，深耕市场，硕果累累，成功进军 21 个城市，累计承建里程达 900km，合同额超 3800 亿元，实现了从国内轨道交通新兵向主力军的蜕变。城市轨道交通工程具有建设规模大、涉及面广、技术难度高等特点，随着公司业务量的快速增长，对在建工程优质履约带来极大的挑战，本文从科技创新对推动工程优质履约的重要支撑和引领作用展开分析和研究。

2 城市轨道交通工程特点和难点

2.1 投资规模大

城际高铁和轨道交通工程作为"新基建"七大产业领域中投资规模最大的板块，城市轨道交通工程每公里的建设投资额在 6～8 亿元，整个"十四五"期间投资规模预计达 3 万亿元。以公司承揽项目为例，投融资项目合同额超过百亿元的有 2 项，其中成都轨道交通 18 号线工程 PPP 项目合同额达 347 亿元；其他总承包项目合同额超过百亿元的项目有 5 项。面对如此巨大的投资规模和建设规模，在履约过程中的合同管理、投资管理、成本管理等方面存在很大的管理难题。

2.2 建设周期长

城市轨道交通线路的建造工程从开工到正式运营，正常所需的时间在 4～5 年，较长的建设周期中存在很多诸如建设方案变化、极端天气、政策变化、疫情防控等不确定性因素，给项目履约管理带来一定的风险。因此需要主动建立预警机制，适时、准确地分析当前环境因素，采取一系列有效的防范措施，更好地维护企业自身利益。

2.3 合同界面复杂

城市轨道交通工程建设模式多样化，主要有 EPC（设计—采购—施工总承包）、BT（建设—移交方式）、BOT（建设—运营—移交方式）、PPP（政府和社会资本合作方式）、合伙企业合作＋总承包、股权投资＋总承包等建设模式，不同的建设模式存在不同的合同界面管理。此外，还需考虑多系统、跨专业的不同参与方共同协作参与项目建设。这些合同在内容、签订和实施时间、空间衔接和协调上极为庞杂，存在局部与整体的交互、专业与专业的交错难题，增加了工程履约管理的难度。

2.4 技术难度大

相较于传统的建筑安装工程，轨道交通建设的范畴更加广泛，它不仅包含车站建设、隧道挖掘、轨道铺设等核心技术，同时还包含车辆制造、信息通信等重要环节，几乎涵盖了现代土木工程、信息电子工程、机电设备工程的全部领域，成为专业性极强的系统工程。在轨道交通工程建设管理过程中，各专业领域、各主体间独立且分散，需要充分地沟通、交底、协作，确保工程项目建设过程中各工序、各专业接口高效衔接，亦是一项巨大的挑战。

2.5 建设环境复杂

城市轨道交通工程一般在城市建成区内施工，甚至是在繁华商业区、建（构）筑物密集区，或需穿越既有铁路、公路、地下管网、河流、湖泊等复杂环境下进行施工作业，在建设过程中既要确保不扰乱正常的商业氛围、交通秩序和城市居民的工作生活，又要确保施工安全，避免造成人身、财产、环境等安全事故，因此建设过程中的风险管控、社会影响控制成为必须重视的因素。

2.6 环保要求高

轨道交通工程建设过程中，不可避免地存在噪声、粉尘、废气、建筑垃圾废弃物、工地污水等环境污染问题，并伴随大量的能源和天然资源消耗，为了践行可持续发展理念，建筑企业向绿色、低碳、智能建造模式转型，亟须突破创新原有施工管理的理念和技术，达到绿色环保的建设要求。

3 项目履约管理举措

公司坚持将项目管理和优质履约作为发展之本，坚持重心下移，强化工作统筹，突出安全、质量、工期、效益、科技、环保"六位一体"的工作重点，建立并完善了适应中国电建铁路特色的轨道交通工程项目管理体系，加强在建项目全生命周期管理，实时跟踪监督项目生产情况，及时予以调整，提高了项目管理的质量和效率，实现在建项目全面优质履约。

3.1 构建标准化管理体系

针对轨道交通项目建设特点和公司承建项目具体情况，经过十多年的探索实践，建立了项目"三级管理、两级核算，扁平化管理"体系，明确了不同管理层级的权责，针对具体项目建立专门的项目管理团队，制定完善的项目管理制度和流程。以工程质量安全为核心，以管理制度、人员配置、现场管理、过程控制四个方面的标准化为基本内涵，以技术标准、管理标准、作业标准和工作流程为主要依据，以机械化、专业化、工厂化、信息化为支撑手段，制定标准化管理手册，建立了项目管理标准化运行机制。

3.2 确保建设目标实现

结合轨道交通项目的特点，突出安全、质量、工期、效益、科技、环保"六位一体"管控重点，全面落实全过程标准化、精细化管理，采取样板引路、专业督导、闭环管理、末端管理等有力举措，着力打造项目管理的样板工程、成本管理的示范工程、安全质量的优质工程、企业品牌的形象工程，轨道交通项目得到有效管理，实现优质履约，为企业发展打下坚实的基础。

3.2.1 工程安全管理

始终坚持"安全第一、预防为主、综合治理"的方针，细化"责任清单"，严格落实安全生产主体责任。通过"关口前移、重心下移、保障下倾"聚焦基层，加强隐患排查整治，重点排查和治理高频隐患。严格落实关键部位、关键工序、关键时刻领导人员带班制度，重点盯控，严防死守。整治风险集中、人员密集作业环节的隐患，提高交底实效，铲除事故诱发土壤。建立应急评估机制、监测预警机制、应急联动机制，加强应急支撑保障。

3.2.2 工程质量管理

严格按照"超前策划、样板引路、过程严控、一次成优"的管理思路，制定工程创优目标，健全质量保证体系，完善质量管理制度，坚持质量管理的"三检"制度，克服质量通病，把监理工程师"一次检查合格率、优良率"作为考核指标，严格考核奖罚，将质量第一的方针贯穿施工生产全过程。发扬工匠精神，精心组织、科学安排、认真落实，确保"开工必优、一次成优"。

3.2.3 工程进度管理

在项目策划阶段科学规划总体方案，对于工程进度管理实施动态、循环管理，按照"适当提前"的原则制定施工总工期计划，依次分解制定年、季、月施工进度计划，并分解落实到各责任人和责任单位，实行"日保周、周保月、月保季、季保年、年保总进度"的进度控制措施；按"紧前原则"安排施工，土建等项目适当超前，为后续项目工程的施工留出适当余地；加强进度计划目标管理，标段项目部及工区项目部定期召开进度计划分析会，及时解决施工中存在的问题，确保实现里程碑工期和总工期目标。

3.2.4 工程成本管理

强化成本意识，推进项目精细化管理。抓住"成本管理"核心，强化"过程控制"主线，让精细化管理的触角延伸到施工生产组织、成本核算、流程管控、工程清算等各个环节，覆盖到安全质量管理、劳务队伍管理、物资采购供应、机械设备租赁、环境保护等各个方面，创造更高的管理效率和更大的经济效益。

3.2.5 工程环保管理

坚持"预防为主、综合治理、以管促治"的方针，切实做好工程环境保护工作，建设"绿色工地"，实施"绿色施工"。做到废水排放、废气排放、噪声排放、粉尘排放符合国家和项目属地的要求；减少固体废弃物对环境的影响，并统一收集、处理，实现"三统一"，即经济效益、社会效益、环境效益统一。

3.2.6 强化现场保市场

深入强化现场保市场理念，高度重视在建项目"现场表现"，让现场管理产生品牌效应，全力助推"区域滚动，市场拓展"，形成现场和市场的"良性互动"，将项目打造成对外展现实力、宣传品牌的窗口，打造优势和特色，以"人无我有、人有我精，建设精品工程"支撑公司高质量发展。

3.3 推动品牌建设

公司积极实施轨道交通品牌战略，确立"勇争第一"的项目管理理念与"安全文明，优质按期，绿色环保，科技创新，投资可控，业主满意"的品牌建设管理目标。以创优创新为统领，贯穿项目建设全过程，通过健全质量保证体系，完善各项管理制度，提升施工工艺水平和科技创新能力，坚持开展样板引路和首件验收等活动，不断提高工程质量，为打造国家级优质工程提供了坚实保障，成为展现企业实力、塑造品牌形象的窗口，引领内部成员企业再与行业内传统中央企业同台竞技。

3.4 推进党建引领

围绕工程建设，公司两级党组织与项目所在地政府、业主及各参建单位建立"共建联控"工作平台，将党建和廉政建设纳入项目建设全过程，构建了党建合作、宣传协作、应急协作、群众联络、文化交流的"五个通道"，实现了党风廉政信用体系、宣教体系、制度体系、监察体系的"四个一体化"，为项目实施创造良好的外部环境，实现了"与业主和谐共赢""与设计和谐共议"

"与监理和谐共荣""与地方和谐共处""与员工和谐共存"，护航和谐工程、廉洁工程、优质工程建设。

4　科技创新推动优质履约

依托在建项目，在保证安全质量要求的前提下，以新兴领域关键技术创新为支撑，聚焦数字建造、绿色建造科技主攻方向，解决建设项目技术难题，形成具有中国电建特色的轨道交通先进建造技术，推动和引领项目优质履约。

4.1　强化数字赋能

围绕城市轨道交通工程建设的智能化、信息化和精益化，强化顶层设计、突出"数字轨道"优势，以信息化服务建设为基础，以各项业务系统的深化应用为主线，统筹信息化业务发展，实现施工技术智慧智能、工作互联互通、信息协同共享、风险智慧预控的项目管理机制，从而保证各项目管理目标的实现。

4.1.1　BIM全生命周期集成管理系统

依托成都地铁18号线，针对全生命周期、全业务、全要素和全员管理，围绕数字化建造和智能化运维等核心技术，开发了轨道交通工程全生命周期数字化建造运维系统平台（图1），研究建立了一整套BIM技术标准体系、应用体系和管理体系，形成了"集团、公司、项目"三级管理和全过程、全生命周期精细化管控解决方案；开发了轨道交通工程全专业、全过程的自主数字化设计平台，实现了全专业三维设计与数据共享；建立了包括土建、站后全专业和设计、施工、运维全过程的三维模型"构件库"；建立了设计施工一体化核心业务系统模块，研发了基于BIM编码的工程物资管控、BIM＋GIS多源数据融合、基于BIM编码信息的多要素管理、BIM＋IOT实时数据可视化分析、基于BIM的数据自动解析和可视化检测、工程实时难度动态评估等共计10项新技术。

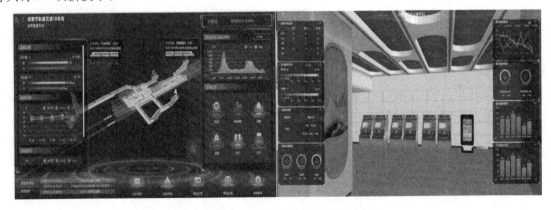

图1　BIM全生命周期集成管理系统界面

在设计阶段，设计能力相较于传统三维设计提高了40％；在施工阶段，BIM数字化建设管理平台，实现了工程建设的全员管理、全要素管理，相较于传统管理模式，工程进度管理能力提高35％、工程质量问题降低40％、安全事故发生率减少45％；在运维阶段，BIM＋GIS的可视化运维管理平台，实现了设计和施工阶段的工程数据向运维阶段的可视化移交，构建了全新的资产管理、应急管理、地铁保护、智慧车站等管理模式，相较于传统管理方式，车站站务管理效率提高27％，节约管理成本约30％。

此项成果在公司承建的深圳地铁、重庆地铁、郑州地铁等项目中得以推广应用，有效地提高了建造效率，经济效益和社会效益显著，受到建设单位的一致好评，成为公司优质履约、创优创效、以"现场"促"市场"的闪亮名片。

4.1.2 地铁盾构管片智能化生产关键技术

依托武汉地铁8号线、11号线盾构管片生产厂，基于智能化信息技术和自动化控制技术，研究形成了高性能地铁盾构管片生产关键技术（图2）。研发了混凝土管片生产的智能蒸养温度控制系统、管片全自动翻转运输机、管片外弧面自动抹光机和双层水养系统，实现了管片生产的智能化和自动化，总结形成了成套工艺流程和标准，提高了生产效率和质量；研发了地铁盾构管片生产智能管理系统，通过订单、计划、工序生产、出库、安装等过程实时控制，实现了全流程信息采集、生产管控与质量追溯；开展了高性能混凝土、免蒸养混凝土及钢纤维混凝土管片的配合比和工艺等研究，提高了生产效率和质量。

图2　生产线全景图及双层水养池

以此项目为例，研究形成的管片全自动流水线在相同产能的前提下，较传统的地模固定生产方式，减少1/3的模具投入、降低1/3的人工数量、少修建一半的混凝土成型厂房和减少一半的蒸汽耗用量，减少人员机械重复浪费，成本大约节约500万元；研究形成的双层循环水养池，较传统的水养方式，节约水养池一半的占地面积、水养池一半的建设成本。节约1/3的管片养护用水，同时节省了人工成本。根据实际施工研究统计，同等产能下，较单层水养池及普通的用水系统，成本大约节约236.4万元，在降低工程履约成本管理方面有着明显的支撑作用。

4.2　践行绿色建造

心怀"国之大者"，公司坚决扛起保护生态环境的政治责任，贯彻落实绿色发展理念。以资源高效利用为核心，以环保优先为原则，以科技创新为支撑，积极探索高效、低耗、环保的发展途径，最终实现城市轨道交通建设"四节一环保"（节能、节地、节水、节材和环境保护）的目标。

4.2.1　地铁工程清水混凝土绿色建造关键技术

依托公司承建的深圳地铁、武汉地铁等工程，研究形成了清水混凝土绿色建造关键技术（图3）。提出了混凝土原材料、机具、模板等一系列绿色建造技术；研制了高大立柱、大面积连

图3　清水混凝土效果

续板梁、受限型材钢筋密集区等部位模板体系及模块化操作平台，形成了一整套模块化、程序化、标准化绿色建造工艺与工法；构建了集成气泡法和图像分析法免装饰混凝土表观质量的量化评价体系，实现了混凝土表观质量量化评定。技术成果达到国际先进水平，结构工程一次成优、内实外美，绿色环保，降本增效。

该技术有效减少了装饰装修与常规设备安装等交叉施工引起的工效降低，节约了后期装修层维护费用，减少了装饰装修工序产生的废弃建筑垃圾以及施工过程中的粉尘、噪声等污染，有效保护了生态环境，是绿色施工的生动实践。

4.2.2 装配式地铁车站施工技术

2012年至今，国内已建和在建装配式地铁车站共40座，依托公司承建的深圳地铁12号线，首创了"内支撑＋大分块＋全装配式"装配式地铁车站施工技术（图4），拼装质量高，无渗漏水；研制了毫米级定位、位置自动校准、防摇摆功能的高精度智能龙门吊；提出了三条带精平条带施工技术，形成了高效可靠的肥槽回填技术，建立了快速的构件拼装工艺；提出了地铁装配式车站全面防水体系；形成全装配式车站预制、存放、运输、安装、运营全流程安全监测技术。

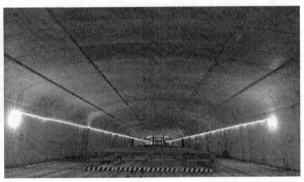

图4　装配式地铁车站效果

此项技术解决了内支撑体系下装配式车站基坑结构安全以及预制构件精准就位的问题；构件经预制后直接运到现场装配，提高了施工效率，减少工期；减少了人力需求，降低了施工人员的劳动强度；减少了施工过程中的物料损耗，减少了施工现场建筑垃圾；实现了拼装工效达到1环/日，装配段拼装质量合格率高达100％。

该技术已于深圳地铁四期工程进行应用实施，顺利实现了内支撑体系下装配式车站的装配拼装，为按时、保质的履约打下坚实的基础，是公司践行绿色发展理念的具体实践，是行业坚持创新引领，推动轨道交通产业向智慧化、人性化、绿色化方向发展，探求地铁建造实现"碳达峰""碳中和"的新途径。

4.2.3 盾构渣土处理及再利用技术

依托公司承建的深圳地铁、成都地铁、福州地铁、雄安至大兴快线等工程，针对盾构施工过程中产生的大量废弃泥浆处理难题，研制了新型绿色废弃泥浆絮凝剂和浆液拌制新设备，形成了渣土化浆、砂泥筛分、泥浆脱水处理等一整套新工艺；研创了流水生产线建厂方案（图5），扩展了利用砂石、泥浆、渣土等有价值资源生产新产品的种类，拓展了产业化应用范围；研发了同步注浆材料新产品、溶洞回填材料新产品、顶板回填材料新产品、免烧陶粒新产品、建筑砌块新产品，形成了一套渣土再生产品评估方法及施工标准。

以福州地铁5号线2标2工区为例，结合设计图纸及现场施工计量统计，现场产生废弃泥渣共122480m³，平均每立方米泥浆节省约6.2元，共节省75.94万元，经济效益显著。此外通过渣土的再利用有效减少了堆土场地占用，避免发生环境污染和安全事故，促进了项目高效履约，

图 5　渣土处理生产线

对加快建设资源节约型、环境友好型社会、保障人民群众生存环境安全和经济社会的可持续发展具有重大意义。

5　结语

结合城市轨道交通建设的特点和公司履约管理的实际，分析了数字建造、绿色建造的科技创新成果案例，以及新方案、新技术、新工艺和新产品的研发和应用，不仅在降低工程履约和成本管理方面有着明显的支持作用，而且在节能环保、绿色智能、贯彻落实"双碳"目标，实现自然资源的可持续发展等社会、环保效益方面也取得显著成效，有力塑造了公司在建项目"安全文明、绿色环保、科技创新"的形象，助力打造企业的品牌和声誉。公司将持续开展科技引领，为项目优质履约提供保障。

参考文献

[1]　翟婉明，赵春发. 现代轨道交通工程科技前沿与挑战[J]. 西南交通大学学报，2016，51(2)：209-226.
[2]　郭建斌，毛海超，刘学，等. 城市轨道交通工程高质量发展的推进之路[J]. 工程质量，2021，39(S1)：9-12.
[3]　柯柏峰. 深圳地铁一体化工程项目管理平台[J]. 现代城市轨道交通，2023(4)：97-105.
[4]　谢增. 城市轨道交通工程项目合同管理要点及其措施研究[J]. 企业改革与管理，2019(10)：221-222.
[5]　姜红. 城市轨道交通建设项目档案质量控制研究——以某轨道交通集团为例[J]. 北京档案，2018(3)：32-34.

作者简介：张海库(1971—)，男，硕士研究生，正高级经济师，目前主要从事轨道交通建设工程管理。

轨道交通工程施工企业科技创新工作实践

曹玉新

（中电建铁路建设投资集团有限公司，北京 100070）

摘　要： 轨道交通是现代城市快速发展不可或缺的重要组成部分，科技创新工作已成为轨道交通工程领域的重要任务之一。基于新时期国家科研工作发展趋势和轨道交通行业技术创新需求，结合企业科技创新工作现状，总结提出轨道交通工程科技创新主要方向和企业科技创新途径，并在企业生产实际中开展科技创新工作实践，取得了良好成效。

关键词： 轨道交通工程；科技创新；体系；建设；实践

1　引言

当今世界，百年变局正在持续演进，大国博弈趋于激化，新一轮科技革命和产业变革蓬勃发展。现实背景下，国家竞争的实质是国家之间以经济和科技为实力基础的综合国力的竞争，而世界范围内日趋激烈的综合国力较量归根结底是科技和人才的竞争。减少温室气体排放、缓解气候变暖已成为全球范围内重大而紧迫的挑战问题，各国都加强了对大气治理及减碳承诺的落实；我国强化了对信息、生物、能源和先进制造等领域的国家战略科技力量部署，持续深入地发展人工智能、量子、脑机接口等前沿技术，加速绿色和数字化转型；同时新冠肺炎疫情对全球产业链、供应链中的某些产业带来"断链"冲击，动摇了单纯从成本角度构建起的全球化供应链体系的根基。

在前述大的国际环境与发展形势下，科技创新必然成为我国支撑国家发展、保障国家安全的关键力量和锐利武器。企业是国家战略科技力量的重要组成部分，创新是成就世界一流企业的核心驱动力。加快培育科技创新型企业，是推进高水平科技自立自强、促进高质量发展的重要抓手。

轨道交通工程施工企业开展科技创新是新时代的发展需要，可促进生产经营、增强市场竞争力。建立科技创新体系是企业优化结构调整和产业升级的关键措施，是企业经营与品牌建设的必然选择。因此，在如何结合企业自身发展需求开展科技创新工作方面进行深入研究和实践，必要且重要。

2　科研工作的新趋势

2.1　科技创新为强国战略提供坚实的动力支撑

围绕国家重大发展战略，开展科学技术研发；充分发挥市场配置创新资源的决定性作用，优化科技资源配置，提高资源利用效率；加强企业实验室、科研基地、科技领军企业等战略科技力量建设，在关键领域和重点方向开展核心攻关，服务国家重大战略需要。

2.2　科技创新工作组织形式更加高效

新时代科技创新工作组织形式持续演进以适应发展需要，重点体现在以下几个方面：

（1）组织策划方面，从以往重点解决眼下问题到聚集发展目标，主动围绕国家战略需求和行业发展趋势；从被动到主动，更加关注基础研究、原创技术、"卡脖子"技术、前沿引领技术的创新。

（2）组织体制方面，从传统的行政体制转向以课题为中心的科研体制，从过去关注实用忙于应对转向针对重大课题有组织、有团队、成体系的科技攻关。

（3）队伍组成结构方面，科研人员从兼职转向专职或职业化，科研队伍正从草台班子进化成相对稳定、具备传承的创新团队。科研力量组织也由小、散、弱转向高、大、强。

（4）科研布局方面，由关注短链转向重视长链，由关注局部转向全面，由单个项目、单个工程转向整个行业板块。

（5）创新效能方面，效能追求从满足技术有无转向实用高效，从广种薄收、普遍撒网转向重点培育、网箱养鱼，价值取向从重名轻利转向名利兼收和深度价值挖掘。

（6）科技成果方面，由虚向实，从注重报告与评奖转向重视创新价值创造，从生产的辅助产品转向形成核心技术自主知识产权，由独立、重复转向共享互促，从本行业应用拓展转向多行业及新兴交叉领域。

2.3　更加重视领军人才培养与科研团队打造

科技创新型企业要发挥市场需求、集成创新、组织平台的优势，打通从科技强到企业强、产业强、经济强的通道。要培养造就具有国际水平的战略科技人才、科技领军人才、青年科技人才和高水平人才，建设知识型、技能型、创新型劳动者大军。

2.4　更加重视科研成果的价值挖掘

从成果使用价值的挖掘到成果自身价值的挖掘，完成成果的推广与转化、成果的评价与交流，最后实现成果交易平台与成果市场化。

3　轨道交通工程施工企业科技创新特点与难点

尽管我国轨道交通工程建设在近年来取得了辉煌的成就，但现阶段在新技术研发应用方面依然存在一些问题，制约着企业科技创新工作的开展。

轨道交通工程建设属于传统行业，企业市场竞争激烈，针对工程科技创新，实用性、经济性显著：注重解决工程建设难题，集成性应用研究多，原创性、引领性研究少，缺乏前沿性、颠覆性的基础理论创新，对创新投入的产出回报有要求；研究过程易受方案工期影响，研究成果需经现场充分验证且需借助技术标准工法推广转化，同时该类行业劳动密集型企业居多，专职研发人员和团队占比较少。这使得工程建设企业科技项目管理处于困境：基于产业战略发展目标导向的科技研发工作难以开展，创新性强、经济性弱的成果或定制化成果难以推广，准确量化项目研发投入和产出回报难度大，科研资源投入特别是科研人员时间投入难以保障。

4　轨道交通工程施工企业科技创新途径

4.1　科技创新能力建设

（1）建立技术自主创新体系。制定完善的科技创新制度，建立有效的激励约束机制，构建系统的产学研用合作平台，确定自身科技创新的重点方向，营造良好的科技自主创新氛围。

（2）建立完善的教育培训体系，以推动科技自主创新，是新时代企业发展的战略选择。对原本就受过高等教育的工程技术人员而言，能够开阔思路，改善知识结构，培养其具备综合利用技术研究成果和技术开发的能力；对企业而言，能改善工程技术队伍的人才结构，弥补科技人才数量的匮乏，增强对先进技术的引进、消化及拓展能力。

企业可输送少数骨干技术人员赴高校在职攻读学习；聘请工程技术专家进行专项讲座，积极鼓励他们参加行业学会技术交流。

（3）强化科技创新与品牌建设相结合，是打造企业品牌的战略措施。进行科技创新，形成科技品牌；加强人才培养，拥有院士、大师等人才品牌；抓创优提信誉，形成质量品牌。

（4）建立新型的人才管理机制。

建立有利于人才流动的开放式人才引进机制，满足发展需要。积极引进急需、紧缺人才，把引进人才与重大课题攻关相结合，把引才与引智相结合，采取合作培养、交换使用、技术咨询和兼职等开放式形式，聘请专家、教授兼职咨询、做讲座或联合攻关。

建立以业绩和能力为导向的人才评价机制。准确把握人才考核评价标准的统一性和差异性。建立健全以业绩为主要依据、以能力等为主要内容的评价体系，突出市场认可和群众认可。把人才评价结果与人才的选拔、使用、培养有效地相结合。

建立与工作业绩和实际贡献紧密联系、适应市场的薪酬激励机制，实现一流人才、一流业绩，享受一流报酬。注重事业激励、强化精神激励，提升专业领域的成就、名声、荣誉及社会地位。

建立人才交流制度。加强基层与机关之间、机关部门之间、单位之间的交流，通过轮岗交流、交叉任职等方式，培养企业需要的复合型人才。

加强创新团队建设。建设优秀的学科带头人和创新人才组成的结构合理、富有凝聚力和活力的创新团队。以企业首席技术专家、特聘专家等为核心，以自主创新立项项目为载体，提高施工企业自主创新能力。营造学习型团队，持续创新；塑造团队精神，顺畅团队沟通，鼓励个人发展。

（5）建立创新研发机构。坚持施工企业的主体地位，用好自身技术中心。加强与科研院所合作，联合成立研发平台，通过项目扶持、资金支持等引导创建高层次研发机构。明确研发投入比例和配套资金安排，确保科技创新资金需要。

4.2 轨道交通工程科技创新主要方向

基于国家科研工作新趋势和城市轨道交通行业技术创新需求，结合本行业企业科技创新工作现状，将科研贯穿于工程建设过程中，强化科技创新驱动引领，围绕工程建设产业链部署创新链，推动数字化、智能建造、绿色建造、装配式建造等技术的应用和发展，延伸产业链，提升价值链，增大附加值，提高工程建设精益化和质量安全的标准化水平，实现建造过程的高质量发展。

1. 绿色建造与科技创新

建设活动使用资源占人类使用自然资源总量的 40%，所引起环境负荷占环境总负荷的 15% ～ 45%，这种自然资源大量消耗主要是由于传统工程建设落后的设计及施工技术造成的，实现绿色建造利于自然生态及人类社会的健康发展。

绿色低碳施工发展潜力巨大，在给施工企业带来众多商机的同时，也对其绿色施工技术水平提出了更高要求。传统施工技术亟须改进，施工企业要拥有自主的绿色施工技术体系。进行绿色施工技术自主创新对实现绿色可持续发展以及增强施工企业核心竞争力有着重大的现实意义。

构建完善的绿色施工科技创新体系，形成施工企业绿色施工科技创新的长效机制，可有效解决绿色低碳意识淡薄、人财物支持不足、合作及激励欠缺等一系列问题，促进施工企业绿色施工技术自主创新。

2. 信息化建设与科技创新

新时代，新使命，运用现代信息化技术是施工企业提高管理效率、保持持续的市场竞争力的必然选择。

目前施工企业信息化技术水平普遍不高，对信息化重要性认识不足，有的单纯为了信息化而信息化，缺乏信息技术平台与管理理念的融合，缺乏各类信息的集成。加强施工企业信息化建设，构建信息技术管理平台，是施工企业自主创新的重要抓手。

3. QHSE 的保障与科技创新

QHSE 管理体系指在质量（Quality）、健康（Health）、安全（Safety）和环境（Environment）方面的组织管理体系。健康、安全与环境问题出现后，解决问题的费用远远高于实施 QHSE 管理预防事故发生所需要的成本；QHSE 管理能够有效优化现场管理，保证施工工序操作规范，消除质量隐患；QHSE 管理能够避免管理人员盲目缩短工期而造成的质量安全事故，减少纠纷或因返工引起的工期延误，有利于进度目标的实现。

构建完善的 QHSE 管理体系并融合科技创新工作，可提高企业综合管理水平，是施工企业增强市场竞争力、加强自主创新的重要途径。

4.3 施工企业科技创新管理工作要点

1. 科技创新规划与策划

科技创新工作应围绕国家发展战略及行业发展前沿，以企业生产急需以及解决实际工程问题为导向，依托工程项目做好规划、计划和立项，有的放矢开展科研工作。企业科技成果经历计划、研究和总结三个阶段。计划是对科技成果的事先安排，研究是在计划基础上的深入分析探讨，而总结是对科技工作过程的回顾和结果的整理。

2. 科研计划

科研计划是为了取得预定科技成果而进行的有计划、有步骤的科技活动，历经构思科技方案、设计技术路线、技术论证比较、技术实施评估等过程。计划需要科技人员具备宽广的知识面、大量的科技信息以及创造性、发散性思维。计划需要集体力量，群体共同创造，取长补短，使不同的思维相互交织碰撞。

3. 科技研发

科技研发归口企业科技管理部门统一进行资源的组织、调配和考核。首先是分配具体任务，落实到部门，责任到人，明确完成目标的时间节点；其次研究确定技术方案，主要是技术研究方法和技术路线。

主要步骤：第一步，明确目的。科技成果开发目的有很多，有的是为解决现场问题，有的是理论储备，不同目的其科技开发资源调配和时限不一样。第二步，文献研究。调查与研究直接或间接相关的问题提出、研究方法、技术进展、重难点所在以及技术的应用价值、目前研究或应用中存在的问题。第三步，构思方案。在查阅文献和实地考察的基础上，初步拟定研究方案，明确研究方法、技术路线、试验设备、资源配置、研究进度等，写出科技可行性研究报告，提请专家审核。第四步，活动实施。即组织相关人员展开研究，及时解决可能出现的问题。第五步，考核验收。主要看其是否达到预期的研究目标，取得实质性成果。

4. 科技成果主要形式

科技成果形式包括标准规范、工法、专利、软件著作权、论文和专著、科技成果奖等（图1）。技术标准一般分为国际标准、国家标准、地方标准、行业标准、团体标准和企业标准。

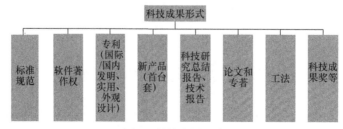

图 1　科技成果形式

工法是以工程为对象，以工艺为核心，运用系统工程原理，把先进技术和科学管理结合起来，通过一定的工程实践形成的综合配套施工方法，包括国家级工法、省部级工法、企业工法。专利具备新颖性、创造性和实用性三个条件，包括国际专利、国家专利（发明、实用新型、外观）。

5. 科技成果评价和保护

科技成果形成以后，其价值需进行科学评估，一方面是界定科技成果自身的价值，另一方面也是分析如何转化为生产力。

作为一种无形资产，企业科技成果在产权安排上有集体产权和个体产权两种形式。前者对应于企业或项目团队，后者对应于个人。科技成果作为一种科技知识，其权利属于知识产权范畴。从法律上讲，通常表现为两种形式，即法定的权利，如专利权；自然的权利，如非专利权。

6. 科技成果推广

通过对科技成果进行严格评估、认证和推广，提高科技成果的质量和竞争力。科技成果推广流程：成果总结形成科研报告→申请知识产权保护→申请科技查新报告→第三方评价与申报奖项→成果交流与转化推广。

支持和鼓励企业投入资金用于科技创新与技术研发，促进科技成果的孵化、转化和推广；完善知识产权法律制度，提高知识产权保护的力度；加强科技成果宣传和推广，提高科技成果的知名度和市场占有率。

7. 科技成果奖项申报

科技成果申报工作具有层次多、涉及面广的特点，科研人员应积极主动地与主管部门交流沟通，及时准确地掌握有关信息和动态变化；科研管理部门要主动与一线科研人员沟通，了解掌握科研课题进展情况，协助解决科研人员在成果申报工作中遇到的困难和问题，督促相关部门人员及时做好成果申报工作计划，组织科研人员提早准备，掌握申报工作的主动权，使成果申报工作有条不紊。

科技成果申报过程中关键环节的工作质量会对报奖结果产生不容忽视的影响。申报工作中，应认真组织申报材料的编写，严格执行申报材料的形式审查，跟进奖励申报进展情况，组织重点项目的答辩工作。

5 轨道交通工程施工企业科技创新实践

将对轨道交通工程施工企业科技创新工作的研究及思考与公司生产实际相结合，从完善科技创新体制、绿色施工、数字建造、装配式建造和科技兴安等方面开展科技创新工作实践，取得了良好成效。

1. 完善体系建设，建立长效机制

公司从科技创新平台体系建设、高新技术企业建设、科技创新人才队伍建设、重大技术攻关、信息化数字化建设五个方面制定了科技规划。发挥绿色建造、数字电建技术优势，集成整合、跨界创新，为行业提供电建方案，助力公司高质量发展。

与工程安全、质量、环保、工期、效益五大目标深度融合，相互促进，赋能增效。应用现代化管理方法和手段，与科技创新紧密结合，增强企业生命力，实现市场经营、工程建设、企业管理相互融合。

2. 与生产相结合，聚焦创新方向

结合工程特点，针对工程重难点开展科技创新，将科研寓于生产。根据科技项目的行业影响力、技术重要性，实施国家重点研发计划、股份公司重大专项、核心攻关项目、学（协）会和股份公司科技项目、公司立项科技项目、二级单位自主立项科技项目六个层次分级管理，全面推进、重点突破，建立了科研生产双驱动的组织实施体系（图2）。

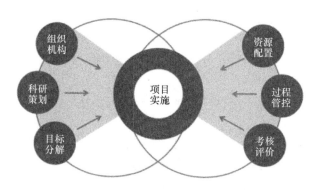

图2 科研生产双驱动的组织实施体系示意图

3. 推行绿色施工、智能和装配式建造

以科技创新为引领，推动轨道交通行业向工业化、绿色化、智能化转型升级，开展了"装配式地铁车站施工技术""盾构渣土资源化利用技术"等一系列新技术的研发工作。

在深圳、成都、雄安等城市地铁工程，开展盾构渣土处理及资源化利用技术研究，通过材料、工艺、设备的研发，形成了盾构渣土再利用的系列成果，打造了多个城市地铁绿色示范项目。

结合成都地铁18号线工程特点，建立了轨道交通工程数字化全生命周期管理平台和轨道交通行业上下游全面协同的业务数字化应用体系，包括设计、施工、运维一体化管理系统，实现全过程数字资产流转和应用，发布国内首套轨道交通工程BIM技术标准。

在深圳地铁12号线组织开展了全国首创的"内支撑＋大分块＋全装配式"地铁车站施工技术研究，研发了180 T智能龙门吊和多功能辅助台车，实现装配式车站预制构件的高精度安装，创新了装配式车站拼装施工工艺（图3）。

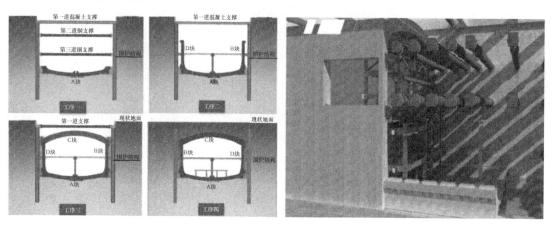

图3 装配式车站拼装施工工艺

4. 科技兴安，铸就精品工程

依托成都、青岛、重庆等城市地铁工程，结合项目安全风险，开展"瓦斯隧道""暗挖车站""富水基坑""盾构掘进"等安全专项科技攻关，改进施工工艺，控制风险隐患，提高了安全管理水平。

针对成都地铁18号线油气田瓦斯地层施工安全风险，研发了防爆成套装置与技术，开发了瓦斯智能通风控制系统，提出了亚米级精准预报瓦斯方法；建立了长大区间运营应急救援管理体系，系统制定了应急处置措施；首次在地铁运营线路上采用隧道瓦斯监控系统，实现了瓦斯动态实时监测和自动处置功能，为地铁运营提供了安全保证。

加强过程控制，强化核心工艺工法的技术攻关，清水混凝土、地下工程防水、光面爆破等工艺水平显著提升，打造多项精品工程。采取模板精磨、流变监控、数字温控、智能振捣、自动喷淋等系列创新技术，形成了一整套清水混凝土施工新工艺，精细化管控，混凝土表观质量达到行业领先水平。

通过科技创新，铸就了深圳轨道交通7号线、成都轨道交通18号线、武汉市轨道交通11号线东段工程等一批经典工程。

6 结语

轨道交通工程专业门类全、施工风险多、管理跨度大、综合性强，市场竞争激烈。施工企业结合自身需要积极进行科技创新能力建设，坚持"创新、安全、质量、环保、工期、效益"六位一体，相互促进、赋能增效，是促进施工生产经营、增强市场竞争力的有力保障，是企业新时代高质量发展的必由之路。

开展绿色低碳施工技术自主创新对实现轨道交通工程绿色可持续发展以及增强企业核心竞争力有着重大的现实意义；加强施工企业信息化建设，构建数字化管理平台，是施工企业自主创新的重要内容；融合科技创新构建完善的QHSE管理体系，是施工企业自主创新的重要途径。

施工企业在科技创新规划和策划、科研计划、科技研发、科技成果的形式、科技成果评价和保护、科技成果推广、科技成果奖项申报七个方面，做好科技创新管理工作，对打造科技品牌、质量品牌、资质品牌意义深远。

通过对轨道交通工程施工企业科技创新的思考和研究，结合生产实际有效开展科技创新工作，取得了良好成效。

参考文献

[1] 秦琳，姜晓燕，张永军．国际比较视野下我国参与全球战略科技人才竞争的形势、问题与对策[J]．国家教育行政学院学报，2022(8)：12-23.
[2] 李俊峰，李广．碳中和——中国发展转型的机遇与挑战[J]．环境与可持续发展，2021，46(1)：50-57.
[3] 薛贺香．"双碳"背景下制造业数字化转型与绿色发展耦合协调研究[J]．区域经济评论，2023，63(3)：101-110.
[4] 祝树金，李丹，彭彬．增强产业链韧性的现实逻辑和实践路径[J]．开放导报，2023(2)：42-52.
[5] 郭晗，邵军义，董坤涛．绿色施工技术创新体系的构建[J]．绿色建筑，2011，3(1)：49-53.
[6] 张利红．绿色施工技术创新体系构建策略[J]．中华建设，2016(2)：134-135.
[7] 陈姝玲．科技成果申报工作的实践与思考[J]．船舶设计通信，2021(1)：107-110.

作者简介：曹玉新(1966—　)，男，山东菏泽人，工学博士，正高级工程师。主要从事轨道交通工程技术与管理工作。

轨道交通车站工程

PC工法桩在软土地层地铁车站
附属围护结构中的应用

朱尚明[1]，晏育耒[2]

(1. 中电建（福州）轨道交通有限公司　福州 350015；
2. 中国水利水电第八工程局有限公司　长沙 410029)

摘　要：PC工法桩（Pipe-Combination，钢管桩组合）作为一种新型的支护体系，已在上海、浙江地区建筑施工中有较多的应用，在地铁车站中应用与研究较少。本研究基于福州地铁齐安路站C出入口基坑支护工程及PC工法桩施工特点，对PC工法桩在地铁车站附属结构中的施工重难点进行了分析，并研究了PC工法桩施工关键技术。实践证明，与传统地铁附属结构围护结构相比，在施工进度、质量、环境保护及造价上进行综合对比测算，其综合效益提高了近20%，可为PC工法桩在地铁车站附属结构施工中的推广和应用提供参考经验。

关键词：PC工法桩；地铁车站；围护结构；施工工艺

1　前言

随着城市地铁建设的大力发展，基坑开挖项目越来越多，受制于城市文明施工、工期要求日趋严峻，传统车站围护结构施工暴露出来的问题越来越多。PC工法桩作为新型支护工艺，通过焊接在钢管上的锁扣，与一个或多个拉森钢板桩连接，形成一道连续的组合桩用于挡土和止水，具有补充和完善传统支护结构不足的效果。当前关于PC工法桩在基坑围护结构中的应用主要在民用建筑施工中，且大多集中在上海、浙江等地，在地铁车站施工中的应用与研究较少。本研究中PC工法桩为福州地铁车站附属结构首次采用此种新型围护结构，通过对其施工重难点及关键技术进行研究并成功应用，可为类似工程提供借鉴作用。

2　项目概况

2.1　工程概况

新建福州地铁5号线位于福州市仓山区，其中福湾路站D出入口、齐安路站C出入口、D出入口基坑开挖深度约10.3m，围护结构均采用PC工法桩＋内支撑形式。本研究主要基于齐安路站C出入口展开研究，PC工法桩围护体系剖面设计图如图1所示。

2.2　周边环境情况

C出入口紧邻既有建筑物、市政主干路，其中既有建筑物为2层浅基础砖混结构，距基坑最小距离仅6.4m，周边还存在前期迁改的燃气、给水、污水管线，周边建（构）筑物沉降变形施工控制难度较大。

2.3　工程地质水文地质条件

根据地勘报告，基坑开挖范围内工程地质从上至下主要为杂填土（1-2）、淤泥（2-4-1）、粉质黏土（3-1-1），其中杂填土、淤泥层厚分别为3.6m、9.1m。底板大部分处于淤泥地层，此部分基底进行800@600mm旋喷桩抽条加固。主要地层土体力学参数见表1。

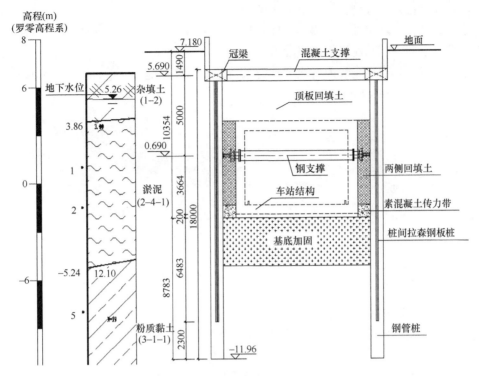

图 1 PC 工法桩围护体系剖面设计图

根据勘察钻孔测得开挖区域初见水位埋深为 0.80～3.70m，初见水位标高为 2.80～6.44m，稳定水位标高为 2.55～6.88m。浅层的杂填土中有部分地下水，淤泥土层中无地下水。

主要地层土体力学参数   表 1

土层	重力密度 γ (kN/m³)	凝聚力 c (kPa)	内摩擦角 φ (°)	渗透系数 K (m/d)	地基承载力特征值 (kPa)
杂填土	18.00	6	12	0.5～10	80
淤泥	15.66	10.0	7.4	0.0003	50
粉质黏土	19.03	31.1	15.4	0.003	220

3 PC 工法桩施工重难点

3.1 施工特点

PC 工法桩前身为传统的拉森钢板桩，为增大截面刚度，通过在钢管桩两侧焊接锁口将钢管桩和拉森钢板桩组成起来，形成一种组合式围护桩，如图 2、图 3 所示，即 PC 工法桩。PC 工法桩结合了钢管桩和拉森钢板桩的优点，与地铁施工常规围护结构钻孔灌注桩、SMW 工法桩比较，具有以下特点：

（1）施工深度大。采用多节桩分级焊接，最深可达 45m，采用先导前出钻设备时，最深可达 55m。

（2）适用地层广。不仅适用于一般粉土、砂土、黏性土，还适用于淤泥质土等复杂地层。

（3）成墙品质好，避免了钻孔灌注桩断桩、侵限问题，以及 SMW 工法桩定位差等问题。止水效果好，无须另设止水帷幕。

（4）经济性好，主材可反复利用。同时，组合桩形式多样，可根据实际情况布置不同的桩径及间距，以及插打拉森钢板桩数量，进一步降低成本。

（5）施工速度快，环保性好。前期工厂制作、进场后，直接进行机械化施工，无泥浆污染，成型后无须等待混凝土、水泥强度满足要求。

（6）信息程度高，插打全程通过机械进行参数纠偏调整，定位、垂直度等均有保证。

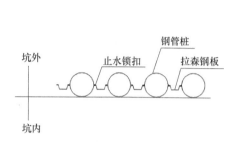

图 2　PC 工法桩钢管与拉森钢板搭接示意

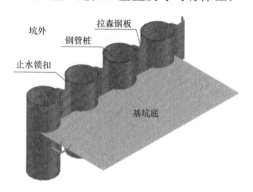

图 3　PC 工法桩钢管与拉森钢板搭接三维示意

3.2　地铁施工 PC 工法桩施工重难点分析

通过首次在齐安路站 C 出入口应用中遇到的问题总结，查询国内相关研究资料，总结车站附属结构围护结构 PC 工法桩施工重难点主要在以下方面：

（1）附属结构钢管桩与车站主体结构接驳处空隙止水封堵质量控制。因附属结构钢管桩与主体结构钢管桩未连接，基坑开挖过程中易在接缝处发生渗漏水。

（2）钢管桩与车站侧墙背部作业空间小，回填压实度难保证，需做好回填土选择，加强压实度控制。

（3）钢管桩拔出施工常会出现钢管桩拔出困难的现象。

（4）钢管桩拔出施工震动大，且拔出后会导致附属结构背部土被带出、被扰动，极易引发结构渗漏水，以及周边地表、建筑物及管线沉降。

4　施工控制关键技术

4.1　施工工艺流程（图 4）

4.2　施工准备

做好材料进场控制，焊接钢管内外无严重锈蚀、裂纹、变形等缺陷，钢管进场后内外侧涂刷润滑油。钢管桩两侧企口材料采用 Q345 轧制企口，焊缝厚度不小于 10mm。施工前做好场地平整，凿除施工区域内的路面层硬物。

按照设计图进行放样定位及高程引测工作，并做好标志。根据基坑围护内边控制线，采用挖土机开挖沟槽，沟槽宽约 1.2m，深 1.5m，并清除地下障碍物。

4.3　钢管桩、拉森钢板施工

（1）钢管桩施工前先进行试桩，检测试验桩的成桩打入效果，确定压桩设备的适用性、压桩速度、压力控制等工艺参数。

（2）首根钢管桩是整个围护结构施工的关键，应缓慢打入，加强其位置及垂直度检查。

（3）钢管桩吊装采用汽车式起重机小钩及一根钢丝绳将钢管桩吊起达到竖直状态，小钩钢丝

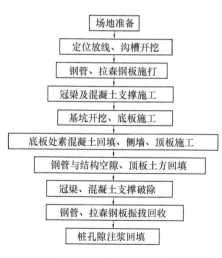

图 4　施工工艺流程

場地准备
定位放线、沟槽开挖
钢管、拉森钢板施打
冠梁及混凝土支撑施工
基坑开挖、底板施工
底板处素混凝土回填、侧墙、顶板施工
钢管与结构空隙、顶板土方回填
冠梁、混凝土支撑破除
钢管、拉森钢板振拔回收
桩孔隙注浆回填

绳绑扎于钢管桩顶部以下 1.5m，距离钢管桩顶部约 1.5m 处焊接两根 $\phi16$ 长 10cm 的钢筋，用于防止钢丝绳滑落，汽车式起重机大钩吊住振动锤，待钢管桩达到竖直状态后控制振动锤夹住钢管桩进行施打。

（4）PC 工法组合钢管桩的搭接依靠拉森钢板桩小企口和钢管桩两侧的企口连接，在插打过程中在企口内涂抹润滑油，便于止水及减小企口之间的摩擦阻力。

（5）钢管垂直度校准后，启动振动锤匀速加压振送直至达到设计标高；钢管桩到位后机械手解除夹持回转，夹起拉伸钢板桩移动到预定位置，人工扶正对准企口后启动振动锤匀速加压振送直至达到设计标高。现场振动锤匀速加压钢管桩下沉如图 5 所示。

（6）在附属结构 PC 工法桩施工完成后，需要加强钢管桩与主体结构地下连续墙接缝处旋喷桩施工质量控制，此处钢管桩与地下连续墙之间存在空隙，极易形成渗漏水通道。注浆孔布置如图 6 所示。

 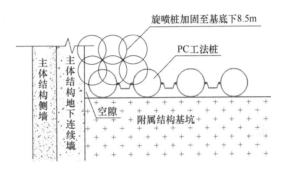

图 5　采用振动锤匀速加压钢管桩下沉　　　图 6　钢管桩与主体结构地下连续墙接缝处旋喷桩布孔示意图

4.4　土方开挖及车站结构施工

（1）基坑开挖分层、分段挖土，并遵循"开槽支撑、先撑后挖、分层开挖、严禁超挖"的原则。钢管桩表面土层用人工铲除，避免机械触碰从而导致钢管桩变形。

（2）土方开挖过程中要及时进行钢支撑架设，钢围檩与钢管桩、拉森钢板桩之间的空隙要用细石混凝土填充密实。

（3）车站底板施工完成后，同时按设计要求在底板与 PC 钢管桩之间的空隙间浇筑混凝土形成传力带，待传力带混凝土强度满足设计要求后再进行钢支撑拆除。传力带与钢管桩间用油毡隔离，避免后期钢管桩拔出困难。

4.5　钢管桩与附属结构空隙回填施工

（1）围护结构与主体结构间的空隙回填质量直接影响车站结构背部土体隔水性及后期车站周边地表沉降情况，需要做好回填料选择及回填施工。在回填料选择上，黏土自身具有一定的隔水性，但受作业空间影响，回填密实度难以保证；中砂能保证回填密实度，但具有透水性。本研究在邻近建筑物、管线一侧以回填密实度控制为主，采用中砂回填，在远离一侧采用黏土回填，在钢管桩拔出过程中同步钻孔进行注浆填充。

（2）采用分层回填、压实，其中黏土要加强进场土方含水率控制。中砂回填时，结合实际情况向回填砂灌水，使砂自然下沉，并配合振捣棒辅助振捣，最后用打夯机夯实，如图 7 所示。

4.6　顶板土方回填与冠梁、混凝土支撑拆除

（1）为避免冠梁、混凝土支撑拆除后，钢管桩出现较大的变形，先进行顶板土方回填施工，以对钢管桩顶部形成一个支撑力。顶板与混凝土之间受施工空间有限影响，可先采用小型压路机

(a)

(b)

图 7　钢管桩与附属结构空隙回填施工
(a) 分层回填；(b) 打夯机夯实

进行压实。

（2）混凝土支撑采用底部搭设支撑架后，用绳锯割除、吊出。冠梁先采用 PC200 破碎机进行大块混凝土破碎，破碎时要注意不得触碰钢管桩，最后采用手持式破碎机进行钢管桩周边混凝土破除。从混凝土支撑割除施工开始，要加密施工监测。

4.7　钢管及拉森钢板桩振拔回收

（1）钢管与拉森钢板桩应交错进行，先用振动锤将钢管桩锁口振活以减小土的阻力，然后边振边拔，振幅为 10～20mm。

（2）拔桩时注意振动锤的负荷情况，对较难拔出的钢管，可先用振动锤将钢管振下 100～300mm，再交替振拔、振打，如图 8 所示。

（3）钢管、拉森钢板桩拔除过程中，要设法减少钢管桩拔出带土，避免带土过多引起周边地表沉降，以及对新建附属结构产生较大的影响。根据现场情况，必要时可采用跳拔的方法，同步进行空隙处注浆。

图 8　现场钢管桩振拔

4.8　桩空隙注浆

单根桩拔除后及时对拔除部位进行注浆加固，注浆采用单排地面袖阀管注浆，浆液采用 1∶1 水玻璃＋水泥双液浆，水灰比为 0.8∶1～1∶1，孔距 1.5m，注浆深度为地面至底板以下 3m。桩空隙注浆孔布置示意图及现场施工照片如图 9、图 10 所示。

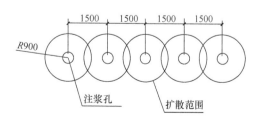

图 9　桩空隙注浆孔布置示意图

图 10　现场桩空隙注浆

5 应用效果分析

5.1 监控量测分析

从施工过程中的地表、建筑物沉降监测数据可知，如图 11(a) 所示，地表沉降受基坑土方开挖及拔桩施工影响较大，期间沉降分别为 19.7mm、10.0mm。周边建筑物最大沉降在 5mm 以内，拔桩期间无裂缝现象，受基坑施工影响较小。

在基坑开挖过程中，围护结构表面未见渗漏水，如图 11(b) 所示，说明本工法止水效果好。在钢管桩及拉森钢板桩拔除后，对附属结构渗漏点进行排查，如图 11(c) 所示，远少于前期 D 出入口施工后的渗漏点数量，说明优化后的拔桩施工对车站影响较小。

整体来说，通过监测数据分析、周边建筑物裂缝及车站内渗漏点排查，本研究中 PC 桩施工在地铁车站附属结构中已成功应用。

图 11　PC 工法桩止水效果较好

(a) 沉降历时示意图；(b) 钢管桩止水效果较好；(c) 拔桩后车站渗漏点较少

5.2 与其他工法对比分析

将本研究中 PC 工法桩与其他围护结构进行对比，较 SMW 工法桩降低造价 20% 以上，节约工期 25d；与钻孔灌注桩相比，降低造价 40% 以上，缩短工期至少 30d，经济效益对比见表 2。综合分析，PC 工法桩是一种绿色、经济、高效的围护体系，在地铁车站附属结构施工中值得推广。

经济效益对比 表 2

桩型	造价（万元）	工期（d）	止水效果	文明施工
钻孔灌注桩＋高压旋喷桩	250.46	175（考虑侵限凿除）	差	存在泥浆、渣土排放
SMW 工法桩	214.68	150	一般	存在渣土清运
PC 工法桩	178.9	144	好	好

6 结论

（1）钢管桩与车站主体结构接驳处极易形成渗漏水通道，需要加强钢管桩与主体结构地下连续墙接缝处止水帷幕施工质量控制。

（2）钢管桩与附属结构间空隙回填施工质量是控制施工对车站结构、周边建（构）筑物影响的关键，常易被忽视，施工需做好回填土选择及压实度控制。

（3）PC 钢管桩受结构体系自身影响，仅能采用振动拔除，拔除时易带出钢管内土体，导致周边地面沉降，故钢管桩开始施工前需对钢管进行润滑处理。

（4）PC 工法桩主材均为预制、可回收材料，成桩质量、环保性好；桩间连接无须止水帷幕，可降低工程造价。钢管桩插打施工速度快，桩体无须进行养护，可缩短工期。与传统地铁附属结构围护结构相比，在施工进度、质量、环境保护及造价上综合对比测算，其综合效益提高了近20%。

（5）PC工法桩在本工程中成功应用，可为类似地层地铁车站附属结构施工中的推广和应用提供参考经验。

参考文献

［1］ 浙江大学建筑设计研究院有限公司. 杭州大华饭店地下停车场基坑围护设计［R］. 杭州，2015.
［2］ 段高翔，章国金. 杭州某基坑PC工法组合钢管桩关键施工技术［J］. 山西建筑，2019，45(20)：88-89.
［3］ 李福连，尚伟，华锦耀. 基坑支护采用PC工法组合钢管桩及其快速接头施工技术［J］. 建筑施工，2019，41(1)：49-50.
［4］ 张云舒，陆春华，张菊连. PC工法桩深基坑支护结构变形监测及分析［J］. 江苏建筑，2021(S1)：104-106.
［5］ 许海明，郭生根，卢纪璠，等. PC工法桩在基坑支护中的研究及应用［J］. 施工技术，2019，48(4)：85-89.
［6］ 徐建军. 钢管拉森钢板桩组合围护体系施工技术［J］. 施工技术，2018，47(7)：60-63.

作者简介： 朱尚明(1992—)，男，硕士研究生，工程师，目前主要从事轨道交通工程技术与管理工作。

晏育来(1993—)，男，大学本科，工程师，目前主要从事轨道交通工程技术与管理工作。

冷水管降温对大体积混凝土裂缝控制的影响

翟 宁

(中电建南方建设投资有限公司 深圳 518000)

摘 要： 地铁车站大体积混凝土施工温度应力较大，过大温差是导致裂缝出现的主要原因。深圳地铁 12 号线海上田园东站位于海相沉积地区，地质条件极差，淤泥层厚、水位高，底板承受很大的水压，出现裂缝以后，漏水情况很严重，直接影响结构安全性和耐久性，修复费用极高。采用冷水管的布置与实施可实现较低的最高温升和较平稳的降温速率，有效提高混凝土的抗裂性能，实现了混凝土结构质量良好、降低混凝土渗漏率的目标。

关键词： 地铁结构；大体积混凝土施工；冷水管降温；裂缝控制

1 引言

地下工程大体积混凝土的抗裂和防水一直是困扰工程界的难题。大体积混凝土裂缝主要分为荷载应力裂缝、温度裂缝和混凝土收缩裂缝等。本文主要从温度应力的角度分析混凝土裂缝，温度裂缝又称温差裂缝，当混凝土质点之间存在温差，就会形成温度梯度，产生温度应力，导致裂缝产生。对于完成浇筑的大体积混凝土结构来说，过大的里表温差和表环温差是导致其出现温度裂缝的主要原因。

陈果等利用有限元法从力学角度研究了混凝土温差产生的机理。当混凝土处于降温阶段，如混凝土冷却和外界温度变化等，混凝土温度达到极致后开始降温，温度应力开始反向变化，混凝土内部早期压应力不但被逐渐抵消，而且产生了很大的拉应力。温度应力的大小与温度梯度有关，温度梯度越大，应力越大，即温差越大，温度应力就越大，就越容易产生裂缝，因此，温度裂缝的控制关键在于减小和控制温差。

本文以深圳地铁 12 号线海上田园东站为例，该车站地处海相沉积地区，水位高，补给充分，地层软弱，地下水具有多种中等及以上腐蚀性。为了能更好地控制混凝土裂缝，工程施工过程中采用结构内部布设冷水管的方式，通过有限元模拟和混凝土施工过程温度监测，着重分析冷水管的布设对温度和温度应力的影响，并对施工过程提出改善建议。

2 工程概况

深圳地铁 12 号线海上田园东站位于宝安区民主大道与丰民路交叉路口，沿丰民路敷设。车站为地下车站，车站主体长 543.7m，宽 19.7m，标准段段宽 21.1m，结构高 13.83m，底板结构厚度分别为 0.9m、1.0m、1.1m，埋深为 17.5～18.5m，本场地地下水位埋深在 1.0m 左右。

3 冷水管降温模拟

利用有限元模拟的方法，探究使用冷水管进行内部降温对底板内部温度场和温度应力的影响。首先，确定冷水管降温的相关参数。

3.1 冷水管布置间距

在底板内部,冷水管布置深度和通水时长不变的情况下,冷水管对底板的冷却效果与冷水管布置间距相关,选取不同的冷水管布置间距分别进行有限元模拟分析,根据实际工程中冷水管的布置情况,模型中冷水管布置间距分别设为 0.4m、0.6m、0.8m、1.0m、1.2m 和 1.4m,其他模型参数保持一致:冷水管布置深度为 0.7m,通水时长为 7d。结果表明:随着冷水管布置间距的增大,底板在龄期 18d 时的最高温度会逐渐提高;但是随着冷水管布置间距的增大,最高温度提高速率逐渐减小(图 1)。

随着冷水管间距的逐渐增大,底板在龄期 18d 时的最大拉应力也逐渐增大(图 2)。当冷水管间距在 0.4~1.4m,底板在龄期 18d 时的最大拉应力与冷水管间距接近线性关系。综合考虑冷却效率和施工成本,冷水管布置间距取 1.0m。

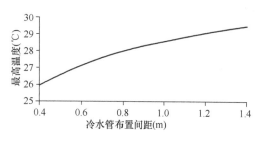 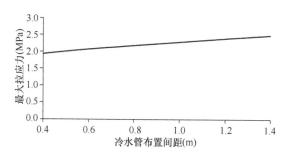

图 1　龄期 18d 时底板最高温度　　　　图 2　龄期 18d 时底板最大拉应力和
和冷水管布置间距的关系曲线　　　　　　　冷水管布置间距的关系曲线

3.2 冷水管布置深度

在底板内部,冷水管布置间距和通水时长保持不变的情况下,冷水管对底板的冷却效果与冷水管布置深度相关。选取不同的冷水管布置深度分别进行有限元模拟分析,根据实际工程中冷水管的布置情况,冷水管布置深度分别设为 0.4m、0.5m、0.6m、0.7m、0.8m 和 0.9m,其他模型参数保持一致:冷水管布置间距为 1.0m,冷却时长为 7d。有限元模拟结果表明,在深度小于 0.6m 时,随着冷水管布置深度的增加,底板最大拉应力会逐渐减小;在深度大于 0.6m 时,随着冷水管布置深度的增加,底板最大拉应力会逐渐增大(图 3)。当深度取 0.6m 时,底板的温度应力接近最小值,所以冷水管布置深度取 0.6m。

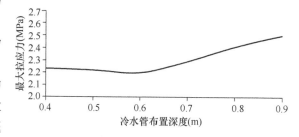

图 3　龄期 18d 时底板最大拉应力和
冷水管布置深度的关系曲线

3.3 冷水管通水时长

在底板内部,冷水管布置间距和布置深度保持不变的情况下,冷水管对底板的冷却效果与冷水管通水时长相关。选取不同的冷水管通水时长分别进行有限元模拟分析,根据实际工程中冷水管的布置情况,冷水管通水时长分别设为 1d、3d、4d、5d、7d、9d 和 11d,其他模型参数保持一致:冷水管布置深度为 0.6m,布置间距为 1.0m。有限元模拟结果表明,在冷水管通水时长不超过 5d 时,底板最大拉应力会随着通水时长的增加而明显减小;当冷水管通水时长超过 5d 时,底板最大拉应力随着通水时长的增加变化不明显(图 4)。通水时长超过 5d 时,冷水管上部区域和下部区域的应力分布最为均匀(图 5)。故冷水管布置通水时长设置为 5d。

综合上述研究结果,现场采用冷水管进行内部降温试验时,冷水管布置间距为 1.0m,布置

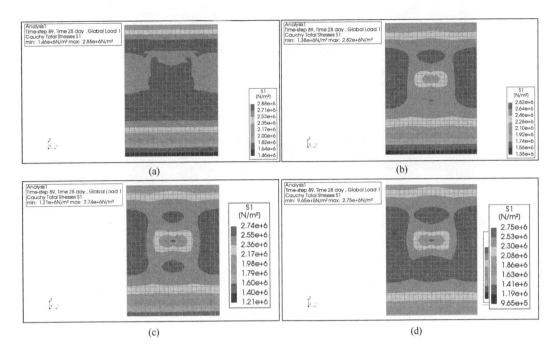

图 4   不同通水时长底板在龄期 28d 时的温度应力云图

（a）通水 1d；（b）通水 3d；（c）通水 5d；（d）通水 9d

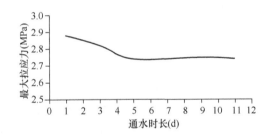

图 5   龄期 28d 时底板最大拉应力和冷水管通水时长的关系曲线

深度为 0.6m，通水时长为 5d。

4   冷水管降温实践

本试验对象为第 18 段、19 段底板，采用的养护方式情况如表 1 所示。

底板保温养护情况			表 1
部位	养护情况	底板尺寸（长×宽×厚）（m）	开始浇筑时间
第 18 段底板	无冷水管	12×22.15×1.0	2020.4.10
第 19 段底板	冷水管	12×22.15×1.0	2020.4.17

测温点温度布置示意图如图 6 所示。

4.1   第 18 段底板测温

第 18 段底板长 12m，宽 22.15m，厚度 1.0m，无冷水管养护。2020 年 4 月 10 日浇筑混凝土，入模温度 26.9～28.2℃。升温阶段、降温阶段温度监测结果见表 2。

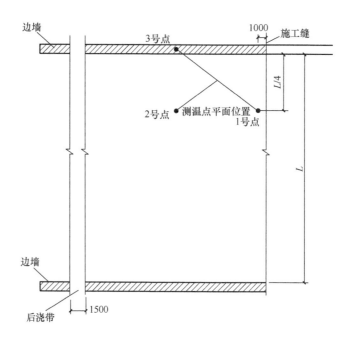

图 6　测温点温度布置示意图

第 18 段底板升温阶段温度监测结果　　　　　　　　　　　　　　表 2

测位号	最高温峰（℃）	到达最高温度用时	温峰持续时长（min）	最大里表温差（℃）
1	65.4	1 天 8 时 30 分	60	16.6
2	60.6	1 天 7 时 59 分	90	20.6
3	58.9	1 天 8 时 30 分	330	8.3

从表 2 可知，1 号测位点最高温峰为 65.4℃，2 号测位点最高温峰为 60.6℃，3 号测位点最高温峰为 58.9℃。三个测位点的最高温峰发生时间接近，基本为 1 天 8 时 30 分左右，持续时间分别在 60min、90min、330min 后降温。1 号测位点最大实测里表温差为 16.6℃，2 号测位点最大实测里表温差为 20.6℃，3 号测位点最大实测里表温差为 8.3℃。

4.2　第 19 段底板测温

第 19 段底板长 12m，宽 22.15m，厚度 1.0m，采用冷水管保温。2020 年 4 月 17 日浇筑混凝土，入模温度 27.8～28.9℃。升温阶段、降温阶段温度见表 3。

第 19 段底板升温阶段温度监测结果　　　　　　　　　　　　　　表 3

测位号	最高温峰（℃）	到达最高温度用时	温峰持续时长（min）	最大里表温差（℃）
1	59.1	0 天 17 时 00 分	30	16.7
2	64.0	1 天 10 时 00 分	30	18.0
3	60.2	1 天 10 时 30 分	60	10.7

从表 3 可知，1 号测位点最高温峰为 59.1℃，2 号测位点最高温峰为 64.0℃，3 号测位点最高温峰为 60.2℃。三个测位点的最高温峰发生时间而且出现时间在大体积混凝土浇筑完成 17 时和 1 天 10 时后，持续时间分别在 30min、30min、60min 后降温；1 号测位点最大实测里表温差为 16.7℃，2 号测位点最大实测里表温差为 18.0℃，3 号测位点最大实测里表温差为 10.7℃。

4.3 冷水管的降温效果

第18段底板采用无冷水管养护，第19段底板采用冷水管养护。两者升温阶段温测结果对比见表4，降温速度对比曲线如图7所示。

第18段、19段底板升温阶段温测结果对比 表4

位置	入模温度（℃）	最高温峰（℃）	最大里表温差（℃）	最大表环温差（℃）
第18段底板	26.9~28.2	65.4	20.6	38.7
第19段底板	27.8~28.9	64	18.0	24.8

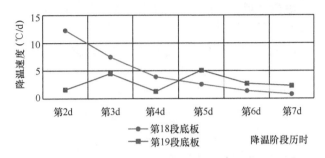

图7 第18段、19段底板1号测位点降温速度对比曲线

从试验数据可知：

（1）第19段底板的平均入模温度为28.3℃，比第18段底板高0.7℃；

（2）第19段底板的最高温峰为64℃，比第18段底板低1.4℃；

（3）第19段底板的最大里表温差为18℃，比第18段底板低2.6℃；

（4）第19段底板的最大表环温差为24.8℃，比第18段底板低13.9℃。

说明冷水管的布置可以降低最高温峰，减小里表温差和表环温差，尤其对降低表环温差效果显著，从而有效控制底板裂缝的产生。

5 结论

通过有限元软件对是否增加冷水管和冷水管布置方式的建模以及现场试验对比分析，得出以下结论：

（1）在仓面布置冷水管时，冷水管放置位置和水管的通水时长对混凝土温度应力有很大影响，合理布置并选择合适的通水时长对大体积混凝土温控防裂更为有利。在本模型中，冷水管布置间距1.0m、布置深度0.6m为最佳布置，通水时长5d为最佳通水时长。

（2）冷水管的布置与实施可实现较低的最高温升和较平稳的降温速率，可以有效提高混凝土的抗裂性能。

参考文献

[1] 林永奇. 大体积混凝土施工裂缝的成因及应对方法研究[J]. 四川建材，2021，47(11)：127-128.
[2] 李岩. 从机理分析大体积混凝土收缩裂缝和温度裂缝的防治措施[J]. 建设监理，2019(12)：77-79.
[3] 孔祥龙. 大体积水泥混凝土结构浇筑施工温度裂缝防控初探[J]. 产业科技创新，2019(30)：47-48.
[4] 陈果，杨霞，杨亮. 大体积混凝土温度应力有限元计算数值模拟分析[J]. 重庆建筑，2019(8)：27-30.
[5] 杨大平. 大体积刚性能混凝土温度应力控制试验研究[D]. 西安：西安建筑科技大学，2006.

作者简介：瞿宁(1997—)，女，大学本科，工程师，目前主要从事城市轨道交通施工与管理工作。

具有温度及收缩裂缝的地铁车站顶板防水施工工艺研究

张 衡

（中电建（福州）轨道交通有限公司 福州 350015）

摘 要：地铁车站现浇顶板受到季节性温度变化、风等因素的影响，混凝土热胀冷缩、水分散发加快，易使结构板出现温度和收缩裂缝，增大了地下车站顶板渗漏的风险。为降低具有温度及收缩裂缝的地铁车站顶板渗漏风险，福州地铁 6 号线某车站顶板采用增加裂缝切槽灌注化学浆、涂刷高渗透环氧涂料层两道工序的防水施工工艺，在经过两个雨期后，车站顶板无渗漏、湿渍。对比福州地区类似工况采用常规顶板防水施工工艺的其他地铁车站，该工艺能够提高车站顶板抗渗质量，降低顶板土方回填后的堵漏难度及防水成本。

关键词：裂缝；地下车站；现浇结构；防水施工

1 前言

地铁施工质量必须严格把关，防水施工质量作为地铁车站建设过程中一项关键的控制指标，若是未能达到既定要求，会对地铁工程的安全形成严重威胁。不同部位或环境条件下的防水施工材料及工艺不同，取得效果亦不尽相同，对于具有温度及收缩裂缝的地铁车站顶板，目前大多采用土方回填后打孔注浆的方式封堵渗漏，该方式高空作业风险较大、堵漏周期较长、外观质量差。本文按照事先预防的理念，以实际工况下具有温度及收缩裂缝的地下车站顶板防水施工为研究对象，提出了一种增加裂缝切槽灌注（改性环氧树脂）化学浆、涂刷高渗透环氧涂料层两道防水施工工序的施工工艺，以有效提高顶板抗渗质量。

2 工程概况

2.1 车站基本情况

车站位于福州市长乐区，设计长度 432m，标准段设计宽度约 24m，车站为地下两层箱形框架混凝土现浇结构，顶板设计厚度 700mm。场地上层滞水水位埋深为 4.78～5.84m，标高为 5.05～5.54m，车站防水等级为一级，结构自防水与外包防水相结合，顶板混凝土强度等级 C30，迎水面钢筋保护层厚度 50mm，顶板防水施工设计采用 2.5mm 厚单组分聚氨酯防水涂料及 70mm 厚 C20 细石混凝土保护层，

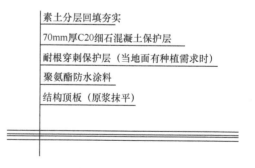

图 1 车站顶板防水施工设计图

施工缝处设置钢板止水带和遇水膨胀止水条。车站顶板防水施工设计图如图 1 所示。

2.2 施工情况

车站顶板施工主要集中在 6 月～9 月，正值福州市夏季高温天气，抑制裂缝产生是施工的重难点。本车站采用跳仓法施工，根据受力合理及施工方便的原则，车站顶板施工被分为 21 段，

每段约20m，浇筑前严格检查施工缝防水措施。采用"先浇筑A段、再浇筑A＋2段、再浇筑A＋1段"的浇筑顺序，C30混凝土进场前全部经检验合格，入模温度控制在30℃以内，坍落度为140±20mm，浇水养护不小于7d。车站顶板防水施工设计图如图2所示。

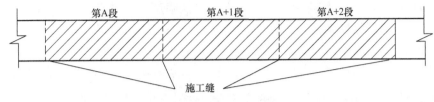

图2　顶板浇筑顺序示意图

2.3　顶板施工质量

在达到设计要求后组织拆模，整体浇筑质量良好，但发现有9段顶板表面存在5～9条长6～8m、宽0.2～0.4mm的横向裂缝，与车站长度方向近乎垂直。顶板裂缝示意图如图3所示。

3　顶板防水施工

3.1　裂缝产生原因分析

外荷载与变形作用是致使现浇结构产生裂缝的主要原因，其中变形引起的裂缝占据较大比重。本车站顶板裂缝经检测虽不会直接威胁结构的安全性，但对结构的耐久性有着不利影响，顶板在浇筑前支架基础、架体强度与刚度均验收合格，浇筑后未施加外部荷载且严格按照设计要求组织拆模，故排除裂缝是由不均匀沉降、外加荷载引起的。顶板混凝土虽然采取跳仓法施工、入模温

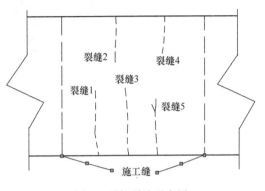

图3　顶板裂缝示意图

度控制在30℃内、安排专人浇水养护，但2019年福州市长乐区夏季中午平均温度约35℃、夜晚会下降至约15℃，昼夜温差较大，且由于车站所处位置近海，顶板常受风吹，混凝土材料自身性能并不均匀，分析确定顶板裂缝主要是由温度原因及混凝土收缩引起的。

3.2　防水施工

3.2.1　工艺确定

按照预防为主、层层设防，对特殊部位重点设防的思路，拟定在原防水设计的基础上增加一道涂料防水施工工序，并对裂缝位置进行有针对性的处理。通过对比、总结各类防水（涂）料的适用性、可灌性、耐久性等性能，最终确定在涂刷聚氨酯涂料层之前，先对裂缝切槽灌注（改性环氧树脂）化学浆、再增刷高渗透环氧涂料层的方法保证顶板防水施工质量。防水材料适用性及性能比较见表1。

防水材料适用性及性能比较　　　　　　　　　　　　　　　　表1

材料名称	适用范围	灌注性	耐久性及其他性能
水泥浆	通常使用与大体积混凝土稳定的裂缝	受粒径限制	加入硅粉可增强耐久性，活缝及流水环境中耐久性差
聚氨酯	一般在活动的裂缝中亦可使用（福州地铁限制使用）	较好	粘结强度低，耐久性稍差
环氧树脂（改性）	在稳定的裂缝中可使用	环氧树脂可灌性一般，改性环氧树脂的可灌性较好	粘结强度高、收缩小、耐候性及耐化学腐蚀性强

3.2.2 施工步骤

（1）修补清理顶板基面的气孔、蜂窝、裂隙等问题，做到基面整洁、干燥。

（2）顶板阴阳角部位采用1∶2.5的水泥砂浆进行50mm×50mm的倒角处理。

（3）在阴阳角和施工缝等特殊部位涂刷防水涂膜加强层，加强层厚1mm（加强层采用环氧树脂防水涂料），加强层涂刷完毕后，立即粘贴增强层（增强层采用30cm宽无纺布）。

（4）标记基面大于0.3mm的裂缝，沿裂缝进行切槽处理，槽宽不小于5mm、深度5～8mm，在切槽内灌注（改性环氧树脂）化学浆，凝固后浆面须与基面高度一致，无凹槽（图4）。

(a) (b) (c)

图4　裂缝切槽、检查及灌浆

(a) 顶板裂缝切槽；(b) 切槽质量检查；(c) 切槽内灌浆

（5）加强层、槽内浆体实干后，开始涂刷高渗透环氧涂料，按照甲组分∶乙组分＝5∶1（质量比）配料，电动搅拌2～3min混合均匀，静置熟化5min后涂刷，第一道涂刷用量（约0.25kg/m²），待其凝固至少0.5h后，涂刷第二道（约0.25kg/m²），上下两道涂层涂刷方向相互垂直（图5）。

（6）高渗透环氧涂料层完全硬化经验收合格后，在其上涂刷聚氨酯防水涂料，3～4道成型，上下两道涂层涂刷方向相互垂直，每道应厚度均匀、无气孔气泡，上一道涂膜间隔大于12h且手摸不粘后，涂刷下一道，厚度不小于2.5mm。

图5　整体涂刷高渗透环氧涂料层

（7）聚氨酯涂膜防水层施工完毕并经过验收合格后，覆盖一层200g/m²无纺布隔离层（搭接10cm），浇筑70mm厚细石混凝土，按设计要求养护并组织后续蓄水试验。

4　施工工艺对比

4.1　施工难度及防渗效果

福州地区类似工况，采用常规顶板防水施工工艺（未进行裂缝处理及增设高渗透环氧涂料层）的其他地铁车站，在土方回填完成后，顶板大多开始出现渗水裂缝，采用打孔注环氧树脂堵漏，高空作业增大了施工风险、仰视堵漏难度较大，堵漏周期约4个月，效果及美观度略差（图6）；采用本研究防水施工工艺的地铁车站，4d即可完成一段顶板（约420m²）裂缝切槽灌浆及高渗透环氧涂料层施工，经历 2020 年、2021 年两个雨期后，顶板未出现渗水裂缝，板面光洁（图 7）。

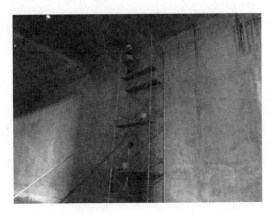

图 6　常规顶板防水施工土方回填后堵漏　　　图 7　研究对象车站两个雨期后顶板渗漏情况

4.2　施工成本

本文所述防水工艺每段顶板（约 420m²）新增的两道防水工序，4 人、4d 约消耗 210kg 环氧材料即可完成，成本约 4×4×290＋210×35＝11990（元）；土方回填后钻孔注浆封堵每段平均市场价格约 1.8 万元，每段成本可节约 33.4%。

5　结论

（1）较大的环境温差、风吹因素诱发的温度裂缝、收缩裂缝是导致土方回填后地下车站顶板出现渗漏的主要原因。

（2）采用增加裂缝切槽灌注（改性环氧树脂）化学浆、涂刷高渗透环氧涂料层两道防水施工工序的防水工艺，可有效解决具有温度及收缩裂缝的地铁车站顶板渗漏问题，较土方回填后钻孔注浆的传统封堵工艺进度、安全性均有提高，且节约成本。

参考文献

[1] 谈磊，李洁，阎文鹏，等．北京永安里地铁车站防水施工工艺技术[J]．市政技术，1995(3)：41-45.

[2] 刘思琼．城市轨道地铁车站顶板防水施工技术[J]．技术与市场，2012，19(5)：201.

[3] 李志雄，张达石，马天文．南京地铁南京站车站防水设计与施工[J]．中国建筑防水，2004(7)：30-33.

[4] 王军琪，邓国华．西安地铁 3 号线地下车站防水效果分析及其改进技术研究[J]．水利与建筑工程学报，2015，13(5)：173-178.

[5] 林守业．地铁施工中地下车站防水施工技术探究[J]．科学技术创新，2019(30)：105-106.

[6] 张宁，张玮．地铁施工中地下车站防水施工技术探讨[J]．工程技术研究，2018(13)：72-73.

[7] 贺斯进．地铁车站顶板裂缝原因分析与裂缝处理[J]．都市快轨交通，2004(S1)：53-56.

[8] 陈云飞．地铁车站防水工程分析及施工质量控制[J]．石家庄铁道大学学报（自然科学版），2018，31(S1)：20-23.

[9] 谭延伟，张维欣．某大型地下车库顶板渗漏治理技术[J]．中国建筑防水，2010(24)：38-40.

[10] 时世跃，孙艳茹．地铁施工中地下车站防水施工技术探究[J]．中国住宅设施，2016(1)：14-17.

[11] 王学华．地铁车站防水施工质量控制[J]．中国建材科技，2017，26(3)：118-119，133.

作者简介：张衡(1993—)，男，硕士研究生，工程师，目前主要从事地铁施工安全、质量管理工作。

地铁车站防水施工技术

白浩东

（中电建南方建设投资有限公司　深圳 518000）

摘　要： 现在国内不断扩展城市地下轨道交通的建设，逐渐构建完善的城市交通运输网络，缓解城市现行交通压力，提高人们出行顺畅度和安全性。由于地铁工程一般比较庞大，工程结构复杂，且需要应对的地质环境也是复杂多样的。在地铁施工中，防水施工是一项非常关键的技术环节，其中涉及的技术难度也是比较大的。本文基于地铁车站主体结构防水施工技术进行详细研究，就防水施工的技术和方法展开论述，提出几点建议和意见，以供参考。

关键词： 地铁；防水；施工技术

1　前言

目前地铁线路主要以地下、路面和高架三种形式呈现，根据不同的线路显示，地铁车站的建设方式也有所不同。目前最为常见的地铁线路为地下形式。地铁车站作为乘客上下换乘的地方，人流量较为密集，实现的功能也较为复杂，尤其是地铁车站经常建在地下，除了考虑坚固以外，还要考虑地下防水。地下车站漏水的问题有其自身的特殊原因，特别是在地下水水位比较高的沿海地区，渗漏发生的频率更高。因此研究地下车站防水施工技术有利于提升地铁车站防渗漏施工质量与车站使用寿命。

2　地铁车站防水的主要原则

城市地铁车站的防水设计一般按照一级标准的要求，即结构不允许出现渗水、内衬表面不得有湿渍。其设计和施工原则为：（1）以防为主、刚柔结合、因地制宜、多道设防、综合治理；（2）主要增强混凝土结构自防水，同时结合柔性附加材料进行防水；（3）坚持以结构自防水为根本，控制混凝土结构裂缝的产生，增强混凝土的抗渗性能；（4）对特殊部位，如施工缝、变形缝、穿墙管等的接缝防水应进行重点设防。

3　车站渗漏水原因分析

要想从根源上解决地铁车站主体结构防水问题，就必须对症下药，找到相应问题的原因，全面、多角度地分析问题，就车站主体结构防水的影响因素进行判断。

3.1　设计影响

地铁车站主体结构的设计方案图纸最初是根据相关建筑资料数据和实地勘察综合制定的，但是在施工过程中难免会遇到相关现实因素无法继续施工，影响后续工程的进行和质量。这就需要设计方案随着施工进度进行变更和调整，比如在施工前期准备时没有预料到中期工程的防水设计处理，未及时发现，未及时解决。如果工程结构方案图纸设计没有根据施工情况而改变，可能会造成地下工程渗水，拖延施工进度，降低施工质量。这种情况大多由于施工技术工人与设计人员信息资源不互通，不能及时根据施工要求完善理论设计；或是相关人员对防水渗漏问题不重视，缺乏相关知识素养而放任不管，给工程埋下安全和质量隐患。

3.2 结构自防水失效

防水混凝土本身具有良好的抗渗性，但在实际施工中却存在很多问题，其最主要的是混凝土施工质量欠佳或特殊部位处理措施不当，造成混凝土内部存在局部缺陷，破坏了结构自防水的能力，加之地下水环境复杂，造成结构自防水失效，其主要原因有以下几点：

（1）混凝土的收缩变形使混凝土内部产生裂缝。

（2）侧墙厚薄不均产生裂缝。

（3）施工缝、变形缝细部防水节点处理不当。一是施工缝处未凿毛或垃圾未清理干净；二是施工缝、变形缝处的止水带未按设计要求位置安装，或是止水带表面未清理干净或被破坏，部分失去防水效果。

（4）混凝土振捣不密实形成空洞、裂缝等引发的结构渗漏水，主要表现为欠振、漏振和过振。

3.3 外包防水层失效

在混凝土迎水面设置外包柔性防水层。从理论上讲全外包防水层，能有效地把车站与外界水源隔绝，具有非常好的防水效果，但在实际施工中，防水层铺设过程中出现的技术性问题也会影响防水效果。如果铺设不平整导致出现部分鼓起、空鼓现象，不利于后期浇筑，从而破坏墙体主体结构防水性能。

4 地铁车站主体结构防水施工技术

为了提高地铁车站主体工程结构防水质量，要有针对性地从各个方面制定处理方法，根据对应情况解决相应问题，从工程方案设计到具体施工环节，加强工程建筑的管理和监督工作，建立健全管控机制，做好相应的应急备案工作。组织培训，加强相关人员的专业职业素养和综合素质，培养防水防渗意识，注重细节化处理。引进先进设备，提高施工工艺和技术。

4.1 混凝土自防水施工

结构混凝土最为突出的特点是其自防水性能，它通过对普通混凝土的配合比、灰砂比、水泥用量等进行调整，控制水灰比和坍落度，进而使混凝土的密实性得到提高，减少混凝土内部的孔隙，起到防水效果。通过添加膨胀剂、防水剂、引气剂、减水剂等外加剂，使混凝土的内部结构得到改善，抗渗性能、密实性得到提高，这种混凝土被称为外加剂防水混凝土。混凝土结构要达到设计及规范要求的防水性能，在混凝土搅拌、浇筑与振捣、养护等各个环节都要严格把关，方能确保防水混凝土的施工质量。

（1）原材料质量控制

在进行防水混凝土搅拌时，要严格按照设计配合比配料，精细称重以确保材料用量准确。根据所选外加剂的特点，按照其使用要求准确添加。外加剂、水泥、水等的用量偏差应当控制在 ±1% 以内，砂石的用量偏差不能超过 ±2%。防水混凝土应尽可能地采用机械搅拌，单次搅拌时间不能少于 2min；当需要添加引气型外加剂时，应保证单次搅拌时间不少于 3min，并严格按照外加剂的使用说明适时添加。

（2）钢筋绑扎

钢筋应绑扎牢固，以防浇捣混凝土时因碰撞震动使扎丝绑点松散、位移，造成露筋。绑扎钢筋时，应按设计规定留足保护层，不得有负误差：保护层垫块应以水泥砂浆制成且强度高，将钢筋垫实，水平面的垫块数量每平方米不少于 4 块为宜，立面每平方米不应少于 2 块。严禁以钢筋或砖、石块支垫钢筋，或将钢筋骨架用钢筋直接架立在底模上。

（3）模板工程

防水混凝土所用模板，除满足一般要求外，应特别注意模板的刚度、平整度、拼缝严密不漏浆，构造牢固稳定。检查模板脱模剂涂刷是否均匀，有无漏刷，木模板是否湿水。对拉螺栓固定模板，在预埋套管或螺栓上加焊止水环，阻止渗水通路。模板支设过程中，木屑、杂物必须清理干净，在侧墙板下口根部处每段至少留2个清扫口，将杂物及时清扫后再封上。

（4）防水混凝土浇筑施工质量控制

在正式进行防水混凝土浇筑作业前，应当先将模板内部清洗干净，对木质模板要预先用水浸湿；若混凝土浇筑垂直落差大于1.5m时，应使用溜管、溜槽等工具辅助浇筑，避免混凝土因落差过大而出现离析。如果结构存在钢筋和管群密集、预埋件多而不方便浇筑的部位，就需要使用相同抗渗等级的细石混凝土替代该部位的防水混凝土。如果预埋管件直径较大时，为了能够有效排除混凝土内的气泡，便于混凝土的振捣和浇筑，可在构件底部开设用于浇筑振捣的孔。为了防止浇筑结束后混凝土结构出现冻害情况，防水混凝土浇筑作业应在气温不低于5℃的条件下进行，冬期施工必须做好保温措施。

4.2 施工缝防水

车站是比较复杂的结构，它设置有站台层、站厅层、设备夹层、轨顶风道等结构，施工中不可能一次浇筑完成，故此施工缝不可避免。如何确保施工缝处的防水质量显得尤为重要。一般处理措施如下：

（1）环向施工缝、纵向水平施工缝均采用35cm宽钢边橡胶止水带，中埋设置。止水带应设置在结构厚度的中间位置（图1、图2）。

（2）施工缝浇筑混凝土前，应将其表面清理干净，在结构断面涂刷水泥基渗透结晶防水材料，用量不少于1.5kg/m²。

（3）在施工缝迎水面设置500mm宽防水加强层。宜采用双面粘1.5mm厚丁基橡胶冷自粘防水卷材。

图1   图2

4.3 变形缝处的处理措施

（1）变形缝迎水面设置350mm宽中孔型外贴式橡胶止水带。

（2）变形缝部位整环设置350mm宽中孔型中埋式钢边橡胶止水带。

（3）在顶板、侧墙和底板变形缝内侧采用聚氨酯密封胶进行嵌缝，并在顶板、侧墙处预留凹槽设置接水盒。

（4）水平设置的止水带采用盆式安装，盆口向上，以保证浇捣时混凝土内产生的气泡可以顺利排出。

（5）在变形缝对应的围护结构基面1m宽度范围内，增加铺设自粘卷材防水加强层。

4.4 防水卷材施工

（1）预铺反粘法

1）工艺流程

施工准备→清理基层→节点处理（增强层及各类管道口、桩头等）→定位、试铺→空铺反粘防水卷材→辊压、排气、压实→接头搭接→末端收头→质量验收。

2）施工工艺

① 基面清理

清除基层表面杂物，凸出表面的石子、砂浆疙瘩等应清理干净，清扫工作必须在施工中随时进行。

② 铺贴卷材

将待铺卷材剪好，立即展开空铺于预定部位，随后用压辊向两侧、向前滚压排气粘牢。按基准线铺好第一幅卷材，再铺设第二幅，然后揭开两幅卷材搭接部位的隔离膜，将卷材搭接。铺贴卷材时，卷材不得用力拉伸，应随时注意与基准线对齐，以免出现偏差难以纠正。

③ 卷材连接

采用搭接的方式，揭除卷材搭接边隔离膜粘贴后，随即用胶辊用力滚压排出空气，使卷材搭接边粘结牢固。卷材搭接时长、短边搭接宽度不小于60mm（图3）。

④ 卷材收头处理

立面收头部位：由下而上将卷材粘贴于立面基层，辊压排气（图4）。

图3　　　　　　　　　　　　　　　　图4

端头、阴阳角处理：端头、阴阳角局部部位采用钉压处理。

⑤ 检查验收

检查所有自粘卷材面有无撕裂、刺穿，发现后应及时修补，附加层应压紧压实，边缝用聚合物水泥封边处理。

（2）湿铺法

1）施工流程

顶板、侧墙清理、湿润→定位、弹线→涂抹水泥浆混合物→揭掉卷材下表面的隔离膜→节点加强处理→铺贴防水卷材→提浆、排气→养护（24～48h）→搭接口密封→质量验收。

2）施工工艺

① 顶板、侧墙清理、湿润

用扫帚、铁铲等工具将顶板、侧墙表面的灰尘、杂物清理干净，干燥的顶板、侧墙需预先洒水湿润，顶板不得残留积水。处理好的基面如图5所示。

② 涂抹水泥浆混合物

厚度一般为2～3mm，与自粘卷材构成刚柔两道复合防水系统，铺抹涂料时应注意压实、抹平。涂抹水泥浆混合物宽度比卷材的长、短各宽出卷材 100～300mm，并确保水泥浆混合物的平整、均匀。

③ 细部节点加强处理

在大面积卷材铺设前，应对格构柱穿顶板、顶板渐变防水加强层、侧墙变形缝防水卷材加强层、侧墙穿墙管、顶板与侧墙防角防水卷材加强层、水平施工缝防水加强层等细部节点部位按设计要求进行处理。

④ 防水层大面积卷材铺贴

揭掉防水卷材下表面的隔离材料，将卷材平铺在水泥浆混合物上。卷材和相邻卷材之间为平行搭接方式铺设（一般情况下，不宜采用对接方式），搭接宽度为 100mm（图 6）。

⑤ 提浆、排气

铺设时用木抹子或橡胶板拍打卷材上表面，排出卷材下面的空气，使卷材与水泥浆混合物紧密粘结。

⑥ 养护

卷材铺贴完成后养护 24～48h（具体时间视环境温度而定，一般情况下温度越高所需时间越短）。

⑦ 卷材搭接缝及密封处理

可采用自粘封口条压盖在搭接部位。操作时，先将卷材搭接部位上表面的隔离膜（或硅油隔离纸）拆除，再粘贴自粘封口条，若搭接部位被污染，需先清理干净。

图 5   图 6

5　结束语

地铁防水是地铁施工中一项极为重要的环节，各方必须要从思想上高度重视，明挖车站主体结构施工常见的渗漏原因主要有混凝土结构裂隙、外包防水失效、施工缝、穿墙管的处理措施不正确等。在进行车站结构防水卷材施工时，须严格按照规范要求进行施工，确保每道工序合格后方可允许进行下道工序施工；切实提升地铁车站的防水能力，为地铁车站的安全运营和确保使用寿命提供有力保障。

参考文献

[1] 张晓丽. 地铁车站防水施工浅析[J]. 建筑学研究前沿，2018(20)：55-57.

[2] 张亮. 地铁车站盖挖法主体结构施工技术分析[J]. 设备管理与维修，2018(17)：128-130.

[3] 杨义. 明挖车站主体结构防水施工技术研究[J]. 设备管理与维修，2018(8)：148-149.

作者简介：白浩东(1998—)，男，大学本科，助理工程师，目前主要从事城市轨道交通施工与管理工作。

地下车站主体侧墙和地下连续墙
大跨度开洞技术研究

孙胜贤

（中电建（福州）轨道交通有限公司　福州 350015）

摘　要： 针对福州地铁 6 号线万寿站新增 D 出入口在车站围护结构和主体结构上大跨度开洞（同时破除地下连续墙和侧墙）施工技术难题，提出了 1 种在地铁列车正常跑图运行且主体结构侧墙施工时未预留远期出入口开洞洞门的前提下，同时破除车站主体地下连续墙和主体结构侧墙并交叉施工出入口通道暗柱和过梁的"新奥法"随开洞随支护新方案。结果表明：新方案较传统的在车站站厅层和站台层轨行区架设钢支撑支护并人工开洞（破除地下连续墙和侧墙）施工方案，安全可靠、成本低、工效快，可为相关设计与施工提供参考和借鉴。

关键词： 新增出入口；运行；地下车站；大跨度；开洞

1　前言

国内大多城市地铁车站主体施工时，均预留了远期新增出入口开洞洞门，然而，万寿站规划建设之初仅设计和施工了 3 个出入口，且主体结构施工时未预留新增 D 出入口通道开洞条件。随着福州滨海新城的加快建设，万寿站周边规划进行了调整，新建小区日趋增多，显然无法满足周边市民的乘车需求。考虑到 6 号线列车已运行且福州地区类似建设先例较少，本研究借鉴北京地铁既有侧墙开洞经验，研究了在地铁列车正常跑图运行且主体结构施工时未提前预留 D 出入口开洞洞门的前提下，同时破除车站主体地下连续墙和侧墙并交叉施工出入口通道暗柱和过梁开洞难题。

2　工程概况

万寿站为地下二层岛式车站，负一层为站厅层，负二层为站台层，车站主体墙体采用"0.8m 厚地下连续墙 + 0.7m 厚侧墙"复合式结构，车站主体地下连续墙和侧墙开洞部位未预留开洞洞门。新增 D 出入口施工时车站主体已封顶，顶板覆土已回填完成，车站内设备安装和装饰装修工程已完成，6 号线长乐段已运行，车站开洞部位管线错综复杂。

3　开洞及临时支护方案

新增 D 出入口在车站主体结构施工时未预留开洞洞门过梁和暗柱的情况下，为使新增 D 出入口与站厅层连通，需大跨度在站厅层 23～25 轴车站地下连续墙和侧墙上凿出 1 处长 10m、高 7.05m、厚 1.5m 的洞口（其中，地下连续墙厚 0.8m，车站主体结构侧墙厚 0.7m）并施作洞口过梁和暗柱。

为确保开洞安全，传统开洞方案主要是在站台层轨行区和站厅层设置钢支撑支护下进行开洞作业；新方案主要通过减少顶板上方覆土荷载并采用"新奥法"原理，随开洞随支护。

3.1 开洞及临时支护传统施工方案

3.1.1 临时支护措施

在车站站厅层、站台层（轨行区）23～25/B～C 轴分别设置 10 根竖向钢支撑（ϕ609，$t=$ 16）和一道水平钢围檩（双拼 45C 型钢），共计用钢 47.142t，开洞及钢支撑（围檩）布置图如图 1 所示，钢支撑和钢围檩需求数量见表 1。

钢支撑和钢围檩需求数量表　　　　　　　表 1

序号	名称	部位	数量（根）	单根长度（m）	单根质量（t）	总质量（t）
1	钢支撑	站厅层	10	4.250	1.65＝0.667×2＋0.316	16.500
		站台层	10	5.450	2.157＝0.667×2＋0.427＋0.396	21.570
2	钢围檩	站厅层	2	0.189	2.268＝0.189×12	4.536
		站台层	2	0.189	2.268＝0.189×12	4.536
合计						47.142

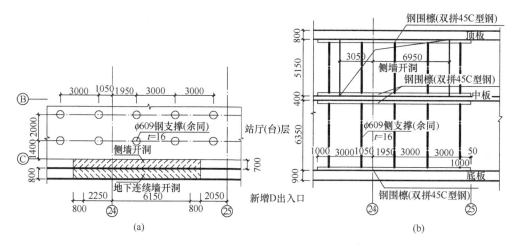

图 1　开洞及钢支撑支护布置图
(a) 开洞及钢支撑支护平面布置图；(b) 钢支撑立面布置图

3.1.2 车站主体结构地下连续墙和侧墙破除

当站厅层和站台层钢支撑和钢围檩安装完成后，开始开挖 D 出入口深基坑，当出入口靠近车站部位土方开挖完成后，根据车站地下连续墙和车站主体结构侧墙破除的实际位置、吊出空间及地质情况，采用分层分块、由上而下从 D 出入口一侧向车站站厅层方向人工破除车站主体结构地下连续墙和侧墙并结合静态膨胀剂降低破除难度，每块宽度不大于 3m，主体结构地下连续墙和侧墙人工破除工程量见表 2。

采用人工破除混凝土结构，破除过程中灰尘较大，风镐破除振动大、噪声大，作业工人易患尘肺、噪声聋、手臂振动病等职业病，为最大限度地降低患职业病的发生概率，凿除混凝土时需使用雾炮等进行"喷雾"降尘，同时要求工人佩戴护耳器、防尘口罩、防振手套等职业病防护用品，最大限度地减少职业危害。

主体结构地下连续墙和侧墙人工破除工程量　　　　　表2

序号	部位	宽度（m）	高度（m）	厚度（m）	工程量（m³）
1	地下连续墙	10	8.050	0.8	64.4
2	主体结构侧墙	10	8.050	0.7	30.4
合计					94.8

3.2　开洞及临时支护新方案

鉴于6号线长乐段已通车试运行，站台层钢支撑需设置在轨行区，会影响地铁列车运行，若在车辆正常运行条件下架设轨行区钢支撑，只能在夜间"天窗点"作业，施工难度极大且车站站厅（台）层设备安装和装饰装修已完成，预留下料口已全部封闭，无法使用汽车式起重机等进行吊装，需人工将钢支撑等从A出入口运送至站厅23~25/B~C轴，运送距离远、数量大、费时、费力，经受力验算新方案可保证开洞安全。

3.2.1　临时卸载措施

为降低车站顶板满荷载条件下大跨度开洞对结构顶板的影响，在开洞（即地下连续墙和主体结构侧墙切割）前需将结构顶板23~25/B~C轴上方已回填土方挖除113.93m³，同时，为避免破坏顶板防水保护层且满足车辆从顶板上临时通行需求，顶板上方保留0.5m厚土方（即卸载深度1.2m），经荷载验算，满足受力要求，车站主体顶板土方卸载范围如图2所示，顶板上方土方卸载面积、深度和卸载工程量见表3。

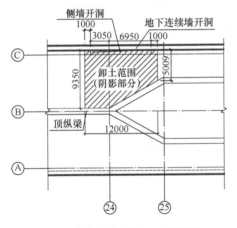

图2　车站主体顶板卸土平面图

顶板上方土方卸载面积、深度和卸载工程量　　　表3

卸土深度（m）	阴影面积（m²）	工程量（m³）
1.2	(9.35+5.009)×(6.95+1)/2+(1+3.05)×9.35	113.93

3.2.2　临时支护措施

根据车站主体地下连续墙和结构侧墙破除的实际位置、吊出空间及地质情况，将洞门分4次进行开洞。每次开洞完成后，在已开洞主体侧墙洞口架设1根竖向700×300的型钢立柱（型钢立柱结构形式如图3所示），考虑到侧墙开洞总跨度达10m，型钢临时立柱间距达2m，为保证洞门周边车站主体结构顶板、D出入口围护结构稳定，在4根钢立柱全部支护完成后待接口框架柱KZ3和过梁TJKL浇筑完成且混凝土抗压强度达到设计强度100%后再拆除型钢立柱（即将型钢立柱柱帽浇筑至TJKL中）。

每根钢立柱加工成两部分（上部为柱帽，下部为柱体，柱帽与柱体之间设置连接板）（型钢立柱形式如图3所示），每次开洞完成及时按照"新奥法"原理随开洞随架设钢立柱，开洞及型钢立柱临时支护如图4所示，主体结构侧墙和地下连续墙人工破除工程量见表4，绳锯切割工程量见表5。

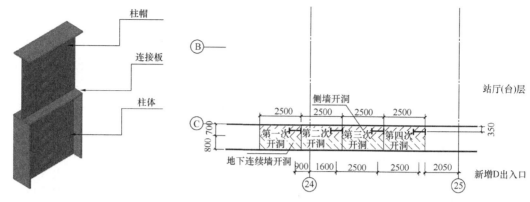

图3 型钢立柱效果图　　　　　　　　图4 开洞及型钢立柱临时支护平面图

侧墙和地下连续墙人工破除工程量　表4

序号	部位	计算式	工程量（m³）
1	地下连续墙	64.4−8.644	55.756
2	主体结构侧墙	30.4−7.581	22.819
合计			78.575

侧墙和地下连续墙绳锯切割工程量　表5

序号	部位	计算式	工程量（m³）
1	地下连续墙	(10+8.05)×2×0.8×0.3	8.664
2	主体结构侧墙	(10+8.05)×2×0.7×0.3	7.581
合计			16.245

3.2.3 监控量测

为保证开洞过程中主体结构稳定，在洞门地下连续墙和侧墙破除前7d在洞门对应顶板以上附近埋设3排沉降监测点（每排5个，排间距3m），待洞门接口框架柱和过梁施工完成后7d且沉降变形稳定后停止监测，若监测点沉降大于规范要求，立即停止开洞并紧急支护，确保洞门安全，监测频次见表6。

开洞监控量测频次　表6

工况名称	开洞前	开洞时	框架梁柱施工	框架梁柱完成
监测频次	1次/2d	0.5次/d	1次/d	1次/2d
巡查频次	1次/d	1次/h	1次/3h	1次/d

本次开洞，开始开洞第10天沉降点变化率最大，最大达−0.26mm/d，远小于规范规定的3mm/d，最大沉降量达−5.514mm，远小于规范规定的10mm，顶板监测结果如图5所示。

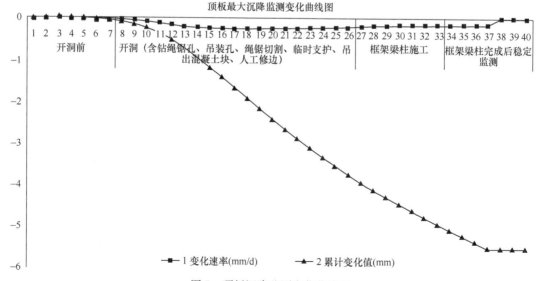

图5 顶板沉降监测变化曲线图

4 新方案与传统方案比对分析

（1）列车运行安全影响方面。传统方案，需在列车跑图运行下，在轨行区 23-25 轴/B-C 轴安装钢支撑（围檩），钢支撑架设只能在"天窗点"作业，有效作业时间仅 2.5h/d 且安装后对列车运行产生安全影响，而新方案不涉及在站台层轨行区作业。

（2）运营使用方面。传统方案需在站厅层 23-25 轴/B-C 轴靠近侧墙部位安装钢管支撑和水平双拼 45C 型钢，而此时站厅层 23-25 轴/B-C 轴部位存在大量管道，若按照传统方案实施需将管道等拆除，影响运营单位正常使用，而新方案只在开洞部位（地下连续墙）设置型钢立柱支护，造价低且不影响运营单位正常使用。

（3）工效及文明施工方面。传统方案开洞需全部采用人工破除，灰尘大、噪声大，易对工人造成职业危害，对周边居民生活影响大，夜间无法作业。而新方案人工破除修边量小，主要采用绳锯切割，速度快、对作业员危害小、环境污染少、噪声小，不涉及扰民。新方案较传统方案节约工期 20d，计算过程如下：

① 传统方案开洞工期 $T_1 = T_{11} + T_{12} + T_{13} + T_{14} + T_{15}$

式中：T_{11}——钢支撑（围檩）转运时间，4d；

T_{12}——钢支撑、钢围檩安装时间，15d；

T_{13}——洞门凿除时间，14d；

T_{14}——框架柱、梁施工时间，12d；

T_{15}——其他影响时间，8d。

计算得，$T_1 = 53d$。

② 新方案开洞工期 $T_2 = T_{21} + T_{22} + T_{23} + T_{24} + T_{14}$

式中：T_{21}——绳锯切割地下连续墙和侧墙时间，11d；

T_{22}——人工凿除修边时间，3d；

T_{23}——混凝土块吊装时间，2d；

T_{24}——临时支护钢立柱安装时间，3d。

计算得，$T_2 = 31d$。

③ 新方案传统方案提前工期 $T_3 = 20d$。

（4）施工可操作性及成本方面。传统方案钢支撑（围檩）转运需通过 A 出入口人工搬运至站厅层 23-25 轴/B-C 轴，运输距离长、难度大且运输时极易造成站厅层装饰装修成品的损坏，而新方案通过汽车式起重机直接吊运至开洞位置，施工简便、可操作性强、成本低，较传统方案节约成本 30.724 万元，具体计算如下：

新方案较传统方案节约成本 $Q_1 = Q_{11} + Q_{12} + Q_{13} + Q_{14} - Q_{21} + Q_{22} + Q_{23}$

式中：Q_{11}——传统方案钢支撑（围檩）搬运费，3.2 万元；

Q_{12}——传统方案钢支撑（围檩）安装费，9.43 万元；

Q_{13}——传统方案钢支撑（围檩）拆除费，4.714 万元；

Q_{14}——传统方案混凝土凿除费用，5.89 万元；

Q_{21}——传统方案顶板上方土方开挖费用，0.16 万元；

Q_{22}——传统方案钢立柱安拆费用，0.6 万元；

Q_{23}——传统方案绳锯切割混凝土费用，7.05 万元。

计算得，$Q_1 = 30.724$ 万元。

综上所述，新方案优于传统方案。

5 结论

(1)"新奥法"随开洞随支护并结合顶板上方土方卸载方案,在明挖地下车站未预留出入口通道洞门且地铁已开通运行的情况下,开洞施工效果良好,相比站厅层和站台层(轨行区)架设钢支撑支护,可有效降低施工成本和缩短工期。

(2)"新奥法"随开洞随支护并结合顶板上方土方卸载方案安全可靠、效果良好,可为已投入(试)运行或(试)运营的地下明挖车站新增出入口通道开洞设计和施工提供参考建议。

参考文献

[1] 徐斌. 既有地铁车站侧墙开洞浅析[J]. 中外建筑,2015(2):121-123.

[2] 何英,张植伟,涂马文,李乾峰. 地铁车站出入口接驳位置洞门凿除施工技术[J]. 建筑安全,2019,34(12):34-38.

[3] 谢心谦,赵亚鹏,圣学红,许文飞. 超高层地下室与既有环隧衔接施工技术[J]. 建筑技术开发,2021,48(10):35-36.

[4] 中华人民共和国住房和城乡建设部,中华人民共和国国家质量监督检验检疫总局. 城市轨道交通工程测量规范 GB/T 50308—2017[S]. 北京:中国建筑工业出版社,2018.

[5] 中华人民共和国住房和城乡建设部,中华人民共和国国家质量监督检验检疫总局. 城市轨道交通工程监测技术规范 GB 50911—2013[S]. 北京:中国建筑工业出版社,2014.

作者简介:孙胜贤(1987—),男,大学本科,工程师,目前主要从事城市轨道交通施工与管理工作。

华南地区富水地层地铁装配式车站
精平条带施工与地基处理

李坤坤

(中电建南方建设投资有限公司　深圳 518000)

摘　要： 本文主要围绕地铁车站基坑地基处理工艺开展，以华南地区某座装配式车站为例，具体介绍构件拼装前后对拼装段的地基处理工作。首先就土体抗压能力而言，装配段整环拼装完毕后每一环的较大重量对土体抗压能力是一项严峻的考验。同时在拼装完成后的区域与待拼装区域之间存在土体上部压力差，可能造成相邻土体之间的不均匀沉降，研究过程中通过不同种类土的换填及压载试验，最终确定换填材料种类。其次，装配式车站面临与以往传统地下车站施工相同的难题——如何解决渗漏水问题。通过对先期施工的同类车站分析总结，决定采用"防水棚＋明渠排水＋增补降水井"的方式进行基坑降水。最大限度地减少因基坑降水不利对拼装施工的影响。最后，预制构件拼装施工对拼装精度要求极高。因此必须在地基处理上下功夫，将拼装过程中地基变形量控制在工程允许范围内，通过对以往经验的总结，制定了专门服务于拼装作业的精平条带施工工艺，具备易操作性和普遍适用性。

通过以上地基处理措施相互配合，本方案能够为装配式构件拼装施工提供安全可靠的基础条件。同时，希望能对后续其他装配式车站施工提供一些启发。

关键词： 装配式车站；拼装施工；地基处理；基坑降水

1　前言

近年来，随着我国建筑施工工艺的不断进步，一大批预制装配式建筑如雨后春笋般出现在公众面前。不同于以往的建筑施工工法，装配式建筑把传统建造方式中的大量现场作业工作转移到工厂进行，在工厂加工制作好建筑用构件和配件，运输到建筑施工现场，通过可靠的连接方式在现场装配安装。这大大节省了施工场地，缩短了建造周期，同时构件的工厂化、标准化生产，也使构件质量得到明显提升。目前我国地铁车站建设领域采用装配式施工的站点主要集中在长春、青岛等地，在华南地区运用此项技术尚属首次。此外沿海地区富水地层、基坑支护结构不同给装配式施工带来新的难题，目前主要采用地下连续连墙加内支撑的方式施工围护结构，采用大型龙门吊加辅助拼装台车进行预制构件拼装。

2　工程概况

2.1　总体概况

本文中的车站，为地下二层岛式站台车站，车站全长 235m，地下一层为站厅层，地下二层为站台层，有效站台宽 11.8m，长 140m。车站主体结构中间段采用装配式结构，结构外皮净高17.35m，净宽 21.50m；小里程端端头为现浇双柱三跨框架结构，外皮净高 19.09m，净宽25.10m；大里程端端头为现浇单柱双跨框架结构，外皮净高 16.7m，净宽 25.10m，车站范围地面标高西高东低，车站顶板覆土厚度为 2.4~4.2m，基坑深度为 18.7~21.8m。车站范围内自上而下揭露地层主要包括第四系人工填土层、淤泥（0～4m）、淤泥质粉质黏性土、粉质黏土、中粗砂、砂质黏性土、全～中风化混合花岗岩。基底主要处于全～中风化混合花岗岩层。

本站基坑安全等级为一级，采用明挖法施工，采用0.8m厚地下连续墙围护结构＋咬合桩＋内支撑的围护结构体系。

2.2　工程地质及水文地质条件

（1）工程地质条件

从车站范围地质结构剖面图（图1）可知，自上而下地层依次为素填土、淤泥、粉质黏土、淤泥质黏土、中粗砂、硬塑状砂质黏性土、全～中风化混合花岗岩，车站底板位于全～中风化混合花岗岩地层中。车站两端头岩面位置较高，中间装配段底板位置部分存在砂质黏性土，需进行换填处理。

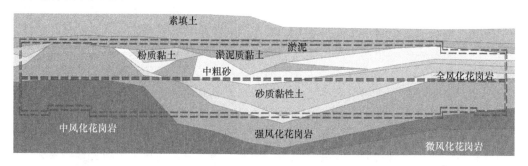

图1　车站范围地质结构剖面图

（2）水文地质条件

沿线地表水主要表现为多处穿越的河流、水塘、沟渠等，地表水发育。河流、水塘主要分布于东宝河停车场西北侧的茅洲河、YDK42＋000附近的德丰围涌、YDK45＋600附近的排涝河、YDK47＋400附近的沙井河，部分区段沿线途经河流，经后期人工改造，修建成混凝土结构明渠或暗渠，原始河谷地貌已不复存在。线路穿越区域主要为茅洲河流域，总体由东向西流入珠江，常伴有潮汐现象。

3　精平条带施工设计

3.1　施工概述

车站主体基坑采用明挖法，基坑开挖（按20m分段，开挖基底线低于设计基底线5～10cm）完成后，对开挖面进行临时封底（封底厚度5～10cm，局部较差地层可考虑加厚），启动精平条带施工，精平条带施工完毕后施作剩余垫层。精平条带施工选用C20混凝土，厚度25cm，根据装配段构件拼装进展进行浇筑施工，超出底板拼装段10环（20m）。

（1）精平条带分布

装配段基底设置精平条带，基底精平条带延基坑横向布置3道，条带高程通过预埋角钢控制，条带高25cm，宽度从左到右依次为1.5m、1.2m、1.5m，如图2所示。

（2）精平条带沿基坑纵向剖面图

精平条带通过精确控制预埋角钢标高来保证条带基面标高，局部不平整部位进行打磨。限位角钢选用L40×40×3(Q235钢)，间距50cm，长度75cm，插入基底线50cm，如图3所示。

（3）精平条带横向剖面图

基坑两侧精平条带宽1.5m，基坑中间精平条带1.2m，条带两边设限位角钢定位，铺设间距150×150的ϕ10钢筋网片，如图4所示。

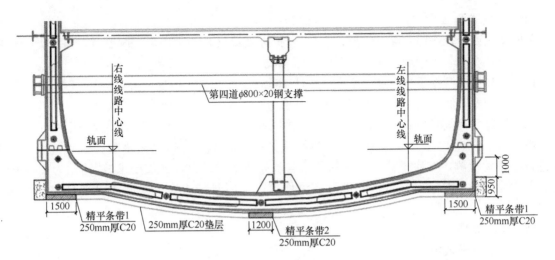

图 2 精平条带平面分布图

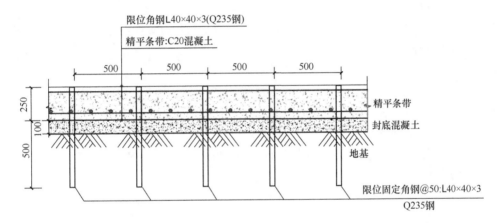

图 3 精平条带沿基坑纵向剖面图

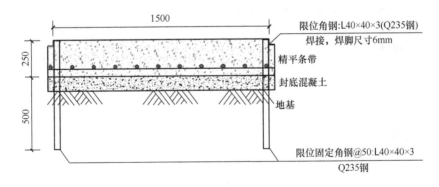

图 4 精平条带横向剖面图

3.2 精平条带施工工艺

装配段基底设置精平条带，基底精平条带延基坑横向布置 3 道，条带高程通过预埋角钢控制，条带之间浇筑 C20 混凝土垫层，垫层浇筑面比精平条带面标高低 20mm，该预留垫层 20mm 厚度空间为注浆填充空间，浇筑条带之间垫层时注意预埋 $\phi 35/t=3mm$ 铁质注浆管，底板块拼装完成后，拼装块与垫层之间间隙采用注浆填充，注浆采用无收缩水泥浆，精平条带的精度控制 ±1mm。具体施工工序如下：

（1）基底整平

装配段土方开挖按照 20m/段进行分段，开挖进度根据装配段拼装进度进行，整体开挖进度领先底板拼装 20m，严禁超前开挖长时间暴露基坑。

使用液压抓斗开挖至接近计划基底（设计基底＋封底混凝土厚度）标高 30cm 时改由人工开挖，人工开挖至基底标高，采用小型夯机对基底进行夯实，重点修整精平条带及两侧立模区域标高，确保修整后标高控制在 ±2cm。弧面标高进行粗修整，以 2m 为间距设置整平基准点，控制精准点标高在 ±2cm，2m 范围内区域进行整体整平，不再进行弧面修整。基底整平后对基底进行承载力检测，基底承载力须达到各站点基底地基承载力特征值要求（沙浦站为 250kPa）。地基承载力不满足要求时，对基底进行换填处理，采用石粉渣换填并压实以满足地基承载力要求。

（2）降水处理

在基坑后浇带最中心位置设置一个 0.9m×2m×0.5m 的小型集水井，用于汇水及临时抽排，该集水井在装配段施工完毕后方可进行回填。在装配段开挖见底临时封底时，在肥槽回填位置设置临时排水沟，在底板肥槽回填时予以填堵。装配段降水井需进行特殊处理，装配段施工阶段保留其降排水功能，预留注浆管及出水管，在精平条带施工前进行临时封堵，同时根据开挖见底情况，可考虑临时增设降水井。

（3）钢筋网布设

精平条带区域铺设 ϕ10@150mm×150mm 的钢筋网，钢筋网下垫混凝土垫块。

（4）精平条带模板安装

在精平条带限位角钢外侧安装模板，每段 20～25m 为宜。模板选用 18mm 厚、25cm 高的木模板，根据开挖长度进行模板拼装。模板外侧采用 Φ20@200mm 的钢筋固定，钢筋插入基底 40cm，超出木模顶端 20cm，横向采用对拉杆锁紧。

模板安装完毕后对角钢、模板标高进行校核，精度满足要求后进入下一步工序，不满足则返回重新进行角钢定位。

（5）精平条带混凝土浇筑

精平条带混凝土选用 C20 商品混凝土，商品混凝土需要选择质量有保证的搅拌站，混凝土到达现场后在现场进行坍落度检测；施工人员行走在精平条带两侧进行振捣作业，在混凝土初凝之前，对已振捣的混凝土进行二次振捣，确保混凝土与钢筋之间的握裹力，增强密实度，提高抗裂性。

初凝前及时对混凝土进行收面，并通过水准仪对混凝土标高进行复核，确保实际标高面略高于设计标高面，对终凝混凝土进行磨光处理。

（6）普通区域垫层浇筑

浇筑精平条带之间的垫层，垫层浇筑面比精平条带面标高低 20mm，该预留垫层 20mm 厚度空间为注浆填充空间。

如图 5 所示，首先制作 5～10 个弧形工装，切割 10cm 的 1cm 厚钢板作为垫层收面基准线，工装收面线与垫层弧度保持一致，弧面钢板上方加设 2cm 厚 10cm×10cm 的钢板作为精平条带

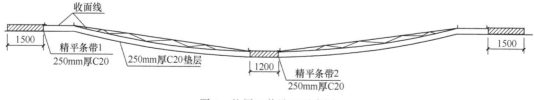

图 5　垫层工装施工示意图

与垫层间隙垫板，在弧面收面板、垫层直面与弧面接面各加设若干固定钢筋，确保整体工装不变形，在工装两侧垫板上焊接转运把手。施工前在工装垫板上焊接固定钢筋，将固定钢筋焊接在精平条带角钢上，确保工装不发生位移。施工垫层时同时摆放 5～10 幅工装，两个工装间距可根据现场施工顺畅及收面情况调整，建议间距 1～2m。对首尾两端工装进行封模处理，浇筑垫层混凝土，在垫层混凝土初凝前根据两侧工装收面线对垫层进行收面。在临近终凝前拆除工装，对工装收面线位置混凝土进行补充并收面。

(7) 底板注浆管埋设

预埋注浆管浇筑条带之间垫层时需预埋 $\phi35/t=3$mm 铁质注浆管，注浆管沿精平条带限位角钢预埋，共埋设 4 条注浆管。

在垫层混凝土浇筑完毕且终凝前，在精平条带旁预留注浆管，注浆管轻微压入垫层，确保注浆管顶高程不高于精平条带的高程。注浆管根据每次施作精平条带的长度进行预留，在当次 10 环成环拼装完成后进行底板注浆。

4 总结

装配式车站专项地基处理方案的应用，可在以下方面对车站施工提供相应帮助：

(1) 通过对原状土进行换填，可以较大程度地改善基础受力性能，提高了地基承载力。

(2) "防水棚+明渠排水+增补降水井"的降排水方式将基坑地下水位控制在底部，0.5m 以下，同时预埋排水管及注浆管的方式也充分考虑到装配施工的需求，可以做到拼装全过程、全区域及时有效地降水，同时便于施工结束后降水井回填。

(3) 精平条带的施工可以进一步增强地基承载力，同时增加了基础整体性，减少拼装过程中构件压力带来的不均匀沉降，有助于减少后期拼装误差。

通过各项基础处理措施的相互配合，能够为构件拼装提供可靠的地基基础，减小施工误差，提升整体施工质量。

参考文献

[1] 中华人民共和国住房和城乡建设部. 建筑基坑支护技术规程 JGJ 120—2012[S]. 北京：中国建筑工业出版社，2012.

[2] 中华人民共和国住房和城乡建设部，中华人民共和国国家质量监督检验检疫总局. 混凝土结构工程施工质量验收规范 GB 50204—2015[S]. 北京：中国建筑工业出版社，2012.

作者简介：李坤坤(1997—)，男，大学本科，助理工程师，目前主要从事城市轨道交通施工与管理工作。

装配式车站施工效率影响因素分析

汤 可

（中电建南方建设投资有限公司 深圳 518055）

摘 要： 深圳地铁 13 号线二期工程市中医院站装配式车站现已完成首环拼装，为推动后续工序顺利开展，对于首环拼装期间有关精平条带、构件吊装等工序因技术不成熟，集中在交叉顺序施工时制作的精度不满足现场施工要求导致影响施工效率的情况进行分析探讨，提出改进方法，旨在完善装配式车站施工工艺，提高施工效率，为后续施工和类似工程提供参考。

关键词： 装配式车站；精平条带；施工效率

1 引言

装配式车站技术是目前地铁建设最热门的风向标。其采用预制构件拼装的方式，替代传统现浇混凝土的复杂工艺，具有高效、文明、环保的特点，符合现代繁华城市对市政工程的要求。深圳作为首个实施装配式车站的南方城市，在备受外界瞩目的情况下，通过严密的组织管理和技术保障措施，顺利完成了该技术从开挖到成环的整套施工工序，同时也暴露出在工序衔接、工期计划保障等方面的不足。故结合深圳地铁现场施工情况，对装配式车站在精平条带施工、构件安装中遇到的施工效率影响因素进行分析，以提高整体施工工效。

2 精平条带施工及影响因素分析

2.1 工法原理

精平条带（图 1）位于装配段基底，为装配式底板精准落位提供可靠基础，局部可通过打磨调节满足装配精度要求。市中医院站基底精平条带延基坑横向布置 3 道，条带高程通过预埋角钢控制，条带之间浇筑 C20 混凝土垫层，精度控制在 ±1mm。垫层浇筑面比精平条带面标高低20mm，该预留垫层 20mm 厚度空间为注浆填充空间，预埋 4 根 φ35 铁质注浆管，底板块拼装完

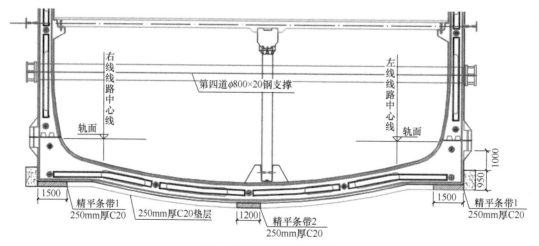

图 1 基底精平条带横断面

成后，拼装块与垫层之间间隙采用无收缩水泥浆填充，底板装配就位完成。

2.2　影响因素

精平条带作为底板与垫层之间的过渡块，既受基底换填效率的影响，也反之约束底板制作的精度，故在整个工序中尤为重要。

（1）地基处理与防护质量影响

南方天气潮湿多雨，项目临近沿海，地铁基坑地质条件多为第四系松散覆盖层，均需要换填处理以提高地基承载力，装配式构件普遍较重（最重高达128t），对地基承载力要求高，施工时采用分层开挖、分段处理、逐环装配的方式进行，往往导致基坑暴露时间过长，受雨期影响较大，对现场降水排水要求高，因此地基的处理、防护质量是影响精平条带质量和装配效率的重要因素。

（2）精平条带与构件精度影响

采用定位角钢将条带精度控制在±1mm后，在安装时与构件的预制精度形成误差累积，需对待安装构件精度匹配性进行调整，即每块底板拼装前均要对精平条带进行局部打磨调整，工效低，影响大。

（3）注浆及时性影响

底板吊装完成后，构件重量暂时由3条纵向精平条带承受主体结构产生的压力，因每块底板和精平条带之间局部还存在一定的间隙，导致地基不可避免地承受了不均匀压力，长时间放置容易造成地基局部不均匀沉降，必须尽快完成基底注浆。

基底铁质注浆管安装技术要求较高，安装不当容易损坏而造成漏浆，影响注浆密实度，受到吊装与场地空间限制，基底注浆工序较为缓慢。

2.3　提高工效方法探讨

（1）将地基处理按照现场条件分段分区进行施工，并严格控制地基换填处理质量的均匀性，降低构件安装后的不均匀沉降量，做好地基处理后的防护和地下水的抽排工作，杜绝外来水浸泡处理好的基础；每块精平条带施工时对待安装底板构件精度进行测量，并按照构件成品偏差范围对精平条带安装精度进行调整，做到每块基础与安装构件一一对应，降低累积误差影响，减少二次打磨量；底板安装就位后，要及时进行注浆，并不断优化基底注浆工艺，提高工效和注浆质量。

（2）研究采用多段气垫垫层来代替精平角钢和垫层的可能性。从钢筋定位的方式调整为可自动调节的气体，从三点受力的情况调整为整体受力。该技术在房屋建筑工程中应用较广，存在高承压能力的垫层而使底板拼装从推进去改为降下来，降低精平条带的使用要求，且完美地代替角钢的定位精度。注浆时换置承受的压力，从气垫到精平条带再到整段受压，可以更好地提高拼装效率、维护基坑稳定。

（3）采用现浇底板的可能性。影响装配式车站施工开展的首要因素是基底的处理，一般情况下底板要比其他构件先行安装10环左右（后续为了避免雨期等天气情况，底板还要提前装配得更多）。换填、精平条带垫层、吊装、注浆，其中一段底板的工序时间平均25d（受初次吊装、工序不熟练的影响，数据偏大），明显整段现浇会更节省时间。

3　构件安装及影响因素分析

3.1　吊装顺序

装配式车站构件吊装顺序为：底板吊装→预制中立柱→中纵梁吊装→两边侧墙→中板吊装→顶板吊装。

3.2 影响因素分析

（1）吊装空间影响

装配式车站所有构件均需从两道支撑间进行吊装，受有限空间制约，长度 6.7m 的预制中纵梁起吊后到预定位置还需进行 90°旋转，再平移入位（图 2），在旋转时容易导致吊绳挂在第二道钢支撑上，影响整个吊装的安全与效率。

（2）频繁拆撑换撑影响

一般底板注浆回填完成后拆除第三道钢支撑，中板传力键安装完成后拆除第二道钢支撑，顶板安装前拆除第一道混凝土支撑。装配过程中拆撑换撑次数较多，尤其对第一道混凝土支撑利用太少，既消耗资金又花费时间。

（3）构件预制精度与运送影响

因预制构件较大，构件厂一般处于偏远的郊外，离装配式车站距离比较远，受市内运输交通环境影响，运输过程中构件因自重会引起一定的变形误差，不同于普通管片的要求，装配式车站对构件精度要求极高，到场后还需要

图 2　中纵梁装配吊绳卡住

进行局部二次加工，构件厂与装配现场缺少高效的信息交流，影响吊装的效率。

3.3 提高工效方法探讨

（1）依据中纵梁所需的空间要求优化钢支撑的设计位置，将第二道支撑在固定中纵梁的位置上进行合理调整，以满足吊绳横向间距，并适当扩大间距，在不影响吊装的位置设置加密区，在确保基坑支撑要求的同时不影响吊装作业。

（2）采用可调整混凝土支撑的可能性。在冠梁施工时，将混凝土支撑与冠梁分开浇筑，冠梁侧面采用长度约 200mm 的梯形缺口，用楔形加高强度螺栓连接的方式连接，从而实现混凝土支撑水平方向的平移。施工时，只需临时增加一道钢支撑，调节吊装拆卸即可，省去切除的工序，更有效地利用现有的混凝土结构。

（3）建立与装配式车站施工组织相适应的运行管理办法，将构件预制、出厂运输、进场验收、现场装配形成严密的作业管理流程。同时加强施工现场与构件厂的管理协调及技术沟通，生产的构件既满足质量精度要求又与现场基础精度相匹配，运输环节与现场需求相匹配，并定期研究分析，不断完善过程管理举措。同时如果现场场地允许，场内进行预制构件生产将极大地提高装配效率。

图 3　高强度螺栓连接并不如动画一样轻松

4　其他因素

肥槽回填：

肥槽回填分为底板肥槽回填和侧墙肥槽回填。其中底板肥槽回填为第一阶段，即底板每拼装完 10 环后，两侧回填至 0.95m；侧墙肥槽回填为第二阶段，即每 5 环成环拼装完成后，两侧回填至 14.05m。底板回填后，侧墙安装高强度螺栓在地下连续墙和底板缝隙内进行作业，作业空间狭小，危险系数高（图 3），将回填深度降低至 0.6m 后，依然存在安装困难的情况。可采用将螺栓预制到底板底部内的方式，在底板顶部进行安装，

这样可以杜绝在狭小空间作业，既保证安全又提高效率。同时现场侧墙肥槽回填模板技术还不成熟，应结合实际需求，对工装进行技术改进。

5 结语

装配式车站与传统现浇工艺相比，在加快工程建设速度、减少施工用地、节能环保、质量安全等方面有其明显优势，作为一项新技术，从组织管理、工艺流程等方面可以借鉴的经验还不是很多。各个工序上下顺序之间均存在精度之间的误差，本文中提及的方法可供后续改进参考。装配式车站还需各级建设者们不断地探索与创新，才能实现一套行业认可的工艺标准、验收标准。

参考文献

［1］ 许文华. 提高城市中心装配式地铁车站施工效率研究［J］. 市政技术，2019，37(3)：141-144.

［2］ 刘军，刘礼扬，王余良，张春节，魏力. 地铁车站装配式半盖挖法施工技术研究［J］. 市政技术，2021，39(12)：73-75.

［3］ 倪自玉，张旭，周松，董嘉莲，王清标. 采用预制构件的装配式车站精平垫层施工工法［J］. 建筑技术开发，2017，44(20)：78-80.

作者简介：汤可(1997—)，男，大学本科，助理工程师，目前主要从事城市轨道交通施工与管理工作。

轨道交通区间工程

一、盾构区间

土压平衡盾构全平衡理论技术研究与实践应用

王国义

（中电建成都建设投资有限公司　成都 610212）

摘　要：笔者根据土压平衡盾构施工刀盘开挖面、盾体上方和盾尾后方地表沉降特点，提出土仓保压掘进、中盾注泥和同步注双液浆，确保盾构施工全过程处于平衡状态，降低地表沉降和盾构出现问题的概率。成都轨道交通 19 号线二期工程采用土仓保压、中盾注泥和同步注双液浆取得良好效果。对土压平衡盾构施工有一定的指导作用。

关键词：土压平衡盾构；地表沉降；土仓保压；中盾注泥；同步注双液浆；平衡状态

1　引言

盾构施工过程中地表及附近建（构）筑物沉降主要分为四个阶段：刀盘附近的沉降、盾体上方沉降、盾尾后方沉降和长期延续沉降（图 1）。盾构施工沉降主要原因是盾构掘进时刀盘开挖原状土可能存在超挖；盾构开挖直径大于盾体直径，开挖面与盾体之间存在空隙；盾尾后方管片外表面与开挖面之间存在空隙，需要同步浆液填充。当空隙填充不饱满时也会存在空隙。前三个阶段的不足会导致长期延续沉降。

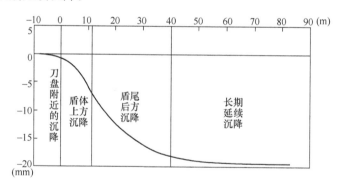

图 1　盾构施工地表沉降示意图

因此，盾构施工平衡包括盾构刀盘开挖面的平衡、盾体上方的平衡和盾尾后方的平衡。刀盘开挖时不超（欠）挖、盾体周围空隙填充饱满、管片与开挖面之间空隙填充饱满，只要这三处控制住就能达到零沉降的结果，才是真正达到土压平衡盾构平衡状态。现就盾构这三个位置的平衡加以分析并提出解决措施。

2　刀盘开挖面的平衡

2.1　盾构平衡压力原理

土压平衡盾构机是利用安装在盾构最前面的全断面切削刀盘，将开挖面土体切削下来，经改良进入刀盘后面的土仓，土仓内传递到开挖面的渣土压力与开挖面原状土的水土压力相平衡，以减少盾构掘进对地层土体的扰动，从而控制地表沉降。盾构边掘进切削土体边由螺旋输送机排土，通过排土量的控制，时时控制盾构土仓隔板上的土压传感器压力值与理论计算值相等，实现压力平衡。泥水平衡盾构机与土压平衡盾构机类似，只是压力平衡的介质使泥浆压力与开挖面原状土的水土压力相平衡。当达到平衡压力时，开挖面原状土体无变形，地表及周边建（构）筑物沉降为0。

2.2　盾构刀盘开挖面分析

选取现今常用的 ϕ6250mm 土压平衡盾构机进行研究，此盾构机用于成都，刀盘设计见图2，刀盘为周边圆弧形刀盘，采用滚刀加刮刀的刀具布置，滚刀最大开挖直径为6280mm，盾体直径采用前大后小的设计。

随着盾构机的掘进，刀盘滚刀切削土体，形成刀盘开挖面和开挖成型面（图3）。开挖面和开挖成型面分为三部分：Ⅰ区是开挖成型后形成的 ϕ6280mm 的圆柱体内面；Ⅱ区是刀盘周边滚刀开挖形成的由 ϕ5315mm 至 ϕ6280mm 渐变的圆弧体内面；Ⅲ区是 ϕ5315mm 圆形成的垂直于刀盘中心线的圆面。要保持开挖面和开挖成型面原状土无变形，主要研究这三个区域内所有点的平衡压力。

图2　土压平衡盾构机刀盘图

图3　盾构刀盘滚刀切削的开挖面和开挖成型面图

2.3　盾构刀盘开挖面平衡计算

为便于计算，假设原状土内无孔隙水，开挖面至地表原状土为均一地层，重度为 γ，地表至开挖面任一点的高度为 h，原状土静止侧压力系数为 k_0，开挖面和开挖成型面任一点的平衡压力为 σ。

（1）垂直于刀盘中心开挖圆面（Ⅲ区）平衡压力计算

垂直于刀盘中心圆面上的任一点平衡压力根据土力学理论等于原状土的静止侧向土压力。

$$\sigma = \gamma h k_0 \tag{1}$$

（2）周边滚刀开挖面（Ⅱ区）平衡压力计算

取圆弧体内表面上任一点 A（图3），在 A 点上开挖面前方假设有一原状土微小单元土体，经 A 点切削后形成土体形状（图4），通过此点平行于刀盘中心线的直线与通过此点刀盘圆弧的竖向切线的夹角为 α，通过此点刀盘横截面的水平线与横向切线的夹角为 β。

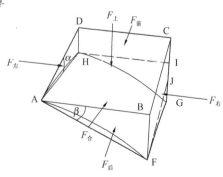

图4　微小单元土体被圆弧形刀盘切削形状示意图

1）当 $\alpha=0$、$\beta=0$ 时：

$$\sigma = \gamma h \tag{2}$$

2）当 $0<\alpha<90°$ 并且 $0<\beta<90°$、$\alpha<\beta$ 时：

设微小单元土体上表面为正方形，端点分别为 A、B、C、D，与圆弧面竖直相交点分别为 F、G、H。由于此为微小单元土体，所有两点间的圆弧长度简化为两点间的直线长度，四点间的圆弧面简化为平面。当开挖面平衡时，微小单元体原状土的 5 个面（上面、前面、后面、左面和右面）的合力 $F_合$ 与开挖面 AFGH 的作用力相等，但方向相反，进而可求出 A 点的平衡压力 σ（立体几何力的平衡计算，这里不进行详细推导）。

$$\sigma = F_合 / (2S_{\triangle AHF}) \tag{3}$$

当 $0<\alpha<90°$ 并且 $0<\beta<90°$，$\alpha>\beta$ 时，平衡压力理论计算公式与公式（3）相同。

3）当 $\alpha=90°$，$0<\beta\leqslant90°$ 时，实际上与公式（1）相同：

$$\sigma = \gamma h k_0 \tag{4}$$

4）当 $\beta=90°$，$0<\alpha\leqslant90°$ 时，平衡压力计算公式为：

$$\sigma = \gamma h k_0 \tag{5}$$

5）当 $\alpha=0$，$0<\beta\leqslant90°$ 时，按公式（2）内的计算方法可推导出平衡压力计算公式：

$$\sigma = \gamma h (\cos^2\beta + k_0^2 \sin^2\beta)^{1/2} \tag{6}$$

6）当 $\beta=0$，$0<\alpha\leqslant90°$ 时，按公式（2）内的计算方法可推导出平衡压力计算公式：

$$\sigma = \gamma h (\cos^2\alpha + k_0^2 \sin^2\alpha)^{1/2} \tag{7}$$

（3）开挖成型面（Ⅰ区）的平衡压力计算

开挖成型面是以刀盘最大开挖直径为直径的圆柱体内表面，平衡计算公式与公式（6）相同。

$$\sigma = \gamma h (\cos^2\beta + k_0^2 \sin^2\beta)^{1/2} \tag{8}$$

对于刀盘切削刀盘中心线下部土体，为确保土体变形为 0，应以自重应力的反作用力作为微小单元土体的下部作用力。同样原理可以计算出 β 任意角度原状土体无变形的平衡压力值，因此盾构周边圆弧形刀盘的切削开挖面和开挖成型面上的任一点平衡压力都可以准确计算得出。

2.4 盾构土仓压力的选取

为保证开挖面原状土体不变形，地表沉降为 0，应保证开挖面所有点的平衡压力计算值与土仓压力值相等。由于土仓压力是线性变化的，开挖面的平衡压力值是非线性变化的，因此盾构施工过程中开挖面的土仓压力与原状土水土压力所有点相等是无法实现的。同时为降低损耗，减少施工成本，盾构施工也尽量降低土仓压力值。因此对于穿越不同地层、不同危险源段土仓压力应按以下原则选取：

（1）对于软弱地层（如上海、苏州、杭州、广州等地的粉质黏土层、淤泥质地层等），盾构土仓压力选取应处于原状水土自重应力与静止侧向水土压力之间，静止侧向土压力系数越大，平衡压力越接近于原状水土自重应力。根据地表及附近建（构）筑物沉降监测情况可适当调整土仓压力控制值，以地表微隆为标准。水土压力计算应按照笔者优化的太沙基有效应力原理公式进行计算。

（2）对于盾构穿越地层有一定的土拱效应并且无重大危险源地段，为降低盾构损耗，土仓压力值选取可降低一定的平衡压力值。对于盾构穿越地层有一定的成拱性并且无重大危险源地段，土仓压力选取应处于原状水土自重应力与最小极限平衡压力之间。根据地表监测情况，可随时调整盾构掘进土仓压力，以指导施工。

（3）对于泥水平衡盾构，理论上土仓泥水压力按以上原则选取是没有问题的，但当开挖面泥膜建立不好时，泥浆沿着地层裂隙向上窜，造成泥水盾构泥浆冒顶，导致泥水盾构无法掘进。为避免泥水盾构泥浆冒顶，除采取调制优质泥浆、建立好泥膜措施外，泥水盾构泥水舱压力选取尽量低一些，只要大于最小极限平衡压力（最小极限平衡水土压力）就可以，让地层土拱效应完全起作用。因此，对于土拱效应较低的流塑、软塑地层不太适用于泥水平衡盾构施工，应采用土压平衡盾构。

3 盾体的平衡

3.1 盾体外侧空隙体积的计算

现今常用周边圆弧形刀盘盾构盾体直径前大后小（表1），刀盘开挖直径为6280mm，前盾、中盾和盾尾直径不同，刀盘开挖直径与盾体之间存在空隙，空隙体积为：

$$V = 3.14 \times [(6.28 \div 2)^2 \times 7.565 - (6.25 \div 2)^2 \times 1.7 - (6.24 \div 2)^2 \times 2.58$$
$$- (6.23 \div 2)^2 \times 3.285]$$
$$= 3.13 \ (m^3)$$

盾构盾体及刀盘相关尺寸表　　　　　　　　　表1

刀盘	开挖直径6280mm	
前盾	外径6250mm	长度1700mm
中盾	外径6240mm	长度2580mm
盾尾	外径6230mm	长度3285mm
盾体	长度7565mm（不含刀盘）	

盾体与开挖面之间的空隙体积经计算为3.13m³。因此，在软弱地层土仓按平衡压力保压前提下盾体上方如果不填充也会出现沉降，按盾体上方地表影响范围掘进方向为盾体长度，横向宽度为盾体直径6250mm的2倍计算，原状土密度不变时理论地表平均沉降值为33mm。因此，为避免盾构穿越软弱地层或重大危险源处地表沉降，随着盾构的掘进同步在中盾径向孔注入低强度的材料并通过注入压力向周围扩散填充空隙。

3.2 盾体外侧空隙的填充

随着盾构向前推进，盾构开挖直径与盾体之间空隙需要低强度材料填充，理论填充体积并不是盾构开挖直径与盾体之间上方的空隙，而是盾构掘进距离范围内的空隙体积。设盾构掘进1环距离为1.5m，此时空隙体积为：

$$V = 3.14 \times [(6.28 \div 2)^2 - (6.23 \div 2)^2] \times 1.5 = 0.74 \ (m^3)$$

注入低强度材料以数量控制为主，以压力控制为辅，注入量以理论值的105%～110%为宜。根据盾体上方地表监测情况可适当调整注入量。现今推广的克泥效工艺就是解决盾体上方的平衡问题。盾体直径前大后小实际上是硬岩盾构防止卡盾体的设计理念，盾体设计不适用于理论的盾构压力平衡施工。通过盾体周围注入低强度材料填充解决了盾构盾体不平衡的设计缺陷。

3.3 中盾注泥实例及效果

成都轨道19号线二期工程17台盾构设计有中盾注泥系统，随着盾构掘进同步注入塑性膨润土泥浆，盾体上方沉降控制较好。

（1）中盾注泥实例

1）通过对盾构机设计增设中盾注泥系统，自带泥浆拌制及注泥功能，注泥泵为柱塞泵，注泥泵能力50L/min。注泥设备安装于连接桥右侧，通过管路连接至中盾上半部径向注浆孔，可注入的拌合材料为膨润土。

2）往盾壳外部空腔注入浓泥浆，具有隔离挖仓与注浆腔、预防浆液前窜等作用，最终填充密实刀盘开挖后形成的空腔，有效防止盾构掘进盾体上方沉降。

3）通过中盾设置环向间隔的注泥口向盾体与隧道开挖面之间的盾外空隙注入浓泥浆，浓泥浆向前盾、盾尾的盾外空隙扩散，密实填充盾外空隙形成塑性泥浆填充层，注泥口包括在中盾上部间隔设置的第一注泥口（21）、第二注泥口（22）、第三注泥口（23）和第四注泥口（24）（图5）。

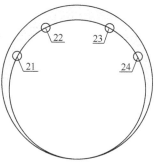

图5　中盾注泥管路设计位置及填充效果示意图

中盾注泥设备见图6。

配合比设计：A、钙基膨润土；B、水；C、水玻璃。

中盾注泥配合比（质量比）：A∶B∶C＝750∶600∶50。

图6　中盾注泥设备及泥浆拌制效果

（2）中盾注泥优点

1）填充饱满盾构开挖面与盾体之间的缝隙可有效降低盾体上方地表的沉降。

2）可有效降低盾尾后方同步浆液向盾构土仓窜流，降低了同步浆液注浆量。

3）盾构开挖面与盾体之间填充饱满，同步浆液不会窜至盾体上方，降低了盾尾被浆液包裹的概率。

4）不用在盾尾后方施作封水环，降低了盾构掘进喷涌概率。

4　盾尾的平衡

4.1　同步注浆与管片上浮

随着盾构的推进，在管片外表面与盾构开挖面之间出现空隙，需要及时注入同步浆液

（图7）。随着盾构推进同步注入浆液，实时填充管片与盾构开挖面之间空隙的现象称为同步注浆，防止地层变形和地表及附近建（构）筑物沉降。

4.2 水泥水玻璃双液浆

对于水泥水玻璃双液浆，由于凝结时间快、容易堵注浆管、影响最后一排盾尾刷寿命、成本高、可操作性差等原因一直未被作为同步浆液广泛采用。

4.3 增稠塑性双液浆

（1）增稠B液主材的选定

通过大量的试验并查找相关资料，笔者寻求在常规同步浆液中加入一种液体（如有机膨润土、聚丙烯酰胺、羧甲基纤维素钠、植物胶、瓜尔豆胶、黄原胶、减水剂等的水溶液），能够达到同步浆液注入后所需求的稠度值小、抗水分散性好、浮力低、结石率高的性能，最终选定聚丙烯酰胺。

聚丙烯酰胺是一种高分子聚合物，是水溶性高分子化合物中应用最为广泛的品种之一，广泛应用于水处理、造纸、石油、煤炭、矿冶、地质、轻纺、建筑等工业部门，主要具有增稠性、黏合性、絮凝性、降阻性等特性。同步流动性单液浆加入聚丙烯酰胺后浆液由流体增稠为塑性体。

（2）常规同步浆液与增稠双液浆的对比试验

为了对比常规同步浆液与加入聚丙烯酰胺水溶液的双液浆的性能，笔者按照常规同步浆液的配合比（表2）配制成浆液，一部分备用，一部分加入聚丙烯酰胺水溶液并充分搅拌，形成双液浆。通过试验对这两种浆液（图7）进行性能对比（表3）。

常规同步浆液与新型双液浆的配合比表（单位：kg/m³）　　　表2

材料	类型	水泥	粉煤灰	干细砂	钠基膨润土	聚丙烯酰胺	水	体积混合比例
常规同步浆液		200	400	700	100		450	
新型双液浆	A液	200	400	700	100		450	20：1
	B液					5	1000	1：1

常规同步浆液与新型双液浆性能与成本统计表　　　表3

名称	密度（g/cm³）	稠度（cm）	析水率（%）	初凝时间（h）	终凝时间（h）	抗分散性能水泥流失率（%）	28d抗压强度（MPa）	成本（元/m³）
常规同步浆液	1.75	16	5	7.2	28	15	2.4	180
新型双液浆	1.7	5	3	6.9	25	1.2	2.6	185

从试验数据可以看出，新型双液浆与常规同步浆液对比：密度、析水率、初凝时间、终凝时间、28d抗压强度、成本相差不大；由于新型双液浆添加了增稠剂聚丙烯酰胺，双液浆经充分混合后已经从流体转化为塑性体，无外力作用失去流动性，浆液屈服强度显著提高，新型双液浆的稠度值远小于常规同步浆液，抗水分散性能远优于常规同步浆液。

两种浆液对管片作用的浮力试验：将两种浆液分别装入纸杯内，并将一个塑料杯压入浆液中一定体积（65mL），然后往塑料杯内加水至塑料杯不再上浮为止（图8），此时将装水的塑料杯取出，清理干净残留在塑料杯外侧的浆液，对杯和水进行称重，其质量为同步浆液对压入一定体积的广义浮力，广义浮力除以广义体积就是广义浮力密度。塑料杯压入双液浆中不加水，塑料杯也不上浮。具体试验和计算结果见表4。

图7 增稠双液浆(图左)与常规同步浆液(图右)图　　　　图8 同步浆液对管片广义浮力试验图

从浮力试验可以看出，常规同步浆液流动性好，对管片的广义浮力大，广义浮力密度大于管片的广义密度（0.5g/mL），管片将上浮；新型双液浆已经成为塑性体，无流动性，广义浮力密度小于管片的广义密度，管片不上浮。因此新型双液浆对管片的浮力远小于常规同步浆液对管片的浮力。

常规同步浆液与新型双液浆的试验统计表　　　　表4

名称	广义浮力	广义浮力密度
常规同步浆液	88g	1.35g/mL
新型双液浆	14g	0.22g/mL

为了确保新型双液浆的顺利注入，对双液浆注入系统进行如下设计（图9）：双液浆中A液（常规同步浆液）依然采用常规KSP泵注入，浆液进入盾尾注浆管前增加一个三通，双液浆B液在此与A液相混合，在混合过程中经盾尾注浆管注入管片与开挖面之间的空隙。在连接桥处安装带有搅拌系统的1m³B液搅拌罐，聚丙烯酰胺与水在罐中搅拌，由小柱塞泵注入盾尾注浆管路。B液的注入速度由A液泵的注入速度与设计比例自动调节，保证A、B液混合后为塑性体。

图9 双液浆设备图
(a) A液泵与罐；(b) B液泵与罐；(c) A、B液混合三通

（3）应用实例

成都轨道交通19号线二期工程两条隧道分别采用常规同步浆液和新型双液浆进行同步注浆，掘进进度均按照每天掘进10环（18m）控制。通过对隧道左右线进行监测，注入常规同步浆液时，管片脱离盾尾后开始上浮，并伴随错台的发生。注入新型双液浆，管片脱离盾尾后上浮量很小，基本无错台，注浆量减少20%左右。

管片上浮对比见表5、表6。

有同步双液浆的管片垂直姿态测量表

表 5

仪器型号：徕卡 TS16				环号：1037～1062				备注
管片环号	里程 YDK	本次偏差（mm）		上次偏差（mm）		变化量（mm）		备注
		水平偏差	垂直偏差	水平偏差	垂直偏差	水平	垂直	
1037	82600.85	−11	−25	−8	−24	−3	−1	搭接环
1038	92598.95	−5	−15	−7	−18	2	3	搭接环
1039	82597.96	−8	−22	−9	−22	1	0	搭接环
1040	82596.06	−10	−19	−12	−18	2	−1	搭接环
1041	82593.49	−15	−23	−17	−23	2	0	搭接环
1042	82591.85	−8	−20	−7	−22	−1	2	搭接环
1043	82590.05	−12	−22	−8	−25	−4	3	搭接环
1044	82588.37	−10	−30	−14	−26	4	−4	搭接环
1045	82586.71	−11	−24	−11	−27	0	3	搭接环
1046	82584.95	−2	−28	−2	−30	0	2	搭接环
1047	82583.4	−9	−24	−10	−28	1	4	搭接环
1048	82582.51	−5	−20	−2	−24	−3	4	搭接环
1049	82579.8	13	−28	11	−26	2	−2	搭接环
1050	82577.91	10	−25	7	−28	3	3	搭接环
1051	82576.11	−8	−25	−9	−30	1	5	搭接环
1052	82574.39	−5	−28	−8	−33	3	5	搭接环
1053	82572.57	−12	−34	−11	−35	−1	1	搭接环
1054	82570.76	8	−36					
1055	82568.94	−6	−28					
1056	82567.17	14	−24					
1057	82565.33	12	−23					
1058	82563.56	16	−19					
1059	82561.77	−2	−26					
1060	82559.93	−6	−31					
1061	82558.18	10	−28					盾尾
1062	82556.36	14	−35					

只有单液浆的管片垂直姿态测量表

表 6

仪器型号：徕卡 TS16				环号：1037～1062				备注
管片环号	里程 YDK	本次偏差（mm）		上次偏差（mm）		变化量（mm）		备注
		水平偏差	垂直偏差	水平偏差	垂直偏差	水平	垂直	
820	79803.519	9	42	5	44	4	−2	搭接环
821	79805.244	10	43	13	41	−3	2	搭接环
822	79807.037	−9	40	−2	46	−7	−6	搭接环
823	79808.846	−1	43	−4	40	3	3	搭接环
824	79810.631	−7	42	−2	42	−5	0	搭接环
825	79812.441	−7	40	4	45	−11	−5	搭接环

仪器型号：徕卡 TS16		环号：1037～1062						备注
管片环号	里程 YDK	本次偏差（mm）		上次偏差（mm）		变化量（mm）		
		水平偏差	垂直偏差	水平偏差	垂直偏差	水平	垂直	
826	79814.236	−9	44	−2	44	−7	0	搭接环
827	79816.565	15	38	11	34	4	4	搭接环
829	79820.252	3	39	10	30	−7	9	搭接环
830	79812.442	1	35	5	17	−4	18	搭接环
831	79823.23	19	37	21	2	−2	35	搭接环
832	79825.035	19	32	17	−16	2	48	搭接环
833	79826.835	18	31	28	−29	−10	60	搭接环
834	79828.624	26	27	34	−32	−8	59	搭接环
835	79830.437	19	18	28	−40	−9	58	搭接环
836	79832.219	23	−6	25	−50	−2	44	搭接环
837	79834.031	25	−11	23	−63	2	52	搭接环
838	79835.832	23	−27					
839	79837.634	7	−25					
840	79839.446	15	−37					
841	79841.228	9	−52					盾尾
842	79843.041	9	−66					

管片上浮量可通过盾尾内管片垂直姿态与脱出盾尾后管片垂直姿态的变化量来估算管片最大上浮量，有同步双液浆的管片最大上浮量为 20mm，只有单液浆的管片最大上浮量为 110mm。注同步双液浆管片上浮量远小于注同步单液浆管片上浮量。

5 结论

（1）通过对周边圆弧形刀盘分析，理论上可计算出开挖面原状土每一点的水土压力值，进而可准确选取所需平衡的土仓压力。

（2）中盾同步注泥具有多个优点，解决了现阶段盾构盾体与开挖成型面之间不平衡的缺陷。

（3）新型增稠塑性双液浆极大地降低了管片浮力，提高了成型隧道的质量。

（4）随着盾构掘进，土仓保压、中盾注泥和同步注双液浆的实践应用，实现了盾构施工过程的全平衡，降低盾构施工风险，确保了盾构施工进度。

参考文献

[1] 王国义，王婷雯. 盾构平衡压力理论计算与应用技术[J]. 山西建筑，2020，46(6)：1-5.

[2] 王国义，蒋宗全. 饱和土有效应力原理下的水土压分算和合算的统一计算[J]. 山西建筑，2020，46(11)：4-7.

[3] 王国义，蒋宗全. 谈太沙基有效应力原理的是是非非[J]. 隧道建设(中英文)，2020，40(增刊2)：45-49.

[4] 王国义，蒋宗全. 谈有效应力原理和有效应力的计算[J]. 山西建筑，2021，47(23)：43-44.

[5] 王国义. 谈太沙基有效应力原理[J]. 重庆建筑，2021，20(11)：61-63.

作者简介：王国义(1974—)，男，工程硕士，正高级工程师，目前主要从事盾构施工技术与管理工作。

高寒地区盾构始发及接收技术研究

王玉宝

（中电建（福州）轨道交通有限公司　福州 350015）

摘　要：地铁工程在盾构始发和到达时施工风险高，必须根据项目实际情况合理选择端头加固施工方案并予以实施。本项目根据盾构区间实际情况，在设计方案基础上采用一种新的盾构始发及到达接收工法，即地面加固（一道素混凝土连续墙）加始发（接收）钢套筒的工法。本文重点阐述了盾构钢套筒施工的重难点分析，通过合理控制确保盾构顺利始发接收。

关键词：钢套筒；始发接收；施工技术；安全措施

1　前言

盾构始发与接收是盾构施工中的重大风险点之一。目前在各类盾构施工事故中，因始发与到达接收而发生的事故占半数以上。本区间实勘后，地质为富水砂层，地质条件差；场地狭小，改迁管线困难，为了避免盾构区间始发和接收施工中的漏水、涌砂等各种不利因素及地质条件下的安全施工，中电建铁路建设投资集团有限公司哈尔滨地铁 2 号线工程指挥部采用了一种新的盾构始发及到达接收工法，即地面加固（一道素混凝土连续墙）加始发（接收）钢套筒的工法，可以有效地为盾构提供安全、可靠的接收条件，确保盾构顺利接收。

2　工程概况

人民广场站～中央大街站、中央大街站～尚志大街站区间为单洞双线隧道，呈东西走向。区间线路起点为人民广场站南端，沿经纬街从北往南敷设，南接尚志大街站北端。左、右线总长 2028.437 双延米，管片外径 6m，内径 5.4m。盾构机均分别从人民广场站大里程端始发，向中央大街站掘进，同时进行左右线隧道的施工；盾构机到达中央大街站后空推过站，在中央大街站二次始发，进行中央大街站～尚志大街站区间隧道施工，最后在尚志大街站解体、吊出。人中、中尚区间盾构平面位置图如图 1 所示。

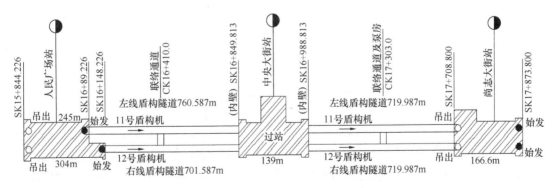

图 1　人中、中尚区间盾构平面位置图

3 气象、水文、地质

3.1 气象

哈尔滨市属寒温带大陆性季风气候。主要特点为春季风大雨少，夏季温热湿润降水集中，秋季凉爽、霜来早，冬季漫长，寒冷干燥。一年平均气温 3.6℃，极端最高气温可达 36.4℃，极端最低气温−38.1℃。全市年平均降水量 523mm，降水主要集中在夏季。冬季降雪占全市降水的 12.1%，降雪期日数超过 180 天，年降雪量平均为 63.1mm，最大积雪深度达 41cm。年平均风速 4.1m/s，常年主导风向以西南风为主。年平均日照时数 2446h。年最大冻土深度 205cm。

3.2 水文

区间为岗阜状平原地带，大部分地面高程介于 140～144m。依据地质勘察资料，地下水埋藏较浅，属承压水类型，其中孔隙潜水初见水位埋深 2.50～8.20m，地下水静止水位埋深为 2.30～7.30m，标高 113.34～116.05m（大连高程系）。此外，场地底部基岩存在少量的基岩裂隙水。

3.3 地质

区间地质分层情况：0～2.13m 为杂填土、2.13～3.36m 为粉质黏土、3.36m 以下为含水砂层，砂土分界线为 114.64m。地质情况较为均一，无不良地质，存在季节性冻土。

4 采用钢套筒辅助施工的原因

本区间经现场实际勘察后，位于松花江漫滩地区，车站端头地质为富水砂层，地质条件差；场地狭小受限制及地面交通疏导困难；新改迁的管线进入盾构加固区无法避开，改迁管线十分困难；另外原设计方案加固深度太深，从地面采用素墙和旋喷桩加固的施工质量难以保证，漏水、涌砂等风险不能完全消除。鉴于以上原因对加固区的影响，在保证工期、确保安全、质量及经济性的前提下，在原设计方案的基础上，始发及接收端采用一种新的盾构始发及到达接收工法，即地面加固（一道素混凝土连续墙）+始发（接收）钢套筒的工法。

5 端头加固

本工程涉及的盾构始发和出洞端头较多，端头加固范围一般为盾构隧道周围 3m，盾构始发端加固长度为 10m，盾构接收端加固长度为 12m，见表 1。

区间盾构加固方案一览表　　　　　　　　　　　　　　　　　　　表 1

区间	始发/接收	设计方案	备注
人中区间	始发端头（人民广场站大里程）	结合措施为素混凝土连续墙、垂直旋喷桩	钢套筒辅助措施
	接收端头（中央大街站小里程）	结合措施为素混凝土连续墙、垂直旋喷桩	钢套筒辅助措施
中尚区间	始发端头左线（中央大街站大里程）	结合措施为素混凝土连续墙、垂直旋喷桩	钢套筒辅助措施
	始发端头右线（中央大街站大里程）	纯冷冻措施	
	接收端头（尚志大街站小里程）	纯冷冻措施	

5.1 人中区间始发端（人民广场站大里程）端头加固

人民广场站大里程为盾构始发端，采用结合法加固。右线大里程端头受改迁的给水及排水管线影响，右线端头加固总长度为 10m，左线加固总长度为 10.8m。左右线端头共计 15 幅素混凝土地下墙，左右线墙深分别为 42m 和 41m，混凝土强度等级为 C30，对应洞门处幅宽为 7m，墙与墙之间采用缩口管接头形式连接。加固区内侧采用 $\phi800@600$ 三重管高压旋喷，加固范围隧道上下 3m，实桩加固长度为 12m，总根数为 520 根。旋喷桩桩身垂直度偏差不大于 1/150，加固后土体 28d 的无侧限抗压强度 $q[u] \geqslant 0.8$MPa，渗透系数 $K \leqslant 1 \times 10^{-7}$cm/s，始发时采用钢套筒辅助措施。素混凝土地下墙成槽施工采用现有液压抓斗成槽机施工。

5.2 人中区间接收端（中央大街站小里程）端头加固

中央大街站小里程为盾构接收端头，加固长度为12m，加固宽度26m，外侧采用素混凝土地下连续墙，素混凝土墙共10幅，素混凝土墙自地面以下设置，素混凝土墙底与主体连续墙同深，深42.2m，混凝土强度等级采用C30。加固区采用$\phi800@600$三重管高压旋喷，加固范围隧道上下3m，实桩加固深度为12m，总根数为688根，旋喷桩桩身垂直度偏差不大于1/150，加固后土体28d的无侧限抗压强度$q[u]\geqslant0.8$MPa，渗透系数$K\leqslant1\times10^{-7}$cm/s；采用钢套筒进行接收，接收时采用钢套筒辅助措施。

5.3 中尚区间始发端（中央大街站大里程）端头加固

中央大街站大里程为盾构始发端头，加固长度为10m，左线采用结合法加固，右线采用冷冻法加固。左线：共设置素混凝土连续墙7幅，素混凝土墙自地面以下设置，素墙底与主体连续墙同深，深42.1m，混凝土强度等级采用C30。加固区内部采用$\phi800@600$三重管高压旋喷，加固范围隧道上下3m，实桩加固深度为12m，总根数为260根，旋喷桩桩身垂直度偏差不大于1/150，加固后土体28d的无侧限抗压强度$q[u]\geqslant0.8$MPa，渗透系数$K\leqslant1\times10^{-7}$cm/s。右线：纯冷冻法。左线始发时采用钢套筒辅助措施。

5.4 中尚区间接收端（尚志大街站小里程）端头加固

尚志大街站小里程接收端头加固，加固长度为12m，受施工场地及管线的限制，均采用"水平冰冻法地基加固"施工方案。即：利用冻结孔冻结加固地层，使盾构机洞口范围内土体冻结成强度高和不透水的板块。经过积极冻结后，通过测温孔观测计算，确定冻结满足出洞条件后，开始破除洞口槽壁，拔出冻结管，采用钢套筒进行接收。

6 钢套筒施工

6.1 始发施工工艺

盾构密闭始发工法根据平衡原理进行盾构始发施工。采用密闭始发工法施工是在盾构掘进前，在盾构始发井内安装钢套筒，盾构机安装在钢套筒内，然后在钢套筒内填充回填物，通过钢套筒这个密闭的空间提供平衡掌子面的水土压力，盾构机在钢套筒内实现安全始发掘进，如图2所示。

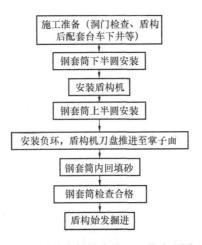

图2 盾构密闭始发施工工艺流程图

6.2 接收施工工艺

钢套筒接收是钢套筒与洞门钢环焊接形成一个密封的整合体，通过向钢套筒内填料，使钢套筒与洞门内的土体形成一个整体，减小了盾构机接收时出现险情的概率，如图3所示。钢套筒施工工艺比较适用于地质条件较差的砂层和淤泥质粉土地层。

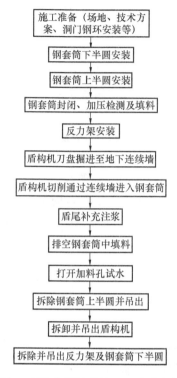

施工准备（场地、技术方案、洞门钢环安装等）

钢套筒下半圆安装

钢套筒上半圆安装

钢套筒封闭、加压检测及填料

反力架安装

盾构机刀盘掘进至地下连续墙

盾构机切削通过连续墙进入钢套筒

盾尾补充注浆

排空钢套筒中填料

打开加料孔试水

拆除钢套筒上半圆并吊出

拆卸并吊出盾构机

拆除并吊出反力架及钢套筒下半圆

图3　盾构密闭接收施工工艺流程图

7　钢套筒施工重难点分析

7.1　始发、接收装置密封措施及检测

7.1.1　重难点分析

钢套筒与洞门预埋环板连接处开裂，钢套筒与负环之间密封不好，盾构始发、接收时引起钢套筒压力泄漏，导致内外水土压力不平衡，进而引起地面沉降。

7.1.2　对策

（1）钢套筒安装前需对洞门预埋环板进行检查，必要时需进行植筋加固。

（2）钢套筒后端通过加强环梁和负环管片连接，连接处设置止水橡胶圈，负环管片外侧与钢套筒之间的间隙通过管片壁后注双液浆进行密封。

（3）钢套筒、反力架制造前进行严格的受力计算；钢套筒靠近反力架端设置加强环梁；盾构始发掘进前对安装好的成套装置进行压力测试，压力测试合格并经监理验收合格后方能进行盾构始发掘进。

7.2　盾构机防扭转

7.2.1　重难点分析

（1）盾构机在破除洞门连续墙后，洞门外水土压力传递至钢套筒内，盾构机在钢套筒内掘进相当于中间隧道的常规掘进，钢套筒内填充物和盾构机自重足以提供防扭转的反力；但在洞门连续墙破除前，盾构机切削连续墙时产生较大的扭矩，此时钢套筒是一个独立的封闭空间，防扭转的扭矩主要来自于盾构机自重与钢套筒下部砂之间的摩擦反力，因此在掘进过程中需严格控制扭矩不超过控制值。

（2）由于刀盘切削扭矩发生较大的波动，造成盾构机盾体和钢套筒整体发生扭转、倾覆。

7.2.2 对策

（1）盾构机自重与钢套筒下部砂之间产生的用于防扭转的扭矩经计算为 3092.586 kN·m，盾构机设计额定扭矩为 6650kN·m，盾构机自重提供的用于防扭转的扭矩达到盾构机设计额定扭矩的 46.5%。盾构机在切削洞门玻璃纤维筋连续墙时的扭矩控制在 2000kN·m 以下，安全系数为 1.5。如盾构机在切削玻璃纤维筋连续墙时产生的扭矩超限，可向钢套筒内加压，增加防扭转的抵抗扭矩，当向钢套筒内加压后，刀盘中心位置达到 150kPa 时，防扭转的抵抗扭矩经计算为 29897kN·m，29897kN·m＞8320kN·m（盾构机脱困扭矩），故通过向钢套筒内加压可提供满足盾构掘进所需要的防扭转抵抗扭矩。

（2）为防止盾构机盾体和钢套筒整体发生扭转、倾覆，在钢套筒两侧每间隔 2m 安装一根工字钢横撑，横撑采用 20 工字钢制作，并直接与钢套筒焊接成整体，作用在侧墙上（图 4）。

图 4　钢套筒防扭转加固图

7.3　盾构始发、接收前的保压措施

7.3.1　重难点分析

盾构密闭始发、接收的基本原理是利用钢套筒内、外水土压力平衡，实现盾构安全始发及接收。因此，确保盾构始发前土仓内达到平衡外界水土压力是盾构安全始发的关键点。

7.3.2　对策

（1）盾构机向前推进至刀盘面板贴近洞门掌子面后，向钢套筒内进行填料，本次填料将整个钢套筒填充满。在填充过程中适当加水，保证填料的密实。

（2）通过向土仓内注入泥浆使土仓压力达到设计值。

（3）盾构始发掘进前对安装好的成套装置进行压力测试，压力测试合格并经监理验收合格后方能进行盾构始发掘进。

7.4　0 环渗漏

7.4.1　重难点分析

盾构机掘进一定环数拆除负环和钢套筒后，洞门位置 0 环管片与外侧土体之间无橡胶帘板，容易出现渗漏，进而引起地面沉降。

7.4.2　对策

在洞门侧墙上、下、左、右各安装 1 个注浆管，注浆管一端安装球阀，通过侧墙注浆管进行加强注浆以及通过 1~3 环管片上设置的注浆孔进行壁后注浆。注浆饱满后方可拆除负环和钢套筒。

8　结语

盾构始发及到达接收工法即地面加固（一道素混凝土连续墙）＋始发（接收）钢套筒的工法在哈尔滨地铁 2 号线人中、中尚区间盾构隧道的成功实施应用，有效地避免了进出洞过程中的各种风险，不仅确保了盾构隧道顺利贯通，节约工期 15d，同时降低成本 300 多万元。此项技术充分显著地体现其具有较好的安全性、可靠性、高效性、经济成本低等特点，进一步拓宽了盾构始发到达施工技术的新手段。这一新技术具有广泛的应用基础与延伸价值，对今后的同类工程施工具有指导作用，同时也将创造巨大的经济效益。

参考文献

［1］ 中华人民共和国住房和城乡建设部. 城市轨道交通工程项目建设标准 JB 104—2008［S］. 北京：中国计划出版社，2008.

［2］ 中华人民共和国住房和城乡建设部，中华人民共和国国家质量监督检验检疫总局. 盾构法隧道施工与验收规范 GB 50446—2008［S］. 北京：中国建筑工业出版社，2008.

［3］ 王吉华. 土压平衡盾构始发掘进施工技术［J］. 山西建筑，2009，35(9)：335-336.

［4］ 赵运臣. 盾构始发与到达方法综述［J］. 现代隧道技术，2008：86-90.

作者简介：王玉宝(1982—)，男，大学本科，高级工程师，长期从事铁路、轨道交通工程管理工作。

富水砂层移位冷冻法新增盾尾刷技术研究及应用

王　洋

（中电建（福州）轨道交通有限公司　福州 350015）

摘　要： 目前地铁盾构施工技术的应用已较为成熟，但在不同地层地质条件下的盾构施工差异性较大，难免会出现盾尾刷密封失效等问题。本文涉及的盾构区间主要位于富水砂层，在正常掘进中出现盾尾刷密封失效，随后采取一系列处置措施后暂时解决问题，之后将盾构机短距离移位至地质条件较好的地层，再对盾体周围土体进行冷冻，检查并新增一道盾尾刷，最终顺利完成该盾构区间施工任务。通过工程实践，验证了该技术在富水砂层条件下新增盾尾刷的良好效果，可以为国内外类似实践工程提供一些有益参考。

关键词： 地铁；盾构；富水砂层；盾尾刷；冷冻

1　前言

目前盾构机已大规模应用在长距离隧道掘进中，盾尾刷是保障盾构机械安全的重要部件。盾尾刷位于盾构主机的尾部，与管片紧密接触，主要起着防止水、泥浆等沿着管片背部流进盾构内部的密封作用，是防止盾尾发生涌砂、涌泥的一道密封措施。在盾构机正常掘进施工中，盾尾刷会因过度磨损或其他原因逐渐失去密封作用，导致盾尾位置漏浆漏水，而在不良地质地层更换盾尾刷存在着很大的风险。目前国内在处理同类问题时一般采用洞内+洞外同步注浆加固、盾尾塞海绵条等常规措施，再对盾尾刷进行检查更换，看似节省了时间和费用，但往往会因种种原因导致问题复杂化，时间和费用成本递增，甚至还会导致次生事故的发生。

现在国际上在进行类似问题处理时大量采用冷冻法，但由于地层冻结机制和冻土机构物理力学性质的复杂性，还难以形成统一的设计方法和规则。目前，我国地层人工冻结技术在人工冻结凿井中得到了广泛的应用，但在城市地下建筑以及隧道等工程中仍未达到普及。因此，完善和发展地层人工冻结理论和工程技术体系不仅具有重要的社会效益，还具有良好的经济前景。本文依托福州地铁某区间工程实例，阐述土压平衡式盾构机在富水砂层中盾尾刷失效漏水漏浆的情况发生后，首先注聚氨酯、水泥—水玻璃双液浆对盾尾后方及盾壳周边止水，再采用盾构机整体移位后土体冷冻施工技术确保地下土体结构安全稳定，在确保盾尾无渗漏的情况下快速进行管片拆除、盾尾刷更换及新增作业，有效降低了富水砂层下盾构隧道盾尾刷失效带来的安全风险，确保了施工安全。本次冷冻法新增盾尾刷技术的成功运用，值得借鉴。

2　工程概况

某区间右线线路总长约 909.747m，左右线间距 14～16m。区间隧道纵断面大体呈"V"字坡形，区间最大坡度为 25‰，覆土厚度为 11.43～20.23m，地表为现状市政道路。

隧道衬砌环管片环宽 1200mm，内径 5500mm，外径 6200mm，厚度 350mm。

2.1　工程地质

本区间隧道洞身所处地层自上而下主要为粉质黏土、（含泥）粗中砂、（含泥）粗砾砂。第 107 环推进 180mm 后盾尾刷失效，盾尾底部出现少量涌水涌砂情况，该处盾构机覆土厚度为

17.95～18.09m。区间隧道地质纵断面如图1所示。

2.2 水文地质

第107环盾尾涌水位置为隧道洞身，地质上部为粉质黏土、下部为（含泥）粗中砂地层，该地层主要为松散孔隙承压水，水位标高为2.07m。

2.3 后续处置方案

本次工程处置首先在隧道内注聚氨酯及双液浆堵漏，然后在地面注双液浆加固地层。

本工程检修及新增盾尾刷时需要停机，停机时封水处理可用注浆法和冷冻法，注浆具有不确定性，难以确保封水效果，且目前管片上无注浆孔，不宜选用。因而本文依托工程选用盐水冷冻法，盐水冷冻即用循环泵将盐水送入冷冻管，经低温盐水长时间连续地吸取管外的热量，使周围地层冷冻，具有冷冻效果较好、费用低等优点。

待盾构移位到达指定位置后进行土体冷冻，冷冻达到效果后再进行盾尾刷检修作业。

移位冷冻检修盾尾刷可根据福州地铁类似成功经验，采用具有冷冻功能的钢管片冷冻加固地层后，检修盾尾刷。盾构推进至第108环拼装完成后，第109环继续往前推进，油缸行程为1400mm时，第108环钢管片位于第1道盾尾密封腔内，停机后对地层进行加固。盾构停机前，需将刀盘上土压控制在0.25MPa以上，防止长时间停机造成刀盘前方地表沉降或塌陷。

3 盾构机移位

移位冷冻新增盾尾刷施工流程如图2所示。

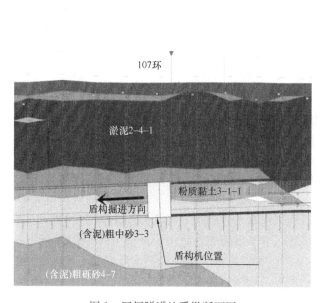

图1 区间隧道地质纵断面图

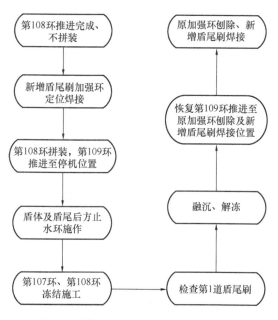

图2 移位冷冻新增盾尾刷施工流程图

3.1 盾尾刷检修前及停机施工措施

（1）油脂注入

为了在检修第1道盾尾刷时，后2道盾尾刷能够起到更好的密封效果，需要在盾构机推至停机检修盾尾刷过程中，将第2道油脂腔体用油脂填充饱满，油脂泵注入压力控制为2.2～3.0MPa。

（2）同步注浆

在停机检修盾尾刷前掘进第107环和第108环过程中应加强同步注浆，同时在盾体径向注浆孔内注入稠泥浆。第109环掘进油缸行程1400mm停机后，在第107环钢管片露出盾构机外段预留的注浆孔及相邻管片注入双液水泥浆，完成封堵。

（3）停止掘进位置选择

盾构机拼装完成第108环的管片继续掘进第109环至停机位置，第109环掘进过程中，当油缸最小行程达到1400mm时必须立即停止掘进，此时需要拆换的第1道盾尾刷刚好脱出到第108环管片下部。盾构机停机检查盾尾刷位置如图3所示。

3.2 施作止水环及检测

停机后首先在盾尾的6个径向预留孔注入聚氨酯，使其与盾体四周的地下水反应，包裹在盾体周围，起到阻挡土仓泥水后窜的作用。

为进一步封堵后方注浆空间至盾尾的通道，防止注浆体包裹盾构机盾尾外壁或填充盾尾间隙，影响盾构机的脱困和掘进，对第106环管片的注浆孔注入浓稠膨润土。在盾体注入聚氨酯并凝固后，对盾构机后部4环（第102～105环）范围内每环进行二次注浆，浆液类型为水泥、水玻璃双液浆，同时加大同步注浆量，按常规盾尾同步注浆量的1.5倍控制，确保盾尾处地层的注浆比较饱满密实，起到对围岩的控制、加固和有效的封水效果，如图4所示。

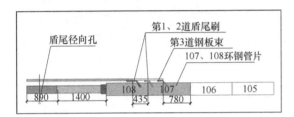

图3 盾构机停机检查盾尾刷示意图

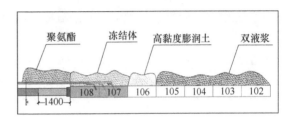

图4 盾尾及管片壁后加固示意图

在二次注浆浆液终凝后，从下至上依次打开第105环管片的二次注浆球阀，采用钢钎打穿管片，随后检测是否有水渗出，若无水渗出即认为止水效果达标，可进行盾尾刷检修作业；若有水渗出，则立即对渗水区域预留孔补注聚氨酯，确保所有检测孔无渗水后再进行下一步工序。

4 土体冷冻

本文采用盐水循环作为冷量传递冷冻封堵盾体外侧的土体。

4.1 ANSYS模拟分析

为了满足换盾尾刷施工的止水需要，设计第107环和第108环管片采用经特殊加工的钢管片，在每块管片内设置内弧板和环向隔板，在每块管片的内、外弧面之间形成具有单向通道的隔腔；每环带隔腔的钢管片拼装完成后，在每块管片隔腔的两端分别安装去回路盐水管，对整环钢管片后面的局部土体进行冷冻。

利用钢管片预留隔腔，采用低温盐水循环与管片外的土体进行热交换，形成有效冷冻壁。设计冷冻壁厚度≥0.5m，冷冻壁平均温度≤−8℃，冷冻壁详图如图5所示。

设计冷冻壁厚度为600mm，土体平均温度−8℃，冻土发展速度按25mm/d计算，同时考虑冻土发展的不均匀性等因素，要形成冻土帷幕，积极冷冻时间约需24d。根据计算分析理论结果，同时主要结合现场实际测温结果而定，综合把控冷冻成效。通过ANSYS有限元软件的模拟分析，简化条件进行模拟分析后，第107环钢管片与盾壳交接部位二维截面温度分布如图6所示。

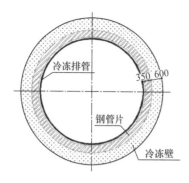

图 5 冷冻壁设计纵剖面图

图 6 第 107 环钢管片与盾壳交接
部位二维截面温度云图

为了监测冻土发展情况，在第 106 环管片径向设置 2 个测温孔，位于 5 点钟和 9 点钟方向，孔深 0.95m；在第 107 环管片径向设置 4 个测温孔，位于 1、4、7、10 点钟方向，孔深 0.95m。在管片后，每隔 150mm 设置 1 个测温点，每个测温孔内设置 5 个测温点。

测温孔观测频率：积极冷冻期间每 12h 观测 1 次，盾尾刷检修维护冷冻期间每 8h 观测 1 次，停止冷冻解冻期间每 24h 观测 1 次。冷冻 20d 时各路径上冷冻壁厚度和平均温度见表 1。各孔进行编号并形成原始记录，根据温度检测结果定期分析冷冻壁的形成情况，评价冷冻壁形成的质量与安全性。

冷冻 20d 时各路径上冷冻壁厚度和平均温度   表 1

部位	冷冻壁厚度（m）	冷冻壁平均温度（℃）
路径 1（第 108 环末端）	0.495	−7.0
路径 2	0.567	−9.8
路径 3	0.613	−10.6
路径 4	0.630	−10.3
路径 5（第 107 环与第 108 环连接处）	0.632	−10.9
路径 6	0.623	−9.9
路径 7	0.587	−9.3
路径 8	0.506	−9.6
路径 9（第 107 环与第 106 环连接处）	0.341	−5.9

4.2 积极冷冻

积极冷冻 5d 盐水温度降至 −15℃ 以下，10d 盐水温度降至 −25℃ 以下（盐水温度降温曲线见图 7），去、回路盐水温差不大于 2℃，如盐水温度和盐水流量达不到计算要求，延长积极冷冻时间。

为确保冷冻封水的可靠性，在冷冻施工中，应根据测温数据，对冷冻效果进行分析判断，并在薄弱环节打探孔检验实际冷冻效果。根据具体情况，最终确定积极冷冻时间。

在积极冷冻过程中，要根据实测温度数据判断冻土帷幕是否达到设计厚度，测温判断冻土帷幕交圈并达到设计厚度后，通过钢管片预留孔打探孔，确认冻土帷幕后检修盾尾刷。

4.3 解冻及融沉

盾尾刷检修完成后，应尽快恢复盾构推进。推进前，应对盾构机尾部盾壳环带周边的冻土实

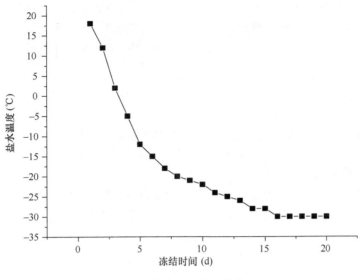

图 7　盐水温度降温趋势

施解冻。即在原管路通热盐水，采用电加热法提供热盐水。在管片外解冰约 20mm 时，即可以尝试复推；在复推前，可通过钢管片预留孔对冷冻区域进行充填注浆、防止冻土融沉。

5　新增一道盾尾刷

5.1　新增盾尾刷加强环安装

第 108 环推进完成后，暂不进行拼装，对新增盾尾刷加强环进行定位焊接，新增加强环位置如图 8 所示。加强环焊接完成后再拼装第 108 环，拼装完成后，继续推进第 109 环，当第 109 环A 组油缸行程为 1400mm 时，停机进行后续施工。

由于加强环换件过大，在洞内安装、吊运不便，故可将加强环等分为 12 段，采用盾尾备用注浆管路作为盾尾油脂注入管路。加强环要求锐角倒钝、无毛刺。

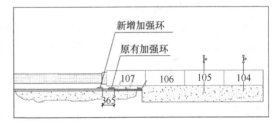

图 8　新增加强环位置

5.2　盾尾刷检修

（1）在本文前述的准备工作完毕后，即可进行盾尾密封刷检修。

（2）盾尾刷拆除：

1）拆除盾尾刷处的一块管片即可暴露盾尾刷。

2）清理完成后，对盾尾刷进行检查，对于损坏严重的盾尾刷进行割除。

3）新盾尾刷安装：割除的部分重新焊接新的盾尾刷，盾尾刷安装顺序为依次搭接安装，在最后 1 块焊接时，根据实际尺寸必要时进行切除，确保两块盾尾刷之间有足够的搭接长度。

4）清理或检修完成后的盾尾刷往盾尾刷和盾尾刷之间的密封槽重新涂抹盾尾密封油脂。

5）管片安装到位后，要用盾尾油脂泵泵送盾尾密封油脂，填充人工涂抹不密实的盾尾刷凹槽和盾尾刷。可设置盾尾油脂泵的工作压力，达到设定压力值后方可停止。

5.3　新增一道盾尾刷安装

既有盾尾刷检查更换完成后，将第 108 环钢管片拼装，融沉、解冻，恢复第 109 环推进，当第 109 环油缸行程为 2135mm 时（油缸最大行程 2150mm）停机，刨除原有加强环、焊接第四道盾尾刷，如图 9 所示。

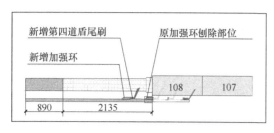

图 9　加强环刨除及第四道尾刷焊接停机位置

（3）第四道盾尾刷保护措施

1）填充油脂：为了防止密封刷的损坏，同时增加密封效果，第四道盾尾刷焊接完成后，需要给每块密封刷的钢丝涂抹手涂油脂。油脂涂抹质量须经技术人员检验合格后再进行管片拼装。

2）密封腔填充油脂：第四道盾尾刷安装完成后，将第108环钢管片拼装完成后。在盾构机推进前，先通过盾尾注脂系统给密封刷之间注入密封油脂，确保密封腔内油脂饱满。

（1）刨除原加强环

原加强环刨除 170mm，在掘进方向上只留 30mm 宽度的加强环不刨除。

（2）焊接新增盾尾刷

原盾尾刷采用 32mm 厚，由于新增盾尾刷位置处尾盾和管片间缝隙减小 10mm，故现在新增盾尾刷采用 25mm 厚。焊接完毕后手动涂抹盾尾油脂，每延米不少于 15kg。

6　结论

本文结合工程实践，指导盾构机移位冷冻新增盾尾刷技术，并得出以下结论：

（1）管片拆除前的冷冻施工是整个盾尾刷更换风险控制的重中之重，必须确保盾壳、盾尾达到良好的冷冻效果并经检查确认后，方可进行管片拆除。

（2）由于盾尾密封腔尺寸较小，为能够满足盾尾刷更换施工，又能够确保第2道盾尾刷有相对较大的密封尺寸，盾构机向前掘进需要盾构机司机控制好速度，油缸行程达到计算位置后即停机。按照工序安排，盾构停机时间较长，盾构停机地层较软，支撑力较小，所以停机期间需密切关注盾构姿态变化。

（3）管片拆除需按照顺序，逐块进行。管片拼装在保证拼装质量的前提下，加快拼装速度，完成拼装后，第1道油脂腔内注脂饱满。

本文采用的施工技术满足盾构施工设计和规范要求，值得广大地下工程从业人员研究、分析、总结，并将如何在富水砂层地质条件下检查、更换及新增盾尾刷的经验和研究成果推广应用到城市轨道交通、地下综合管廊、隧道等风险性大、安全系数高的领域。

参考文献

[1] 赵峰峰. 富水粉砂地层盾构机尾刷更换技术[J]. 公路交通技术，2018，34(S1)：171-176.

[2] 施瑾伟，杨钊，杨擎. 注浆止水技术在高水压强渗透地层尾刷更换施工中的应用[J]. 现代隧道技术，2015，52(4)：190-194.

[3] 王永贵. 冷冻法更换盾尾刷技术[J]. 建筑机械化，2019，40(6)：64-66.

[4] 郑杰. 盾构掘进过程中盾尾刷更换技术及保护措施[J]. 建筑施工，2018，40(1)：106-108.

[5] 陈志宁. 土压平衡盾构盾尾密封刷检修技术[J]. 隧道建设，2008，28(6)：740-741，745.

[6] 刘阳生. 富水地层三菱盾构机尾刷更换技术[J]. 隧道建设，2006，26(S2)：88-90.

作者简介：王洋(1992—)，男，硕士研究生，工程师，目前主要从事城市轨道交通施工与管理工作。

复合地质中盾构掘进的操作控制

饶龙华

（中电建武汉建设管理有限公司　武汉 430000）

摘　要： 本文结合广州地铁 5 号线草暖公园—小北站盾构区间、深圳地铁 1 号线延长线前海站—大新站盾构区间及广州地铁 6 号线天河客运站—天平架盾构区间的相关施工经验，盾构机在上软下硬、溶洞及全断面硬岩等地层掘进过程中出现的一系列问题，在掘进过程中对盾构施工掘进存在的问题进行认真分析，并提出有针对性的解决对策，为其他同类型的盾构掘进施工提供参考。

关键词： 盾构机；操作控制；掘进

1　前言

近年来，随着各大城市轨道交通工程的建设越来越多，促使盾构隧道施工技术飞快发展。盾构施工技术由于其独特的先进性和安全性，已经作为城市地铁建设的主流技术被广泛采用。因此，掌握精湛的盾构机操作控制技术将有助于提高盾构法隧道施工的安全和质量。本文通过结合广深地区的盾构施工相关经验，分析在不同地质条件下如何对盾构机进行操作控制，来确保盾构隧道掘进施工的安全和质量等。

2　不同地质条件下的盾构掘进施工存在问题及解决措施

盾构施工需根据不同的地质条件，选择相适应的掘进参数，以确保盾构施工的安全可靠。在盾构掘进过程中，如果选用的掘进参数与掘进地层不相适应，会导致刀具磨损、刀盘结泥饼、出土不畅等问题的发生。

2.1　盾构机穿越上软下硬地层

（1）施工主要存在的问题

上软下硬地层的上部地层大多为人工填土、杂填土、淤泥、砂层、砂质黏性土、粉质黏性土层等，下部大多为基岩残积形成的黏性土层、岩石风化层等。

由于上软下硬地层上下部分岩土的完整程度及强度差别较大，在盾构掘进过程中，盾构刀具在破岩过程中，由于受力不均，极易造成刀具的偏磨甚至刀圈炸裂，无法有效地进行岩土破除，从而影响盾构机的正常掘进施工。在深圳铁路 1 号线延长线前海站—大新站盾构区间施工过程中，由于施工过程控制不到位，一度发生盾构刀具频繁损坏、刀盘卡顿，掘进速度不稳定且刀盘扭矩波动较大等情况，盾构掘进施工无法顺畅地进行，且受掘进速度不稳定的影响，出土量控制较差，从而引起地面沉降。

（2）主要技术控制措施

发现问题后，经过对地层、刀具磨损及渣土等情况进行研究分析，主要采取以下措施：

1）掘进前仔细研究地质勘察报告，合理进行盾构刀具的配合和确定掘进参数。

在再次进行盾构掘进施工前，仔细研究地质勘察报告，针对后续地质条件复杂的路段，及时进行地质补勘，以确定地层硬岩的分布位置、范围、风化状况、裂隙发育情况、强度和整体性、软土相关参数特性，以及软硬不均地段的上方覆土类别，并根据地质情况进行刀具配置（岩石强度较高应选用），在盾构施工时根据掘进地层的地质情况合理调整掘进参数，以提高刀具的寿命。

2）定期或定里程进行盾构刀具的检查和更换。

在上软下硬地层进行盾构施工时，由于受力不均，刀具极易发生偏磨，从而影响掘进施工效率。为确保刀具的完好度且能够高效地进行掘进施工，需定期对刀具进行检查或者更换。

检查刀盘及更换刀具的位置，应选择在稳定地层中进行。在上软下硬地层中检查或更换刀盘刀具，土压平衡盾构机需选定密闭性较好的地层，根据地层的埋深等情况，选定合适的土仓压力，在确保掌子面稳定的前提下，带压进入土仓进行刀具的检查或更换。在无法实现带压进仓的情况下，则需提前对掌子面地层进行注浆加固，并确保加固效果后，待盾构机掘进到加固区后，进行开仓检查及更换刀具。

刀具更换的具体标准如下：盾构机中心双刃滚刀磨损达到 20mm、正面滚刀磨损达到 87mm、边缘滚刀磨损达到 15mm 时，即应考虑进行刀具的更换，而更换下来的磨损刀具可考虑在强风化及以下地层掘进施工中使用。

3）严控出土量，避免出现地面隆降。

区间地层下部主要为岩层，掘进速度受基岩制约而变慢，易多出土，施工时应控制刀盘速度，刀盘转速不大于 1.2r/min，并根据掘进进尺来控制出土量，以防止超挖，同时加强同步注浆和二次注浆的施工，对地层及时进行填充，避免出现地面隆降。

4）根据地层实际情况，调整掘进参数。

在上软下硬地层中掘进时，由于局部硬岩强度较高，刀具破碎硬岩时，刀盘的滚刀受力就较大，局部硬岩对刀具的损伤也较大。因此在上软下硬地层中掘进时，应适当降低刀盘转速，使刀具受到的瞬时冲击减小。

在上软下硬地层中掘进时，盾构掘进主要控制参数如下：刀盘的转速为 1.2～1.5 r/min，刀盘扭矩控制在 4000kN·m 以内，掘进速度宜控制在 5～8mm/min，推进压力宜控制在 1200～1800t。同时，为保证掌子面的稳定性，需要保持较高的土仓压力（土仓压力需大于静水压力和地层土压力之和），要求螺旋输送机的转速保持在 3～8r/min 之间。

5）加强土仓内渣土的改良工作。

在盾构掘进过程中，根据地质情况、螺旋口的出土情况并结合推力、扭矩、速度、土仓压力及渣土温度等掘进参数的变化情况，及时调整掘进参数，并合理调整发泡剂的配合比，来改善渣土流动性和土仓内温度，以减少刀具的磨损。

进行土仓渣土改良，一般通过盾构机配备的泡沫系统或膨润土系统，向土仓内加入泡沫或膨润土，从而在掌子面前面对软弱地层起泥模作用，使土仓内高压空气不易逸出，可有效防止软弱地层坍塌，同时也能改善渣土的和易性，使得渣土出土顺畅。

经过多方的努力，在后续的盾构施工过程中，根据地层情况及盾构掘进过程中的参数变化实时进行动态调整掘进参数，掘进各项指标均处于平稳优良的状态，刀盘卡顿和地面沉降也控制较好，顺利地完成了盾构施工。

2.2 盾构机穿越岩石微风化带

（1）施工主要存在的问题

广州地铁 6 号线天河客运站—天平架盾构区间全断面微风化花岗岩地段长度约为 300m，其岩石单轴抗压强度高达 119.5MPa。

盾构施工过程中，由于在长距离高强度全断面微风化花岗岩地层中掘进，极易造成刀具磨损、刀圈破裂、盾构机液压油温居高不下等情况的发生，且在刀具磨损的情况下继续掘进，会导致盾构开挖面直径逐渐变小，最终可能导致盾体卡顿等情况的发生。

（2）主要技术控制措施

1）在高强度岩层的地层内掘进，强化掘进参数管理。

由于地层硬岩强度极高，在掘进过程中，刀具极易产生磨损，为提供盾构刀具的使用效率，宜采取高转速、低扭矩的原则进行掘进施工，具体掘进参数控制如下：①掘进速度应控制在 5～10mm/min；②盾构推力控制在 1000～1500t；③刀盘扭矩控制在 2500～3000kN·m；④刀盘转速要控制在 1.8～2.0r/min。

此外，在全断面硬岩地层掘进时，如果盾构机扭矩较大，需注意滚动角的变化，要根据情况更换刀盘的转动方向。

2）选用质量优异的盾构刀具进行盾构施工。

由于岩石单轴抗压强度高达 119.5MPa，对刀具的要求较高，在施工前应选用破岩能力强的滚刀，以提高掘进效率，且在掘进过程中，每掘进半环，在两列渣土车倒换施工及盾构管片拼装时，专业换刀人员同步进入土仓进行盾构刀具的检查及更换（磨损量较少的边缘滚刀更换到中心区域，边缘滚刀更换成新刀具，以提高利用率）。

3）加强土仓内渣土的改良工作。

在掘进过程中应实时观察螺旋口渣土的变化，及时调整泡沫和膨润土的用量或比例，改善土仓渣土的流塑性，可以减少对刀盘面板和刀具的磨损，还可以防止渣土对刀盘以及螺旋输送机的堵塞，同时改良剂的添加对刀具起到一定的润滑和冷却作用，延长了刀具的使用寿命。

4）加强盾构施工过程中的同步注浆和二次注浆填充工作。

在全断面地层掘进过程中，应提高同步注浆量和及时进行二次注浆施工，充分填充管片与盾构机刀盘开挖轮廓间的缝隙，同时做好水泥砂浆的配合比，缩短凝固时间。

5）盾构掘进采用敞开模式进行施工。

渣土进入土仓内，即刻被螺旋输送机排出，土仓内存有极少量的渣土，基本处于空仓状态，土仓内的温度也相对较低，掘进过程中刀盘和螺旋输送机所受的反扭力较小。

在广州地铁 6 号线天河客运站—天平架盾构区间掘进过程中，施工前期由于准备工作不够充分，日掘进量仅为 1.2 环/d，且频繁更换刀具，但在加强盾构掘进参数管理及刀具及时更换后，日掘进量达到 3.2 环/d。

2.3 盾构机穿越溶洞

（1）施工主要存在的问题

广州地铁 5 号线草暖公园—小北站盾构区间局部为石灰岩分布地段，岩溶较发育，且溶洞上部与冲积砂层接触，盾构机穿越溶洞区域时，若盾构机控制不到位，有可能造成突水、突泥及盾构机"栽头"等工程事故，也可能造成地表沉降。

（2）主要技术控制措施

1）掘进前加强溶洞探测，详细掌握溶洞大小、位置等相关参数。

盾构在掘进溶洞区段前，先行进行补充勘察钻孔和 CT 法探测溶洞的分布情况，对不同溶洞采取不同的处理方法。

信息采集方式采用正、反向水平同步或斜同步的定发动收两组方式，与物理光学原理相类似，正、反向以及不同定发动收的电磁波"阴影区"交汇公共部分即为溶洞等不良地质体的分布区域，水平同步或斜同步的定发动收示意图见图 1。

2）溶洞的处理方法。

① 无填充溶洞和半填充溶洞处理方法：

对大于 2m 以上的无填充溶洞和半填充溶洞，先采用投砂充填空洞处理，后采用注浆加固的方法。投砂处理的方法是在原钻孔附近（约 0.6m）补钻两个 ϕ127 的投砂孔（两个投砂孔中心与原钻孔中心需在同一连线上）。投砂后，注浆加固的方法同后面的全填充处理方法。对小于 2m

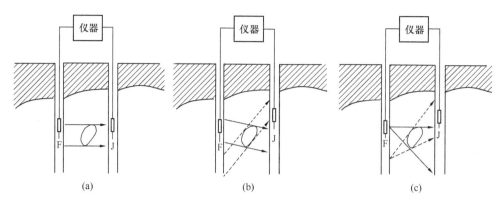

图 1 水平同步或斜同步的定发动收示意图

(a) 水平同步；(b) 斜同步；(c) 定发动收

的无填充溶洞和半填充溶洞，可采用注浆填充。

② 全填充溶洞处理方法：

采用压力注浆的方法进行填充加固，注浆压力从低到高，间歇、反复压浆。袖阀管间距1m，呈梅花形布设，注浆加固分布图如图 2 所示。

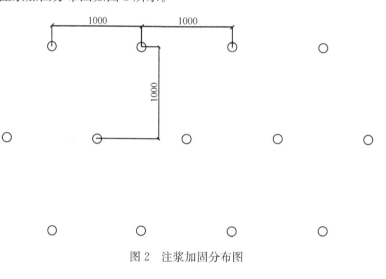

图 2 注浆加固分布图

3）施工前，应提前做好盾构机和后配套设备的检修与维护，确保盾构设备在溶洞地层施工期间具有良好的工况。

4）盾构机在溶洞地层掘进时，盾构机应保持相对平稳的状态推进，在掘进过程中，要时刻注意盾构机推进速度、刀盘转速及推进压力等参数的变化，并控制好盾构机的掘进姿态，发现问题，及时停机并研究有效可行的处理措施。

5）在施工过程中，突遇溶洞，应马上停止掘进施工，进行停机保压，并且在施工过程中，对周边的建筑物及地面等进行布点监测，通过监测数据判断周边建筑物及地面的沉降情况，以确保安全。

对溶洞区周边位置进行钻探补勘，探明该溶洞及周边区域的地质情况，明确溶洞影响范围，并通过对溶洞及周边影响区域进行注入双液浆进行填充。双液浆加固填充施工的注浆压力宜为0.5MPa以内，注入双液浆的初凝时间宜为 30s。溶洞影响区加固完成后，应对填充加固凝固效果进行检测，确认填充加固效果后方可恢复掘进。

广州地铁 5 号线草暖公园—小北站盾构区间由于前期调查工作和施工前的溶洞处理工作比较

到位，施工较为顺利，未发生突发事件，较为顺利地完成了盾构施工。

3　小结

在城市轨道交通建设中，盾构机在复合地层中掘进较为普遍，因此复合地层的盾构掘进控制就显得尤为重要。如果掘进过程中控制不到位，就会导致各种施工质量或安全问题的发生。针对不同的地层，盾构掘进需采取不同的应对措施，避免出现刀具乃至刀盘磨损、刀盘卡顿及地面沉降等问题的发生。在不同地层中，要保证盾构施工的安全、质量和掘进进度需注意以下内容：

（1）根据详细勘察和补充勘察报告以及掘进路段的地面情况，选用合适的盾构刀具，并选择合适的掘进模式和参数。

（2）由于复杂多变的地层掘进施工难度相对较大，需配备盾构掘进操作能力和现场应变能力较强的盾构机操作人员。

（3）根据掘进过程中的实时掘进参数，对盾构推力、刀盘扭矩、掘进速度、出土量及注浆量等进行动态调整，并加强掘进过程中的渣土改良工作，确保盾构机能够在复杂多变的地层中安全快速的施工。

（4）根据实际情况，制定切实可行的盾构施工管理条例，按照盾构操作程序进行盾构施工。

参考文献

[1]　肖瑞传. 不同地层下的盾构掘进技术[J]. 西部探矿工程，2006，18(4)：161-162.

[2]　陈建. 地铁隧道穿越溶洞的施工处理技术[J]. 城市轨道交通研究，2005，8(3)：52-53.

作者简介：饶龙华(1983—)，男，大学本科，高级工程师，目前主要从事城市市政工程施工与管理工作。

大直径盾构复合地层下穿建筑物群施工技术研究

叶至盛[1]，杨凤梅[2]

（1. 中电建铁路建设投资集团有限公司　北京 100071；
2. 中国电建华东勘测设计研究院有限公司　杭州 310014）

摘　要：城市轨道交通的区间建设以盾构掘进为主线，涉及下穿大量建筑物，沉降不易控制，安全风险大。本文结合某盾构区间成功下穿建筑物群，总结出大直径盾构在复合地层下穿越建筑物群过程中应采取的工程技术措施，分别为：（1）大直径盾构复合地层下穿建筑群的渣土改良方法、掘进控制参数、出土量控制、综合注浆等成套施工技术，可有效控制建筑和地面沉降；（2）大直径盾构掘进中遇地层变化和土仓结泥饼问题的处理方法；（3）大直径盾构于复合地层中泥膜护壁带压开仓换刀技术，使大直径盾构成功穿越建筑物群，对类似工程施工具有一定的借鉴意义。

关键词：大直径盾构；复合地层；下穿；建筑物群

1　引言

中国城市轨道交通建设日新月异，截至 2020 年底除港澳台外，国内共有 65 个城市线网规划获批，在建城市 61 个，在建线路总长达 7085.5km。轨道交通的建设主要由车站、区间、车辆基地等组成。其中建设体量最大的区间工程通常以盾构机掘进为主线，涉及下穿大量建筑物，若实施不当，可能危及建筑安全。复合地层盾构穿越过程中对建构筑物影响规律尤为复杂，盾构机外径、地质条件、水文条件、基础形式等因素对动态施工过程中的地表沉降、建筑物沉降产生耦合影响，对施工技术措施及信息化管理要求非常高。

本文以某盾构区间下穿建筑群为例，详细介绍了盾构穿越建筑群前、中、后采取的施工技术措施，通过数值模拟分析和精心施工组织，配合先进的监测技术，结合现场试验段调整后的盾构掘进参数，成功实施并穿越建筑群。

2　基本情况

2.1　工程概况

工程采用海瑞克盾构机，开挖直径 8.63m，全长 110m，刀盘采用六辐条＋六面板的复合式刀盘设计，刀盘面板率为 36.5%，其中中心开口率为 46.5%。盾构管片采用外径 8.3m，内径 7.5m，厚 0.4m，宽 1.8m 的钢筋混凝土管片，每环由 7 块管片组成，采用错缝拼装。

2.2　下穿段与建筑物群关系

建筑物群修建于 2000 年，为三层砖房，基础为柱下独立基础，基础埋深 2m。穿越区间位于 R1200mm 的左转圆曲线，处于 22‰下坡段，共穿越 8 栋房屋，从砂卵石黏土复合地层开始穿越第 1 栋房屋，掘进至中风化泥岩地层穿越完成第 8 栋房屋。

隧道埋深约 26m，隧道顶与房屋基础底最小竖向净距约 24m，如图 1、图 2 所示。

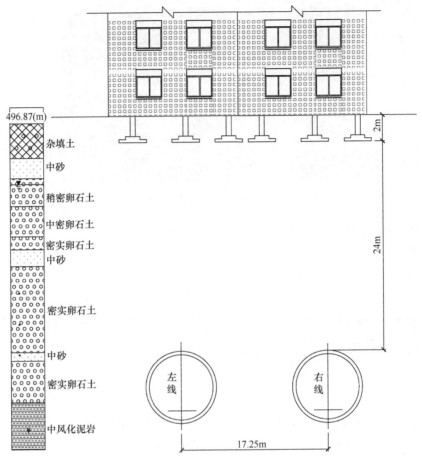

图 1　隧道与建筑横剖面图

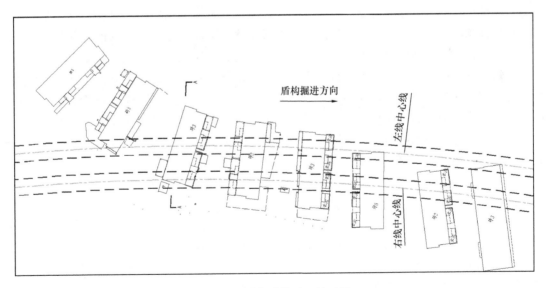

图 2　隧道与建筑平面关系图

2.3　地质条件

隧道穿越地层主要为全断面砂卵石、砂卵石—泥岩复合、泥岩地层（图 3）。勘察期间车站范围地下水位埋深为 3.89~7.15m，渗透系数平均为 0.44m/d，属弱~中等透水层。中风化泥岩

图 3　穿越建筑物群示意图

黏聚力为 20kPa，内摩擦角 18°，天然极限抗压强度 4MPa。

2.4　工程重难点

（1）盾构掘进断面大，地层扰动大，对地表和建筑群沉降影响大。

（2）复合地层砂卵石占比约 77%、黏土占比约 3%、中风化泥岩占比约 20%，整体上软下硬，出土量控制难度大。隧道掘进地层变化大，变化趋势为全断面砂卵石层→砂卵石—泥岩复合地层→泥岩地层，复合地层中掘进刀盘易结泥饼，易超方而引起沉降。

（3）建筑群为老旧房屋，基础为浅基础，工程风险大。

3　技术准备

（1）地质补勘：为核实准确地层情况，对下穿建筑之间进行地质补勘，共布置 16 个补勘孔，进一步确认地质信息。对补勘的孔位进行排查，确保补勘孔和监测用的深层土体竖向位移孔位已全部封堵严实，避免浆液串出地面。

（2）房屋鉴定及入户调查：联合属地街道办、社区等单位对建筑物进行入户调查，并委托有资质鉴定的单位对盾构下穿的房屋进行全部鉴定，出具书面鉴定报告。

（3）地面预注浆加固：从房屋基础外侧打设斜孔预注浆，斜孔打设至拱顶上方 2m 范围，斜孔在地面共布设 3 排，地面间距为 2m×2m 梅花形布置；在拱顶上方间距为 5m。

（4）带压开仓换刀：地铁施工通常采用降水井＋常压换刀，极少采用带压开仓。本工程由于地面条件受限，穿越的建（构）筑物众多，地面管线复杂，地下水较发育，降水困难，故在穿越前盾构机在复合地层下启动泥膜护壁带压换刀施工，保压实验合格后进行带压开仓作业，对刀具进行全面检查并对存在问题的刀具进行更换，同时对渣土改良系统中心加水系统、泡沫系统进行检查。复合地层中带压换刀特点及风险如下：

① 换刀位置掌子面不能有效形成泥膜、盾体周围留有空隙，致使气压不能有效建立，气体损失量远大于气体补充量，无法达到换刀条件。

② 作业人员风险：仓内作业区域有限，掌子面不稳定等情况发生危及仓内作业人员的人身安全；带压环境中作业，若加减气压操作不合理，会对作业人员造成压缩空气病。

③ 周边环境风险：盾构机停机压气换刀期间地表沉降较大，地下管线受损，地表建（构）筑物受到影响，危及周边环境安全。

4　控制重点

4.1　渣土改良

（1）管路优化：在刀盘面板设置 6 路泡沫管＋2 路加水管路，土仓内牛腿上设置了 2 路泡沫管路；在刀盘中心设置 1 路专门加水管路，同时在土仓承压墙设置 2 路加水管。

（2）泡沫：渣土改良采用分散型泡沫剂进行渣土改良。泡沫：2.5％～3％泡沫剂与 97％～97.5％的水混合成泡沫溶液。同时单根泡沫管液体流量不小于 30L/min，气体流量 250～300L/min。

（3）聚合物：在 208～250 环的掘进过程中，由于地下水较大，易造成螺旋机出现喷涌现象，在该段掘进过程中，每立方米水中加入 40g 聚丙烯酰胺，250 环后随着黏土及泥岩的增加未再添加聚合物，在每立方米水中加入 2.5kg 分散剂，可有效防喷涌。

4.2　掘进参数

掘进过程中总体参数正常，见表 1，在 261～263 环、276～277 环掘进参数异常。

穿越不同地层参数统计　　　　　　　　　　表 1

所处地层	地层厚度 （m）	掘进速度 （mm/min）	推力 （t）	扭矩 （kN·m）	刀盘转速 （r/min）	土仓压力 （bar）	每环加水量 （m³）
砂卵石及黏土 （208 环～239 环）	砂卵石 6.6～7.6m 黏土 0.8～1m	50～70	1800～2800	4500～9000	1.6～1.65	2.4～2.6	7～10
砂卵石、黏土及泥岩 （240 环～257 环）	砂卵石 5.2～6.6m 黏土 0.8～2m	50～65	1600～1800	4000～6500	1.6～1.65	2.4～2.6	8～10
砂卵石及泥岩 （258 环～307 环）	砂卵石 0～5.2m 泥岩 2.4～8.6m	50～60	1850～2850	5500～7500	1.65～1.75	2.4～2.8	25～30
泥岩 （308 环～316 环）	泥岩 8.6m	50～60	2500～2800	7000～8500	1.8～1.85	3.0～3.2	25～30

4.3　复合地层出土量控制

盾构掘进过程中，对渣土箱每斗的渣土高度进行测量。设专员每环收集洞内实际出土量、龙门吊称重记录。每环根据出土量及称重量双控进行分析是否超方，同时对比前后 3 环出土量及称重核实是否有突变的情况，若发现超方后渣土管理专员立即根据"信息全报，分级处理"的原则通知相关人员进行超方处置。

在穿越建筑群期间，因地层变化大，出土方量逐步由 128m³ 增加至 170m³，在掘进过程中要求每环分上下半环从皮带机上随机取渣样清洗和分析（表 2）。

通过现场渣样分析作为调整松散系数的依据，松散系数由砂卵石地层的 1.2 逐步调整至泥岩地层的 1.6。

地层变化统计表　　　　　　　　　　表 2

地层	环号	备注
砂卵石及黏土	（208～239 环）	216 环渣土中黏土含量明显增多
砂卵石、黏土及泥岩	（240～257 环）	253 环后渣土泥岩明显增多
砂卵石及泥岩	（258～307 环）	260～263 环地层变化大，松散系数不易判断
泥岩	（308～316 环）	

4.4　综合注浆

（1）同步及二次注浆：为了保证管片壁后注浆饱满，同步注浆量均大于 11.8m³，超过理论建筑间隙的 1.64 倍，同时在掘进过程中将二次注浆进行常态化管理，管片脱出盾尾 7～10 环后及时进行二次注浆。二次注浆材料为水、普通硅酸盐水泥，水灰比为0.8∶1～1∶1，根据现场试验，确定二次注浆压力0.2～0.5MPa，二次注浆点位优先选择3、9点位以上的注浆孔，点位之间错位布置，保证管片壁后注入饱满。若注浆后止水效果不佳，可适当增加注浆量，并采用加入水玻璃同时注入，水泥浆液与水玻璃比例为1∶1。

（2）中盾注泥：通过盾构机自带的中盾注泥系统，及时填筑盾体与土层的间隙，填充刀盘开挖后形成的空腔，隔离开挖仓与注浆腔，起到预防浆液前窜等功能，同时为减少穿越建筑的沉降，采用螺杆泵进行注入，泵的设计流量为58L/min；每环的理论注入量为1.09m³，每环实际注入方量为2.3m³/环（推进时间为40min），能达到良好的隔离效果。

（3）深孔注浆：在1号台车顶部搭设平台，在盾穿越建筑过程中采用$\phi 42 \times 3.5$mm钢花管进行洞内深孔注浆加固，注浆材料采用水泥浆液，特殊情况下采用水泥-水玻璃双液浆，水灰比为0.8∶1～1∶1，水泥浆和水玻璃的体积比为1∶1～2∶1，根据现场试验，注浆压力控制在0.05MPa以下，防止管片破损。深孔注浆范围：管片上部180°范围为3m，管片下部180°范围为0.5m。

4.5 姿态控制

（1）盾构机姿态：盾构机水平姿态保持在10～30mm，竖向姿态控制在−70～−50mm，姿态未出现突变情况。

（2）管片成型姿态：成型管片姿态良好，未出现较大管片的上浮，水平姿态最大为216环+34mm，垂直姿态为228环−30mm。

5 工后控制措施

（1）袖阀管注浆：为了确保房屋安全，采用袖阀管对房屋基础及隧道拱顶上方进行空洞排查及后注浆加固，确保穿越房屋的安全。

（2）空洞探测：为探明已穿越区域地下情况，组织专业单位采用"微动探测"技术对已掘进隧道中心线上每隔5m对地层进行空洞探测。微动探测方法（Microtremor Survey Method，简称MSM）是从圆形台阵采集的地面微动信号中通过空间子相关法提取其瑞雷面波频散曲线，经反演获取台阵下方S波速度结构大额地球物理探测方法，该方法可用于地震构造探测及场地稳定性评价。

6 掘进中遇到的问题及处置措施

（1）地层变化（图4）：在261环～263环的掘进过程中，地层变化较快，无法准确判断松散系数，盾构机掘进参数未出现较大变化，但是通过渣样分析砂卵石含量明显地减少（从43.3%减少至33.9%），掘进过程中未能根据地层变化对盾构掘进参数进行调整，导致出土量不可控，超方约9.3m³，立即停机并进行原因分析；超方后地面及时采用临时围挡进行围蔽；恢复264环掘进时，为了控制出土量，将土压由2.4bar加大至2.6bar，盾构机推力由2500t逐步增加至3000t，扭矩由6500kN·m增加至10000kN·m，同时增大加水量。在266环掘进过程中，地面在260环（刀盘264环）隧道右侧出现冒泡沫的现象。现场及时采用沙袋进行围蔽，同时采用篷布进行遮盖并采

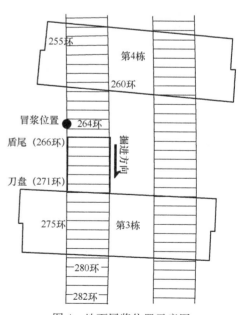

图4 地面冒浆位置示意图

用消泡剂消散及斗车进行清运。

（2）刀盘结泥饼：在 276 环～277 环掘进过程中推力及扭矩有明显增加，推力最大达到 3100t，扭矩最大达到 1100kN·m，掘进过程中速度波动较大，且在皮带上有大块泥团，怀疑土仓内有结泥饼的现象，随后停机对土仓内加入 51.3m³ 的分散剂水溶液进行泡仓处理，泡仓 13h 后恢复掘进。恢复后掘进参数有所好转，推力降低至 2100t，扭矩降低至 800kN·m，速度较稳定。由于 277 环泡仓后土仓内存在大量的分散剂水溶液，渣土较稀，出土量不易计算，通过理论计算 278 环超方 10.8m³。为了确保地面安全，停机进行地面隐患排查工作。在 276～278 环对应刀盘位置（280～282 环）进行钻孔排查，地层较密实，未发现空洞，注入水泥浆 3.2t 后通过带压开仓，验证了结泥饼的判断。

7　主要管理措施

执行经专家论证通过的专项施工方案，落实建筑物基础加固，穿越期间加强管理人员值守，建立高效的信息联络机制，做好应急物资及设备储备。

8　数值模拟结果及分析

（1）分析模型：利用 MIDAS-GTS 有限元分析软件，根据圣维南原理和实际需要，为了消除边界效应，建立整个地面以下三维模型计算范围为 $X \times Y \times Z = 360m \times 240m \times 80m$（长×宽×高），如图 5 所示。

三维模型单元总数 158432 个，节点总数 268440 个，计算模型（图 6～图 8）采用固定位移边界，上边界取至地面，为自由面；四个侧面地层边界限制水平位移；下部边界限制竖向位移。

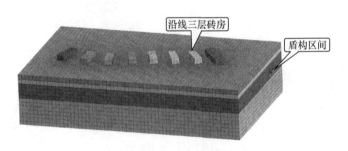

图 5　三维分析模型

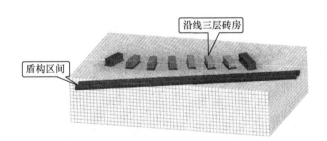

图 6　空间位置关系图（透视图）

（2）分析结果：沿线三层砖房基础沉降分析结果如图 9、图 10 所示。

根据表 3 模拟情况，对第 1、2、3、7 栋楼再次进行补强注浆，确保穿越过程中建筑物的安全。

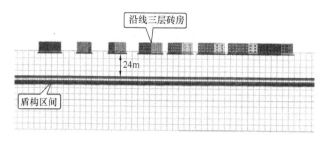

图 7　断面位置关系图（透视图）

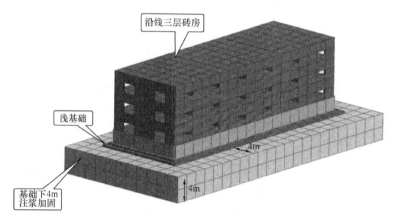

图 8　三层砖房模型示意

图 9　沿线下穿砖房沉降变形

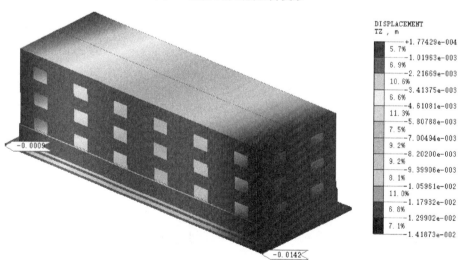

图 10　三层砖房沉降变形（2 号砖房示例）

砖房编号	最大沉降（mm）	基础倾斜率	备注
第 1 栋	−12.44	0.00024	
第 2 栋	−14.18	0.00035	
第 3 栋	−13.36	0.00034	
第 4 栋	−10.77	0.00027	《城市轨道交通工程监测技术规范》GB 50911—2013：沉降限值可取 20mm，允许倾斜率 0.002
第 5 栋	−10.36	0.00026	
第 6 栋	−9.16	0.00046	
第 7 栋	−13.69	0.00034	
第 8 栋	−8.36	0.00021	

9　监控量测及分析

　　盾构穿越过程中存在地面及房屋沉降的风险，采用人工观测手段对地表沉降及建筑物沉降进行监测，同时进行全天不间断巡视观察，掌握穿越建筑物群时周边环境的变形情况，指导施工，为盾构安全穿越提供及时、准确的监测数据支撑。下穿建筑群期间的建筑物沉降、地表沉降、地中位移数据详见图 11～图 13。

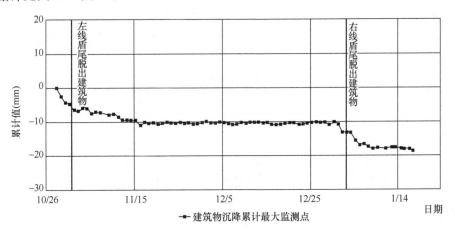

图 11　建筑物沉降特征点过程曲线图

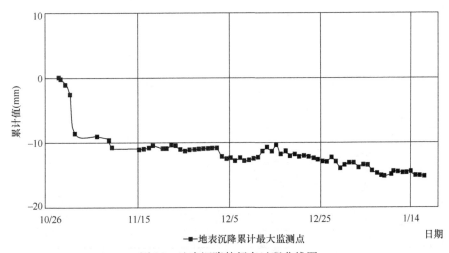

图 12　地表沉降特征点过程曲线图

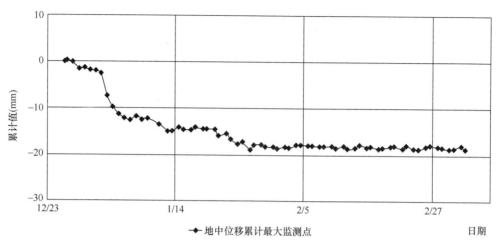

图 13　地中位移特征点过程曲线图

比较表 3 与表 4 中建筑物沉降，可以明显判断通过二次补强注浆的第 1、2、3、7 栋楼沉降较小，沉降得到有效控制，验证了数值模拟的有效性。第 5 栋楼沉降偏差约－7.8mm、第 8 栋楼沉降偏差约 7.08mm，考虑模型地层选择与实际地层偏差，即地层不均匀性导致，第 5 栋楼下实际地质条件较差，与地质勘察报告存在一定偏差，也可能是穿越第 5 栋楼过程中参数未及时调整或注浆不及时所致。盾构穿越建筑群期间，建（构）筑物沉降、地面沉降以及土体分层竖向位移均在设计要求的控制范围内，目前各个监测点变化速率均较小，盾尾脱出后变形趋于收敛，处于安全可控状态。

盾构下穿建筑群监测数据统计表　　　　　　　　　　　表 4

项目	位置	累计最大沉降（mm）	控制值（mm）	备注
建筑物沉降	第 1 栋	－1.88	±20	
	第 2 栋	－3.50		
	第 3 栋	－6.40		
	第 4 栋	－10.05		
	第 5 栋	－18.10		
	第 6 栋	－9.55		
	第 7 栋	－1.46		
	第 8 栋	－1.28		
地表沉降	第 1～2 栋间	－1.24	±30	
	第 2～3 栋间	－6.70		
	第 3～4 栋间	－10.40		
	第 4～5 栋间	－15.10		
	第 5～6 栋间	－8.10		
	第 6～7 栋间	－1.30		
	第 7～8 栋间	－1.10		
地中位移	第 1～2 栋间	－1.15	±30	深 8m
	第 2～3 栋间	－9.70		深 8m
	第 3～4 栋间	－13.40		深 8m
	第 4～5 栋间	－17.75		深 8m
	第 5～6 栋间	－6.20		深 8m
	第 6～7 栋间	－1.20		深 6m
	第 7～8 栋间	－1.10		深 4m

注：沉降量负号表示下沉，正号表示上抬。

10 结论与建议

通过精心组织与深化设计，严格按照工艺工法施工，盾构机姿态和管片成型姿态良好。通过监测分析，建筑物群处于安全状态，成功下穿。

（1）总结出大直径盾构复合地层下穿建筑群的渣土改良方法、掘进控制参数、出土量控制、综合注浆等成套施工技术，有效控制了建筑和地面沉降。

（2）提出了盾构掘进中遇地层变化和土仓结泥饼问题的处理方法。

（3）成功在复合地层中实施了泥膜护壁带压开仓换刀。

（4）建议大直径盾构在穿越复合地层前进行详细勘察，利用数值软件计算各工况下建（构）筑物变位发展情况，针对风险较大的薄弱处进行技术处理后再穿越。

参考文献

[1] 杨友彬. 泥炭质土地区条形基础建筑群受下穿盾构隧道的影响研究[J]. 施工技术，2018，47(S1)：25-28.

[2] 张亚洲，王善高，闵凡路. 大直径泥水盾构下穿民房建筑群沉降分析及控制[J]. 防灾减灾工程学报，2016，36(6)：959-964.

[3] 刘金山. 饱水粉砂地层盾构穿越既有建筑群施工技术探讨[J]. 铁道建筑技术，2014(10)：52-56.

[4] 胡国喜. 双线盾构隧道连续下穿老旧建筑群施工技术[J]. 公路，2018，63(11)：319-325.

[5] 高艳华，黄溯航，刘丹，李永兵，高孟琦，余磊. 微动探测技术及其工程应用进展[J]. 科学技术与工程，2018，18(23)：146-155.

[6] 刘宣宇，许胜，张凯举，曹雨濛. 基于启发式动态规划的盾构土压平衡优化控制[J]. 大连理工大学学报，2018，58(5)：526-532.

[7] 王海洋. 富水砂卵石地层土压平衡盾构施工技术研究[D]. 济南：山东大学，2018.

作者简介：叶至盛(1985—)，男，工程硕士，高级工程师，目前主要从事地铁工程、市政工程相关的工程管理工作。

杨凤梅(1987—)女，汉族，大学本科，工程师，中国电建华东勘测设计研究院有限公司，成都分院副院长，目前主要从事地铁建筑设计工作。

盾构下穿既有铁路安全技术措施及参数控制

李　棋，闫富华

(中电建铁路建设投资集团有限公司　北京 100071；
中国水利水电第五工程局有限公司　成都 610000)

摘　要： 本文以 8630mm 的大直径盾构穿越铁路路基为例，介绍了盾构穿越前的 D 型梁加固方案、盾构掘进参数控制等关键环节，对穿越前后主要影响范围内的数据进行监测分析，得到主要结论：(1) 三个断面均是两侧沉降大，洞间沉降小，最大沉降为 2.8mm；(2) 在耦合作用影响下，第二监测断面数据变化最为剧烈，隧道中线初次扰动范围测点沉降更大；(3) 密实砂卵石与泥岩复合地层较快速穿越对沉降控制有良好"正效应"，为类似工程提供一定的参考。

关键词： 大直径盾构；铁路路基；复合地层；沉降；穿越

1　引言

随着城市经济、人口日益发展，传统交通出行方式已不能适应城市的快节奏步调，全国各大中心城市轨道交通建设正蓬勃发展，尤其是地铁建设。传统小型盾构穿越既有建（构）筑物、道路、铁路及江海等较为常见，穿越经验丰富，技术处理手段多样，发展相对成熟，但对大直径盾构穿越既有铁路的风险管控、技术处理，因投资规模不一、地域差异变化，可参考案例较少。

本文依托某工程盾构下穿既有铁路路基，介绍穿越前的具体技术方案及穿越过程中盾构掘进参数控制，并实测穿越前后铁路沉降变化，总结大直径盾构穿越既有铁路沉降变化规律及关键技术。

2　工程概况

2.1　下穿段与铁路路基关系

盾构隧道在里程 YDK89＋998～YDK90＋010，ZDK89＋982～ZDK89＋998 处左右线正穿成昆铁路路基段，铁路线与区间隧道的平面夹角为 71°，隧道顶与铁路股道最小竖向净距约 17.14m。该处轨道为双股标准轨道，对应成昆铁路里程上行 K37＋359～K37＋425，下行 K37＋380～K37＋446（包含左右线各 20m 保护区域）。钢轨外侧距约 7.4m，道砟道床宽约 23m，轨面与地面高差约 1.5m。隧道掘进采用 2 台铁建重工生产的复合式土压平衡盾构机进行掘进施工，开挖直径 8630mm，整机长度约 110m，最大扭矩 29820kN·m，最大推力 81895kN，总功率 5050kW。隧道主要位于密实砂卵石和全风化泥层中，具体盾构下穿成昆铁路位置关系如图 1、图 2 所示。

2.2　地质条件

穿越铁路段地质分布依次为＜1-2＞杂填土、＜6-2-3＞黏土（硬塑）、＜6-8-1＞卵石（稍密）、＜6-8-2＞卵石（中密）、＜6-8-3＞卵石（密实）、＜7-1-2＞泥岩（强风化），隧道顶与铁路股道最小竖向净距约 17.14m，隧顶杂填土约 7.5m，砂卵石地层约 10m，隧道线间距为 7.9m。盾构机主要穿越地层为密实砂卵石及强风化泥岩的复合地层，如图 3 所示。

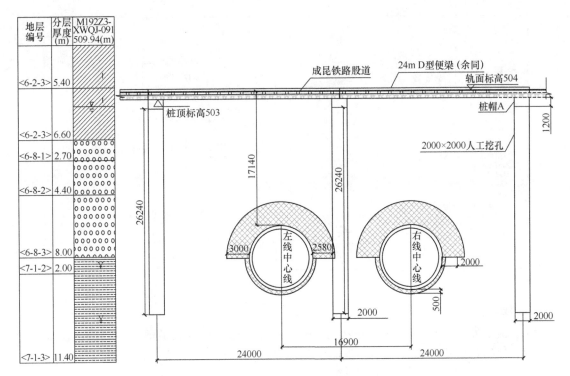

图 1　隧道与铁路路基关系横剖面图

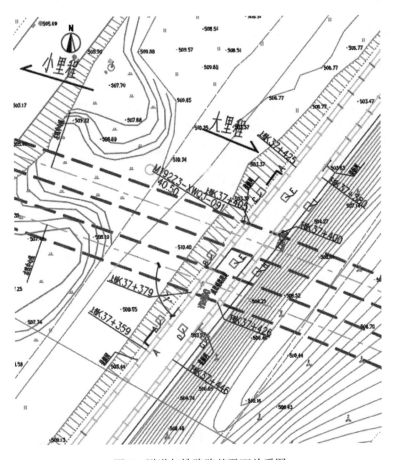

图 2　隧道与铁路路基平面关系图

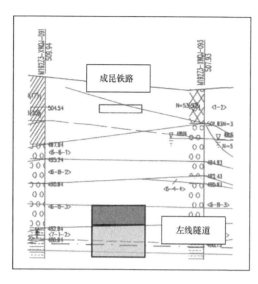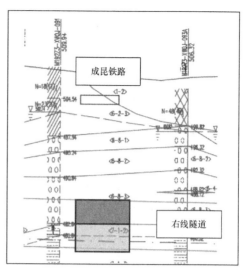

图3 地质断面图

2.3 工程难点

（1）成昆铁路运营天窗期施工，每次施工仅120min，无缝线路应力放散、人工挖孔桩施工、D型便梁架设、盾构有效掘进时间短，且不能连续施工，导致施工组织难度大、施工风险高。

（2）盾构穿越地层为"上软下硬"的复合地层，盾构姿态控制及地表沉降控制难度高。

（3）成昆货运铁路行车组织复杂、重载持续时间长，对盾构停机期间仓压控制要求高。

3 D型便梁加固关键技术

本次D型便梁加固线路为成昆下行线K37+375～K37+425、成昆上行线K37+354～K37+404段，采用4组24m D型便梁分别对成昆上下行线进行线路加固。D型便梁支墩桩采用人工挖孔桩，桩截面为2.0m×2.0m（共9根桩），桩长为27.44m。D型便梁支墩开挖线距线路中心1.25m。线路加固立面及平面示意图如图4、图5所示。

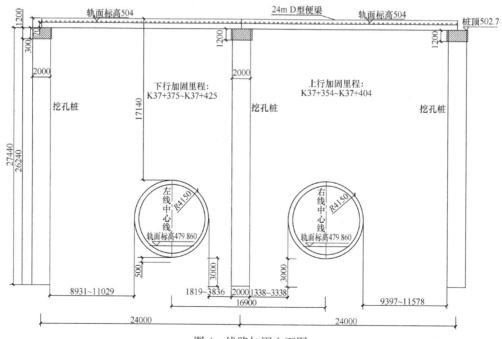

图4 线路加固立面图

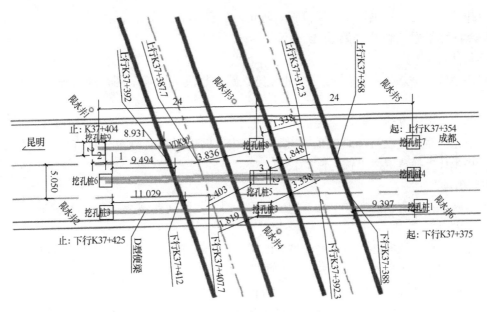

图 5　线路加固平面图

3.1　主要施工流程及请点计划

降水井施工→无缝线路应力放散→人工挖孔桩施工→D 型便梁架设→盾构穿越→D 型便梁拆除→无缝线路应力放散→恢复铁路设备，详见表 1。

主要施工流程
表 1

序号	工作项目	施工条件	施工等级	限速（km/h）	天窗时间（min）	天窗数（个）	备注
1	挖孔桩锁口	封锁施工	Ⅲ级	60	120	3	
2	挖孔桩施工	慢行施工	Ⅲ级	60	—	—	
3	线路应力放散	封锁施工	Ⅲ级	60	120	2	逐步提速
4	架设 D 型便梁	封锁施工	Ⅲ级	45	120	12	
5	19 号线盾构穿越	慢行施工	Ⅲ级	45	—	—	
6	拆除 D 型便梁	封锁施工	Ⅲ级	45	120	10	
7	线路应力放散	封锁施工	Ⅲ级	—	120	2	逐步提速
8	线路恢复	封锁施工	Ⅲ级	—	120	2	逐步提速

3.2　人工挖孔桩施工

本工程总共 9 根挖孔桩，桩截面为 2.0m×2.0m，桩长为 27.44m。D 型便梁支墩开挖线距线路中心 1.25m。挖孔桩采用人工错层开挖，相邻桩间错层不小于 3.0m。其中 7 号桩外边缘离接触网 131 号杆 1.8m，为保障接触网安全，将 131 号向 129 号移动 4m。同时在供电段配合下加强对该杆的监控检查，做好沉降观测点及监测工作，发现异常立即停止施工。采取可靠措施后，方可继续开挖。在前 4m 的开挖过程中，严格控制开挖进尺，每 0.5m 及时进行支护，超过轨面下 4m 范围后，按照 1m 的进尺进行支护。

3.3　D 型便梁架设

采用 D 型便梁架空线路施工期间，列车慢行速度 45km/h。本次采用 4 组 24m D 型便梁对成昆上下行线进行加固，每条线各 2 组。先完成 D 型便梁支墩施工，清杂后复核标高，再采用"先横梁就位"的架设方法，在钢轨上准确标记横梁中心位置。逐根抽换线路轨枕，插入横梁，连接钢轨扣件，用定位角钢控制横梁位置，防止列车多次碾压后位置变化。

3.4 拆除 D 型便梁、恢复线路设施

拆除条件：

（1）待地铁 19 号线隧道施工完全穿越成昆铁路并越过其影响范围，地铁施工不再影响铁路线路；

（2）隧道衬砌强度达到设计强度；

（3）铁路线路及地表沉降观测值在允许范围内，并经设备管理单位检查确认，方可拆除 D 型便梁，将木枕更换成混凝土枕，恢复线路。

3.5 注意事项

（1）本隧道在既有铁路通车条件下施工，施工时应加强线路观测，及时整修到位，确保行车安全及施工安全。

（2）在挖孔桩开挖时必须做好挖孔桩处的防护，在列车通过时，确保所有机具不侵入限界。施工期间列车限速 60km/h。挖孔桩未施工时间段必须盖好孔口，防止人员跌落孔中。

（3）轨道与扣轨件间均应加绝缘垫层，防止连电。

（4）在整个施工过程中，应对场地进行线路沉降观测，其累计沉降量应控制在 10mm 以内。

（5）在整个施工过程中，施工单位必须按照铁路既有线路施工的相关规范进行施工。

（6）由于成昆线运行列车较多，按照铁路部门的要求，D 型便梁架设前后加强线路整修，同时在施工过程中对施工影响区段的线路每月进行一次钢轨探伤，确保铁路安全运营。

（7）施工期间，加强线路防护栅栏的守护，无关人员不得上道，各种防护及警示标志应醒目齐全，夜间要有完善的照明措施；在整个施工过程中，施工单位必须按照铁路既有线路施工的相关规范，设置线路监测及防护人员，线路监测人员按 3 人/d、线路防护按 4～6 人/班（一天 3 班）进行设置。

4 盾构穿越过程参数控制

4.1 试验段

盾构下穿成昆铁路之前，根据区间线路情况，针对该段地质条件及埋深，综合考虑采取 YDK90＋110～YDK90＋90.010、ZDK89＋998～ZDK90＋098，总长为 100m，作为穿越铁路段参数控制试验段（盾构穿越同为密卵石层和全风化泥岩，埋深基本一致）。

在试验段，主要采集的参数包括土压力、总推力、扭矩、刀盘转速、掘进速度等。模拟段掘进完成后，及时统计分析上述参数数据，为下穿段的掘进提供依据。同时，收集地面与铁路沉降情况，作为穿越铁路段的参考依据。见表 2。

主要参数

表 2

推力 （t）	扭矩 （kN·m）	刀盘转速 （r/min）	土仓压力 （bar）	掘进速度 （mm/min）	螺旋机转速 （r/min）
18～24	4000～6000	1.5～1.8	1.5～1.7	40～55	5～13

4.2 渣土改良

目前所用的土压平衡式盾构，其特点是用开挖出的土砂作为支撑开挖面稳定的介质，因此要求作为支撑介质的土砂具有良好的塑性变形、软稠度、内摩擦角小及渗透率小等特性。由于一般土壤不能完全满足这些特性，所以要进行改良，其技术要点是在刀盘前部和泥土仓中注入水、膨润土泥浆、黏土、聚合物或泡沫等材料，经搅拌，改善开挖的土砂塑性、流动性，降低渣土的透水性。

结合该工程地质情况，根据地质、水文情况的变化，渣土改良选用优良泡沫剂或膨润土泥浆作为渣土改良材料。

（1）土仓压力：本工程采用的盾构机均为土压平衡盾构机，以土仓内的泥土压力来平衡刀盘前端水土压力，从而保证掌子面稳定，而盾构掘进的前期沉降和土仓平衡压力的设定有直接关系，若土仓压力小于掌子面水土压力，那么刀盘前端土体就会产生沉降，因此平衡土压力也是盾构掘进时地面沉降的重要控制因素，通过严格控制掘进过程中的土压力，避免波动过大引起开挖面的不稳定，参考以往成功穿越类似铁路的经验并结合现场实际情况拟定土仓压力控制在 1.3～1.6bar。

（2）掘进速度：掘进速度的稳定对地面沉降的影响非常大。掘进速度的变化主要加大了对土体的扰动，因此将掘进速度严格控制在 40～55mm/min。

4.3 盾尾防漏

盾构机在盾尾内有四道盾尾密封刷，密封刷之间用盾尾密封油脂填充，起到防止泥水进入隧道的作用。若盾尾密封装置密封效果不良将引起同步注浆液损失，甚至泥水进入隧道，造成地层损失，引起更大的地面沉降甚至坍塌。因此加强盾尾密封装置的维修保养，确保密封效果，对控制地面沉降意义重大。在盾构穿越危险源前对盾尾密封装置进行检修，穿越期间加大盾尾油脂的注入力度，确保盾尾密封效果。

洞内同步注浆：同步注浆直接影响地面沉降控制效果，是地面沉降控制的根本。盾构在下穿成昆铁路时壁后注浆填充系数控制在 1.5 以上，每环注浆量控制在不少于 12m³，注浆压力控制在 2～4bar。

4.4 二次注浆

二次注浆是控制地面后期沉降的主要技术措施，二次注浆通过二次注浆泵将水泥浆和水玻璃通过管片吊装孔注入管片与周围土体之间，二次注浆采用压力控制，压力控制在 2～4bar。二次注浆泵安装在移动平台上，可对脱出盾尾 4 环后的管片进行二次注浆。

4.5 中盾注泥

通过注泥口向盾体与隧道开挖面之间的盾外空隙注入塑性泥浆。根据刀盘直径 8.63m，盾尾直径 8.57m，长度为 10.9m 进行计算，推进一环 1.8m 理论空隙为 1.5m³，考虑 1.2 倍填充系数，最终注入泥浆量约为 1.8m³/环。盾壳外部空腔注入浓泥浆，隔离开挖仓与注浆腔，阻止同步注浆流入土仓内，预防浆液前窜、防止同步浆液流失等，最终密实填充刀盘开挖后形成的空腔，有效防止盾构掘进滞后沉降。

4.6 铁路沉降防控措施

（1）盾构下穿成昆铁路前，在成昆铁路下方实施 D 型便梁，使地铁隧道与铁路之间形成刚性隔离。

（2）盾构下穿成昆铁路前，完成试验段掘进，选取各项参数并调整好掘进状态，确保安全、顺利通过铁路范围。

（3）盾构下穿成昆铁路前，对设备进行检修，确保下穿期间不因设备问题停机。

（4）盾构穿越过程中，严格控制土仓压力，同时严格控制与土仓压力有关的施工参数；做好渣土改良工作，严格控制出土量，严禁超挖；加大同步注浆量，确保管片背后填充密实。

（5）采用配筋加强型配筋管片，并增设注浆孔，根据掘进情况适时注浆补充地层损失。

（6）加强施工期间地面监测，并及时反馈监测数据以指导施工。

（7）施工期间，协调各方安排专人对下穿铁路范围进行 24h 巡视、检修，根据监测情况及时进行处理，确保运营安全。

（8）做好应急救援预案，一旦发生险情能及时快速进行处理，控制事态发展，确保铁路运营安全。

5 监测方案及沉降分析

铁路路基竖向位移监测是为了监测下穿施工对铁路结构物的影响程度，为铁路运营安全提供参考依据。区间盾构下穿铁路路基施工前后，采用徕卡 DNA03 静力水准仪对既有线铁路路基沉降情况进行监测（图 6），同时埋设 L 形棱镜进行路基水平位移监测（因实际穿越过程中无变化，故不介绍）。竖向位移监测点布置见图 6。依据相关规范及铁路主管部门要求，对本工程采用的监测竖向位移累计控制值为 10mm，预警值为 6mm，变化速率为 3mm/d。

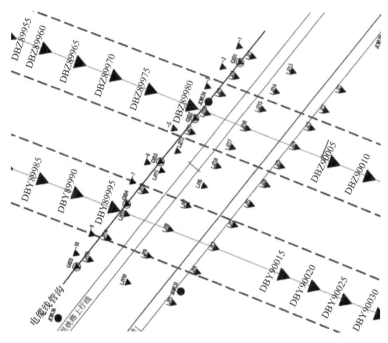

图 6　监测平面布置图

左线盾构于 2021 年 9 月 21 日 20：00 开始穿越铁路路基，9 月 22 日 21：10 穿越完成，穿越范围（919～926 环）；右线盾构于 10 月 8 日 15：30 开始穿越铁路路基，10 月 9 日 09：05 穿越完成，穿越范围（913～919 环）。共布置 3 个监测断面，第一个断面为 LJZ1～LJZ6（左线）、LJY1～LJY5（右线）；第二个断面为 LJZ13～LJZ18（左线）、LJY6～LJY10（右线）；第三个断面为 LJZ7～LJZ12（左线）、LJY11～LJY15（右线）。

5.1 第一断面沉降变化

根据图 7、图 8，第一断面上各监测点数据主要趋势受两次盾构穿越影响时沉降较大，且第二次右线范围测点穿越时沉降更大，平均较第一次深 0.5mm，之后数据收敛，整个过程沉降控制在 3mm 内，未发生预警。左右线最大沉降发生在第二次穿越的 LJZ2、LJY4 两个测点处，分别为 10 月 18 日的 -2.4mm、10 月 15 日的 -2.3mm。各测点变化趋势基本一致，但两次穿越时各测点沉降值均不是最大值，考虑盾构穿越前、中、后三个时期累计影响，最大沉降发生时间均处于穿越后期，即应力重分布后再次固结引起的滞后沉降为主要原因；LJZ2、LJY5 测点出现 0.8mm、0.9mm 隆起，主要是洞内补充注浆量较大所致。左右线中线范围内的测点沉降值小于两侧测点，数据变幅不大，主要是桩基施工及洞内注浆导致土体综合压缩模量提高，出现与常规盾构穿越引起的"沉降槽"现象不一致。

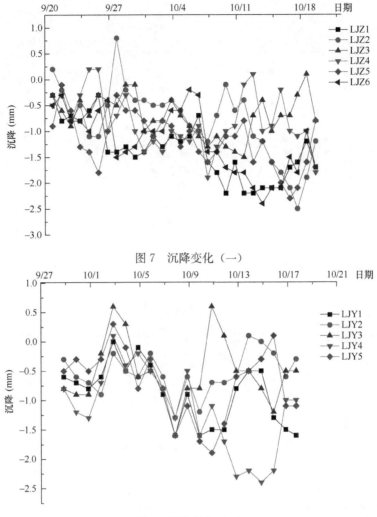

图 7　沉降变化（一）

图 8　沉降变化（二）

5.2　第二断面沉降变化

　　根据图 9、图 10，第二断面各测点变化规律与第一断面基本吻合，左线最大沉降－2.7mm

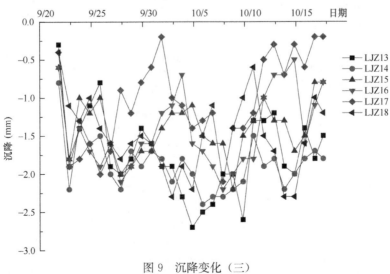

图 9　沉降变化（三）

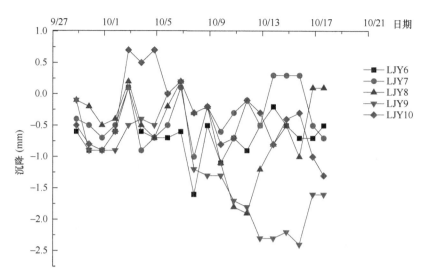

图 10　沉降变化（四）

发生在 LJZ13，10 月 3 日，右线最大沉降－2.35mm 发生在 LJY9，10 月 16 日，最大沉降平均发生时间较第一断面提前，主要考虑第二断面地层受降水、桩基施工、火车动载、盾构穿越前后地下水变化及有效应力变化等耦合影响，较第一断面更不利，故最大沉降响应提前。同时，第二断面左线各测点均为隆起，考虑相同注浆措施过程，则第二断面注浆产生的正效应较第一次弱。

5.3　第三断面沉降变化

根据图 11、图 12，第三断面为左右线最晚通过的断面，左右线最大沉降值分别为 LJZ9 的－2.1mm，LJY15 的 2.8mm，分别发生于 10 月 19 日、10 月 11 日，左线发生最大沉降值较第一、第二断面小，左右线发生较大沉降的平均时间提前，平均值较前两个断面小，主要原因是原状地层穿越前无其他扰动，因盾构取土及洞内注浆综合作用产生沉降，且三个断面均是两侧沉降大、洞间沉降小，可能原因是密实砂卵石地层拱效应好或是洞内注浆及时、到位。

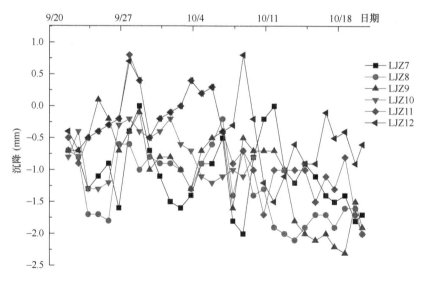

图 11　沉降变化（五）

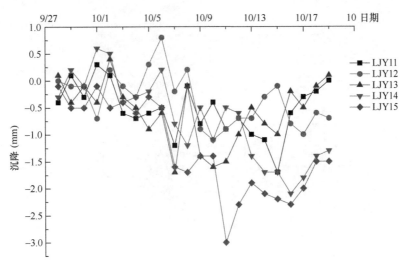

图 12　沉降变化（六）

5.4　线路中线范围沉降变化

根据图 13～图 15，LJZ4、LJZ16、LJZ10 为盾构左线中线上测点，数据沉降大的为 LJZ16，

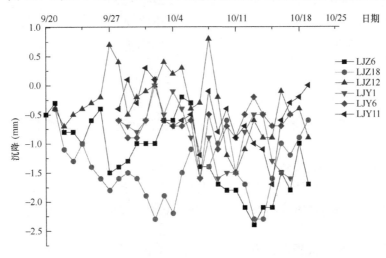

图 13　中线范围沉降（一）

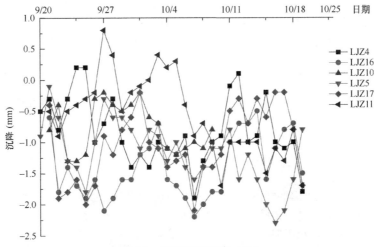

图 14　中线范围沉降（二）

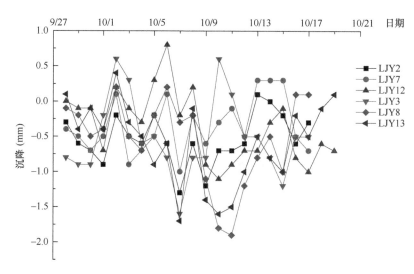

图 15　中线范围沉降（三）

LJY3、LJY8、LJY13 为盾构右线中线上的测点，数据沉降大的为 LJY8，进一步证明第二断面沉降受耦合作用，使得沉降的"正效应"增强。LJZ6、LJZ18、LJZ12 的沉降曲线多次接近 −2.0mm，LJY1、LJY6、LJY11 则相对小一些，表明盾构先左线穿越后右线穿越对隧道间更靠近左线的测点影响更剧烈，原因一方面是右线施工更成熟，另一方面是初次扰动对地层影响更大。

6　结论

基于本工程穿越方案及实践效果，密实砂卵石、强风化泥岩复合地层中盾构穿越铁路路基的加固成效良好，后续监测稳定，主要结论有：

（1）盾构主要参数控制：刀盘转速 1.5～1.8r/min，土仓压力控制在 1.5～1.7bar，掘进速度控制在 40～55mm/min，每环对出土量进行重量、体积双控，动态调整参数控制沉降。

（2）全过程监测过程中，沉降均能控制在 3mm 范围，远小于控制值 10mm，论证了 D 型便梁加固及本文盾构参数控制合理。

（3）三个断面均是两侧沉降大、洞间沉降小，最大沉降为 2.8mm。

（4）在耦合作用影响下，第二监测断面数据变化最为剧烈，隧道中线初次扰动范围测点沉降更大，对洞内注浆措施要求应更及时、严格。

（5）左线隧道穿越平均速度 3.6h/环，右线隧道约 3.1h/环，左线较右线低密实砂卵石与泥岩复合地层较快速穿越对沉降控制有良好的"正效应"，为类似工程提供一定的参考。

参考文献

[1]　刘宣宇，许胜，张凯举，曹雨濛．基于启发式动态规划的盾构土压平衡优化控制[J]．大连理工大学学报，2018，58(5)：526-532.

[2]　牛晓凯．建隧道长距离密贴平行下穿既有隧道结构工程响应及控制[D]．北京：北京交通大学，2018.

[3]　高艳华，黄溯航，刘丹，李永兵，高孟琦，余磊．微动探测技术及其工程应用进展[J]．科学技术与工程，2018，18(23)：146-155.

[4]　柯成建．城市暗挖隧道下穿不同结构形式既有线变形特性分析[D]．北京：北京交通大学，2018.

[5]　王海洋．富水砂卵石地层土压平衡盾构施工技术研究[D]．济南：山东大学，2018.

[6]　刘建国．深圳地铁盾构隧道施工技术与经验[J]．隧道建设，2012，32(1)：72-87.

作者简介：李棋（1989—），男，四川成都，2017 年毕业于西南交通大学，建筑与土木工程专业，硕士研究生，工程师。目前主要从事轨道交通、市政工程相关的工程管理工作。

闫富华（1987—），男，吉林松原，大学本科，工程师。目前主要从事地铁工程、市政工程相关的工程管理工作。

泥岩地层大直径盾构穿越群桩地层变形机理及补充注浆研究

房师涛，宋 锐

(中电建成都建设投资有限公司 成都 610212)

摘 要： 成都地铁18号线火车南站—孵化园站区间采用盾构施工，区间隧道穿越三环路天府立交桥群桩，穿越区域地层为砂卵石层和中风化泥岩。采用FLAC3D计算软件，建立盾构与桥桩的三维有限差分模型，对桩基距隧道不同距离情况下桩基竖向沉降和水平变形的变化趋势进行了详细分析，总结了不同加固工况下桩基变形。结论如下：盾构越过桩基1倍隧道直径后，桩基变形趋于稳定；桩基下部向隧道方向侧移，上部发生远离隧道方向的位移，最大水平位移发生在距地表2/3桩长处；不加固时立交桥桥桩位移超过控制标准，需要采取加固措施；数值计算和现场监测均表明采取加固措施后桩基位移满足安全控制标准，盾构施工对桥梁的影响在安全范围内。研究结论可为类似工程提供借鉴与参考。

关键词： 大直径盾构；泥岩；单桩；群桩；加固

1 引言

随着我国地铁建设的迅猛发展，地铁盾构隧道施工过程中"临近施工"问题也越来越多，地铁盾构隧道临近铁路、市政桥桩便是其中最为常见的一种。国内外不少学者对盾构隧道临近市政桥梁开展了一定的研究，其中代表性的有：王琦等针对四线盾构同时穿越既有桥梁情况，分析了桥基变形受力性状的影响及对土体变形的情况；沈建文等结合实际穿越工程，建立了三维数值分析模拟，对盾构隧道引起邻近桥桩的桩体沉降、桩体侧移、地表沉降进行了详细分析；杨丽明等对盾构下穿桥梁结构进行了模拟计算，分析施工引起的桥墩和桥台的沉降特征；祝勇对盾构近距离侧穿桥桩进行了数值分析，并以计算结果为基础，对盾构施工过程控制措施进行了分析研究；漆伟强等以数值分析为手段，研究了盾构掘进过程中桩基位移规律，并结合实测沉降数据对侧穿桥桩的保护措施进行了研究；杨冬梅等对盾构隧道长距离叠落布置临近桥桩进行了研究，提出了桥桩保护措施，并以三维数值模拟方式分析了盾构施工影响下桥桩位移规律。

成都地铁18号线火车南站—孵化园站区间采用盾构施工，区间隧道穿越三环路天府立交桥群桩，穿越区域地层为砂卵石层和中风化泥岩。本文采用FLAC3D计算软件，建立盾构与桥桩的三维有限差分模型，对桩基距隧道不同距离情况下桩基竖向沉降和水平变形的变化趋势进行了详细分析，总结了不同加固工况下桩基变形情况。

2 工程背景

2.1 下穿概况

成都轨道交通18号线工程土建火车南站—孵化园站区间线路于火车南站南端开始，区间出火车南站后敷设于天府大道东侧辅路下方，区间向南前行，穿越三环路天府立交桥群桩（其中有5处桥桩需要托换）后依次侧穿四川投资大厦、国家开发银行四川分行、四川联合产权交易所大厦、三峡大厦后下穿府城大道市政下穿隧道，侧穿旺旺集团后到达火车南站—孵化园站区间风井（左线单线井），之后侧穿首座酒店、成都银泰中心，以1500m的曲线半径向西侧弯转，区间横穿天府大道后侧穿成都银行大厦到达天府大道西侧的孵化园站。隧道主要穿越中风化泥岩，局部穿越中密、密实砂卵石层，最大埋深约25m，最小埋深约8.3m，最小曲线半径450m，最小坡度2‰，最大坡度22‰。

盾构在区间里程 ZDK10＋597.150～ZDK10＋964.40（YDK10＋543.510～YDK11＋047.280）穿越三环路立交桥桩基群，三环路天府立交桥基础为桩基础，桩直径为1.8m和1.5m，桩长17m左右，均嵌入中风化泥岩至少1m。

2.2 工程地质与水文地质条件

火车南站—孵化园站范围为第四系（Q）地层覆盖，地表多为人工填土（Q_{4ml}）覆盖，其下为全新统冲积（Q_{4al}）黏土、粉质黏土、粉土，上更新统冰水沉积、冲积（$Q_{3fgl+al}$）卵石土夹透镜状砂土，下伏基岩为白垩系上统灌口组（K_{2g}）泥岩。按照分层顺序，依次为：第四系全新统人工填筑土（Q_{4ml}）的1-2杂填土；第四系全新统冲积层（Q_{4al}）的2-2黏土、2-3粉质黏土、2-4粉土；第四系上更新统冰水沉积（$Q_{3fgl+al}$）的3-4粉细砂、3-5中砂、3-8卵石土；白垩系上统灌口组（K_{2g}）泥岩、砂岩的5-1-2强风化泥岩、5-1-3中风化泥岩。区间范围内地下水主要有赋存于填土层的上层滞水、赋存于卵石层的第四孔隙水及基层裂隙水。

3 大直径盾构对单桩影响分析

3.1 模型建立

盾构隧道施工时盾构机是渐进向前的，有限元数值模拟方法难以完全按照实际工程来模拟盾构隧道开挖的连续推进过程，必须对其做一定的简化。一般将盾构推进作为一个非连续的过程来研究。假设盾构机一步一步跳跃式向前推进，每步向前推进两环管片的长度（3m），用改变单元材料的方法来反映盾构的推进，盾构推进实际上是盾构刚度和载荷的迁移，在盾尾和盾首预设单元，采用单元激活与杀死的方法处理单元刚度的变化，即所谓的生死单元法，同时施加开挖面压力，拼装管片及盾尾注浆。盾构动态开挖过程见图1。

模型综合考虑了盾构机、隧道管片及盾尾浆液，在不同部件与土体之间均设置了接触面。各部件均采用8节点六面体线性非协调单元。考虑到边界效应，模型尺寸取60m×60m×80m（X×Y×Z），Y方向为隧道掘进方向，分20步开挖。模型侧面设置水平约束，底部设置竖向约束，顶部自由。模型有限元网格如图2所示。

隧道开挖过程中主要会对轴线两侧0～2.0D［D为洞径（隧道的直径）］内的土体有明显影响，由此可以初步判断隧道开挖对既有桩基的主要影响区域也在0～2.0D内，故选取几个具有代表性的桩基与隧道的邻近位置进行分析验证。五种桩基与隧道的位置关系如图3所示。

3.2 参数选取

隧道埋深9.0m，隧道直径8.3m，衬砌管片厚度0.4m，注浆层厚度0.15m。桩长17.5m，桩底嵌入泥岩4m，桩基直径1.8m。土层由上至下分别为杂填土1.5m、粉质黏土1.7m、中密卵石土9.95m、中风化泥岩46.85m，土体本构模型采用摩尔—库伦弹塑性模型。土层参数见表1，盾构壳、管片衬砌、注浆层、桩采用线弹性本构关系，具体参数见表2。

土体力学参数 表1

土层	重度（kN/m³）	压缩模量（MPa）	泊松比	黏聚力（kPa）	内摩擦角（°）
杂填土	19	5	0.3	10	10
粉质黏土	20	10	0.28	36	16.8
中密卵石土	22	38	0.23	5	38
中风化泥岩	23.5	50	0.2	300	30

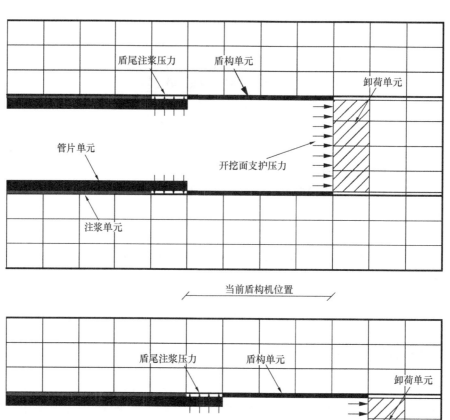

图1 盾构隧道动态开挖模拟示意图

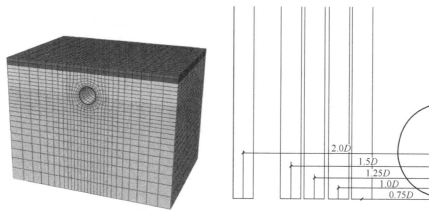

图2 模型有限元网格图 图3 桩基与隧道位置关系图

材料力学参数   表2

材料	重度（kN/m³）	弹性模量（MPa）	泊松比
盾构壳	75	210×10^3	0.3
管片衬砌	25	30×10^3	0.2
注浆层	25	3	0.2
桩	25	30×10^3	0.2

3.3 过程模拟

（1）初始应力场平衡：移除管片单元、浆液单元和盾构机单元，施加土体自重，进行地应力平衡。

（2）指定盾构机位置：将盾构机置于起始位置，施加掌子面压力。

（3）盾构推进：每推进一个开挖步，移除对应土体，激活对应的盾构单元，施加掌子面压力，当推进到第4个开挖步时，移除第1个开挖步的盾构单元，激活对应位置的管片单元和注浆单元。当推进到第 $n+3$ 个开挖步时，移除第 n 个开挖步的盾构单元，激活对应位置的管片单元和注浆单元。以次流程循环至20步开挖完成并施加管片和注浆单元。

3.4 计算结果与分析

由于盾构施工引起的地层损失和扰动将会引起周围土体发生移动，土体移动的同时将会带动桩基发生位移。由于桩基顶部的移动及桩基的倾斜对于上部结构的影响巨大，故本文主要分析盾构施工时桩基的位移和倾斜变化规律。

桩基位于盾构开挖第5步位置，地层纵向沉降云图如图4所示。

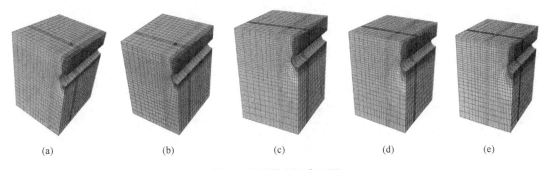

(a)　　　　(b)　　　　(c)　　　　(d)　　　　(e)

图4　地层纵向沉降云图
(a) 0.75D；(b) 1.0D；(c) 1.25D；(d) 1.5D；(e) 2.0D

图5为沉降随盾构变化曲线图，由图5可以看出，桩基与土体之间的沉降差异说明它们之间产生了滑移，这种滑移随着掘进步数的增加而逐渐增大，在第8步（桩基位于盾构机后方 1.0D 处）桩基沉降趋于稳定，土体仍继续沉降，5个工况下土体桩基最终滑移量分别约为 2.3mm、1mm、1.1mm、0.8mm、0.9mm，桩基竖向位移最大值约为 6.1mm、4.3mm、3.0mm、2.2mm、1.9mm。

图6为不同掘进步时桩基 X 方向位移深度分布曲线，由图6可以看出，地表处除了发生滑移外，桩基还向隧道侧挤压。一方面，由于该盾构隧道埋深较浅，初始应力场以自重应力场为主，在外部荷载作用下，管片衬砌的顶部和底部将向内变形，左侧和右侧将向外变形，同时由于盾尾注浆压力的作用，隧道两侧的土体将向远离隧道的方向移动，从而引起桩基底部发生侧移；另一方面，隧道开挖引起的地层损失将引起隧道上覆土体向隧道内移动，土体移动带动桩基的上半部分发生侧移，移动方向与下半部分相反。隧道开挖将导致桩基产生倾斜，且随着盾构机的推进，倾斜越来越严重，桩基水平位移最大值约为 4.3mm、3.6mm、3.2mm、2.1mm、1.8mm。

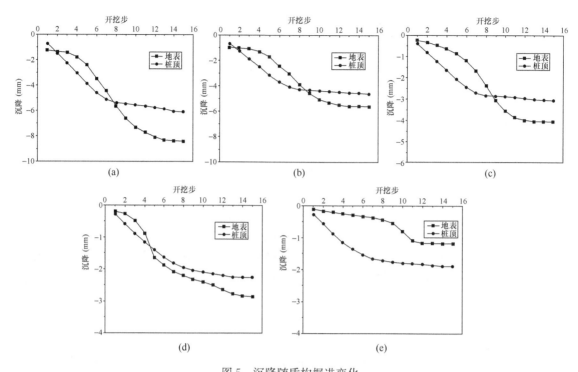

图 5 沉降随盾构掘进变化

(a) 0.75D; (b) 1.0D; (c) 1.25D; (d) 1.5D; (e) 2.0D

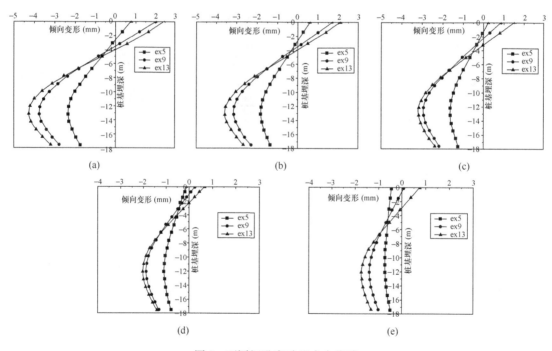

图 6 不同掘进步时 X 方向位移

(a) 0.75D; (b) 1.0D; (c) 1.25D; (d) 1.5D; (e) 2.0D

图 7 为距隧道轴线不同距离下桩基的最终沉降值,由图 7 可以看出,随着桩基距隧道轴线距离的加长,桩基沉降显著变小。图 8 为距隧道轴线不同距离桩基的水平位移,水平位移与竖向沉降变化规律相似,距离越远水平位移越小,变形最大的位置均为距地表 2/3 处。由于数值模拟参

数选取及施工过程模拟较为理想化，实际施工过程中变形量可能大于数值模拟结果。所以在未采取防护措施的情况下，桥桩可能发生较大的变形，为保证盾构隧道掘进期间上部桥梁的安全，盾构经过桥桩位置前需要对桥桩与隧道之间的土层进行加固处理。

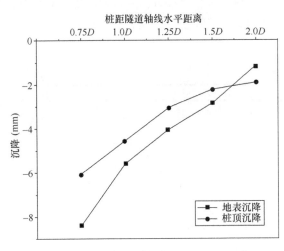

图 7　桩基距隧道轴线不同距离桩基沉降

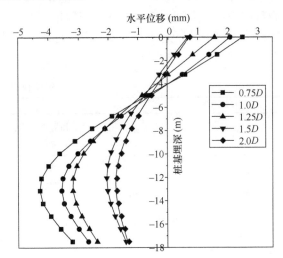

图 8　桩基距隧道轴线不同距离桩基水平位移

4　穿越群桩注浆加固分析

4.1　计算模型

根据 18 号线穿越天府立交取 4 根桩基（EW16、EW18、WE19、WE21）进行注浆加固措施研究，建立的有限元模型如图 9、图 10 所示。模型综合考虑了盾构机、隧道管片及盾尾浆液，在不同部件与土体之间均设置接触面。考虑到边界效应，模型尺寸取 60m×60m×80m（$X \times Y \times Z$），Y 方向为隧道掘进方向，分 20 步开挖。模型侧面设置水平约束，底部设置竖向约束，顶部自由。

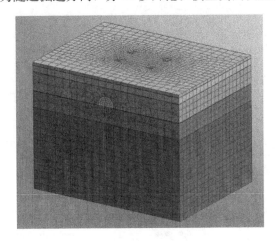

图 9　盾构穿越桩基模型图

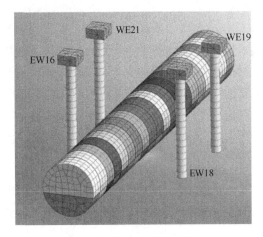

图 10　桩基相对位置示意图

隧道埋深 9.0m，隧道直径 8.3m，衬砌管片厚度 0.4m，注浆层厚度 0.15m。土层由上至下分别为杂填土 1.5m、粉质黏土 3m、中密卵石土 9m、中风化泥岩 46.5m，土体采用摩尔—库伦弹塑性模型。其中 4 根桩基桩长取 17m，EW16、WE21 桩与隧道水平距离为 4.2m，EW18 桩与隧道水平距离为 5.5m，WE19 桩与隧道水平距离为 6.6m。分别计算不对桩基进行加固和对桩基 1m、2m、3m 范围内进行注浆加固所产生的桩基竖向变形和水平变形。

4.2 计算结果分析

4.2.1 桥桩变形控制标准

桥梁桩基抗变形能力受多方面因素影响，主要有桥梁的相关参数、结构形式和荷载形式等。制定盾构隧道开挖近邻桩基变形控制标准难度较大且复杂，应参照现有行业技术标准，根据实际工程中不同桩基制定相应的变形规定标准。国内外针对桩基沉降变形控制提出了多种标准，表3为不同技术标准对桥梁桩基变形的规定。

桥梁桩基变形控制标准　　　　　　　　　　　　　　　　　　　　　　表3

规范名称	桩基沉降规定
日本标准	新干线高架桥的相对垂直变位允许值为5mm，水平变位为3mm；道路立交桥允许变位为垂直变位10mm、水平变位5mm
《地铁设计规范》GB 50157—2013	对于外静定结构，墩台均匀沉降量不能超过50mm，相邻墩台沉降量之差不能超过20mm；对于外静不定结构，其相邻墩台不均匀沉降量之差的允许值，还应根据地层沉降对结构物产生的附加影响来确定
《城市桥梁养护技术标准》CJJ 99—2017	简支梁墩台的均匀总沉降大于$2.0\sqrt{L}$mm（L为相邻墩台间最小的跨径长度，以m计，跨径小于25m时仍以25m计）时，应及时对简支梁的墩台基础进行加固
《公路桥涵地基与基础设计规范》JTG 3363—2019	墩台的均匀总沉降不应大于$2.0\sqrt{L}$mm（L为相邻墩台间最小的跨径长度，以m计，跨径小于25m时仍以25m计）。对于外超静定体系的桥梁应考虑引起附加内力的基础不均匀沉降和位移

考虑到三环路天府立交位于城市主干道，车流繁忙，桥梁桩基础位于卵石土地层，地层相对软弱。根据现有规范并结合桥梁现状及工程具体情况，参考本地区其他地铁线路邻近桩基的沉降控制标准，综合考虑分析，盾构施工引起的近邻桩基变形控制标准如表4所示。

18号线近邻桩基变形控制标准（单位：mm）　　　　　　　　　　　　表4

标准	预警值	警戒值	极限值
竖向沉降	6	8	10
水平位移	3	4	5

4.2.2 桥桩变形计算结果

图11、图12分别为WE21桩基在不同加固情况下的竖向变形和水平位移。由图11可以看出，在未加固的情况下，WE21桩最大沉降可以达到7.0mm，注浆加固后，桩基沉降显著减小，但是桩基周围2m加固与3m加固对沉降量的改善作用差别不大，当在桩基周围2m范围内注

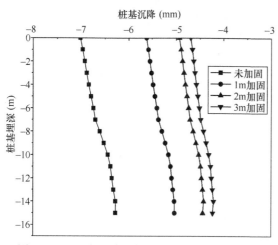

图11　WE21桩基在不同加固情况下的竖向变形

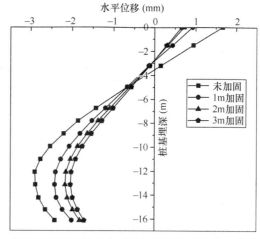

图12　WE21桩基在不同加固情况下的水平位移

浆时，桩基沉降为4.9mm，在桩基周围3m范围内注浆时，桩基沉降为4.7mm。由图12可以看出，桩基周围注浆加固对桩的侧向变形改善也有一定的作用，加固前最大侧向变形为2.9mm，3m范围加固后最大侧向变形减小为2.0mm。

图13为WE21桩基施工现场监测数据，监测数据显示WE21最大沉降量为5.1mm，变形趋势与数值模拟结果接近。根据数值模拟分析结果可知，在未采取防护措施下桥桩发生较大变形，为保证隧道开挖期间上部桥梁的安全，盾构掘进到桥桩位置前，对桥桩与隧道之间的土层进行预加固处理是十分必要的。

图13　WE21桩基施工现场监测数据

5　结论

本文以成都地铁18号线区间穿越立交桥为工程背景，运用有限元差分法动态模拟盾构开挖过程，分析了不同距离下桩基竖向沉降和水平变形的变化趋势和不同加固工况下桩基变形情况。初步结论与建议如下：

（1）桩基位移和桩基与隧道距离呈直线反比关系，桩基距离盾构隧道越远，位移越小。盾构越过桩基1倍隧道直径后，桩基变形趋于稳定。

（2）盾构施工后，桩基下部向隧道方向侧移，上部发生远离隧道方向的位移，最大水平位移发生在距地表2/3桩长处。

（3）不加固时，桩基位移超过了安全控制标准，须采取加固措施。

（4）采用注浆加固后，桩基沉降和侧向变形减小，桩基位移得到较好的控制，但桩基周围2m和3m的位移差异不大，建议采取桩基周围2m注浆方式。在实际注浆过程中，需注意注浆压力的控制，避免对桥桩产生不利影响甚至破坏。

参考文献

［1］于德海，舒娇娇，秦凯凯．盾构地铁隧道穿越既有铁路桥的沉降分析[J].水文地质工程地质，2020，47（4）：148-152.

［2］孙捷城，周国锋，路林海，等．济南地铁盾构隧道小曲线叠落下穿京沪高铁桥施工控制技术[J].施工技术，2020，49(1)：61-66.

［3］王永军，温法庆，甘晓丽，等．盾构近距离侧穿桥桩的方案优化与沉降控制技术[J].施工技术，2019，48（增刊）：775-778.

［4］王琦，杜一鸣．多条盾构隧道穿越既有桥基的三维有限元分析[J].厦门大学学报(自然科学版)，2013，54（3）：428-435.

［5］沈建文，刘力．盾构隧道施工对临近桥桩影响数值及现场监测研究[J].岩土力学，2015，36（增刊2）：709-714.

［6］ 杨丽明，沈宇鹏，汤天笑，等．地铁盾构隧道下穿施工对简支梁桥安全性影响分析［J］．铁道标准设计，2018，62（3）：96-100.

［7］ 祝勇．盾构近距离侧穿桥桩数值模拟与施工控制技术研究［J］．铁道建筑技术，2018（4）：33-37.

［8］ 漆伟强，匡亚洲，杨志勇，等．砂卵石地层盾构近距离侧穿匝道桥桩变形研究［J］．地下空间与工程学报，2018，14（增刊2）：679-687.

［9］ 杨冬梅，田建华，张振营，等．叠落盾构隧道施工对邻近桥桩影响控制措施效果分析［J］．市政技术，2020，38（6）：121-125.

作者简介：房师涛（1984—），男，硕士研究生，高级工程师，研究方向：隧道及地下建筑工程。

宋锐（1985—），男，大学本科，高级工程师，研究方向：机电动力工程、技术管理。

土压平衡盾构长距离穿越建筑群施工技术分析

马建波

（中电建南方建设投资有限公司　深圳 518000）

摘　要： 本文所述区间土压平衡盾构在需长距离穿越建筑群的情况下，通过地质补勘、管线房屋调查、编制专项施工方案、房屋基础预加固、加密监测点位及监测频次、加强应急准备、进行设备详检、穿越前设置试验段、穿越过程加强控制等一系列措施保证盾构施工安全、质量可控。

关键词： 盾构法隧道；长距离穿越建筑物

1　前言

随着中国社会的高速发展，城市轨道交通也在大步前进。在地铁施工过程中，盾构从既有建筑结构下部穿越的工程问题也愈发常见。复杂的施工环境，如盾构穿越建筑物施工，给盾构隧道施工过程增加了很大的难度，也对施工安全提出了更多挑战。经过国内外相关从业人员大量的研究与实践，盾构施工穿越建筑物已具备一定的理论与施工基础。本文案例为深圳市轨道交通 12 号线翠岗工业园站—怀德站区间隧道长距离穿越建筑群。文中分析希望为后续工程的良好建设和稳定发展提供些许经验与帮助。

2　工程概况

深圳市轨道交通 12 号线翠岗工业园站—怀德站区间隧道采用 2 台土压盾构机施工，由怀德站始发，翠岗工业园站接收。区间左线全长 984.161m、右线全长 1049.709m。该区间约 300m 需侧穿或下穿建（构）筑物。

2.1　穿越段概况

穿越段为转弯半径 330m 的曲线段，单线连续穿越建（构）筑物约 300m。穿越段埋深为 27～17m，建筑物基础未侵入隧道。隧道上覆的主要地层为素填土、黏土、全风化混合花岗岩、强风化混合花岗岩；隧道开挖范围内为全、强风化混合花岗岩。穿越段左右线地质情况相近，文中以右线为例，地质情况如图 1 所示。掘进过程中侧穿、下穿共计 10 栋建（构）筑物。穿越段

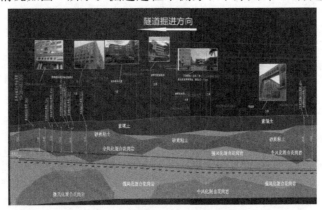

图 1　穿越段右线地质剖面图

地表建（构）筑物示意如图 1 所示，地面环境及邻近建（构）筑物统计如表 1 所示。

区间隧道穿越建（构）筑物统计表

表 1

序号	建筑物名称	距左右线距离（m）		隧道埋深（m）	结构形式	地质情况	穿越环数	加固方式
		左	右					
1	华富居厂房	下穿此建筑物		26.115～26.925	框架 5 层，浅基础（条形基础）	洞身位于全风化混合花岗岩、强风化混合花岗岩中	左线 425～480 右线 465～526	袖阀管预注浆
2	华富居宿舍	下穿此建筑物		26.115～26.925	框架 5 层，浅基础（条形基础）	洞身位于全风化混合花岗岩、强风化混合花岗岩中	左线 485～501 右线 467～523	袖阀管预注浆
3	群晖科技园办公楼	下穿此建筑物		24.01～24.545	框架 5 层，浅基础（条形基础）	洞身位于强风化混合花岗岩中	左线 503～510 右线 540～542	袖阀管预注浆
4	群晖科技园厂房	下穿此建筑物		24.01～24.545	框架 4 层，浅基础（条形基础）	洞身位于强风化混合花岗岩中	左线 516～529 右线 548～572	袖阀管预注浆
5	群晖科技园宿舍	下穿此建筑物		24.01～24.545	框架 7 层，浅基础（条形基础）	洞身位于强风化混合花岗岩中	左线 536～551 右线 580～596	袖阀管预注浆
6	资电电子（深圳）有限公司	下穿此建筑物		24.01～24.545	框架 4 层，天然地基（条形基础）	洞身位于强风化混合花岗岩中	左线 504～506 右线侧穿	袖阀管预注浆
7	深和商务大厦	下穿此建筑物		21.42～21.965	框架 5 层，沉管灌注桩 10～13m	洞身位于强风化混合花岗岩中	左线 558～569 右线 600～636	袖阀管预注浆
8	景顺商务酒店和维也纳酒店	下穿此建筑物		17.535～19.275	框架 7 层，沉管灌注桩 10～13m	洞身位于全风化混合花岗岩、强风化混合花岗岩中	左线 604～636 右线 647～652	袖阀管预注浆
9	深圳市鑫三力自动化设备有限公司	7	—	21.42～21.965	框架 4 层，沉管灌注桩 10～13m	洞身位于强风化混合花岗岩中	侧穿建筑物	袖阀管应急加固
10	汉庭连锁酒店	12	—	26.115～26.925	框架 8 层，天然地基（条形基础）	洞身位于全风化混合花岗岩、强风化混合花岗岩中	侧穿建筑物	袖阀管应急加固

2.2 盾构机概况

本盾构区间采用 2 台中铁装备土压平衡盾构机掘进，开挖直径 6470mm，开口率为 34%，盾构机最大推力 4255t，最大扭矩 6650kN·m，脱困扭矩 8100kN·m。采用面板加辐条式刀盘，开口率为 34%。

3 施工重难点

（1）穿越建筑物距离长、隧道埋深浅、小曲线掘进

区间约 30% 需侧穿或下穿建（构）筑物，单线连续穿越建筑物约 300m；隧道埋深最浅处约 17m；区间线路最小曲线半径 330m，建筑物均位于区间小曲线段。

（2）建筑物基础薄弱

建筑物为框架 4~8 层砖混结构独立基础、桩基，多为 20 世纪 90 年代建筑。7 栋建筑物基础为浅地基或天然地基施作的条形基础。

（3）穿越段掘进地质易产生沉降

穿越段隧道上覆的主要地层为素填土，粉质黏土，全、强风化混合花岗岩；隧道开挖范围内为全、强风化混合花岗岩。该地质隧道掘进过程中易出现超挖或欠挖情况从而导致沉降。

4 应对措施

4.1 地质补勘

盾构施工前，对翠怀区间盾构隧道范围进行地质补勘，查明并核对线路纵断面地质条件、地下水情况、孤石或大块石分布情况。

（1）利用目前现有的设计勘察孔资料，根据合同文件对地质补勘的约定，将区间的地质勘察钻孔间距大于 30m 的位置均增加补勘孔，确保钻孔密度小于 30m。

（2）针对存在不均匀风化的位置及基岩隆起部位进一步地补勘摸清位置、大小及强度，补勘孔间距在 10m 左右，若发现孤石，则进一步在周边范围内布置加密补勘孔，探明孤石的大小及其在隧道范围内的分布情况。

4.2 管线、房屋调查

对穿越的建（构）筑物及管线预先进行现状调查，调查报告由产权单位签字确认。

4.3 建筑物预加固

盾构机通过前对区间穿越建筑的桩基础采用双排袖阀管注浆加固隔离，对其他构筑物基础采用袖阀管预注浆加固。该建筑群累计加固 2385 孔，累计注浆 7584m³。

（1）注浆加固孔位布置

袖阀管采用 $\phi 60$ 袖阀管，前端设注浆孔，超出地面建筑物外包尺寸为 1~2m，布设两排袖阀管，间距 1.2m×1m，梅花形布置，深度 6m。

（2）注浆参数控制

注浆加固过程中需严格控制施工过程，以保证加固质量并避免对建筑造成不利影响。注浆压力控制在 0.3~0.5MPa、注浆速度控制在 30~40L/min、水泥浆（水：灰）为 1:1、套壳料配合比（水泥：膨润土：水）通过试注浆确定，袖阀管分段长度为 1m。

4.4 监测点位及监测频次加密

将穿越建（构）筑物段范围地表隆陷、建筑物沉降及倾斜、地下水位升降、地下管线沉降及隧道内拱顶下沉监测点位按照设计要求加密。盾构机进入穿越建（构）筑物段范围后，每 2~3h 采集一次数据；地面及工程自身人工巡视巡查 4 次/d。

4.5 编制专项施工方案

根据现场实际情况和图纸要求编制专项施工方案，组织专家评审并修改完善，逐层做好技术交底工作。

4.6 应急准备

根据现场实际情况编制应急预案，建立现场应急仓库，确定应急小组。做好应急抢险物资的

采购、储备和保管工作，保证各种设备到位，包括双液、单液注浆设备各 2 套，提前准备二次注浆设备以及注浆材料，保证穿越建筑物前现场应急物资做好足量储备。

4.7 设备准备

（1）对盾构及后配套设备进行一次全面、细致的检修。对存在故障隐患的部位及时排除，特别是对注浆管路进行清洗疏通，避免输送管在盾构穿越建（构）筑物及地下管线时堵塞，导致浆液供应中断，从而造成盾构机停机，同时对盾尾密封系统进行检测，确保穿越建（构）筑物及地下管线时不发生漏浆现象，从而保证注浆量。

（2）在穿越建（构）筑物前 30m 主动开仓对刀具磨损情况进行检查，配置适合穿越地层的刀具，更换磨损较大的刀具，尽量避免穿越过程中被动停机和换刀。

4.8 穿越前设置试验段

将穿越前 200m 设置为试验段，该段地质情况与穿越段相似，以此取得相关参数，优化地铁段的掘进程序，并根据变化情况控制掘进速度。掘进控制管理主要有以下方面：土仓压力、推进速度、总推力、出土量、刀盘转速和扭矩、注浆压力和注浆量、浆液质量、盾尾油脂注入量。试验段掘进完成后，对采集的各项参数数据进行全面分析，分析相关参数与地面监测日变化率、累积沉降量的对应变化关系，确定在该区间地质情况下，满足沉降控制量时的盾构施工各项参数，为盾构穿越建（构）筑物及地下管线时各项参数的设定提供指导。

4.9 穿越过程控制

在盾构穿越过程中，匀速、连续、均衡施工。

（1）掘进过程中始终保证土仓压力与作业面水土压力的动态平衡，同时利用螺旋输送机进行与盾构推进量相应的排土作业，掘进过程中始终维持开挖土量与排土量的平衡，以保持正面土体稳定。

（2）做好掘进、拼装等各工序的衔接以及盾构队作业班的交接工作，尽量减少非工作时间。

（3）各关键岗位（盾构司机、管片拼装工、电瓶车司机、龙门吊司机）选用有丰富施工经验的人员，定岗定员。

（4）在施工过程中加强对机械设备的维修保养，尽量保证不因机械故障而停机，保证盾构机连续掘进。

（5）掘进速度应严格按照技术交底进行，禁止擅自调整，确保盾构机匀速向前掘进，减少对土体的扰动。

5 穿越后建筑群沉降情况

根据监测数据显示（表 2），完成盾构机穿越建筑物后，建筑物累计沉降均控制在 5mm 以内，累计沉降最大为 −4.93mm。

建筑物累计沉降统计表　　　　　　　　　　　　　　　　　　　　表 2

点位	JGC1-1	JGC1-2	JGC1-3	JGC1-4	JGC2-1	JGC2-2	JGC2-3	JGC2-4	JGC2-5
累计沉降 （mm）	−0.68	−0.76	−1.72	−1.75	−3.77	2.03	0.23	−1.05	−1.28
点位	JGC2-7	JGC2-8	JGC2-9	JGC3-1	JGC3-2	JGC3-3	JGC3-4	JGC4-1	JGC4-2
累计沉降 （mm）	−2.83	−1.91	−3.41	−0.15	0.54	−0.16	−4.31	−2.08	−0.28
点位	JGC4-4	JGC4-5	JGC4-6	JGC5-1	JGC5-2	JGC5-3	JGC5-4	JGC5-5	JGC5-6
累计沉降 （mm）	−0.67	−0.75	1.54	−2.51	−0.54	−3.21	−1.15	−1.81	1.36

点位	JGC6-1	JGC6-2	JGC6-3	JGC6-4	JGC6-5	JGC6-6	JGC6-7	JGC7-1	JGC7-2
累计沉降 （mm）	−2.59	−0.29	−1.58	−4.93	−2.21	−3.47	−3.19	−0.85	−4.66

点位	JGC7-4	JGC7-5	JGC7-6	JGC7-7	JGC7-8	JGC8-1	JGC8-4	JGC8-5	JGC8-6
累计沉降 （mm）	−4.00	−0.42	−2.46	−1.98	−2.16	0.25	1.68	0.60	−0.07

6 结论

深圳城市轨道交通 12 号线土建六工区翠岗工业园站—怀德站区间盾构穿越建（构）筑物累计历时 62d，右线 38d、左线 46d 穿越建筑物群，共下穿 8 栋建筑物、侧穿两栋建筑物，单线穿越长度达 300m 以上。通过采取文中所述施工措施，目前已顺利完成穿越。下穿至今，建筑物累计最大沉降−4.93mm，均满足相关要求及规范。

综上所述，在软土地层土压盾构下穿建筑群施工过程中，通过采取通过地质补勘、管线房屋调查、编制专项施工方案、房屋基础预加固、加密监测点位及监测频次、加强应急准备、进行设备详检、穿越前设置试验段、穿越过程加强控制等一系列措施以保证穿越建筑物过程中盾构施工安全、质量可控，有助于控制建筑物沉降、土压盾构机顺利下穿建筑群。

参考文献

[1] 侯丰，刘府生．深厚软土盾构隧道施工地表沉降数值模拟计算[J]．科技和产业，2021，21(6)：294-298.
[2] 田兆平．大直径泥水盾构下穿黄河堤坝施工技术研究[J]．北方建筑，2021，6(3)：51-54.
[3] 李菲．地铁盾构施工中的安全风险和管控对策[J]．北方建筑，2021，6(3)：75-78.
[4] 赵坤．盾构穿越建筑物施工影响的数值分析[D]．上海：上海交通大学，2016.
[5] 李方明．江漫滩复杂敏感地质条件下地铁施工对周边环境影响研究[D]．哈尔滨：中国地震局工程力学研究所，2018.

作者简介：马建波（1977—），男，大学本科，助理工程师，目前主要从事城市轨道交通施工与管理工作。

富水砂层地铁隧道长距离下穿江河盾构机选型关键技术研究

解　洋，张　欣

（中电建（西安）轨道交通建设有限公司　西安 710016）

摘　要：本文通过对盾构机选型及适应性分析，选择最适合本地质区间施工的盾构机及配套设备，创新性地采用"气垫＋直排式"泥水平衡盾构。通过增强刀具、刀盘耐磨性等技术措施，保证在富水砂层长距离掘进不换刀一次性穿越渭河，减小施工风险，提高施工效率，进而安全、迅速、经济地完成隧道施工，为工程顺利开展、地铁线路尽快开通做出很大的贡献。

关键词：富水砂层；下穿江河；盾构机选型

1　引言

在盾构法隧道施工中如盾构机选型考虑不周，施工阶段可能发生掘进效率低下、施工风险增大、成本增高等问题，甚至存在安全隐患，造成安全事故，在施工中再进行盾构设备的改进往往会事倍功半。因此，盾构机的正确选型是盾构法隧道顺利施工的前提条件。常用于软土地区地铁施工的主要有土压平衡盾构机和泥水平衡盾构机，结合区间环境条件，充分考虑隧道直径、长度、埋深和地质条件、沿线地形、地面建（构）筑物、地下管线等环境条件及周围环境对地层变形的控制要求等诸多因素，并结合经济性、适用性、可靠性等功能，最终选择最适合本区间的盾构机及配套设备，对确保安全顺利地完成施工具有十分重要的意义。

2　工程概况

西安市地铁 1 号线××区间以盾构形式长距离下穿渭河。隧道左、右线长分别为 2027m 和 2054m，区间隧道洞顶覆土 11.08～30.29m，线间距 13～18m，左右线各含两处平曲线，最小曲线半径为 400m。线路纵坡形式为"V"字形坡，最大纵坡 25‰，区间主要穿越地层为中砂（石英含量高达 70%）和粉质黏土层。

渭河是黄河最大的一级支流，下穿段现状堤距约 600m，结构拱顶距河底竖向净距约 15.3m，距最低冲刷线约 5.4m。本工程采用标准型管片，错缝拼装，环宽 1.5m，管片外径 6m，厚度 300mm。

3　工程风险点

（1）盾构在全断面富水砂层且石英含量较高地层中长距离掘进，刀盘、刀具磨损较严重，可能在河底带压开仓换刀，是本工程的风险点。

（2）区间穿越地层高水压、高渗透系数（达到 45m/d），注入掌子面前面的泥浆易被稀释，很难形成隔水泥膜，可能造成开挖面失稳、河底击穿，造成河水倒灌、涌水等现象，是本工程的风险点。

（3）在大埋深、高水压下进行盾构掘进施工，极易发生盾尾击穿，发生涌水、涌砂是本工程的风险点。

4 盾构机选型

根据工程地质及水文地质条件、沿线建筑设施及地下管线等环境条件、盾构隧道结构、施工条件及工期等多方面要求，可供选择的盾构机主要有土压平衡盾构及泥水平衡盾构。

地层渗透系数对于盾构机的选型是一个很重要的因素。根据施工经验，当地层的透水系数小于 10^{-7}m/s 时，可以选用土压平衡盾构；当地层的渗水系数在 $10^{-7}\text{m/s}\sim10^{-4}\text{m/s}$ 时，既可以选用土压平衡盾构，也可以选用泥水盾构，当地层的透水系数大于 10^{-4}m/s 时，宜选用泥水盾构。此外盾构选型还受地层类型、地层颗粒级配、地下水压、环保辅助施工工法等影响，详见表1。

盾构选型对比与相关因素分析 表1

序号	项目	泥水平衡盾构	复合土压平衡盾构
1	适用地层	适用于砂层、砂砾层、卵石层	黏土、泥沙、渣土改良后的砂层
2	颗粒级配	粉粒和黏粒的总量达到40%以下时，砾石、卵石	粉粒和黏粒的总量达到40%以上时（粉粒的绝对大小以0.075mm为界）
3	地下水压	水压大于0.3MPa时，适宜采用泥水盾构	当水压大于0.3MPa时，如因地质原因需采用土压平衡盾构，则需增大螺旋输送机的长度，或采用二级螺旋输送机
4	掌子面稳定性	泥膜支撑开挖面，掌子面稳定性好，故不会喷涌	通过土砂管理及加入添加剂，可防止喷涌，但比泥水盾构差
5	配套设施	须配备庞大的泥浆分离设备，占地面积大	无须分离设备，占地面积小
6	设备费	配置泥浆分离设备费用高	费用略低

地铁穿越江河，地下水土压力较高，若采用土压平衡盾构，仅采用螺旋输送机很难保持开挖面的稳定，需要采用双螺旋、加长螺旋输送机。而泥水盾构比较适用于在河底等高水压条件下隧道的施工，在控制开挖工作面稳定性、地表沉降方面、保证施工进度方面明显优于土压平衡盾构。

结合以上特点，本工程采用泥水加压平衡盾构机（以下简称泥水盾构），泥水盾构从其结构形式及工作机理上分为气垫式泥水盾构和直排式泥水盾构，其结构形式及工作机理如图1所示。

通过前期充分考察及实地踏勘、分析讨论、专家论证，本工程选用泥水平衡盾构机为气垫式泥水盾构和直排式泥水盾构的结合优化升级：气垫＋直排式泥水盾构，在传统的直排式和气垫式泥水盾构的基础上，增加更具针对性的技术配置，有效解决渣土滞排、地表沉降、高水压、大埋深等因素可能带来的问题。主要有以下优点（图2）：

（1）提高在黏性地层掘进效率；

（2）增加了前仓进浆比重，减少刀盘结泥饼的风险；

（3）减少了气垫式泥水盾构气垫仓底部滞排的风险；

（4）能够有效控制地表沉降，确保施工安全。

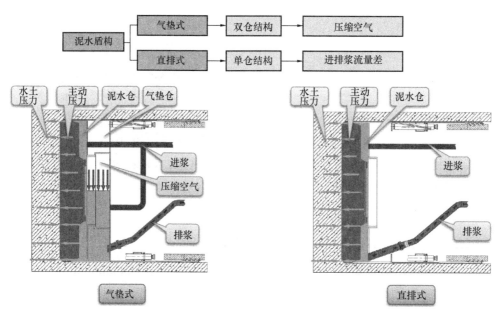

图 1 气垫式、直排式泥水盾构机理

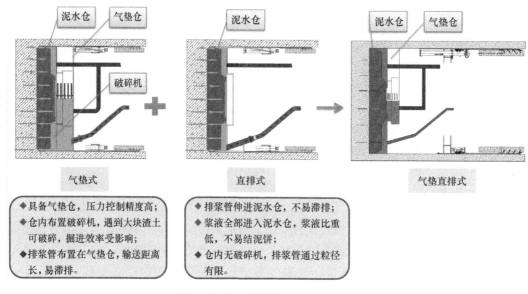

气垫式
◆具备气垫仓，压力控制精度高；
◆仓内布置破碎机，遇到大块渣土可破碎，掘进效率受影响；
◆排浆管布置在气垫仓，输送距离长，易滞排。

直排式
◆排浆管伸进泥水仓，不易滞排；
◆浆液全部进入泥水仓，浆液比重低，不易结泥饼；
◆仓内无破碎机，排浆管通过粒径有限。

图 2 气垫＋直排式泥水盾构优势

5 刀盘、刀具长距离掘进适应性设计

5.1 刀盘总体设计

区间主要穿越中砂、粉质黏土层，刀盘设计方案如下：刀盘结构直径 6280mm，采用 6 扭腿 6 主梁 6 副梁结构；刀盘主梁、扭腿为圆形钢管，副梁为方形箱梁。开口率不小于 50％，开口在整个盘面均匀分布，有利于渣土流动流畅，土压传递更有效，较大的刀盘开口率使刀盘在掘削过程中不容易产生泥饼。刀盘背面在不同轨迹配置 4 根主动搅拌棒，刀盘主动搅拌棒加长设计，用以搅拌泥水仓内渣土，增加泥渣流动性，防止泥水仓内结泥饼。刀盘布置如图 3 所示。

5.2 刀具布置

刀盘配置中心鱼尾刀 1 把，边刮刀 12 把，切刀 72 把，撕裂刀 61 把，其中可更换撕裂刀 19

把，撕裂刀合金高度 68mm，外侧合金最薄窄处厚度 15mm，另外布置保径刀 12 把，超挖刀 1 把，有利于盾构保径及超挖。刀具分层设置，提高整体耐磨性，刀盘刀具配置如图 4 所示。

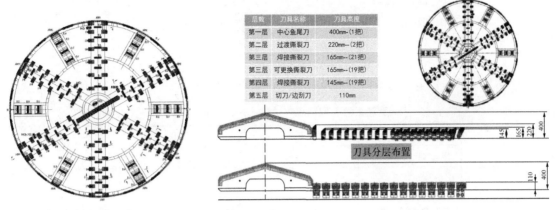

层数	刀具名称	刀具高度
第一层	中心鱼尾刀	400mm--(1把)
第二层	过渡撕裂刀	220mm--(2把)
第三层	焊接撕裂刀	165mm--(21把)
第三层	可更换撕裂刀	165mm--(19把)
第四层	焊接撕裂刀	145mm--(19把)
第五层	切刀/边刮刀	110mm

刀具分层布置

图 3　刀盘总图　　　　　　　　　图 4　刀盘刀具配置图

5.3　刀盘刀具耐磨主要措施

（1）刀盘中心部位配置镶硬质合金的鱼尾刀，配合鱼尾刀的中心锥结构将中心渣土排向周边进入进渣口。配合中心鱼尾刀在其他轨迹配置切刀及先行刀，刀高高低搭配，切削效率高，刀盘外圈设置多把焊接撕裂刀，保证开挖直径，应对高磨蚀性地层进行长距离掘进。

（2）焊接撕裂刀和可更换撕裂刀作为刀盘主要先行切削刀具，分别布置于主梁和副梁，撕裂刀均采用重型撕裂刀设计，可更换撕裂刀与焊接撕裂刀分层布置，采用进口春葆 KE13 合金，型式为重型撕裂刀，增加其耐磨量及抗冲击能力（图 5）。

撕裂刀轨迹加密，每个刀具轨迹间存在 10mm 重叠，在确保渣土流动的前提下加强刀盘整体耐磨能力。新增刀盘径向磨损检测，确保开挖轮廓。

大圆环耐磨采用整圈合金块全覆盖设计，最大限度地保证刀盘周向耐磨能力。同时，边刮刀增加径向磨损检测功能，防止刀盘欠挖。

保径刀采用大尺寸耐磨硬质合金设计，增强刀具耐磨性，合金耐磨块全覆盖于刀盘大圆环外侧，保护刀盘结构（图 6）。

图 5　贝壳刀改为重型撕裂刀　　　　　图 6　复合钢板全覆盖改为耐磨合金块全覆盖

5.4　刀盘刀具可靠性计算

盾构区间长约 2050m，刀盘刀具配置为焊接撕裂刀＋可更换撕裂刀＋切刀＋保径撕裂刀。焊接撕裂刀分为两层，第一层刀高 165mm，第二层刀高 145mm。刀盘最外侧撕裂刀（参与保径切削）包含 2 把 165mm 刀高可更换撕裂刀＋2 把 145mm 刀高焊接撕裂刀＋12 把尺寸保径撕裂刀。

通常盾构刀盘合金刀具的磨损量 δ 由下式计算：

$$\delta = \frac{1}{10}k \cdot n^{-0.33} \cdot \pi \cdot D \cdot NL/V$$

式中，δ——磨损量（mm）；

k——磨耗系数（mm/km）；

n——同轨迹刀具数量；

D——盾构刀盘外径（m）；

N——刀盘的转动速度（r/min）；

L——掘进距离（m）；

V——掘进速度（cm/min）。

磨耗系数 k 根据日本公司盾构施工经验得到，如表 2 所示。

磨耗系数 k 取值表（单位：$\times 10^{-3}$mm/km）   表 2

	黏土	砂	砂砾	刀头（硬质合金）
泥水平衡盾构	4～15	15～25	25～45	E-5
	2～2.75	7.5～12.5	12.5～22.5	E-3
	1.37～5.17	5.17～8.6	8.6～15.5	E-2

参考类似地段掘进经验，对刀盘最外侧撕裂刀刀具（刀盘径向方向和刀盘轴向方向）磨损消耗计算如下：

$$\delta = \frac{1}{10}k \cdot n^{-0.33} \cdot \pi \cdot D \cdot NL/V$$

$$= \frac{1}{10} \times 12.5 \times 10^{-3} \times 16^{-0.33} \times 3.14 \times 6.28 \times 1.5 \times 2050/5 \approx 6 \text{(mm)}$$

刀盘次外轨迹刀具（刀盘轴向方向）磨损消耗计算如下：

$$\delta = \frac{1}{10}k \cdot n^{-0.33} \cdot \pi \cdot D \cdot NL/V$$

$$= \frac{1}{10} \times 12.5 \times 10^{-3} \times 4^{-0.33} \times 3.14 \times 6.28 \times 1.5 \times 2050/5 \approx 9 \text{(mm)}$$

由计算可得：最外侧撕裂刀磨损量约 6mm、次外轨迹撕裂刀磨损量约 9mm，均小于 15mm 极限磨损量。考虑到其他刀具分布半径小于次外轨迹刀具，其磨损量更小，也能满足使用要求。

6 盾构机关键部位适应性分析

6.1 主机参数设计

整机设计压力为 6bar（1bar＝0.1MPa），主驱动设计承压能力为 10bar，针对本项目高水压、大埋深的特点，具有安全性和可靠性。

配置的主轴承直径 3060mm，有效使用寿命≥10000h。主驱动配置 8 组变频电机驱动（预留 2 组驱动安装位置，共可安装 8 组驱动），驱动功率 550kW；最大扭矩 6307kN·m，脱困扭矩 7569kN·m，针对复杂地层扭矩储备安全系数高。最高转速 2.2r/min，最大掘进速度 80mm/min，可以满足在泥水平衡模式下的本地层中掘进。主驱动外密封采用 2 道聚氨酯指型密封和 1 道 VD 密封，并具有冷却水套系统和温度检测功能；内密封采用 2 道唇形密封；最大推力 3991t。

为确保渣土具有良好的流动性，刀盘支撑系统采用中间支承方式（图 7），利用刀盘（旋转）和承压隔板（固定）的相对运动进行搅拌，主轴承环件结构可使泥水仓中心隔板固定，安装有中心固定搅拌棒，能够有效防止泥水仓中心泥饼产生。

配置泥水仓高压水冲刷系统，可在主控制室进行控制，并对压力流量进行监控。持续的高压水冲刷，可提高泥水仓中心渣土流动性，也可有效防止刀盘中心结泥饼。

6.2 盾体

（1）前盾

前盾由壳体、压力隔板、主驱动连接座、人舱连接座、泥浆环流接口和连接法兰组成，前盾直径设计为 $\phi6250mm$。

前盾切口焊有5mm耐磨层，增加耐磨性。前舱压力隔板布置有风、水、电接口，方便带压进舱换刀时使用。

（2）中盾

中盾与尾盾的连接采用被动铰接设计，中盾和盾尾之间设计有两道聚氨酯密封，铰接部位设有3种注入孔：

A孔：往两道密封之间注油脂（为自动注脂），形成一个密封腔体。圆周方向有8个孔。

B孔：紧急情况下用于加注聚氨酯密封。

（3）盾尾

尾盾上布置的注浆及油脂管路采用内嵌式。每根注浆管设置有观察窗，利于清洗、维修。

盾尾密封采用4道盾尾刷＋1道止浆板（图8），可以防止砂浆流入盾体前部，也可以防止盾体前部的泥浆影响注浆效果。

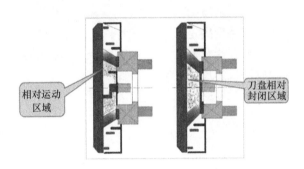

图7 刀盘支撑系统

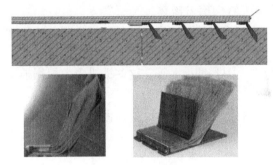

图8 盾尾密封装置

6.3 推进及铰接系统

根据管片分度图，采用30个推进缸分布，考虑掘进调向可操作性，将油缸分成4组。通过调整每组油缸的不同推进速度来对盾构进行纠偏和调向。推进油缸行程为2150mm。盾构同时具备安装1.2m和1.5m管片的能力。

盾构采用被动铰接形式，铰接装置由18根铰接油缸组成，最大铰接拉力1265t。在曲线段掘进时，在4个不同位置的铰接油缸配置了内置位移传感器，用来监测圆周方向不同位置的铰接油缸行程。铰接系统适用极限250m的曲线半径要求。

6.4 同步注浆系统

（1）双液同步注浆系统

注浆系统配置有2台SCHWING柱塞泵作为同步注浆泵，每个泵有两个出口，采用压力或流量控制模式控制同步注浆量。配置B液注入系统，能够满足快速掘进状态下的浆液快速凝固。

（2）增加同步注浆通道

采用4用6备注浆通道，顶部增设2路，增强注浆性能，防止地表沉降。

6.5 泥浆循环系统

（1）泥浆循环系统设计

本项目进、排浆管路的直径设计为DN300mm，设计进浆流量为850m^3/h，排浆流量为950m^3/h。

（2）进排浆泵及管路设计

1）泥浆泵设计

根据地质情况和掘进距离，进浆泵设计功率 400kW，排浆泵设计功率 400kW。泥浆泵采用重型渣浆泵，充分考虑泵的耐磨等性能。进浆泵和所有中继泥浆泵均可实现本地和主控室分别单独控制。

2）泥水系统管路设计

泥浆钢管采用 Q345B 材质，主进/排浆管壁厚 12mm；管路布置中尽量减少弯头数量，避免 90°急转弯设计，所有弯头均采用外包加厚钢板的耐磨设计。

① 泥浆管采用加厚设计材质为 Q345B；

② 管路布置尽量减少弯头，避免 90°急转弯设计；

③ 弯头外焊接钢板预先增加弯头厚度；

④ 主排浆管进口段采用耐磨复合钢板材质，提高耐磨性能，同时采用可更换内套设计，方便后期维护。

（3）根据主体结构施工中发现地层中卵石含量较高，在盾构机回浆管路前方增设采石箱，防止主管路堵管、排浆泵损坏。

6.6 盾构推力核算

盾构机的总推力根据各种推进阻力的总和及所需的富裕量决定，对于泥水平衡盾构通常考虑的推进阻力有盾体的摩擦力、开挖面的支撑压力、盾尾与管片及密封刷间的摩擦力、后配套的拖拉力、刀具的推力等。这些推进阻力根据地层情况和盾构机的尺寸参数计算如下：

（1）盾体的摩擦力

盾体与地层间的摩擦力由下式计算：

$$F_1 = 0.25\pi DL(2P_e + 2k_0 P_e + k_0 \gamma D) \times \mu_1 + W \times \mu_1$$

式中，D——盾构机直径；

L——主机长度；

W——盾构机主机重量（kN）；

γ——掘削断面上的土体浮重度（kN/m³）；

k_0——掘削断面上土体的静止土压系数，取值 0.5；

μ_1——地层与盾构机外壳间摩擦系数，通常取 $\mu_1 = 0.5\tan\varphi$；

φ——掘削断面上土体的内摩擦角（°）；

P_e——作用在盾构机上顶部的竖直土压强度（kPa），$P_e = \sum_{i=1}^{n} \gamma_i H_i$；

n——地表至盾构机外壳上顶区域内的不同浮重度的土层的层数；

γ_i——第 i 层的浮重度（kN/m³）；

H_i——第 i 层厚度。

$F_1 = 0.25 \times 3.14 \times 6.25 \times 9.241 \times (2 \times 300 + 2 \times 0.5 \times 300 + 0.5 \times 20 \times 6.25) \times 0.31 + 3000 \times 0.31 \approx 14460(\text{kN})$。

（2）盾尾与管片间的摩擦力

盾尾与管片间的摩擦力由下式计算：

$$F_2 = n_1 \times W_s \times \mu_2 + \pi \times D_0 \times b \times P_2 \times n_2 \times \mu_3$$

式中，n_i——盾尾内管片的环数；

W_s——1 环管片的重量（kN）；

μ_2——管片与盾尾间的摩擦系数；

μ_3——管片与盾尾密封刷的摩擦系数；

D_0——管片外径；

b——盾尾密封刷与管片的接触长度；

n_2——盾尾密封刷的层数；

P_2——盾尾密封刷内油脂压力。

$F_2 = 1.5 \times 220 \times 0.3 + 3.14 \times 6 \times 0.1 \times 300 \times 4 \times 0.15 = 438 (\text{kN})$。

（3）开挖面的支撑压力

开挖面的支撑压力按下式计算：

$$F_3 = \frac{\pi \times D^2}{4} \times P_s$$

式中，P_s——设计掘进土压，此处取 200kPa。

$F_3 = 3.14 \times 6.28^2 \times 200 / 4 = 6132 (\text{kN})$。

（4）后配套拖车的拖拉力

后配套的拖拉力由下式计算：

$$F_4 = W_4 \times \mu_4$$

式中，W_4——后备套的自重（kN）；

μ_4——后备套拖车与轨道的摩擦系数。

$F_4 = 1500 \times 0.15 = 225 (\text{kN})$。

（5）刀具上的推力

刀盘上设置有切刀 72 把，先行刀 61 把，中心鱼尾刀 1 把，边刮刀 12 把，保径刀 12 组，每把切刀所需的力为 5.6kN，现将先行刀、边刮刀和中心鱼尾刀以切刀为当量计算。

刀盘刀具所需的力为 $F_5 = (72 + 61 + 1 \times 8 + 12 \times 2 + 12 \times 3) \times 5.6\text{kN} = 1126 (\text{kN})$。

系统计算总推力：系统的装备推力为上述推进阻力的总和乘以富裕量系数，此处取 1.2。

$F = \alpha \times (F_1 + F_2 + F_3 + F_4 + F_5) = 1.2 \times (14460 + 438 + 6132 + 225 + 1126) = 26857 (\text{kN})$。

实际配置推力为 39910kN，满足使用要求。

6.7 刀盘额定扭矩核算

刀盘的驱动扭矩主要克服刀具的切削力矩、刀盘结构的摩擦力矩、刀盘结构的搅拌力矩和驱动组件的惯性及摩擦力矩等。

通常刀盘的扭矩计算可参照国际盾构隧道标准规范建议的盾构刀盘扭矩经验计算公式：

$$T = \alpha D^3$$

式中，T——刀盘装备总扭矩；

D——刀盘外径；

α——扭矩系数，$\alpha = \alpha_1 \alpha_2 \alpha_0$；

α_1——支承系数，由刀盘支承方式决定，对于中心支承式刀盘而言，$\alpha_1 = 0.8 \sim 1.0$，对于中间支承方式而言，$\alpha_1 = 0.9 \sim 1.2$；对于周边支承方式而言，$\alpha_1 = 1.1 \sim 1.4$；

α_2——土质系数：对于密实、泥岩而言，$\alpha_2 = 0.8 \sim 1$；对于固结粉砂、黏土而言，$\alpha_2 = 0.8 \sim 0.9$；对于松散砂而言，$\alpha_2 = 0.7 \sim 0.8$；对于软粉砂土而言，$\alpha_2 = 0.6 \sim 0.7$；

α_0——稳定掘削扭矩系数；对于土压盾构而言，$\alpha_0 = 14 \sim 23\text{kN/m}^2$；对于泥水盾构而言，$\alpha_0 = 9 \sim 18\text{kN/m}^2$；现根据地质条件和刀盘的结构形式，取 $\alpha_1 = 1$、$\alpha_2 = 0.8$、$\alpha_0 = 12\text{kN/m}^2$。

$\alpha = \alpha_1 \alpha_2 \alpha_0 = 9.6\text{kN/m}^2$。

刀盘外径 $D=6.28m$。

$Q = \alpha \times D^3 = 9.6 \times 6.28^3 = 2377.7(kN \cdot m)$。

而盾构设计的装备扭矩为 $6307kN \cdot m$，大于经验公式计算所得，扭矩储备是足够的。

7 结论

通过对本工程地质情况分析，结合以往施工经验，根据"地质适应性、技术先进性、经济性"的盾构机设计选型原则，形成本地区泥水盾构机有针对性的设计方案，结论如下：

（1）应用新型"气垫＋直排式"泥水盾构机，其兼具气垫式泥水盾构机和直排式泥水盾构机优势，较好地解决了西安地区全断面富水砂层地层施工磨损大、易沉降、局部大粒径圆砾滞排等问题。

（2）工程盾构机选型较好地结合"设备地质适应性"以及"设备经济性"，特别是选用"六辐条＋六辅梁"、大于 50% 大开口率的直角刀盘，以高性价比实现"防泥饼、低沉降"的技术目标。

（3）在全断面砂层推进中，刀盘刀具等结构件易严重磨损，且刀盘所受推力和扭矩都将大大增加。盾构机采用"刀具选用重型撕裂刀、刀具轨迹加密重叠、刀盘外周全覆盖合金块"的耐磨型刀盘和安全的进仓装置，同时采用"大推力、高扭矩"的主机设计，使得盾构机更加适应工程地质，也奠定了工程快速推进的基础。

（4）在工程前期结合施工地质，引入推进速度、刀盘转速等因子，通过系列计算，检验长距离全断面砂层刀盘刀具耐磨性能。

（5）盾构机采用强大的承压密封设计，匹配了系列注浆工艺，防止顶部塌空和盾尾空隙未及时填充引起沉降，确保泥水盾构机安全下穿渭河。

参考文献

[1] 耿坤，韩清，张自光，曹广勇，翟朝娇. 富水砂层地铁隧道盾构选型及实施效果[J]. 洛阳理工学院学报（自然科学版），2020，30(2)：35-39.

[2] 蒋晓天，曾英俊，刘宇宏. 泥水平衡盾构穿越富水砂砾层施工技术研究[J]. 现代隧道技术，2020，57(2)：198-203.

[3] 李到洪，陈俐光，于艺林，赵勇，张洪亮. 复合地层江底隧道盾构选型技术[J]. 施工技术，2018，47(S1)：623-626.

[4] 肖军，刘西科，王涛. 南京和燕路过江通道超大直径泥水盾构适应性设计分析[J]. 工程机械，2019，50(6)：68-73，9.

[5] 朱伟，钱勇进，闵凡路，王璐，王超，徐超，胡涧楠. 中国泥水盾构使用现状及若干问题[J]. 隧道建设（中英文），2019，39(5)：724-735.

[6] 龚旭东. 西安市轨道交通2号线试验段区间盾构机选型及施工经验[J]. 铁道工程学报，2008，12：91-95.

作者简介：解洋（1990—），男，硕士研究生，工程师，目前主要从事城市轨道交通施工管理工作。

张欣（1985—），男，大学本科，高级工程师，目前主要从事城市轨道交通管理工作。

富水砂层泥水盾构下穿渭河三维
有限元数值模拟及分析

解 洋

（中电建（西安）轨道交通建设有限公司　西安 710016）

摘　要： 本文以 MIDAS GTS/NX 岩土软件为工具，建立泥水盾构下穿渭河三维有限元模型。采用施工阶段分别模拟盾构开挖、管片拼装及同步注浆施工，主要分析泥水盾构下穿江河过程中河底沉降；通过设定不同水位高度研究河流水位高低变化以及左右线盾构隧道施工相互影响，得出一些有益的结论，为类似工况下泥水盾构长距离下穿江河施工提供参考。通过数据分析理论指导实际，动态调整掘进参数，确保盾构顺利下穿渭河，为工程顺利开展、地铁线路尽快开通方便市民出行做出很大的贡献。

关键词： 富水砂层；泥水盾构；三维有限元；分析

1　引言

泥水平衡盾构采用泥膜稳定掌子面，具有地面沉降小、扭矩小、刀具不易磨损、渣土运输效率高、干净整洁等优点，适合长距离、大断面隧道穿越江河施工。针对泥水盾构施工，不少专家学者开展了各种各样的研究，取得了许多有益的成果。李凯飞基于常州地铁 2 号线一期工程，结合抗浮稳定的方法求解盾构隧道下穿河流所需最小覆土厚度，通过对不同注浆量、不同掘进压力下的沉降情况对比，提出有效的控制方法。结果表明同步注浆量越大，地表沉降越大，掘进压力越大，地表沉降越小。张丙武等针对穿河盾构隧道富水软黏土地层，以佛山地铁 2 号线某区间穿河盾构隧道管片为研究对象，利用 Abaqus 有限元软件建立模型。结果表明，盾构隧道周围的水压对管片内力的影响较大，穿河盾构隧道即使上部土层透水性差，在管片设计时也要考虑岩层中裂隙水和承压水存在的可能，并且为了安全考虑，作用在管片上的土压可按全覆土压来计算。马可栓、丁烈云等以武汉越江公路隧道为工程背景，建立了考虑衬砌结构与土体变形耦合作用的分析模型，并对单洞、双洞开挖进行了有限元分析。结果表明，与有限元分析最大沉降相比，Peck 公式的预测值一般偏大；随着隧道埋深的增加，地面移动槽的宽度增大但峰值减小，对于地面建筑物最危险的区域随着隧道埋深而变化，此结论可为设计、施工提供参考。

目前针对泥水盾构施工有限元模拟分析的较多，主要分析地表沉降及地层受力特性，但针对不同水深以及左右线隧道相互影响的未见相关报道，因此本文开展了不同水位高度以及左右线盾构隧道施工相互影响的研究，得出一些有益的结论，为类似工况下泥水盾构长距离下穿江河施工提供借鉴和参考。

2　工程概况

西安市地铁 1 号线××区间以泥水盾构形式下穿渭河。隧道左、右线长分别为 2027m 和 2054m，区间隧道洞顶覆土 11.08～30.29m，线间距 13～18m，左右线各含两处平曲线，最小曲线半径为 400m。线路纵坡形式为"V"字形坡，最大纵坡 25‰。结构拱顶距河底竖向净距约

15.3m，距最低冲刷线约5.4m。

地貌由北向南依次通过渭河北岸二级阶地、渭河河漫滩、渭河南岸一级阶地三个地貌单元区间隧道洞身范围内地层自上到下分别为人工填土、黄土、细砂、中砂、粗砂，盾构区间主要处于中砂层。渭河是黄河最大的一级支流，河道平缓，河床宽浅，河道宽度为约240m，河槽宽约600m，水流分散，沙洲较多，为游荡性河床，河道两侧均有人工堤坝。地下水主要类型为第四系孔隙潜水，含水层主要为第四系砂类土、碎石类土。本工程采用2台泥水盾构机施工，盾构机刀盘尺寸6280mm；标准型管片，错缝拼装，环宽1.5m，管片外径6m，厚度300mm。

3 模型建立

采用Midas GTS/NX有限元软件作为分析工具，模型长×宽×高为426m×81m×75m。采用施工阶段模拟土方开挖、管片拼装、同步注浆等盾构施工过程，并分析河底沉降及受力特性。

3.1 参数选取及模型建立

根据地勘报告，土体自上而下分为人工填土、黄土、中砂、粉质黏土、细砂，各土层特性如表1所示。

土体属性参数表

表 1

土体名称	泊松比	重度 （g/cm³）	弹性模量 （MPa）	黏聚力 （kPa）	摩擦角 （°）	干密度 （g/cm³）	渗透系数 （m/d）
人工填土	0.33	1.90	8.00	33.00	25.30	1.53	10.00
黄土	0.3	1.85	8.70	33.00	25.30	1.53	6.00
中砂	0.35	2.20	30.00	0.00	34.50	1.77	45.00
粉质黏土	0.3	2.00	7.00	30.80	18.20	1.64	3.00
细砂	0.28	2.00	20.00	0.00	30.48	1.74	45.00

在开挖层内表面与注浆层内表面分别建立2D盾构外壳单元以及管片单元。注浆层及管片取C50混凝土，弹性模量为34500MPa，泊松比为0.33，管片长度为1.5m。盾构外壳材料属性取Q345钢材，弹性模量为200000MPa，泊松比为0.3，重度为78.5kN/m³。

按照地层分布、线路曲线及隧道尺寸，建立下穿河流段土体模型如图1所示。

图1 三维有限元模型示意图

3.2 边界条件

边界条件为系统自动施加，即土体四周为固定连接，施加完成的模型如图2所示。

3.3 荷载设置

模型施加的主要荷载有自身重力、水的重力以及盾构机施加的泥水仓压力及同步注浆压力。自身重力由软件自动施加，水的重力通过设置的整体水位实现，如图3所示。

图 2　施加完成的模型　　　　　　　图 3　重力荷载及水荷载施加示意图

根据现场实际掘进和注浆压力值，本模型泥水仓压力取值为 $300kN/m^2$，注浆压力取值为 $500\ kN/m^2$。

注浆压力以面荷载的形式施加在管片单元的外表面，泥水仓压力同样以面荷载施加在开挖的整个掘进面上。施加荷载后的单元如图 4、图 5 所示。

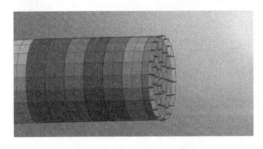
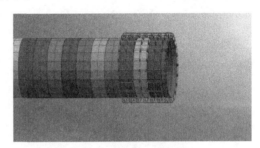

图 4　泥水仓压力示意图　　　　　　　图 5　注浆压力示意图

3.4　动态模拟

通过施工阶段动态模拟盾构掘进过程，以 2 个管片（3m 长）为一个施工步，每一步通过激活和钝化相应的单元，实现对施工过程的动态模拟。每掘进一步，钝化掘进面的土层单元，激活掘进面的盾构外壳、泥水仓压力、后方管片单元、注浆单元，以实现掘进过程的动态模拟。

将所有荷载同时施加，效果如图 6、图 7 所示。

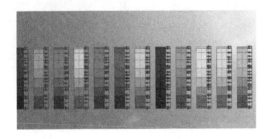

图 6　泥水仓压力施加示意图　　　　　　图 7　注浆压力施加示意图

4　数值模拟分析

4.1　土体竖向位移分析

整个下穿过程共分为 144 个施工步，由于施工步数量较多，故选择 S10、S50、S90、S130 施工步应力云图分析。其应力位移云图如图 8～图 11 所示。

根据以上云图可以得出，随着盾构不断推进，土体有下沉趋势。沿着盾构推进方向呈现"U"形范围影响，在每一断面呈现倒三角形形状，且对于隧道上方土体影响范围远大于隧道下方土体的影响。每一环盾构的推进，土体变形的最大处发生于隧道上表面，施工完成后整个土体的变形如图 12 所示。

图 8　S10 位移云图

图 9　S50 位移云图

图 10　S90 位移云图

图 11　S130 位移云图

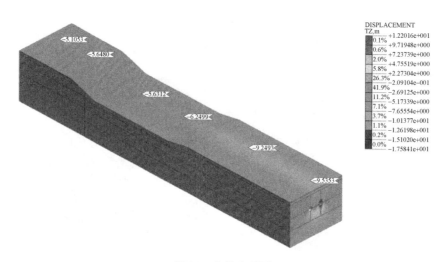

图 12　土体变形图

由计算得出，河床最大位移为 −9.5mm，主要变形范围为隧道正上方倒三角形范围，小于盾构施工过程中规范及设计要求的 −30～+10mm 位移值，由此可见在盾构施工过程中合理控制泥水仓压力、严格控制掘进姿态可满足规范沉降要求。

4.2　不同水位影响性分析

盾构施工过程中，不同水深会对土体位移、管片内力等起到一定的影响，进而关系到施工安全。取泥水仓压力 3.0bar（1bar＝0.1MPa），注浆压力 400kN/m²，研究不同水深下土体位移、管片位移和管片内力的变化情况，水深取值分别为 4.2m、5.0m、6.7m，以 50 环处土体为例进行分析研究。

不同土体节点在不同水深下的最大竖向位移统计数据如表2所示。

土体在不同水深下的最大竖向位移 表2

水深 (m)	节点位置（mm）			
	70环	80环	90环	100环
4.2	10.70	10.69	10.34	9.53
5	10.71	10.69	10.33	9.72
6.7	10.73	10.73	10.38	10.01

将表2中数据绘制成折线图，如图13所示。

以50环为例，查看不同水深下的土体最大位移时的云图，如图14～图16所示。

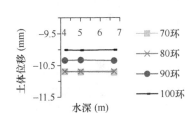

图13 水深与土体竖向位移关系图

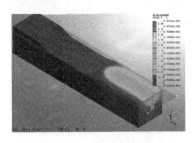

图14 4.2m水深下土体位移

图15 5m水深下土体位移

图16 6.7m水深下土体位移

由图14～图16分析可以看出，盾构下穿河流过程中，水深对土体位移会产生一部分影响，在泥水仓压力不变的情况下，水深增大，河底沉降变大，但变化较小，不是影响河底沉降变化的最主要的因素。在施工中可根据水位情况动态调整掘进参数，确保沉降满足规范要求，不发生较大沉降等现象，保持开挖面稳定，确保施工安全。

不同管片节点在不同水深下的最大竖向位移统计数据如表3所示。

不同管片节点在不同水深下的最大竖向位移 表3

水深 (m)	节点位置（mm）			
	70环	80环	90环	100环
4.2	10.50	10.36	10.07	9.60
5	10.51	10.36	10.06	9.16
6.7	10.52	10.37	10.08	9.40

将表中数据绘制成折线图，如图17所示。

从图17中折线可以看出，管片竖向位移的变化受水位影响很小，几乎可以忽略。

不同管片节点在不同水深下的最大内力统计数据如表4所示。

不同管片节点在不同水深下的最大内力（单位：kN/m²）　　　表4

水深	节点位置				
(m)	70 环	80 环	90 环	100 环	110 环
4.2	31692.22	30924.96	31160.52	30598.28	38417.10
5	31690.70	30960.12	31158.96	31161.26	38325.48
6.7	31695.03	30942.90	31164.04	30709.26	38254.18

将表4中数据绘制折线图，如图18所示。

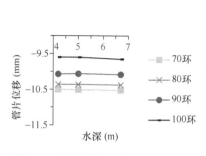

图 17　水深与管片竖向位移关系图

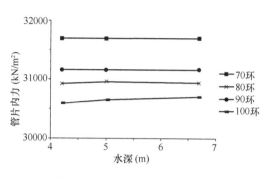

图 18　水深与管片内力关系图

从图18中可以看出，管片内力会随着水深的变化而变化，当水深增大时，管片内力也会有所增大，但变化量不大，主要是由于管片上部水土压力增大，使荷载增大，导致管片受力有所增大。

4.3　双线隧道施工相互影响分析

盾构施工过程中，由于土体开挖的"群洞效应"，左右线隧道距离较近时施工会产生相互影响。因此有必要研究左右线隧道掘进施工对土体位移及管片内力之间的影响，对指导盾构施工具有十分重要的意义。

（1）单双线施工对土体的影响

单线与双线施工时，不同土体节点最大竖向位移统计数据如表5所示。

不同土体节点在单双线隧道施工下的最大竖向位移（单位：mm）　　　表5

隧道数	节点位置				
	50 环	70 环	80 环	90 环	100 环
单线	13.11	9.42	9.34	9.06	9.11
双线	13.50	10.66	10.65	10.32	9.99

以第90施工步为例，截取单线和双线施工过程中土体位移云图，如图19、图20所示。

图 19　单线施工时土体竖向位移图

图 20　双线施工时土体竖向位移图

由以上图表可以看出，双线隧道施工时土体产生的最大竖向位移大于单线隧道施工产生的位移，部分节点可达到1mm以上，可见双线隧道的施工会比单线隧道施工产生的沉降增大。

（2）单双线隧道施工对管片的影响

单线与双线施工时，不同管片节点最大竖向位移统计数据如表6所示。

不同管片节点在单双线隧道施工下的最大竖向位移（单位：mm） 表6

隧道数	节点位置				
	50环	70环	80环	90环	100环
单线	12.79	9.25	9.08	8.85	8.78
双线	13.18	10.45	10.30	10.03	9.57

单线与双线施工时，不同管片节点最大内力统计数据如表7所示。

不同管片节点在单线及双线施工下的最大内力（单位：kN/m^2） 表7

隧道数	节点位置				
	50环	70环	80环	90环	100环
单线	36458.97	32122.92	31370.75	31633.32	31027.44
双线	37424.75	33149.27	32139.23	32135.72	31551.92

以第50环为例，选取单线和双线施工过程中管片位移云图，如图21、图22所示。

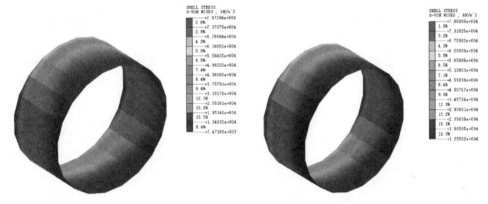

图21　单线施工时管片最大内力云图　　　图22　双线施工时管片最大内力云图

从图21、图22中可以看出，双线隧道施工时管片的内力及管片均大于单线隧道施工，双线隧道的施工会对管片产生一定的挤压及干扰作用，使管片位移及内力增大。

5　结论

通过建立三维有限元模型，模拟泥水盾构下穿渭河施工过程，并分析地表沉降，得出不同水位以及左右线隧道相互之间的影响，提出泥水盾构穿越江河时采取的沉降控制措施，得出以下结论：

（1）泥水盾构下穿渭河施工阶段土体沉降的影响范围主要在隧道正上方呈倒三角形，河道最大沉降量9.5mm，远小于规范要求的30mm的沉降量，合理控制掘进参数不会发生较大的沉降及突涌。

（2）通过模拟不同水位下泥水盾构掘进，分析土体竖向位移，得出水位高低会对盾构掘进产生的位移产生一定的影响，在泥水仓压力不变的情况下水深增大，河底沉降变大，但影响较小，工程筹划中应尽量选择枯水期河面宽度较窄时进行盾构穿越，并根据水位深度动态调整掘进参数，最大限度地确保开挖面稳定，确保施工安全。

（3）双线隧道施工产生的土体位移及管片应力均大于单线隧道施工产生竖向位移及管片应力，这是因为左右线盾构施工会产生"群洞效应"，盾构开挖会对夹持土产生挤压，导致位移及内力发生变化。因此，在施工中设置合理的线间距是减小双线相互影响的前提，在盾构隧道施工过程中先行线和后行线保持合理的距离，最大限度地减小相互影响，确保盾构双线隧道施工安全。

参考文献

[1] 李凯飞. 盾构隧道穿越河流最小覆土厚度及沉降研究[J]. 常州大学学报（自然科学版），2020，32(1)：79-84.

[2] 张丙武，张鹏，戴振华，等. 河底地铁盾构隧道管片受力特征分析[J]. 现代隧道技术，2020，57(3)：85-90.

[3] 唐小君. 软土地区超大直径盾构穿越运营地铁隧道数值分析[J]. 低温建筑技术，2018，40(6)：131-133.

[4] 刘方，高峰，徐汪豪. 大直径泥水平衡盾构浅覆土始发数值分析[J]. 铁道标准设计，2019，63(2)：104-109.

[5] 刘泉维，杨忠年. 泥水平衡盾构开挖面稳定性模型试验研究[J]. 岩土力学，2014，35(8)：2255-2260.

[6] 马可栓，丁烈云，彭畅. 越江隧道泥水盾构施工引起地层移动的有限元分析[J]. 西安交通大学学报，2007(9)：1119-1123.

[7] 石宗涛. 济南黄河隧道泥水盾构开挖面稳定性分析[J]. 隧道与地下工程灾害防，2022，4(1)：71-77.

[8] 何英. 大直径泥水盾构长距离穿越钱塘江沉降控制分析[J]. 绿色环保建材，2021(7)：81-82.

作者简介：解洋（1990—），男，硕士研究生，工程师，目前主要从事城市轨道交通施工管理工作。

泥水平衡盾构下穿海域施工技术应用

刘阳君，邓林洋，徐权斌，陆东奇

（中电建南方建设投资有限公司　深圳 518100）

摘　要：本文以深圳地铁 12 号线左炮台站—太子湾站区间下穿码头海域工程为例，阐述了泥水平衡盾构机成功下穿码头海域、断层破碎带及上软下硬地层的施工技术，主要包括风险辨识、盾构机选型、施工过程技术方案及风险预控措施等，通过对技术应用成果总结分析，进一步说明了本技术具有科学性、安全性和高效性。因此，泥水平衡盾构下穿海域施工技术可供类似工程借鉴与参考。

关键词：泥水平衡盾构；镶硬质合金齿滚刀；码头海域；断层破碎带；上软下硬地层

1　工程简介

深圳地铁 12 号线左炮台站—太子湾站区间左线下穿海域里程 ZDK1＋760.8～ZDK1＋919.361（下穿长度 158.561m），区间右线下穿海域里程 YDK1＋734～YDK1＋919.461（下穿长度 185.461m）。下穿海域段海水深度 9～11m，覆土厚度 8.5～10m，洞身范围内主要地层是中等风化粗粒花岗岩（天然抗压强度 20～35MPa）、砂土状强风化粗粒花岗岩、全风化片麻状混合花岗岩、土状强风化片麻状混合花岗岩、中等风化片麻状混合花岗岩（天然抗压强度 15～30MPa）及块状强风化片麻状混合花岗岩，局部中强风化岩上软下硬地层、断层破碎带是本海域的显著特征。区间洞身及上覆地层为中等透水性，渗透系数 0.2～1.5m/d，海域断层破碎地层为中等透水性，渗透系数 3～15m/d。如图 1 所示。

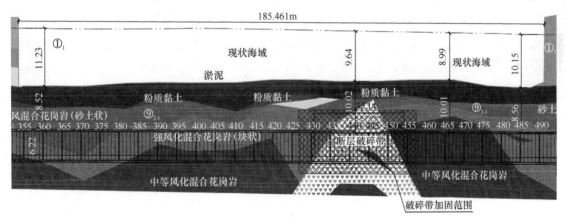

图 1　下穿海域段地质剖面图

2　盾构下穿海域风险辨识

2.1　下穿海域断层破碎带施工风险

区间隧道 FTZT-3 断层发育于海域，断层覆盖层较薄，隧道施工穿越该断层破碎带及其附近时，隧道上方岩土层容易受围岩应力的改变而出现裂隙，形成海水与构造裂隙水连通通道，导致隧道涌水、突水。加之在海域下受潮汐影响，对盾构掘进及成型管片稳定性危害较高，故在勘察、设计阶段将下穿海域断裂带风险等级定为Ⅰ级不可接受风险，盾构施工前应采取海面注浆加固的措施对风险源进行预处理，降低风险等级。

2.2 盾尾密封泄漏涌水、涌砂风险

区间盾构下穿海域及断层破碎时，通过盾尾刷保证管片背后同步注浆的浆液不会从管片和盾构机之间的间隙漏出，同时防止地下水渗漏到盾构机内。如果盾尾刷损坏，导致盾尾漏浆，届时泥浆、地下水等将涌入隧道，特别是在水下地层及断层破碎带施工时，如果盾尾刷受到破坏失去了有效的密封性能，则后果将不堪设想（涌水、涌砂，甚至海水淹没隧道），因此盾尾刷可谓是盾构机的生命线。故本区间在盾构机选型时应考虑下穿海域影响，盾尾设置4道盾尾刷是有必要的，可最大限度地保证盾尾密封性能，同时在施工过程中加强盾尾刷的保护。

2.3 掌子面与海面联通风险

线路穿越深圳湾海域范围太子湾招商港码头海域，海域范围内海水深8～10m，受海洋潮汐影响较大。根据潮汐观测资料，深圳湾海域受潮汐影响较大，在1个月的大部分时间内，每月各有2个涨潮和退潮。历史最高水位2.66m，最低水位−1.56m，涨潮最大潮差0.86m，最大潮高1.95m，平均浪高0.90m，平均涨潮时间6h21min。地下水与地表海水具有较强的水力联系，海水高程变化对盾构机开挖仓压力稳定影响较大，如盾构机开挖仓压力调整不及时可能会发生开挖仓泥浆击穿海床等现象。一旦发生开挖仓泥浆击穿海床等现象，可能会出现海面污染、隧道上浮及盾尾渗漏水等事件。

2.4 上软下硬地层施工风险

盾构下穿海域段穿越土状强风化及中风化混合花岗岩交界地层，可能发生盾构机偏移或卡盾，注浆不及时很可能出现海床沉降甚至塌陷、隧道管片破损以及盾构机损坏等问题，如果造成盾构开挖仓堵仓，就必须在海域下进仓作业。

3 盾构选型

3.1 盾构机选型

区间隧道洞身主要穿越地层为中风化粗花岗岩及块状、砂土状强风化粗粒岩，适合土压平衡盾构施工，但左、右线下穿海域段存在断层破碎带、软硬不均复杂地层，使用泥水平衡盾构安全性能更高，且始发场地满足泥水场布需求，岩层及砂土状风化岩层掘进分离渣土可重复利用，故本区间选用ZTS6450泥水平衡盾构机，主要参数见表1。

ZTS6450泥水平衡盾构机主要参数表　　　　　表1

主部件名称	细目部件名称	参数
总体	开挖直径	6502mm
	盾构及后配套总重	整机长约96m，重约500t
	最小平曲线半径	250m
	最大线路坡度	35‰
主驱动	主驱额定扭矩	6846kN·m@280bar
	主驱脱困扭矩	8687kN·m@350bar
	主驱动密封设计承压能力	6bar
推进系统	额定推力	36493kN@300bar
	最大总推力/压力	42575kN@350bar

主部件名称	细目部件名称	参数
盾尾及铰接密封	盾尾钢丝刷密封数量	4道
	被动铰接密封形式	橡胶密封＋紧急气囊密封＋钢板束
泥水环流系统	进/出浆管直径	DN300
	进浆流量	850m³/h
	出浆流量	900m³/h
	碎石机可破碎粒径	500mm

3.2 刀盘选型

根据工程地质资料和以往施工技术经验，本区间盾构刀盘采用复合式结构，刀盘面板焊有12.8mm厚的复合耐磨板，复合耐磨板是在基材钢板上堆焊了一层特殊的耐磨材料，其耐磨性能优于Hardox钢板，特别适用于石英含量高的地层。刀盘外周焊有镶嵌合金的耐磨环，可提高刀盘外周在全断面硬岩、上软下硬地层、全断面砂卵石地层掘进时的耐磨性能，保证刀盘的开挖直径。刀盘边缘过渡区、刀盘进渣口、刀盘背部以及刀盘支腿边角过渡区加焊致密耐磨网格，提高刀盘整体的耐磨性能。盾构在断裂地层及上软下硬地层掘进，容易出现刀盘结泥饼、开挖仓集渣等问题，针对性设计如下：

（1）刀盘中心区域具有较大开口，开口位置在盘面上均匀布置，中心开口率为37%，有利于防止泥饼的产生。

（2）刀盘中心通过P0.1泵从进浆取浆对刀盘中心进行加压冲洗，一路冲刷刀盘中心面板背面，隔板面板正面冲刷。

（3）主驱动土仓隔板上预留高压水冲洗接口，可随时装配高压冲洗设备，对刀盘中心进行冲洗，降低刀盘中心结泥饼的风险。

（4）刀盘背部配有4根主动搅拌棒，盾体隔板配有2根被动搅拌棒，可以与刀盘转动的渣土形成相对运动，对渣土进行搅拌，使之不易形成泥饼，并响应专家意见对搅拌棒加长从而增加搅拌面积。

3.3 刀具选型

根据区间地质情况选用光面滚刀、镶硬质合金齿滚刀两种装刀方案：在微风化及中风化混合花岗岩地层中选用光面滚刀作为先行刀，刀盘中心配置6把17寸轴式光面双联滚刀（刀间距90mm、刀高175mm），刀盘正面配置20把18寸单刃滚刀（刀间距80mm、刀高187.5mm），刀盘边缘配置12把滚刀，辅装40把切刀（间距170mm，刀高130mm），12对边缘刮刀（刀高130mm）。在下穿海域中强风化混合花岗岩、断裂地层及砂土状/块状强风化片麻状混合花岗岩中选用18寸镶硬质合金齿滚刀（使用地层0～160MPa）替换全部的光面滚刀。

4 泥水平衡盾构机下穿海域施工技术

4.1 海域断层破碎带注浆加固

采用船舶做施工平台，将加固位置测量定位后，在船上直接打孔注浆加固，理论孔间距1.5m×1.5m布孔，断面加固范围为从隧道底部以下2m加固至隧道顶部以上4m，两侧外放3m。注浆材料为水泥浆、水玻璃。水泥采用42.5普通硅酸盐水泥。水泥—水玻璃双液浆，水泥浆（水灰比1:1）：水玻璃（40°Be⁻）=1:1。注浆压力拟控制在0.8～2.0MPa，依据不同地质情况、注浆返浆情况、注浆量等情况适当调整注浆压力。

4.2 设置穿海试验段

盾构下穿海域前对左、右线分别设置试验段，统计分析不同地层下掘进参数，选择最优参数，分析刀具磨损情况，判断刀具选型合理性，确保刀具能够一次性下穿海域。实验段设置：右线205～245环，统计分析中强风化上软下硬地层掘进参数；右线258～330环，验证镶合金齿滚刀对中风化地层的适应性；右线337～363环，下穿海域前对试掘进拟定参数进行调整分析，得出更贴近海域下强风化地层掘进参数。左线120～277环，验证镶合金齿滚刀对中强风化上软下硬地层的适应性及统计分析上软下硬地层掘进参数；左线278～325环，下穿海域前对试掘进拟定参数进行调整分析，得出更贴近海域下强风化地层掘进参数。

4.3 下穿海域掘进参数控制

严格控制参数，主司机及值班工程师按照试掘进优化后的参数进行施工。原则上速度控制在10～20mm/min，在强风化地层也不宜掘进太快，避免排浆不顺畅造成开挖仓堵仓、刀盘结泥饼。强风化地层推力控制在800～1200t，中风化混合花岗岩、上软下硬地层推力控制在1200～1600t。一般情况下刀盘扭矩<2000kN·m，速度较快时，刀盘扭矩<2300kN·m，需控制掘进速度，将刀盘扭矩调整至较低水平。刀盘转速控制在0.8～1.5r/min。开挖仓压力根据海水深度及地层埋深确认，压力波动不超过0.1bar。每环收集渣样进行分析，发现地质变化及时调整掘进参数。

4.4 刀具检查更换

下穿海域前左右线各拟定1个常压主动开仓换刀点（全盘更换为新滚刀），下穿海域施工过程中左右线各拟定2个带压开仓检查刀具点（根据试掘进段及掘进情况判断是否有进仓检查的必要），1个常压主动开仓换刀点（中风化岩层主动开仓检查）。结合实际工况确定了刀具更换标准，光面滚刀：中心滚刀和正面滚刀刀圈（齿刀）磨损量在25mm时即需换刀，边缘滚刀刀圈（齿刀）磨损量为10mm时需换刀，下穿海域450m曲线半径及上软下硬地层掘进边滚刀磨损量达到5mm时更换。刀具出现偏磨、异常损坏时，全部更换并调整刀具配置。合金齿滚刀：刀刃变薄、齿与齿间耐磨块被磨完或单把滚刀掉齿2个及以上需更换。

4.5 过程风险应对措施

（1）盾尾涌水、涌砂预防措施

掘进过程中，应尽量减小纠偏量，密切关注PPS的数据，及时测量各点位的盾尾间隙，测算管片与盾构机的相对位置用以调整纠偏方式，尽可能使盾尾间隙均匀一致，同时合理选择F块的拼装位置调整盾尾间隙对盾尾刷的保护起到相当重要的作用。合理设定气垫仓压力，在管道发生堵塞时，若开挖面水压高于上限值则应立即暂停掘进，通过旁通模式调节使压力恢复到正常范围，再通过反循环方式清通管路，或通过检查判断具体堵塞位置，人工清除岩块。如果气压调节系统出现问题则需及时处理，必要时可通过手动排气、关闭空压机等方式降低气垫仓压力。否则，一旦造成泥水舱内泥水压力过高，超过盾尾刷的抗压能力，将瞬间击穿盾尾刷而造成对盾尾刷的损坏，进而产生盾尾涌水、涌砂的险情。

（2）结泥饼、渣土滞排预防措施

掘进过程中，充分利用泥水盾构机配备的反冲洗模式冲洗刀盘和加长的刀盘搅拌棒对渣土充分搅拌的能力，预防刀盘结泥饼。掘进速度控制在20mm/min以下，合理控制进排浆流量差，每环掘进完成后及时洗仓待分离设备无砂土筛出后停止环流。掘进过程中若出现P2.1泵进口压力增大、出口压力减小时，应及时停止推进并进行洗仓，避免渣土在舱内堆积，还应进行泥浆比重调整，确保泥浆性能比重（1.1～1.14g/mL，黏度25～30s），确保携渣顺畅，避免滞排。

（3）监控量测

海面监测措施：登录海事服务网潮汐表实时查询赤湾港口潮汐情况，及时调整开挖仓压力；设置水位标尺，在海岸线处测定一固定点确定高程并标注，用吊锤测定该点距离海面高度，依次计算海面高程验证潮汐表准确性（每2h验证一次）。持望远镜进行海面观测，实时查看海面是否有气泡或泥浆泄漏（每2h通报一次），发现有气泡或泥浆泄漏情况及时采用无人机抵近核查情况，并启动应急处置方案。

洞内监测及处置：每日进行一次管片姿态复核，若管片姿态水平位移、竖向位移变化超过±20mm，及时采取调整浆液配合比、增加注浆量、进行二次注浆等措施稳固管片，确保成型隧道质量及安全。

5 下穿海域技术应用成果分析

5.1 实际掘进参数统计分析

通过对下穿海域实际掘进参数统计分析，各项参数符合下穿海域前试验段制定的掘进参数控制要求，说明下穿海域施工设置实验段是科学有效的。下穿海域实际掘进参数见表2。

实际掘进参数统计分析表　　　　　　　　　　　　　　　　表2

参数	强风化/上软下硬地层掘进参数	断层破碎带地层掘进参数	中风化地层掘进参数
开挖仓压力设定（bar）	1.9±0.1	1.9±0.1	1.9±0.1
进浆比重（g/mL）	1.1～1.14	1.1～1.16	1.1～1.16
进浆黏度（s）	25～30	18～22	25～30
总推力（kN）	10000～12000	12000～15000	11000～14000
推进速度（mm/min）	15～30	10～20	15～25
刀盘转速（r/min）	1.2±0.1	1.2±0.1	1.2±0.1
贯入度（mm/r）	15～20	10～18	10～20
刀盘扭矩（kN·m）	1000～1700	1200～2000	1500～2000
进排浆流量差（m³/h）	40～70	40～70	40～70
同步注浆（m³/环）	9	9	9
盾尾密封油脂（kg/环）	45	50	45

5.2 施工工效统计分析

通过严格落实既定的技术措施，区间左、右线圆满完成下穿码头海域施工任务。左线下穿用时13d，最高单班功效6环/班，最高日功效11环/d，平均功效8环/d。区间右线下穿用时20d，最高单班功效5环/班，最高日功效10环/d，平均功效8环/d，充分说明下穿海域施工技术措施具有安全性、高效性。

6 结论

海域地质条件复杂多变，盾构下穿施工困难且风险较高，应尽可能采取有效的技术措施降低施工风险，结合本次穿海成功的经验，可采取以下措施：

（1）尽可能了解风险源和掌握最佳处理措施，例如对风险源实况进行核查、风险等级进行评估、处理方案进行研讨等。

（2）尽可能通过盾构设备有针对性地设计和提前对劣质地层（如断层破碎带、上软下硬等）进行预加固等技术措施降低施工风险。

（3）设置试验段，验证盾构选型的适应性、可靠性和分析总结最优施工参数，确保下穿施工有据可依，且掘进过程中根据每环渣样及掘进参数变化情况，及时进行参数优化调整。

（4）下穿前检查盾构机及泥水设备管路、阀组磨损情况，对不满足一次性下穿风险源的管路和阀组进行更换；检查设备易损件消耗情况，及时补足库存；定期巡查保养，避免因管理原因、人为原因造成设备损坏。

参考文献

［1］ 吴政．大盾构下穿海洋大堤风险控制与施工技术研究[J].黑龙江交通科技，2021，44(8)：179-181.

［2］ 杨祖根．青岛胶州湾海底隧道断层破碎带安全快速施工技术[J].隧道建设，2009，29(S2)：97-98，113.

［3］ 程学武．泥水平衡盾构隧道下穿海河引起河底沉降的数值分析[J].铁道建筑，2018，58(10)：51-54.

［4］ 陈驰，杨平．高水压大直径过江隧道盾尾渗漏防治研究[J].林业工程学报，2021，6(1)：155-162.

［5］ 马文．天津地铁2号线盾构下穿海河工程[J].西部探矿工程，2012，24(11)：190-193.

［6］ 闫国华．盾构隧道穿越水底浅覆土施工技术对策分析[J].山西建筑，2018，44(24)：182-183.

［7］ 孙明伟．地铁盾构隧道下穿海河施工风险控制[J].天津建设科技，2011，21(1)：38-40.

［8］ 沈津津，曾小东，姜旭，秦绍坤，徐永晖，苏亚．泥水盾构穿越上软下硬地层泥膜保压及开挖面稳定性研究[J].施工技术(中英文)，2021，50(16)：34-37，46.

［9］ 张浩．海域段采用土压平衡盾构施工的可行性分析[J].现代隧道技术，2020，57(S1)：568-574.

［10］ 谭顺辉．深圳地区复合地层盾构针对性设计与选型探讨[J].隧道建设，2014，34(6)：582-587.

［11］ 蒋超．佛莞城际铁路狮子洋隧道盾构选型研究[J].施工技术，2016，45(23)：67-71.

［12］ 黄昌富，全雪勇．大直径泥水平衡式盾构下穿超浅覆土河流掘进参数技术的应用[A].北京盾构机专业委员会.2011中国盾构技术学术研讨会论文集[C].北京盾构机专业委员会：《市政技术》编辑部，2011：158-160.

作者简介：刘阳君（1987—），男，硕士研究生，工程师，目前主要从事轨道交通工程技术与管理工作。

邓林洋（1990—），男，大学本科，工程师，目前主要从事轨道交通工程技术与管理工作。

徐权斌（1984—），男，大学本科，工程师，目前主要从事轨道交通工程技术与管理工作。

陆东奇（1991—），男，大学本科，工程师，目前主要从事轨道交通工程技术与管理工作。

地铁隧道管片缺陷的防治措施及修补方法

张宇睿

（中电建南方建设投资有限公司　深圳 518000）

摘　要： 地铁施工过程中，因管片缺陷带来大量的经济损失和工期延误。本文以深圳宝安站为例，首先了解项目管片的设计和生产情况，然后分析目前管片存在的主要缺陷及缺陷产生的原因，进而提出管片缺陷的防止措施。最后，从修补材料、修补程序和具体修补方法对缺陷管片的修补进行了研究。本文不仅为本案例带来一定的经济效益，也为其他类似项目施工提供了参考。

关键词： 管片缺陷；防止措施；修补方法

1　引言

城市轨道交通工程（地铁）建设过程中，隧道管片基本通过工程预制，然后运输到现场进行拼接。这在一定程度上减少了项目施工过程的安全风险，同时也使项目质量得到有效控制。但是工厂化的管片施工也会因监管不到位而存在一些缺陷，尤其是运输过程中难免会使得少数管片受损。在 2000 年左右就有学者提出要对盾构管片实施全面质量管理，进而降低管片成品废品率。李迎春重点分析了某地铁管片破损和渗漏的原因以及提出相应的修补措施。郭银新以以色列特拉维夫红线轻轨盾构隧道管片常见损害及缺陷修复实践为基础，分析各种损害及缺陷产生的原因和补救措施。迟家凤重点对施工过程中隧道管片的缺陷防治进行了梳理。袁天海从装配式的角度分析了隧道管片施工过程的缺陷和修补方法。本文以深圳的实际项目为例，通过长期施工过程的积累，对地铁隧道管片的主要缺陷、防治措施和补修工艺进行了研究。

2　项目案例

2.1　基本概况

宝前区间左线起点里程 ZDK10＋862.2，终点里程 ZDK13＋832.493，区间线路长 2960.235m（含短链 10.058m），右线起点里程 YDK10＋862.2，终点里程 YDK13＋832.493，区间线路长 2944.727m（含短链 25.566m）。区间自前海站小里程端出站后向北先后下穿桂湾一路市政地下道路、双界河，并于双界河西北侧再依次下穿地铁 11、5、1 号线（均运营），再沿湖滨西路前行，于宝安区社会福利中心新城联检站临时过渡安置改造工程附近折向西北进入宝安大道，最后沿着宝安大道下穿宝安大道立交桥、地铁 5 号线（运营）后到达宝安站。盾构穿越地层主要为全～微风化花岗岩，区间设置 6 个联络通道和 1 个电力洞室，其中 1 个联络通道与废水泵房合建。

本区间盾构自前海站始发，以 2‰的纵坡下行，坡长 28.493m；在 DK13＋804 变坡，以 22.994‰的纵坡下行，坡长 1328.942m；在 DK12＋465 变坡，以 19.471‰的纵坡上行，坡长 1515m；在 DK10＋950 变坡，以 2‰的纵坡上行，坡长 87.8m，最终到达宝安站。

2.2　管片设计

（1）管片规格采用内径 8000mm，外径 8800mm，厚度 400mm，宽 1800mm。

（2）管片采用标准型管片，环向分块采用 7 块方式，每环管片由 4 个标准块（B1、B2、B3、B4）、2 个邻接块（L1、L2）和 1 个封顶块（F）组成。

（3）管片采用通用型管片，楔形量为双面楔形 60mm。

（4）管片环面外侧设有弹性密封垫槽，内侧设有嵌缝槽，环与环间以纵向直螺栓连接，块与块之间以环向直螺栓连接。

2.3 管片生产注意事项

首先，管片原材料必须统一，所用水泥、粉煤灰、钢筋等尽可能使用同一厂家的，砂石的色泽和颗粒级配均匀，保障出品质量稳定合格。其次，混凝土配合比的设计和原材料质量控制要严格一致，入模的混凝土具有极好的和易性和触变性，绝对不能出现分层离析的现象。然后，脱模剂要选配适当，采用带消泡功能、无污染的水溶性脱模剂。最后，养护过程要严格控制温度，避免温差过大而形成收缩裂缝。

3 管片存在的主要缺陷类型

3.1 管片主要缺陷和原因

管片的主要缺陷类型和原因如表 1 所示。

管片主要缺陷类型和原因 　　　　　　　　　　　　　　　　　　表 1

缺陷	缺陷描述	缺陷原因
外表缺陷	管片表面麻面、存在少量小气泡	模板未浇水湿润或湿润不够，构件表面混凝土的水分被吸收，使混凝土失水过多而出现麻面
蜂窝	混凝土表面缺少水泥砂浆而形成石子外露	混凝土搅拌时间不够，未拌合均匀，和易性差
空洞	混凝土内孔穴深度和长度均超过保护层厚度	混凝土搅拌时间不够，未拌合均匀，和易性差
夹渣	混凝土内夹有杂物且深度超过保护层厚度	模板表面粗糙或杂物未清理干净
疏松	混凝土中局部不密实	混凝土浇筑过程中没有控制好振捣工艺
裂缝	非贯穿性干缩裂缝	管片养护阶段温差外部气温温差过大
缺角	棱角磕碰、分边	吊运、堆放过程中的碰磕

3.2 管片缺陷的防治措施

（1）在吊运过程中轻吊慢放，着地时要平稳；堆放时正确摆放垫木。吊放管片的钢丝绳上缠橡胶条等，在起吊时，能起到缓冲作用，或者选用尼龙绳来代替钢丝绳。选、摆放好垫木，在管片车上管片搁置部位设置橡胶条，以起到缓冲作用。

（2）严格控制收面质量，管片收水抹面后，用塑料薄膜覆盖管片表面，避免混凝土管片出现失水龟裂。同时加强现场管理力度，禁止收水抹面时在管片外弧面喷洒水，减少外弧面砂浆裂纹等。

（3）控制好蒸汽养护的温度，注意升温不超过 15℃/h，同时控制好下水池养护时管片的温度和水的温度差不超过 20℃，避免产生温度差收缩裂纹。

（4）加强混凝土浇筑质量监控，控制好混凝土配合比、坍落度及振动时间，生产统计振动时间为 5～6min，同时联系外加剂厂家来厂进行外加剂配方调整，进行混凝土和易性调整，降低缺陷。

（5）对出厂的管片，报监理一同进行验收，逐块检查。同时驻场技术人员及时跟进管片生产情况，将施工中发现的管片质量问题及时向生产厂家反馈，督促生产厂家改进生产工艺，提高管片质量。

4 管片修补工艺及方法

4.1 修补材料选择

（1）技术要求

按照穗莞深城际轨道交通业主对管片外观质量修补技术要求和《深圳地铁钢筋混凝土结构质量缺陷修补技术规程》QB/SZMC—10101—2010 规定，管片修补选用的修补材料的抗压强度不低于管片混凝土设计强度（依照最高强度计算，修补材料的最终强度不得低于C60）。

（2）人员配置

技术人员 1 名，质检人员 1 人，修补工 2~3 名。

（3）管片修补工具

尖头灰匙、灰匙、平镗、灰斗桶、海绵、细砂纸、手套、铁凳。

（4）修补材料

主要修补材料奥迪美 NS612 简介：采用优质水泥，多种类的填料和高性能添加剂配置而成，只需加入适量水分，搅拌均匀即可使用。无泌水，具有早强、高强性能，粘结强度高，无收缩，抗裂和抗渗性能优越，对钢筋无锈蚀，含碱量低，技术参数见表 2。

水泥材料技术参数　　　　　　　　　　　　　　　　　表 2

测试项目		流动型	灌注型	涂抹型
抗压强度	1d	>20MPa	>25MPa	>30MPa
	3d	>40MPa	>45MPa	>50MPa
	28d	>60MPa	>65MPa	>70MPa
自由膨胀度		2%	2%	2%
泌水		无	无	无
收缩度		无	无	无

4.2 修补程序

（1）修补程序：自检判定缺陷是否符合修补要求→报驻厂工程师确认→修补前留照片并做修补记录→修补施工→修补完成后驻厂工程师验收并留照片→合格交付。

（2）管片脱模后即可对轻度的表面气泡进行修补。对存在缺陷较大的管片应先进行隔离并标识，报驻厂工程师批准后方可进行修补。

（3）由于管片在储存、运输过程中有可能碰损，对轻度的、一般性缺陷管片进行修补。对较大缺陷的进行隔离，报驻厂工程师批准后方可进行修补。

（4）管片出厂前应检查要出货的管片，出货前 3d 对管片进行修补，经质检人员检查合格后方可出货。

4.2.1 浇筑缺陷和表面损伤修复程序（A1）

（1）基层处理：对需要修复的区域做出标记，将缺陷部位松散混凝土清除；沿修复区域的边缘切成多边形或矩形切口；清除松散物、浮尘和油污，直至露出新鲜、密实的基面。

（2）界面处理：修补前用清水对新鲜、密实的混凝土基面彻底湿润，但不允许有积水；刷涂界面处理材料。

（3）修复材料填筑：按照修复材料使用说明，分层填筑修复材料，每层厚度和涂抹工艺严格按照材料使用要求施工；根据施工部位特点和缺陷大小，必要时支模。

（4）养护：严格按照修复材料使用说明进行养护。

4.2.2 裂缝修复程序（A2）

（1）沿裂缝将混凝土开凿成"V"形槽。

（2）清除缝内松散物、浮尘和油污。

（3）用清水对基面彻底湿润，但不允许积水；刷涂界面处理材料。

（4）应用所选择的材料嵌填裂缝，直至与原结构面持平。

（5）修补处理后应根据修复材料使用要求进行养护。

4.3 修补方法

4.3.1 管片小气泡修补方法

用水把需要修补的部位湿润（湿润要达到吸水均匀饱和的效果，但不能有积水），然后用海绵粘上修补水泥浆在两侧均匀涂抹，直到把气泡都填满抹平。要求修补面干后管片颜色一致，表面光滑平整，观感好。

4.3.2 麻面、粘皮、蜂窝修补方法（外表面）

管片内表面严禁修补。

修补材料配比：奥迪美 NS612：水＝5：1（质量比，根据使用时间及气温适当增减用水量）。

对需要修复的区域用工具把麻面、粘皮、蜂窝部位边缘混凝土及松散部分全部敲掉，直至全部露出新鲜基面后清理，用水泥浆水把需要修补部位湿润透，然后迅速用尖头灰匙把修补砂浆填补，用灰匙、平镘初修饰成型，10～15min 后检查修补砂浆与原有混凝土结合情况。如果结合紧密则再次用修补砂浆填满找平抹光滑，如有剥离现象或裂纹出现则需把修补砂浆敲掉后重新修补。

修补达到的效果应为：新旧混凝土紧密结合，强度达到要求，颜色一致，表面无裂纹、无凹凸，平整光滑，用灰匙柄重敲击该部位无脱落、无剥离、无裂纹产生。

4.3.3 空洞、夹渣、疏松修补方法

（1）修补材料配比：奥迪美 NS612：水＝5：1（质量比，根据使用时间及气温适当增减用水量）。

（2）采用回填法修补。

（3）修补施工时，将孔洞或夹层周围的松散混凝土和软弱浆膜凿除，用压力水冲洗，充分湿润后用掺膨胀剂的细石混凝土浇灌、捣实。

（4）缺陷部位修补完成后，应洒水养护 14d 以上，并满足相关修补材料对养护时间要求的技术指标。

4.3.4 裂缝修补方法

（1）修补材料配比：奥迪美 NS612：水＝4：1（质量比，根据使用时间及气温适当增减用水量）。

（2）沿裂缝将混凝土凿成"V"形槽，清理基面并用水泥浆水把该部位湿润透，然后迅速用尖头灰匙把修补砂浆填补，用灰匙、平镘初修饰成型，10～15min 后检查修补砂浆与原有混凝土结合情况。如果结合紧密则再次用修补砂浆填满找平抹光滑，如有剥离现象或裂纹出现则需把修补砂浆敲掉后重新修补。修补达到的效果应为：新旧混凝土紧密结合，强度达到要求，颜色一致，表面无裂纹、无凹凸，平整光滑，用灰匙柄重敲击该部位无脱落、无剥离、无裂纹产生。

（3）修补后的养护：管片修补后对除气泡外的修补涂刷西卡养护液进行养护。

4.3.5 管片崩边、缺角等修补方法

（1）修补材料配比：奥迪美 NS612：水＝6：1（质量比，根据使用时间及气温适当增减用水量）。

（2）对需要修复的区域做出标记，用工具把崩、缺角部位混凝土敲掉直至碎石全部露出新鲜基面并清理，用水泥浆水把该部位湿润透，然后迅速用尖头灰匙把修补砂浆填补，用灰匙、平镗初修饰成型，10～15min后检查修补砂浆与原有混凝土结合情况。如果结合紧密则再次用修补砂浆填满找平抹光滑，如有剥离现象或裂纹出现则需把修补砂浆敲掉后重新修补。

（3）修补达到的效果应为：新旧混凝土紧密结合，强度达到要求，颜色一致，表面无裂纹、无凹凸，平整光滑，用灰匙柄重敲击该部位无脱落、无剥离、无裂纹产生。

5 结论

通过本文的研究表明，地铁隧道管片的缺陷主要包括外表缺陷、蜂窝、空洞、夹渣、疏松、裂缝和缺角。出现这些缺陷的原因主要包括三个维度，第一个是管片生产过程中混凝土或者模板等的问题，第二个是管片养护过程中的环境等因素控制不当，第三个是管片运输过程中产生的缺陷。同时，本文对具体的补修方法进行了梳理，为地铁隧道管片的修补提供了理论和实践支撑。

参考文献

[1] 薛晓芳，高钟伟，来立志，竹国斌，李健. 地铁盾构管片生产全面质量管理[J]. 混凝土，2006(11)：74-76.

[2] 李迎春. 城市轨道交通盾构隧道管片缺陷分析及修补技术研究[J]. 江苏建筑，2021(4)：63-66.

[3] 郭银新. 盾构隧道管片破损及缺陷治理方法研究[J]. 现代城市轨道交通，2020(5)：55-60.

[4] 迟家凤. 盾构施工中管片缺陷的防治与成型后缺陷处理措施研究[J]. 铁道建筑技术，2018(5)：74-76，122.

[5] 袁天海. 地铁隧道管片装配化施工质量管理研究[D]. 武汉：华中科技大学，2017.

[6] 刘庭金，陈高敬，唐欣薇，等. 高内压作用下叠合式衬砌结构承载机理原型试验研究[J]. 水利学报，2020，51(3)：10.

[7] 桑树局. 浅谈清水混凝土施工技术在桥梁工程中的应用[J]. 房地产导刊，2018，000(27)：52.

[8] 纪中. 关于清水混凝土在下穿隧道的应用[J]. 企业科技与发展，2012(4)：25-26.

[9] 成高勇. 城市轨道交通过江大盾构管片项目质量控制研究[D]. 南京：南京理工大学，2013.

[10] 张强强，闫占，李雷. 盾构管片质量缺陷分析与控制[J]. 云南水力发电，2017，33(6)：5.

[11] 刘浩. 盾构隧道受损管片修复技术研究[J]. 建筑工程技术与设计，2015(14)：259.

作者简介：张宇睿（1995—），男，大学本科，助理工程师，目前主要从事城市轨道交通施工与管理工作。

长距离高强度硬岩盾构隧道
变形控制技术研究

修春松，宋子木

（中电建铁路建设投资集团有限公司　北京 100070）

摘　要： 本文通过采用 ABAQUS 有限元数值模拟软件精细仿真了深圳地铁 12 号线臣田站—臣田北站区段盾构隧道在不同土仓压力或注浆压力作用下的施工过程，研究土仓压力或注浆压力变化引起的地层位移和管片位移及其应力变化规律，以便在长距离高强度硬岩盾构施工中通过控制土仓压力或注浆压力，实现对地表沉降的控制，将盾构施工引起的地表沉降控制在建筑物允许范围之内。综合分析结果，建议类似硬岩隧道双线开挖施工过程中控制土仓压力为 0.2～0.3MPa，注浆压力为 0.15～0.2MPa。

关键词： 盾构隧道；地表沉降；数值模拟；变形控制

近年来，随着我国城市化进程的不断加快，急剧膨胀的城市人口使仅有的城市空间变得十分拥挤，在充分利用地上空间资源的同时，合理开发地下空间成为解决问题的重要手段，如今城市地铁建设蓬勃发展。目前国内外的土压平衡盾构施工案例已经很多，但是长距离高强度硬岩双盾构隧道的设计和施工技术研究及成果非常少，类似工程案例不够丰富。同时，盾构机在长距离高强度硬岩隧道掘进时，地层围岩整体性较高，岩石硬度大，对盾构机及刀盘的磨损较为严重。本文依托深圳地铁 12 号线，此工程同时具有上述工程重难点问题，因此施工难度很大，施工时的质量、安全甚至进度都难以保证，若采取的质量控制措施不当，还会造成施工成本增加。故研究长距离高强度硬岩盾构隧道的变形控制非常具有工程实际意义。

1　工程概况

深圳地铁 12 号线全线为地下线设计，全长 40.56km，共设 33 座车站，其中 18 座车站为换乘站，平均站距 1.39km，并与地铁 1、2、5、11 号线换乘。12 号线起自南山蛇口左炮台，终到海上田园东站，连接蛇口、南山中心区、宝安中心、航空城、大空港地区，支撑整个西部发展轴，覆盖西部地区南北向交通需求，是进一步支撑深圳西部发展、提升前海蛇口自贸区、空港新城发展品质的交通骨干线。

本区间隧道暗挖起于臣田站北端，沿前进二路下穿行，自东南向西北穿行，约在 YCK18＋600 处穿越一座人行立交桥。侧穿古海花园两栋 8 层建筑，竖向净距距隧道外边 17.62m，终于臣田北站。区间主要采用盾构法施工，单洞双线设计起点（左 CK19＋566.111）到左线终点采用矿山法施工。工程位置示意图如图 1 所示。

所在地区地形起伏不大，地面高程为 8.05～19.28m。隧道沿前进二路下敷设，隧道两侧管线较多，无下穿房屋，横跨隧道的重要管线有高压、埋深 7.16m 的燃气管、埋深 5.60m 的雨水管等。根据地质勘察资料，土层从上到下依次是素填土、粉质黏土、全风化变粒岩、强风化变粒岩。各土层的物理力学性能指标如表 1 所示。

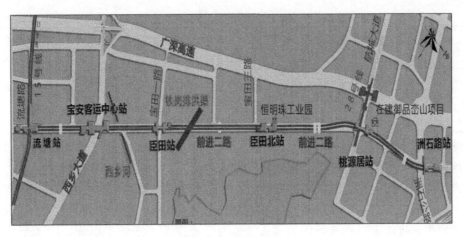

图 1　工程位置示意图

土层的物理力学性能指标　　　　　　　　　　　　　　表 1

土层层号	材料	密度 （kg/m³）	弹性模量 （MPa）	泊松比	黏聚力 （kPa）	内摩擦角 （°）	孔隙比	渗透系数 （m/d）
1	素填土	1780	18	0.4	5	18.0	—	0.5
2	粉质黏土	1880	50	0.3	25	14.5	0.75	0.002
3	全风化变粒岩	1900	100	0.26	30	24.5	0.785	0.2
4	强风化变粒岩	2200	300	0.27	100	32	0.695	1.5

2　长距离高强度硬岩区间盾构施工模拟

　　以 ABAQUS 有限元软件作为工具，选取臣田—臣田北区间穿越全风化变粒岩的区间段作为研究对象，依据工程资料建立双线隧道盾构施工三维有限元模型如图 2 所示。数值模拟计算中，岩土体、管片、盾壳、灌浆体、等效层等均采用三维实体单元，并赋予不同的材料参数；超挖间隙单元采用空气单元法（弹性模量相比周边介质的弹性模量缩小 10000 倍）；地基域 X 向、Z 向（竖直向）均以隧洞中心点为起点，分别向左、向右、向下延伸 6 倍洞径，隧道开挖方向长度为 90m，包括两端的边界效应区域及中部的盾构区域。模型网格剖分主要采用扫略与映射相结合的方法，剖分后的网格主要以规则六面体单元为主，减少计算中力传递产生的应力集中现象。整个模型共划分单元 145680 个（包括开挖体、盾壳等重单元），单元节点 153659

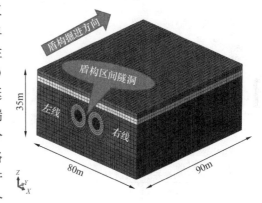

图 2　三维有限元模型

个。模型围岩四周边界施加水平向约束；模型底部施加全约束；上部表面为自由表面。

　　地层土体单元采用莫尔—库仑模型，对盾构开挖后的土体单元采用空模型。盾壳、管片衬砌采用 ABAQUS 中的三维实体结构单元来模拟，盾壳和衬砌管片视为弹性材料并采用线弹性本构。根据钢和混凝土的弹性模量以及泊松比计算单元刚度，材料力学参数如表 2 所示。本文用低模量的软材料来模拟间隙单元，弹性模量一般取 10kPa。间隙单元包括刀盘超挖间隙单元、盾尾空隙单元和操作间隙单元。为了模拟盾构开挖面卸荷引起的土体位移，在盾构开挖面前方设置卸荷单元，并认为卸荷单元由于刀盘的扰动破坏，其弹模有较大程度的降低，近似认为弹模变为原来的 1/2。

材料	密度 (kg/m³)	弹性模量 (MPa)	泊松比	渗透系数 (m/d)
C50 管片	2450	34500	0.2	—
盾壳	2400	210000	0.2	—
灌浆圈	2400	200	0.3	4.0×10^{-4}

盾构隧道的施工过程可概括为工作面开挖、盾尾衬砌环的拼装和盾尾空隙注浆充填等步骤，工作面开挖和衬砌的拼装交替进行，直至整条隧洞完成。土体开挖过程模拟如下：首先施加土体自重及边界约束，移除衬砌、注浆等支护单元，得到隧洞开挖前的初始应力。根据有限元方法的原理，用杀死和激活相应的单元来模拟开挖与支护过程，杀死土体单元，激活衬砌单元及注浆单元。在模拟盾构掘进施工过程中，将长度1.2m的管片作为一个施工单元，以3个施工单元即3.6m为一个施工步的长度。左线盾构先施工，左右两线各26个施工阶段，盾构右线与盾构左线步骤完全一致。具体施工步骤如图3所示。

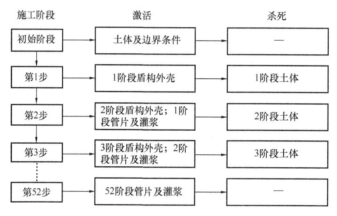

图3　施工阶段模拟

3　数值模拟结果分析

3.1　土仓压力对隧道施工的影响分析

采用理论计算确定臣田—臣田北区间段隧道盾构施工过程中所需的土仓压力值为

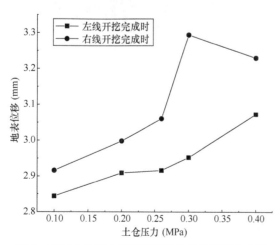

图4　不同土仓压力下隧道开挖地表位移变化曲线

0.247MPa，但盾构施工过程中存在诸多不可预见因素，盾构推进时土仓压力一般在理论计算值的基础上需再增加10~20kPa作为预备压力，故取土仓压力为0.26MPa，且左、右线取相同的土仓压力值。本节选取不同的土仓压力进行模拟计算，研究土仓压力的大小对地表沉降及管片位移和应力的影响，土仓压力的取值分别为0.10MPa、0.20MPa、0.26MPa、0.30MPa、0.40MPa。在不同土仓压力模拟计算过程中，注浆压力取值为0.20MPa。

由图4可知，不同土仓压力施工参数条件下，双线隧道开挖地表变形总体表现为隆起，且呈递增趋势，均满足地表沉降控制指标

－10～＋30mm。不同土仓压力施工参数条件下，隧道双线开挖完成时地表最大位移略大于左线开挖完成时地表最大位移，平均增加了 5%，且随着土仓压力的增大，地表位移增加速率基本恒定；当土仓压力在 0.2～0.3MPa，双线隧道开挖完成时地表位移较为恒定，且满足地表沉降控制。由此可见，土仓压力在双线硬岩隧道施工时对地表变形控制效果不大。

由图 5 可知，不同土仓压力施工参数条件下，双线隧道开挖管片衬砌位移变形均表现为拱顶下沉与拱底上浮，满足管片衬砌变形控制指标－50～＋15mm。随着土仓压力的增大，管片衬砌位移总体呈递减趋势。不同土仓压力施工参数条件下，隧道双线开挖完成时管片衬砌的最大位移略小于左线开挖完成时管片衬砌最大位移，其中管片拱顶下沉变化量较明显，平均降低了 7%，而管片拱底上浮量变化较小；随着土仓压力的增大，管片衬砌位移变化量增加速率基本恒定。由此可见，双线硬岩隧道施工中土仓压力参数对管片衬砌位移变形控制效果不大。

由图 6 可知，双线隧道开挖完成时管片衬砌应力特性表现为随着土仓压力的增大，管片应力总体呈递减趋势，最大拉、压应力分别减小 20% 和 10%，且随着土仓压力的增大，管片应力减小速率明显降低。同时，不同土仓压力施工参数条件下，隧道双线开挖完成时管片衬砌承受的最大拉、压应力始终满足 C50 混凝土强度设计值。由此可见，双线硬岩隧道施工中的土仓压力施工参数对管片应力变形控制具有重要的影响，特别是对于管片承受的拉应力值。

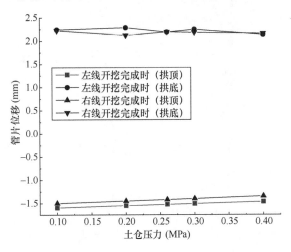

图 5　不同土仓压力下隧道开挖管片位移变化曲线

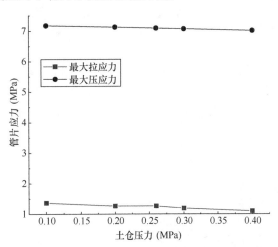

图 6　不同土仓压力下隧道开挖管片应力变化曲线

综合上述分析结果，结合以往类似地铁工程设计与施工经验，建议类似硬岩隧道双线开挖施工过程中控制土仓压力为 0.2～0.3MPa。

3.2　注浆压力对隧道施工的影响分析

注浆时注浆压力会同时作用于周围土层和管片，且等值反向，使得浆体迅速扩散并填充盾尾空隙，以减小盾构开挖对地层的扰动和地表沉降的影响。因此本节取不同的注浆压力进行模拟计算，研究注浆压力的大小对地表沉降及管片位移和应力的影响，注浆压力的取值分别为 0MPa、0.1MPa、0.15MPa、0.2MPa、0.25MPa、0.3MPa。在不同注浆压力模拟过程中，土仓压力取土压平衡值为 0.26MPa。

由图 7 可知，不同注浆压力施工参数条件下，双线隧道开挖过程中地表变形总体表现为隆起，且随着注浆压力的增大呈递减趋势，均满足地表沉降控制指标－10～＋30mm。同时，隧道双线开挖完成时地表最大位移略大于左线开挖完成时地表最大位移，平均增加了 4%，且注浆压力增大到一定范围时，双线隧道开挖完成时的地表位移与左线开挖完成时的地表位移相差不大。当注浆压力在 0.2MPa 左右时，左线隧道开挖完成时地表位移达到最小值 2.916mm，对地表沉降控制效果较为明显。由此可见，注浆压力在双线硬岩隧道施工时总体上对地表变形控制效果不大。

由图8可知，不同注浆压力施工参数条件下，双线隧道开挖管片衬砌位移均表现为拱顶下沉与拱底上浮，满足管片衬砌变形控制指标−50～＋15mm。随着注浆压力的增大，管片位移总体呈递增趋势。同时，隧道双线开挖完成时管片衬砌的最大位移略小于左线开挖完成时的最大位移，其中管片拱顶下沉变化量较明显，平均降低了7%，而管片拱底上浮量变化较小；随着注浆压力的增大，管片位移变化量增加速率基本恒定。由此可见，双线硬岩隧道施工中注浆压力参数对管片位移变形控制效果不大。

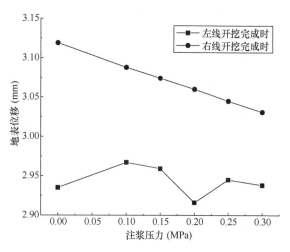

图7 不同注浆压力下隧道开挖地表位移变化曲线

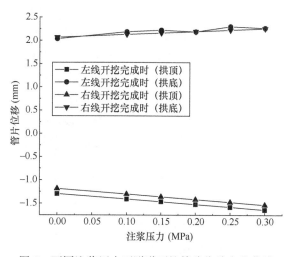

图8 不同注浆压力下隧道开挖管片位移变化曲线

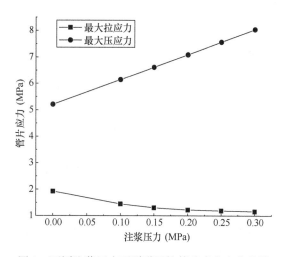

图9 不同注浆压力下隧道开挖管片应力变化曲线

由图9可知，当隧道双线开挖过程中不进行同步注浆时，管片承受的最大拉应力为1.928MPa，超过C50混凝土抗拉强度设计值1.89MPa，未满足抗拉强度要求，而在施加同步注浆压力条件下，隧道双线开挖完成时管片衬砌承受的应力变形始终满足设计强度要求。同时，分析结果表明：双线隧道开挖完成时管片衬砌应力特性均表现为随着注浆压力的增大，管片承受的最大拉应力总体呈递减变化趋势，其中最大拉应力减小40%，且随着注浆压力的增大，最大拉应力的减小速率明显降低并趋于平稳趋势；而管片承受的最大压应力变化趋势则相反，最大压应力增大了54%，且随着注浆压力的增大，最大压应力的增大速率基本恒定。由此可见，双线硬岩隧道施工中的注浆压力施工参数对管片应力变形控制具有重要影响。

综合上述分析结果，结合以往类似地铁工程设计与施工经验，建议类似硬岩隧道双线开挖施工过程中控制注浆压力为0.15～0.2MPa。

4 结论

（1）注浆压力不变，土仓压力由0.1MPa增至0.4MPa的情况下，地表位移呈增大趋势，管片位移与应力变形呈减小趋势，其中土仓压力对地表与管片的位移变化影响较小，主要与隧道上方覆土较厚有关，而对管片承受的最大拉、压应力具有重要影响，主要与双线隧道所处的全风化变粒岩力学特性有关。

（2）土仓压力不变，注浆压力由 0.1MPa 增至 0.3MPa 的情况下，地表位移与管片承受最大拉应力呈减小趋势，而管片位移与承受最大压应力呈增大趋势，其中注浆压力对地表与管片的位移变化影响较小，而对管片承受的最大拉、压应力具有重要影响，主要与双线隧道所处的全风化变粒岩力学特性有关。

综合上述分析结果，结合以往类似地铁工程设计与施工经验，建议类似硬岩隧道双线开挖施工过程中控制土仓压力为 0.2～0.3MPa，注浆压力为 0.15～0.2MPa。以此能更好地将盾构施工引起的地表沉降控制在建筑物允许范围之内。

参考文献

[1] 张海超 . 大直径盾构下穿运营地铁隧道施工变形控制技术[J]. 现代隧道技术，2022，59 (S1)：934-940.

[2] 王继峰，刺宝成，孟祥丰，杨箭亮 . 盾构隧道下穿铁路框架桥施工变形规律及控制措施[J]. 公路，2022，67(3)：373-377.

[3] 马栋，孙毅，王武现，晋刘杰 . 高地应力软岩隧道大变形控制关键技术[J]. 隧道建设(中英文)，2021，41 (10)：1634-1643.

[4] 高利宏 . 双线盾构隧道近接下穿既有隧道结构沉降变形与施工节点控制分析[J]. 现代隧道技术，2021，58 (4)：194-202.

[5] 王明胜 . 强风化炭质板岩隧道大变形控制技术研究[J]. 铁道工程学报，2021，38(7)：35-39，47.

[6] 邱明明，杨果林，段君义，张沛然 . 近距双线盾构隧道开挖诱发地层变形演变规律及数值模拟[J]. 自然灾害学报，2021，30(1)：60-69.

[7] 邵华，黄宏伟，王如路 . 上海运营地铁盾构隧道收敛变形规律研究[J]. 地下空间与工程学报，2020，16 (4)：1183-1191.

[8] 崔玉龙 . 砂土地层盾构隧道超近距离下穿既有隧道变形控制技术研究[J]. 铁道标准设计，2020，64(3)：123-129，135.

[9] 罗刚，潘少康，张玉龙，陈亮 . 双线盾构隧道下穿机场高速沉降及变形规律[J]. 长安大学学报(自然科学版)，2019，39(4)：100-108.

[10] 王剑晨，刘运亮，张顶立，白海卫，牛晓凯 . 暗挖地铁车站平行下穿既有隧道的变形控制及规律研究[J]. 铁道学报，2017，39(11)：131-137.

[11] 张晓悦，张晓乐 . 软土地质条件下盾构隧道施工的变形规律研究[J]. 施工技术，2017，46 (S1)：805-808.

[12] 邓启华 . 软岩大变形隧道变形规律及控制措施[J]. 施工技术，2016，45(17)：124-126.

[13] 任文峰，高璇，王星华，涂鹏 . 富水全风化花岗岩隧道变形规律与力学特性[J]. 交通运输工程学报，2013，13(2)：34-41.

[14] 朱斌 . 软土盾构隧道横断面变形规律及控制限值研究[J]. 铁道工程学报，2014，31(9)：71-76.

作者简介：修春松 (1986—)，男，硕士研究生，高级工程师，研究方向：工程机械研究、技术管理。

宋子木 (1995—)，男，北京市，大学本科，研究方向：工程机械研究、技术管理工作，投资管理方向。

严寒地区土压平衡盾构冬期施工技术研究

杨 斌

（中电建铁路建设投资集团有限公司 北京 100070）

摘 要： 本文基于我国北方严寒地区采用土压平衡盾构机开展冬期施工，重点介绍严寒地区盾构施工中如何解决盾构渣土受冻后无法运输、盾构设备循环水系统受冻后运行困难、拌制同步注浆浆液的砂料混入冰雪后含水率不稳定、运输车辆电池充电冷却水结冰、管片预制生产后无水养条件等一系列技术问题，技术内容实施简便，实施效果好，实施成本低，采用的设备、材料较为普通，不需要额外购置大型设备和材料，无须配置大功率升温和保温设备，绿色节能，能够解决严寒气候对盾构施工活动带来的一系列问题。

关键词： 严寒；盾构；土压平衡

　　盾构机作为隧道施工的关键施工机械，在我国轨道交通领域的应用越来越广泛，盾构技术在我国多个大中型城市的轨道交通建设事业中发挥了至关重要的作用。严寒地区开展盾构施工活动必须考虑气温、降雪、风速等多种气候因素，严寒气候尤其是对盾构渣土运输、盾构设备维保、浆液拌合与存储、运输车辆电池充电、管片预制生产等多个生产环节具有较大的影响。解决上述问题，将有利于我国严寒地区轨道交通事业的快速发展，对我国东北老工业基地的振兴和发展具有一定的应用价值。

　　李毅以冬期混凝土工程施工工序为例，详述了寒冷时节的质量控制要点及冬期施工混凝土质量通病的防范措施；彭真以钢筋混凝土内支撑冬期施工为例，通过理论分析计算，并制定相应混凝土制备、浇筑、养护等方面的保障措施；刘成威以沈阳市地铁9号线某车站为研究对象，通过分析该项目所处区域冬期施工特点，从钢筋加工、混凝土搅拌、浇筑过程、混凝土养护等多方面考虑，制定了合理有效的冬期保温措施，保证了冬期施工期间钻孔灌注桩和冠梁混凝土的浇筑质量；闫冬等以长春地铁1号线一期工程地铁出入段工程项目为例，对地铁工程冬期施工的质量保证措施进行探讨，为严寒地区地铁冬期施工质量提供保障依据；王立君等结合多年的高寒地区铁路隧道建设管理经验，对如何提高高寒地区铁路隧道建设质量进行了探讨，为高寒地区隧道工程建设提供依据和指导性意见；齐健等结合工程实例，对西北高海拔地区严寒环境下采用广义综合蓄热和暖棚相结合的冬期施工技术进行探究，为今后类似工程提供参考和借鉴。

　　本文基于严寒地区土压平衡盾构冬期施工技术进行了系统的研究，重点介绍严寒地区盾构施工中如何解决盾构渣土受冻后无法运输、盾构设备循环水系统受冻后运行困难、拌制同步注浆浆液的砂料混入冰雪后含水率不稳定、运输车辆电池充电冷却水结冰、管片预制生产后无水养条件等一系列技术问题，为解决严寒气候对盾构施工活动带来的一系列问题提供借鉴和参考意义。

1 工程背景

　　依托于哈尔滨市地铁2号线一期实际工程，在-20～-5℃环境温度下，针对土压平衡盾构冬期施工技术要点展开研究，该工程起于呼兰区松北大学城，终于香坊区气象台站，线路串联呼兰、松北、道里、南岗、香坊五区，哈尔滨市是中国纬度较高、气温较低的大城市，以哈尔滨市为代表的东北高寒地区，冬期甚至长达半年，冬长夏短，集中降雪期为每年11月至次年1月，冬季1月平均气温约−19℃。低温气候条件将直接影响地铁工程的施工质量与安全，而在长达半年左右的冬期时段内停止施工又会严重影响工程进度，增加城市交通压力，因此，完善冬期施工技术进而保证工程进度与质量的需求是该工程迫切需要解决的问题之一。

2 土压平衡盾构冬期施工技术

2.1 施工工艺流程

严寒地区土压平衡盾构施工工艺流程见图1。

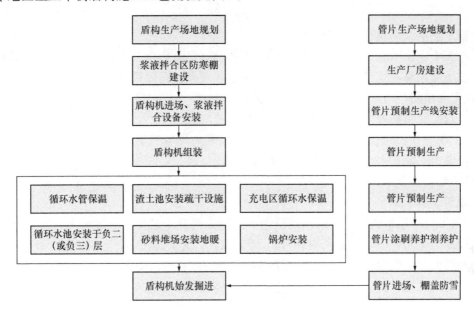

图1 严寒地区土压平衡盾构施工工艺流程图

2.2 技术要点

项目实施前，需要根据场地环境特点做好盾构生产场地的规划和建设，有保温需要的场地要建设防寒护棚以保证场地环境温度达标。盾构管片预制、蒸汽养护可在具有升温设备的密闭工业厂房内完成，蒸养成型的管片存放于封闭的厂房内，采用混凝土养护剂代替水池养护，防止混凝土内水分散失。盾构同步浆液的拌合设备和材料储存罐均设置于防寒棚内，砂料堆场地坪下埋设热水循环管路，防寒棚内设锅炉升温保暖，为地坪下热水管路提供加热条件。为了解决渣土冻结的问题，可在渣土池内设置分离、吸收渣土内水分的疏干装置，同时加大渣土的转运效率，盾构机维保停机期间池内渣土清空。为盾构设备供应冷却水的水池设于车站负二层（或负三层），管路采用伴热带或苯板包裹，保证循环水不结冰。为隧道内渣土运输车提供电力的蓄电池应在防寒棚内充电，冷却蓄电池的循环水仅在防寒棚内循环。采用以上防寒保温措施可为受严寒气候影响严重的盾构施工提供正常的工作条件。

2.2.1 管片预制生产技术

（1）养护剂施工

涂刷养护剂分为喷涂法和涂刷法两种工艺。

1）涂刷混凝土养护剂用量指标，1kg养护剂喷刷面积应控制在 $4\sim6m^2$；涂刷时面积可控制在 $5m^2$ 为宜，作业过程中应及时把握材料用量与质量，涂层厚度 $0.05\sim0.09mm$。

2）管片养护剂进厂后应密封存放，并避免被阳光直射。使用前应将养护剂搅拌均匀，不能用水或溶剂稀释养护剂。如长期存放出现分层现象，经过搅匀后再使用。

3）当管片在翻片机翻转90°（此时管片处于立放状态）时，先按照管片成品标识操作规程对管片进行标识，再将管片吊装养护剂喷涂区，用装有混凝土养护剂高压喷雾器由管片端面、内外弧面、侧面依次进行均匀喷涂、厚度一致，不留养护剂喷涂死角，不带喷痕，一气呵成，无流淌、漏喷等现象。

4）将喷涂好的管片用垂直夹具从喷涂区平稳地平移至车间临时存放区，待第一次喷涂基本成膜后（约25min），再用毛刷或滚筒刷均匀涂刷、厚度一致，不留喷刷死角，无流淌、漏刷等现象。

5）养护剂喷涂后未成膜前，如遇水浇或蒸汽应重新喷涂，管片喷涂养护剂必须严格按照喷涂操作规程，至少喷涂2遍。

（2）管片止水胶条及软木衬垫粘贴

冬期施工中，止水胶条及软木衬垫粘贴受严寒地区温度影响较大，胶条及软木衬垫材料低温环境下脆性增强，易产生粘贴不牢、翘曲、不密贴等现象，需要采取相应措施。

1）在管片预制厂内，完成粘贴管片止水胶条及软木衬垫，在管片运输过程中采取篷布覆盖保温措施，以确保粘贴好的止水胶条及软木衬垫不受冻。

2）施工现场存放的管片应搭设保温棚，在保温棚内设置升温装置，以提高保温棚内环境温度，在保温棚内实施止水胶条及软木衬垫粘贴工作。

2.2.2 同步浆液拌合施工

（1）原料保温

1）砂料堆放采用室内储存，采用钢结构＋保温板搭建，与拌合站尽量考虑统一建设，在砂仓底部铺设地暖管路，供暖管路采用φ40mm暖通管，间距30cm。砂仓内靠近侧墙布置8组散热器，砂仓保温由锅炉供给热水，确保室温在5℃以上。砂料仓大门采用2cm保温棉被遮挡，做到随用随关。棉被悬挂在料仓钢结构顶部的桁架上，横梁焊接2根5号槽钢滑轨＋行走轮作为棉被滑动杆。

2）尽量购置干砂，严格控制搅拌用砂的进场含水率，避免结冰；现场砂料仓进口采用保温棉进行覆盖保护。料斗上缠绕伴热带并用保温岩棉包裹保温，防止料斗内砂结块。

3）为加强搅拌站的保温工作，对拌浆站及料场采用保温石棉板整体施作暖棚，暖棚内利用地暖进行加热，提高搅拌站内的温度，防止砂浆材料受冻、受潮。

（2）拌合系统保温

1）拌浆站修建保温棚

拌浆站修建时使用A级阻燃岩棉板作为全封闭的防寒棚。为加强拌浆站的保温工作，对拌浆站屋顶及墙面彩钢板较大的缝隙进行封堵，提高搅拌站内的温度。防温棚门、窗、洞口等部位采用保温棉被进行防护，有通行要求的做到不用即关。

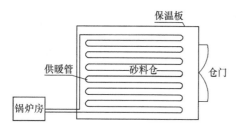

图2 砂仓供暖管路布置示意图

2）拌浆站内环境保温

为防止天气温度过低影响浆液拌制，在拌浆站防寒棚外设置一个锅炉房（240kW），站内布置10组散热器，确保室温在5℃以上。若拌浆站内温度低于5℃时，增加1台30kW热风幕，见图2。

3）搅拌用水保温

拌合站用水利用240kW的电锅炉进行加热，储存在水箱内，以提高拌合浆液温度，增强和易性。砂浆搅拌站至洞口处的输浆管路不能埋深，且尽量减少管路弯头数量，以防堵管等情况发生。注意砂浆管路的保温工作，应缠绕电伴热带，外皮包裹保温棉。浆液站清洗管道时，用锅炉提供的热水进行清洗。

2.2.3 渣土运输

（1）渣土疏干渗水

在临时弃渣池内设置渣土疏干渗水装置，见图3，用于过滤和抽排渣土中的水分，达到降低渣土含水率、方便转运和运输的目的。

此装置为圆柱形，采取两道圆形钢筋网片作为骨架体系，外包钢丝网及尼龙网布，两道钢筋网片间填充石屑作为过滤粒料，底部采用石屑填充以防止泥土漫入，中部放置污水泵抽排过滤后的污水。

1）渗水装置加工完成后，吊放至渣土池内。

2）向底部和夹层内填充石屑，夹层内石屑填筑顶面高于渣土面高度，中部石屑填筑0.5m高。

3）装置中部放入污水泵，水泵扬程和功率根据渣土池深度和渗水装置高度确定。

4）安装水泵用电线路和开关箱，渣土池内倒入渣土后测量装置内部水位，液面上升时开启水泵抽水，水位到达底部时及时关闭水泵，防止水泵空转损坏。

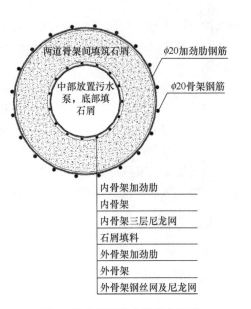

图3　渣土疏干渗水装置主视图

（2）渣土外运

盾构冬期施工时，受低温天气影响较大，渣土运输困难，需要考虑防冻结措施，以确保渣土顺利外运。

1）在盾构掘进过程中，通过盾构机在土仓内注入适量的防冻液，防止渣土在临时存放场内冻结成块，以致无法挖装。

2）在渣土运输中铺设塑料薄膜隔离层，防止渣土在运输过程中因低温粘连车厢板，导致无法倾倒渣土。

图4　蓄电池充电防寒棚

2.2.4 充电区循环水保温

盾构施工中电瓶车是不可或缺的一个组成部分，蓄电池又是电瓶车的动力来源，由于电瓶充电需电解液及蒸馏水，为做好蓄电池充电工作，确保电瓶车正常运行，不影响正常施工，冬期施工时需对蓄电池做好保温防护，故在吊装口旁边做板房防护，长、宽、高分别为10m×7m×3m。更换蓄电池时，需用龙门吊吊装，防寒棚顶部设计成可活动式，方便吊运。蓄电池充电防寒棚见图4。

3　质量控制及安全措施

3.1　质量控制

应根据配合比方案确定的参数检查水、集料、外加剂溶液和拌合机出机、洞内运输、注浆开始时的温度；制作同步注浆液的同条件养护试块，验证浆液的初凝时间、早期强度等指标；砂料进场要派专职材料员进行验收，对有雪块和冰块的要进行清理后才能卸车。集料必须清洁，应干燥无积水、无冰冻，砂料场温度控制在砂子不结冰为宜；注意管片防水材料的保温与防护，防止防水材料因气温过低而造成损坏。

3.2　安全措施

建立安全及消防保卫体系，严格执行并组织职工学习国家住房和城乡建设领域有关安全、劳动保护、施工现场管理的各项法规、制度、条例，建立现场安全保证体系和安全责任制。冬期施工期间各种燃料按生产和生活分别存放与提出，并设库房专人管理。搅拌站作业完毕后即采用温水清刷，并及时清理搅拌机下的灰浆和残渣。

施工现场的机械设备按其特点，采取不同的方法保护和保养，做好防雨雪措施，并配备防冻液，安排专人每天对机械设备进行检查和维修保养工作。起重吊装等起重机具，使用前进行检查，并按常规加大安全系数。起重车辆及其他各种车辆多机作业时，保持安全距离，必要时设专人维护，疏导交通；施工中若遇 5 级以上大风时，所用吊车及龙门架停止作业，龙门架车轮部位采取固定措施，安放好索道器装置，并由安全人员现场巡视监督检查；对施工现场的临时设施按照抗 6 级大风的要求进行搭设，各个临时棚、临时围挡将设置牵引绳索。

4　效益分析

哈尔滨地区冬季漫长，有效施工期短，盾构冬期施工在所难免，极端低温条件下盾构施工难度大，冬期盾构施工成本高。应用本工法可实现土压平衡盾构机在严寒地区冬期不间断施工的目标，每年可利用的有效施工时间可延长 3 个月，有效缓解严寒地区盾构区间的工期压力，单个区间节约盾构作业队管理人员和作业人员工资支出达 100 万元，计算依据如下：

每年可节约施工工期 3 个月，盾构队管理人员约 11 人，人均工资约 8500 元/月，3 月×11人×8500 元/人·月≈28 万元。盾构队作业人员约 44 人，人均工资约 5500 元/月，3 月×44 人×5500 元/人·月≈72 万元。单个盾构区间节约人工费约 100 万元，共有 11 个盾构区间采用了本施工工法，共计节约人工费约 1100 万元。

5　结语

本文的技术内容是在哈尔滨地铁 2 号线一期工程历时 4 年的工程建设中逐步总结、完善形成的，在大龙、龙世、人中等 11 个土压平衡盾构机冬期施工的区间工程中得到了广泛的应用，有效缓解了严寒气候带来的工期压力，为工程里程碑工期的实现奠定了基础，节约了地铁工程施工成本和投资，降低了地铁工程对城市交通、市民工作生活带来的影响。本工法对施工场地及周边环境要求低，施工现场整洁文明，无扬尘、噪声等污染，隧道成型质量可满足设计要求。本工法可利用气温较低的冬季时间开展盾构连续不间断施工作业，节约了工程总工期，减少了施工生产对城市交通、市民工作和生活造成的影响，且可以在严寒季节正常生产管片，为盾构区间顺利施工提供有效保证。实践证明，严寒地区盾构冬期施工技术完全能够满足盾构施工组织的技术要求，具有良好的社会效益，值得实施并推广。

参考文献

[1] 李毅. 高原地区混凝土冬期施工技术研究[J]. 河南科技，2022(2)：87-90.

[2] 彭真. 兰州地区冬期混凝土工程施工技术[J]. 上海建设科技，2022(2)：66-68.

[3] 刘成威. 浅谈地铁车站冬季施工特点及保温措施[J]. 江西建材，2016(2)：46-48.

[4] 闫冬，钟春玲，陈勇，等. 严寒地区某地铁出入段冬期施工质量保证措施[J]. 吉林建筑大学学报，2016(2)：39-42.

[5] 王立君，刘鹏，赵立杰，等. 高寒地区铁路隧道建设质量控制研究[J]. 工程管理，2021(6)：136-140..

[6] 齐健，宋文智，邵超峰，张昭雷. 西北高海拔地区严寒环境下人防工程混凝土冬期施工技术研究[J]. 建筑发展导向，2019(16)：116-119.

作者简介：杨斌（1986—），男，北京市，硕士研究生，研究方向：自动化、城市轨道交通、技术管理方向。

二、暗挖区间

矩形断面矿山法零距离下穿地铁运营车站研究
——以天府商务区站暗挖工程为例

叶至盛，杨凤梅

（中电建铁路建设投资集团有限公司　北京 100071；
中国电建华东勘测设计研究院有限公司　杭州 310014）

摘　要： 为解决新建车站安全穿越运营车站，本文以成都地铁天府商务区站项目为依托，采用矩形断面矿山法零距离下穿运营车站，通过多工况、多步序数值模拟分析，研究出七步分段开挖新工法。经过现场施工检验，本工法在保证下穿运营车站安全的前提下，可明显缩短施工工期。主要研究结论包含：（1）矩形断面矿山法采用分段法下穿运营车站，变形控制效果良好；（2）研究出适用于矩形断面的七步分段开挖新工法的开挖方案和施工工序；（3）经数值模拟分析，分段法能保证运营车站安全。

关键词： 矩形断面；零距离；矿山法；地铁换乘车站；分段法

1　前言

我国地铁建设日新月异，截至 2020 年底共有 42 个城市开通地铁，21 座城市的线网规模达到 100km 以上。地铁线网逐渐遍布城市，许多城市已出现新旧线路交叉重叠，使得穿越既有线路施工逐步成为地铁建设的常态。由于线路和规划等变化，换乘车站中先建的车站往往不能给后建车站提供理想的预留条件，后建车站实施中不同程度地会对运营车站结构造成影响，甚至可能危及运营安全。研究新建线路近距离穿既有线路或车站势必成为大规模城市轨道交通建设关注的焦点，既要考虑既有线路或车站的沉降变形，又要考虑线路运行安全，故施工工序复杂，工艺要求高。

本文以成都地铁天府商务区站矩形断面矿山法零距离下穿运营车站为例，通过对导洞法和分段法方案详细比较，采用数值模拟分析和精心施工组织，配合先进的监测技术，运用分段法成功实施了矿山法下穿作业，可为后续类似工程建设提供一定的参考。

2　基本情况

2.1　工程概况

天府商务区站为 6 号线和 19 号线十字换乘车站。6 号线车站于 2020 年底运营，主体结构为地下三层双柱三跨框架结构，长 235.2m、宽 23.3m、深 25.8m。19 号线车站为地下四层双柱三跨框架结构，长 220m、宽 28.6m、深 35.7m，顶板覆土 3～4m，采用明挖法施工。下穿 6 号线车站部分采用矿山法施工，如图 1 所示。

2.2　矿山法段与运营车站关系

矿山法段沿 19 号线方向长 23.3m、沿 6 号线方向宽 33.6m、高 10.4m、深 24.8m，位于地下四层，为矩形框架结构。开挖范围需破除 6 号线底板下方 12 根 $\phi1.2m$、长 10m 的抗拔桩，再新建 19 号线车站永久结构，包括板梁柱、侧墙以及抗拔桩，其中车站顶板密贴运营车站底板，如图 2 所示。

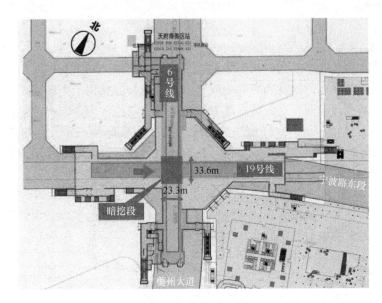

图 1　车站总平面图

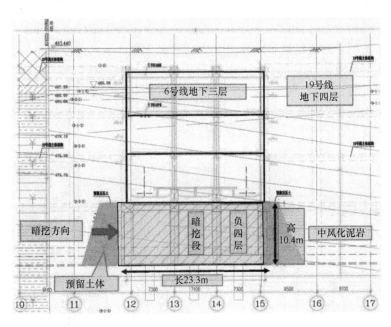

图 2　沿 19 号线方向纵剖面图

2.3　地质条件

矿山法段位于中风化泥岩地层，围岩等级为Ⅴ级，地层岩性较好。不良地质主要为低瓦斯有害气体、顺层，特殊岩土为膨胀岩、风化岩及石膏。地质勘察期间车站范围地下水位埋深 2～14.7m，渗透系数平均 0.44m/d，属弱～中等透水层。

2.4　工程重难点

2.4.1　运营车站未预留新建车站下穿条件

运营车站通常应为新建换乘车站预留好实施条件，避免新建车站建设影响运营安全。本工程前期 19 号线为地下二层站，6 号线已在地下二层预留 19 号线轨行区穿越条件。后由于本站位于城市核心商务区，以及规划调整、地块开发等原因，将 19 号线车站从两层调整为四层，故只能在6号线未预留下穿实施条件下，采用矿山法在地下四层下穿运营车站底板，以往类似工程案例较少。

2.4.2 矩形断面零距离下穿运营车站沉降控制

矿山法通常设计为马蹄形断面，拱形受力效果好。本工程为减少新建车站埋深，节约工程投资，将新建车站顶板密贴运营车站底板，中间无空隙。故只能采用矩形断面矿山法下穿。本工程为特别危险性较大的项目，安全运营要求既有线路沉降控制指标为10mm，差异沉降控制指标为4mm，施工过程中若控制不当，在开挖施工阶段由于土体自稳性不好、开挖支护不及时、初期支护收敛变形较大等，或在结构施工阶段由于框架体系不密贴等因素，易造成运营车站结构沉降超过控制值，影响运营安全。

2.4.3 主体结构防水质量

暗挖段主体结构施工分缝较多，须分块施工，逐步形成完整的主体结构，且埋深大、地下水位高，主体结构施工缝防水质量控制是本工程的重点。

3 实施方案比选

原设计采用导洞法方案，本文结合地质情况、数值模拟、工期要求等综合分析，研究出适用于矩形断面的七步分段开挖法方案。

3.1 导洞法方案介绍

方案思路：导洞法开挖共设置4个导洞，按①→②→③→④顺序交错开挖。导洞开挖时在抗拔桩底部新建条形基础，形成抗拔桩＋条形基础的临时支撑体系。待导洞全部贯通，再按⑤→⑥→⑦→⑧顺序扩挖剩余土体（图3）。每个扩挖区贯通后紧跟施工该区域19号线结构和临时钢立柱，并破除6号线抗拔桩＋条基的临时支撑，待永久结构全部形成后再拆除钢立柱，实现由临时支撑到永久框架结构的受力体系转换（图4）。该方案主要优点为每道施工工序均有明确的竖向支撑体系作用，运营车站的变形、沉降相对易控制。

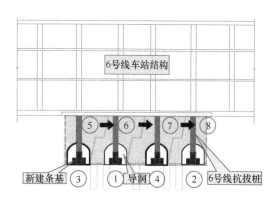

图3 导洞法开挖示意图

图4 导洞法施工模拟图

3.2 分段法方案介绍

方案思路：分段法将断面分为7个开挖区域，每个区域采用上下台阶法开挖，同时破除6号线抗拔桩。先开挖①→②→③→④区域土体，随挖随支，开挖一段区域随即形成永久结构，再进行下一段区域开挖。然后开挖⑤→⑥→⑦区域土体，依次施作永久结构。施工期间主要利用未开挖土体和新筑主体结构形成支撑体系（图5、图6）。

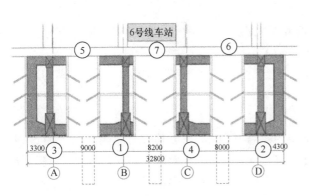

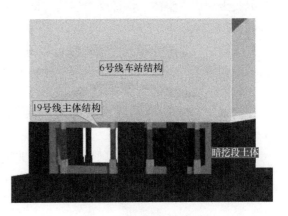

图 5　分段法开挖示意图　　　　　　　图 6　分段法施工模拟图

3.3　工法比选

3.3.1　施工工序对比

导洞法工序复杂，以开挖及施工区域⑥结构为例，共 7 道工序：（1）扩挖贯通区域⑥土体。（2）施工区域⑥范围内 19 号线抗拔桩。（3）施工 19 号线底板。（4）架设 φ609 临时钢支撑立柱。（5）施工 19 号线顶板。（6）破除原 6 号线抗拔桩。（7）施工 19 号线梁柱结构，如图 7 所示。

分段法工序简单，以施工相同位置的区域⑤为例，共 3 道工序：（1）开挖区域⑤土体。（2）施工 19 号线抗拔桩。（3）施工 19 号线主体结构，如图 8 所示。

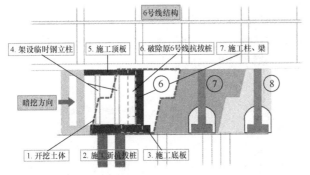

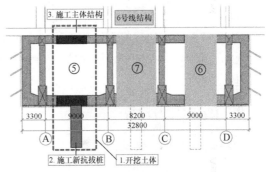

图 7　导洞法工序图　　　　　　　　　图 8　分段法工序图

3.3.2　支撑体系转换对比

导洞法支撑体系转换复杂，需施作 2 次临时支撑体系，共 3 次体系转换：

（1）现状支撑体系：利用底板下部土体支撑。

（2）第 1 次转换：开挖①②③④导洞，破除原 6 号线抗拔桩下部，增加条形基础。利用抗拔桩＋条形基础形成临时支撑。

（3）第 2 次转换：架设竖向临时钢立柱支撑形成临时支撑，后破除原 6 号线抗拔桩。

（4）第 3 次转换：新建结构作为 6 号线车站下部永久支撑，拆除临时钢立柱。

分段法转换简单，共 2 次体系转换：

（1）现状支撑体系：同导洞法。

（2）第 1 次转换：开挖时利用未开挖土体和新建的 19 号线永久结构形成支撑。

（3）第 2 次转换：利用新建结构永久支撑。

3.3.3　施工关键技术

对既有线路底板底部进行凿毛、清理，后通过植筋与新建筑结构顶板钢筋连接后，浇筑微膨胀混凝土后成为整体，保证受力连续，同时加强混凝土浇筑过程中的振捣，保证密实。

3.4 工期对比

导洞法分 4 个导洞和 4 个扩挖区域进行开挖和结构施工，导洞开挖、支护、临时支撑、扩挖、结构施工、临时钢立柱架设及拆除等工序繁多，关键线路长，直线工期约 310d。

分段法将断面分为 7 个开挖区域，每区域按上下台阶开挖，结构按区域紧跟施工，结构施工工序简单，直线工期约 220d，相比导洞法可减少 3 个月。

3.5 防水对比

导洞法中新建的条形基础无须拆除，兼做 19 号线结构底板，条形基础与后建的底板通过钢筋接驳形成整体，造成结构分块多，底板纵向施工缝达 11 条，防水效果差，结构整体性差。分段法根据开挖分区，底板纵向施工缝共 6 条，防水效果较好，结构整体性更好。

3.6 施工难度对比

两种方案施工作业空间都非常局限，均属于小断面矿山法作业，施工难度大。但导洞法施工工序多，导洞开挖后还需施作较多的临时支撑体系，作业时间长，施工难度较高。分段法工序较为简单，有利于人员通行和材料运输，作业时间较短，施工难度较低。

3.7 投资对比

两种方案的土石方、破除围护桩、抗拔桩、主体结构等工程量一致，导洞法因先行导洞临时支撑及支护面的增加，导致临时支护工程量存在差异。导洞法临时支护费用 635 万元，分段法临时支护费用 619 万元，减少投资 16 万元。

3.8 对比结论

导洞法支撑体系明确，但工序较多、工期较长、难度较大。分段法利用未开挖岩体和新建永久结构代替导洞法的临时支撑体系，减少了临时支撑体系的施作和拆除工序，体系转换更简单，工序少，工期短，投资少，同时减少了结构施工缝，增加了防水质量保证。综上分析，本工程采用分段法施工。

4 既有结构受力检算

4.1 结构概况及主要支护参数

矿山法段开挖断面设置为 5.4m 宽×10.4m 高、4.8m 宽×10.4m 高两种。隧道分区域采用上下台阶法施工，每部循环进尺按 0.5m 控制。开挖施工过程中设置喷锚支护，后期施作结构时需要部分拆除。喷锚支护设置工28a 工字钢架，钢架间距为 0.5m，钢架两侧打设锁脚锚管，喷射混凝土采用 0.35m 厚的 C25 混凝土。结构尺寸为 23.3m（长）×33.6m（宽）×10.4m（高），采用 C35、P12 防水混凝土。

4.2 开挖施工阶段分析

本文采用 MIDAS-GTS NX 有限元软件，建立地层—结构模型，对开挖施工阶段既有车站变形及内力影响进行计算分析。

4.2.1 模型选择及本构关系

根据分段法施工步序，计算时假定围岩为连续介质，采用四面体单元模拟，车站结构采用梁单元模拟（图9）。围岩在开挖过程中考虑其塑性变形，采用修正摩尔—库伦弹塑性准则，而车站结构、围护结构仅考虑其弹性工作，采用线弹性本构关系。

4.2.2 计算结果及分析

从计算结果（图10）可以看出，暗挖施工过程中引起车站结构产生的竖向最大变形出现在开挖步骤五的 6 号线底板位置，为 4.6mm，小于规范要求的 10mm，满足变形控制要求。

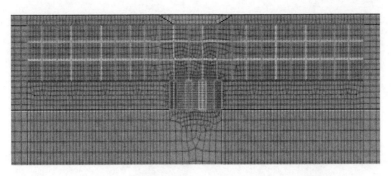

图 9 地层—荷载模型

4.3 正常使用阶段分析

本文采用 MIDAS-GEN 有限元分析软件对使用工况下既有车站结构的承载力、裂缝进行计算复核。建立暗挖节点处三维荷载—结构模型（图 11），对暗挖节点处进行计算，暗挖节点处既有结构顶板厚 0.9m、中板厚 0.4m、底板厚 1.1m。

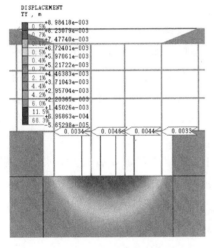

图 10 车站竖向位移计算云图

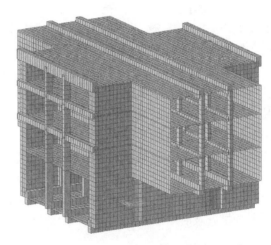

图 11 三维有限元模型

根据内力计算结果进行配筋验算可知（图 12～图 14），6 号线底板暗挖施工工况及使用工况均可满足承载力及裂缝控制要求。

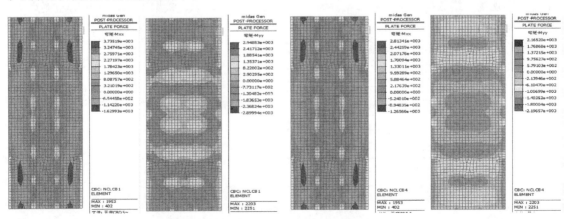

图12 6 号线车站底板基本组合弯矩图（MXX-MYY） 图 13 6 号线车站底板准永久组合弯矩图（MXX-MYY）

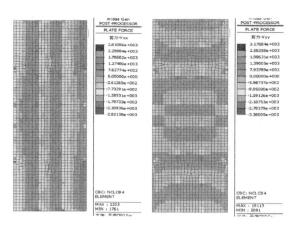

图14　6号线车站底板基本组合剪力图（VXX-VYY）

5　施工控制要点

5.1　运营车站变形控制

主要应对措施：（1）运营车站采用自动化监测技术，暗挖段施工根据自动化监测成果信息化施工；（2）暗挖段严格按设计图纸的步序施工，分部、分层、分段开挖，及时跟进型钢拱架及喷锚支护，施工期间加强施工监测；（3）施工前制定应急预案，包括加强超前支护、初期支护、增设临时支撑等措施，有效控制运营车站变形量，确保结构安全；（4）暗挖施工期间，运营车站上方不得超载；（5）与运营公司建立沟通联动机制。

5.2　多条施工缝下结构防水施工

主要应对措施：（1）施工缝位置设置止水钢板，并控制止水钢板安装质量；（2）加强防水措施，在原设计基础上施工缝加设橡胶止水条、预埋注浆管；（3）加强施工缝处理，每仓混凝土浇筑后及时有效地进行凿毛处理，新浇筑混凝土前用高强度水泥浆预处理；（4）若出现渗漏水情况，采取专项措施及时堵漏，专项方案、专业队伍、专项材料、专业验收。

6　监控量测及分析

工程采用徕卡 TM30 测量机器人（精度：测角 0.5″，测边 0.6＋1ppm）自动化监测。监测点采用锚固方式将小棱镜固定在道床、结构边墙中部、顶部。TM30 测量机器人以 3～6 次/日频率自动采集现场三维数据，实时传输至控制中心，经过粗差剔除、数据平差，计算出监测点水平位移和竖向位移。

6.1　运营车站顶板水平及竖向位移（图15、图16）

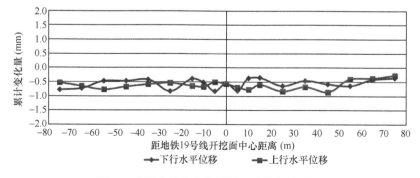

图15　水平位移变化曲线图（运营车站顶板）

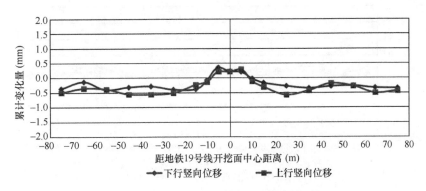

图 16　竖向位移变化曲线图（运营车站顶板）

6.2　运营车站道床水平及竖向位移（图 17、图 18）

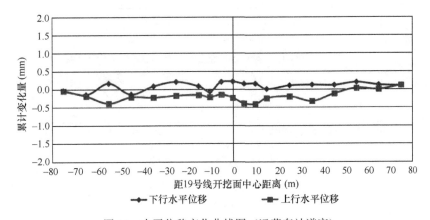

图 17　水平位移变化曲线图（运营车站道床）

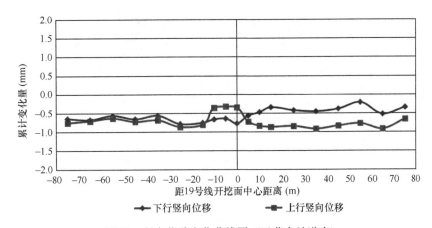

图 18　竖向位移变化曲线图（运营车站道床）

6.3　运营车站道床横向、纵向差异沉降（图 19、图 20）

由图 15～图 20 表明，矿山法施工至主体框架结构浇筑完成期间，运营车站结构顶板水平、竖向位移无明显变形趋势，变形均小于−1mm；道床水平、竖向位移变形较小，上下行隧道变化趋势相近，位移均小于−1mm，结构施工完成后变形趋势收敛。道床横向、纵向差异沉降无明显不均匀沉降。

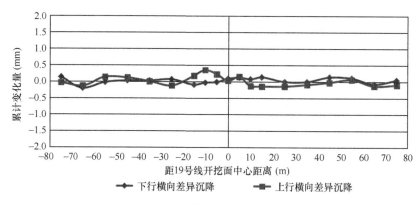

图 19　横向差异沉降变化曲线图

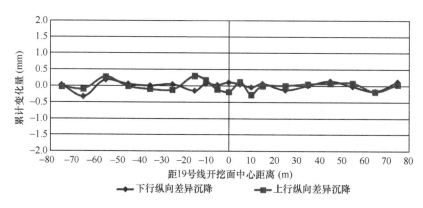

图 20　纵向差异沉降变化曲线图

6.4　对运营车站影响评价

通过对运营车站远程自动监测及成果分析，并对比变形目标控制值，见表 1。

运营车站监测指标控制效果汇总表　　　　　　　　　　表 1

序号	监测项目	对应测点位置 (m)		累计最大沉降 (mm)	控制值 (mm)	影响评价
1	顶板 竖向位移	上行	25	−0.58	≤10	
		下行	−55	−0.41		
2	顶板 水平位移	上行	45	−0.87	≤10	
		下行	−5	−0.84		
3	道床 竖向位移	上行	35	−0.92	≤10	运营车站结构及轨行区变形较小，控制效果良好，所有测项测点均未超控制值
		下行	−25	−0.79		
4	道床 水平位移	上行	10	−0.41	≤10	
		下行	0	0.21		
5	道床横向差异沉降	上行	−10	0.35	4	
		下行	−65	−0.20		
6	道床纵向差异沉降	上行	−15	0.30	4	
		下行	−65	−0.34		

注：负值表示沉降，正值表示隆起。

7 结论与建议

本工程通过精心组织与深化设计，严格按照工艺工法施工，通过监测分析，周边环境处于安全状态，成功下穿运营车站。

（1）采用分段法施工，对运营车站变形控制效果良好，上部运营车站安全可控。

（2）矩形断面的七步分段开挖新工法切实有效，满足既有车站结构变形、承载力及裂缝控制要求，又能保证运营车站安全，且分段法施工支撑体系转换简单，工序少，工期短，施工缝少、防水效果好。

（3）总结出关于运营车站变形控制、半密闭空间施工、主体结构防水施工等施工控制要点。

（4）地铁换乘车站在先建车站设计施工时，应预留好后建车站的实施条件，避免后建车站施工难度大、对既有车站改造工程多、投资浪费，影响运营安全。

参考文献

[1] 牛晓凯. 建隧道长距离密贴平行下穿既有隧道结构工程响应及控制[D]. 北京：北京交通大学，2018.
[2] 柯成建. 城市暗挖隧道下穿不同结构形式既有线变形特性分析[D]. 北京：北京交通大学，2018.
[3] 杨会军，周冉. 下穿地铁车站暗挖施工对既有线影响分析[J]. 铁道工程学报，2018，35(7)：86-90.
[4] 孟令志. 大断面平顶直墙车站密贴下穿既有线风险控制技术研究[D]. 北京：北京交通大学，2017.
[5] 李利，王永红，柏林. 大断面暗挖平顶直墙结构密贴下穿既有线沉降控制关键技术[J]. 北京交通大学学报，2016，40(2)：114-119.
[6] 施仲衡. 浅埋暗挖法设计理论论述[J]. 现代隧道技术，2005(2)：37-39，64.
[7] 王梦恕. 地下工程浅埋暗挖技术通论[M]. 合肥：安徽教育出版社，2005.
[8] 赵克生. 浅埋暗挖法地铁区间隧道零距离下穿既有线施工技术[J]. 铁道标准设计，2008(12)：72-76.
[9] 赵克生. 浅埋暗挖法地铁隧道超近距离下穿既有线技术[J]. 市政技术，2007(5)：358-362.

作者简介：叶至盛（1985—），男，工程硕士，高级工程师，目前主要从事地铁工程、市政工程相关的工程管理工作。

杨凤梅（1987—），女，大学本科，工程师，中国电建华东勘测设计研究院有限公司，成都分院副院长，目前主要从事地铁建筑设计工作。

成都地铁 19 号线暗挖段高瓦斯隧道超前地质预报体系应用技术

徐文平，宋 锐

（中电建成都建设投资有限公司 成都 610000）

摘 要： 成都地铁 19 号线新红区间暗挖段属于油气型高瓦斯隧道，相较于传统煤气型高瓦斯隧道，由油气田经岩体裂隙溢出的天然气瓦斯气体的分布更具有随机性与不可确定性，将对隧道安全施工构成较大的威胁。根据本隧道的实际情况，研究构建了超前钻探与超前物探相结合的超前预报体系，通过实测的瓦斯地质参数对隧道掌子面前方预挖区间范围进行开挖安全性预测，并依据超前预报结果给出合理有效的开挖方案。结果表明，这种"钻探＋物探"的超前预报体系在该暗挖高瓦斯隧道效果显著，有效保证了隧道的安全施工。

关键词： 油气型；高瓦斯隧道；天然气；超前地质预报；钻探；物探

1 概述

随着我国西南地区积极响应国家"西部大开发"重要战略计划，大力发展公路、铁路、地铁等交通建设成为其重中之重，而涉及的隧道工程数目也将越来越多，施工开挖的条件也愈加复杂。针对瓦斯隧道，除了需要探明开挖段围岩是否存在岩体破碎带、软弱地层等一般不良地质区域外，还需掌握其瓦斯赋存情况，及时预防瓦斯异常涌出乃至瓦斯爆炸事故的发生。因此，在隧道开挖前必须落实先探后掘，对隧道围岩瓦斯情况及其他不良地质情况进行准确把控，确保隧道安全施工。

依据瓦斯涌出源头，可将瓦斯隧道主要分为煤气型瓦斯隧道和油气型瓦斯隧道。煤气型瓦斯隧道较为常见，此类隧道瓦斯的主要载体为煤层，当隧道在开挖过程中揭露并通过煤层，则可认为基本远离瓦斯集中带，瓦斯风险则相对较小；油气型瓦斯隧道中瓦斯来源则是地下浅层含油气构造带，天然气瓦斯因没有相对的吸附对象，则通过岩体裂隙以游离形式随机扩散，对于隧道施工来讲，不可预见性更强，安全风险相对更大。针对油气型隧道的特殊性，对其开挖过程瓦斯气体的预测预报成为关键性的技术问题。对于天然气瓦斯，由于其分布运移规律极其复杂，瓦斯聚集和涌出随机性大，目前尚无非常有效的精确探测手段，仍然以超前地质预报手段为主。

成都地铁 19 号线二期工程（以下简称 19 号线）新码头街站—红莲村南站区间（以下简称新红区间）暗挖段属于油气型高瓦斯隧道，笔者根据本隧道的实际情况，对该隧道超前地质预报体系进行了具体论述，采用超前钻探与超前物探相结合的方式全方位预测掌子面前方瓦斯地质情况，通过超前预报结果参数分析隧道施工安全性，并给出适合于本隧道后续开挖的施工方案。

2 隧道工程概况

19 号线工程线网定位为快线干线和机场线，途经双流区、武侯区、天府新区，线路全长 43.178km。其中新红区间处于苏码头气田核部，区内有龙家埝断层、李红塘断层通过，从油气地质角度分析，工区受浅层天然气危害较大，天然气通过断层向上运移，在砂岩或结构面裂隙发育区局部富集。根据有害气体专项勘察结果，将新红区间定为高瓦斯工区，其暗挖隧道段定为高瓦斯隧道，施工作业瓦斯风险性较大；该线路其余区间则定为低、微瓦斯工区和无瓦斯工区。

以新红区间暗挖段隧道左线作为分析对象，隧道长约 344m（ZDK100＋995～ZDK101＋339），为单洞单线高瓦斯隧道。区间隧道埋深为 8.5～21m，开挖断面约为 44m²，洞身主要位于中风化泥岩及中风化砂岩地层（局部为强风化），最小纵坡为 5‰，最大纵坡为 25‰。该隧道属于油气型瓦斯隧道，不存在煤层作为瓦斯载体，无法测定瓦斯含量、瓦斯压力等瓦斯基本参数，仅能通过超前地质预报技术探明前方开挖区域瓦斯浓度及裂隙发育情况，对其进行瓦斯风险评估，根据结果及时调整开挖设计方案。

隧道施工简图如图 1 所示。

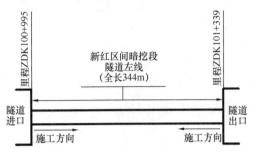

图 1 新红区间暗挖段隧道左线施工简图

3 超前地质预报体系

3.1 超前地质预报体系的构成

依据《铁路瓦斯隧道技术规范》TB 10120—2019、《铁路隧道超前地质预报技术规程》Q/CR 9217—2015 以及《成都地铁瓦斯隧道施工安全技术指导书》等相关标准，结合新红区间具体情况构建出新红区间暗挖隧道超前钻探与超前物探相结合的超前地质预报体系，其超前预报体系结构框架如图 2 所示。

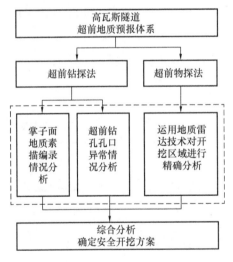

图 2 超前预报体系结构框架图

（1）超前钻探：

通过超前钻孔孔口返渣情况以及异常气体（主要是瓦斯）涌出情况和掌子面地质素描情况，可大致查明开挖掌子面前方地质条件。

（2）超前物探：

采用地质雷达预报技术进行超前探测，可更为精确地反映开挖掌子面前方断层构造带和瓦斯裂隙带，并与超前钻孔结果相互佐证。

（3）结合超前钻探、超前物探结果，对隧道掌子面前方地质情况进行综合分析，选择制定隧道下一循环安全合理的开挖方案。

3.2 超前地质预报体系的优势

构建的超前地质预报体系采用宏观与微观相结合的地物整合预报技术，立足于区域地质分析技术，充分利用隧道勘察条件，通过现场地质调查，精准把控隧道施工可能出现瓦斯地质灾害的性质。借助于物探手段和钻探手段，进一步摸清不良瓦斯地质状况，对其风险等级进行评价。相较于传统超前钻探预报方法，多种类的超前地质预报手段可以相互印证，保证了预报结果的准确性和可靠性，一方面更加保证了作业安全，另一方面也在一定程度上减少了施工安全投入成本。其主要技术优势对比见表 1。

技术优势对比表　　　　　　　　　　　　　　　　　　表 1

技术方案 对比项	超前预报体系	传统超前预报方法
预测方法	钻探＋物探（地质雷达）	钻探

技术方案 对比项	超前预报体系	传统超前预报方法
预测范围	预测全范围	仅局限于超前钻孔控制范围
地质异常带定位	精确定位	模糊定位
测定周期	快	快
测定结果准确性	高	一般
瓦斯情况分析	可得出瓦斯大致赋存区域	仅能确定瓦斯存在情况

4 超前地质预报方法

以新红区间暗挖隧道出口端左线（大里程方向）某一开挖循环为例，此时掌子面里程为ZDK101＋270，分别采用超前钻探和超前物探的方法对掌子面前方地质情况进行探测，并结合两种地质预报情况进行掌子面开挖安全性分析。

4.1 超前钻探法

超前钻探法是一种简单、快速的地质预报方法。该方法依据钻机施工前探钻孔所出现的钻进、返渣情况来获取地质信息，不仅能直接探明开挖掌子面前方地质破碎带、软岩等异常地质体的大致位置和规模，对于高瓦斯隧道还能准确预测瓦斯相关参数。

根据施工方案，结合现场实际施工条件，对新红区间出口端左线掌子面（ZDK101＋270）进行了地质素描分析，并施工超前探测钻孔 3 个，钻孔直径 75mm，压力水排渣，钻孔不取芯，终孔分别控制隧道断面上部、左部和右部范围（轮廓线外 1m），探测范围覆盖前方 30m（包含5m 搭接距离）。钻孔布置如图 3 所示。

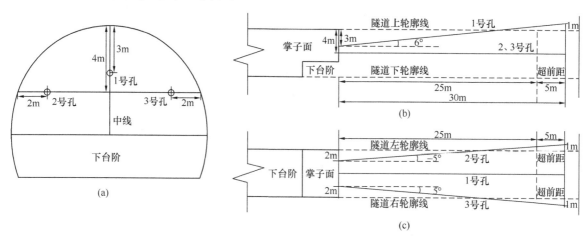

图 3 超前钻孔布置示意图
（a）横断面图；（b）纵断面图；（c）平面图

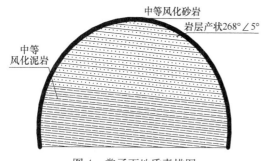

图 4 掌子面地质素描图

掌子面地质素描如图 4 所示，可以看出掌子面岩性以中等风化砂岩、泥岩为主。中等风化砂岩呈紫红色～暗红色，砂质结构，块状构造，锤击声哑；中等风化泥岩呈紫红色～暗红色，泥质结构，块状构造，锤击声哑。节理、裂隙较发育，局部裂隙面可见黑色氧化物膜，岩体较破碎，岩石为极软岩，岩体基本质量等级为Ⅴ级。岩层产状：268°∠5°。围岩自稳能力差，开挖易掉块坍塌。

超前钻孔实际揭露参数见表2，整个施工过程中钻孔返渣为泥岩、砂岩，钻毕无水体流出，每钻进4m均采用光学瓦检仪对钻孔孔口进行检测，1号、2号和3号钻孔孔口均测得瓦斯浓度，最大值分别为0.05％、0.08％、0.07％，未发生瓦斯涌出现象。

超前钻孔实际揭露参数 表2

孔号	实际方位 （°）	实际倾角 （°）	孔径 （mm）	实际孔深 （m）	返渣情况	备注
1	0	+6	75	30.5	泥岩、砂岩	孔口测得瓦斯
2	−5	0	75	30	泥岩、砂岩	孔口测得瓦斯
3	+5	0	75	30.2	泥岩、砂岩	孔口测得瓦斯

超前钻孔详细返渣情况如图5所示，可以看出掌子面前方5m左右岩体为泥岩和砂岩；当钻孔钻至5～15m时，钻进速度明显变快，返渣量变少，出渣多为泥岩，推测为岩层裂隙段，即瓦斯来源处；钻孔后15m段转进速度正常，返渣为泥岩和砂岩。

4.2 超前物探法

本次超前物探采用的地质雷达法是一种地下甚高频到微波段电磁波反射探测法。该方法通过在掌子面前方岩体内部定向传播的电磁波当遇到有电性（介电常数和电导率）差异的界面时即产生反射波，再根据反射波的强度、形状及其在纵向和竖（环）向上的变化情况来判别反射目标的性质（目标识别），如空洞、裂隙带等。

按照施工方案，采用SIR—3000型地质雷达对新红区间暗挖段出口端左线掌子面（ZDK101＋270）进行超前物探工作，地质雷达有效探测距离为掌子面前方30m（包含5m搭接距离）。根据掌子面现场实际情况，在掌子面布置2条水平测线，其测线布置示意图如图6所示。

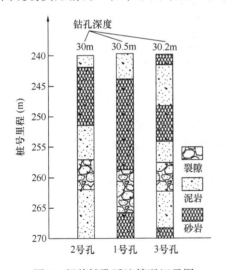

图5 超前钻孔返渣情况记录图

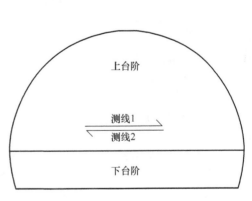

图6 掌子面测线布置示意图

根据前述方法，对雷达原始数据进行处理分析，其雷达波形图如图7所示。可以看出ZDK101＋270～ZDK101＋267段，0～3m处有一层明显的反射界面，分析为雷达天线、空气介质、掌子面围岩表面之间的干扰信号，并不是围岩的分界处，该段围岩与掌子面岩性基本一致；ZDK101＋267～ZDK101＋254段，该段附近雷达波反射稍强，围岩主要为强风化泥岩，节理裂隙密集，围岩完整性差，可能存在岩基裂隙瓦斯；ZDK101＋252～ZDK101＋240段，雷达反射信号较弱于前段，岩体结构趋于正常。

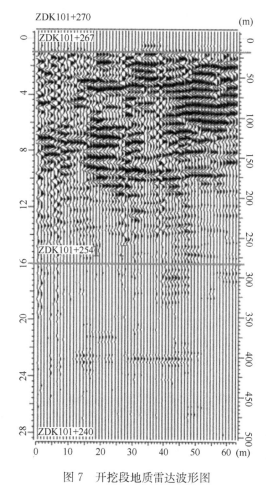

图 7 开挖段地质雷达波形图

4.3 综合分析

本次新红区间暗挖段出口端左线掌子面超前钻探和超前物探所得结论基本相符，综合分析可知，在 ZDK101＋270～ZDK101＋240 段围岩主要岩性为中等风化砂岩、泥岩，自稳能力较差，尤其是 ZDK101＋267～ZDK101＋254 段节理发育为裂隙密集带，可能已形成瓦斯运移通道，是超前钻孔测得瓦斯浓度的直接原因。

根据超前地质预报综合分析结果，此循环开挖围岩级别推定为 V 级，须采取 V 级加强支护参数进行施工作业，防止围岩破碎坍塌；另外需严格执行瓦斯浓度监测工作，保证隧道风量，确保现场瓦斯风险安全可控。

5 结语

（1）油气型高瓦斯隧道在进行地质预报前，必须严格对探测现场进行瓦斯浓度检查，当确保在安全瓦斯浓度环境下，方可实施超前地质预报作业。

（2）在 19 号线新红区间暗挖段高瓦斯隧道为油气型隧道，构建了"钻探＋物探"的超前地质预报体系，根据预报结果对该隧道瓦斯地质情况进行分析说明，并给出隧道下一循环安全合理的开挖方法。

（3）目前隧道已顺利贯通，未出现地质事故与瓦斯事故，充分反映这种超前地质预报方法的适用性、可靠性。同时，这也对其他瓦斯隧道超前地质预报工作提供参考。

参考文献

［1］ 杨正东. 贵州瓦斯隧道防突技术研究[J]. 煤炭工程，2018，50(12)：4-8.

［2］ 肖乔，胡杰，谭雷，等. 成都地铁 11 号线暗挖隧道瓦斯监测体系设计与管理[J]. 煤炭技术，2020，39(7)：91-93.

［3］ 李枝文. 综合物探方法在天然气高瓦斯隧道超前地质预报中的应用[J]. 能源与环保，2020，42(6)：90-93＋98.

［4］ 吴平，武磊. 瓦斯隧道安全施工技术及管理探讨[J]. 能源与环保，2018，40(4)：54-57.

［5］ 武金博，周华敏，张杨，等. 公路隧道综合超前地质预报技术及应用[J]. 济南大学学报(自然科学版)，2021，35(2)：182-189.

［6］ 国家铁路局. 铁路瓦斯隧道技术规范 TB 10120—2019[S]. 北京：中国铁道出版社，2019.

［7］ 中国铁路公司. 铁路隧道超前地质预报技术规程 Q/CR 9217—2015[S]. 北京：中国铁道出版社，2015.

［8］ 何成. 隧道特殊不良地质钻探法超前地质预报[J]. 现代隧道技术，2010，47(5)：20-25.

［9］ 刘波，吕玉增. 地质雷达在国内的应用现状及发展[J]. 煤炭技术，2020，39(6)：60-63.

作者简介： 徐文平 (1986—)，男，硕士，高级工程师，目前主要从事瓦斯隧道施工技术与管理工作。

宋锐 (1985—)，男，大学本科，高级工程师，目前主要从事机电动力工程、技术管理工作。

城市预制叠合式拼装综合管廊施工技术

刘 畅

（中电建南方建设投资有限公司 深圳 518000）

摘 要： 城市地下综合管廊对于城市建设具有重要意义，相较于传统的现浇管廊结构，预制管廊结构具有施工效率高、劳动力需求低、环保等优势。本文结合综合管廊项目施工实例和建设经验，对施工技术进行研究总结，形成了预制叠合式拼装综合管廊施工技术，旨在为后续同类工程施工提供参考借鉴。

关键词： 地下综合管廊；预制；叠合式拼装；施工技术

1 概述

城市地下综合管廊将给水、排水、电信、电力、燃气、热力等各类市政管线有机综合，集约化地铺设在同一条隧道内，同时配有智能检测系统、报警、监控等配套系统，实现对市政管线的集中管理与维护，是解决目前城市空间资源拥挤、打造智慧都市的有效方案。

综合管廊大部分采用明挖现浇法进行建造，其主要缺点是施工周期长、人工需求量大。《国务院办公厅关于推进城市地下综合管廊建设的指导意见》（国办发〔2015〕61号）中明确指出"推进地下综合管廊主体结构构件标准化，积极推广应用预制拼装技术，提高工程质量和安全水平"。由于装配式综合管廊的主要构件在工厂预制、主体结构现场拼装成形，整个建造过程可显著减少混凝土浇筑作业，与现浇法相比较，预制混凝土综合管廊更能缩短工期、保护环境，具有广阔的应用前景。

基于预制混凝土综合管廊结构体系，综合管廊可细分为整节段预制、叠合板混合预制等方法。整节段预制施工技术主要存在生产模具用量大、生产成本高、构件体积大、运输效率低、运输限制条件多、拼装节点多、防水性差、施工难度大等缺点，不适用于多舱综合管廊的建设。本文结合深圳市轨道交通12号线共建管廊项目建设经验，对预制叠合式拼装综合管廊的施工工艺进行了深入研究，对吊装、拼装等关键工序进行了分析总结，供类似预制拼装管廊工程借鉴。

2 技术原理

本施工技术主要是在设计阶段将管廊侧墙、中隔墙拆分成标准预制件，通过在工厂对预制构件、叠合板进行加工制作，运输至现场进行吊装，完成后浇筑底板现浇段、顶板混凝土，以此进行综合管廊的施工。施工前对顶板支撑体系进行优化，取消了顶板支撑体系，改为预制叠合板作底模（0.1m厚预制叠合板＋0.3m厚现浇板）的方式，极大地减少了支撑搭设的工作量。

深圳市轨道交通12号线共建综合管廊沿深圳市宝安区前进路及怀德南路主干道地下敷设，与深圳地铁12号线同期建设。线路全长6.57km，其中预制叠合式管廊设计长度1.2km。叠合预制段管廊结构宽10.1m，高3.5m，底板、顶板均厚0.4m，侧墙厚0.4m，中隔墙厚0.3m，高压电力舱净宽2.0m、电力通信舱净宽2.8m、综合舱净宽3.9m，结构净空高2.7m。预制段结构设计每节段长度为4.5m，侧墙预留0.5m现浇连接段，中隔墙及叠合板拼装连接。每节段预制件共计10件，最大预制件重量约15t。如图1、图2所示。

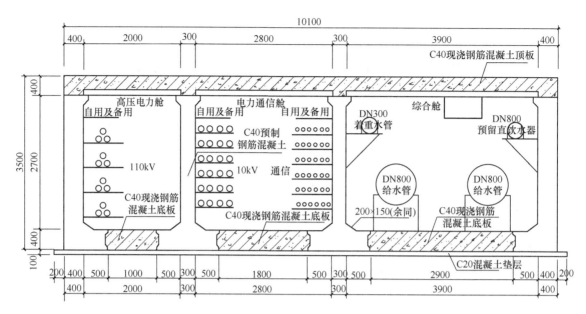

图 1 预制拼装综合管廊横断面图

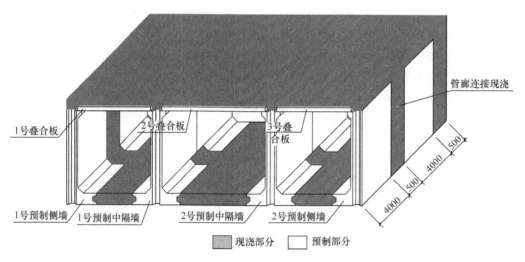

图 2 预制拼装综合管廊三维轴测图

3 施工流程

本工程施工流程：施工准备→围护结构→冠梁及第一道支撑施工→基坑开挖→底板防水及保护层施工→侧墙防水、预制件吊装就位→底板连接处施工→入廊给水管支墩、给水管吊装→侧墙连接处模板及叠合板吊装→顶板浇筑侧墙连接处浇筑→顶板防水及保护层施工→支撑拆除、基坑回填→场地恢复。本文主要介绍预制叠合式拼装管廊施工相关的施工流程及技术措施。

3.1 垫层施工

为确保预制件吊装基面强度满足吊装要求，加强吊装基面的强度，将底板防水保护层（C20混凝土）厚度由设计的 50mm 调整为 100mm，垫层由 150mm 调整为 100mm。防水保护层 3d 后强度约 10MPa，满足所需承载力要求。

3.2 预制件吊装

预制件吊装选用 20t 单悬臂结构门式起重机（跨度 11.1m），其基础利用围护结构冠梁兼作。

3.2.1 吊装方式

在吊装前准备 1mm、2mm、5mm、10mm 厚的 150mm×150mm 钢垫块，调节构件吊装位置四角水平度。预制件吊装就位 2 件以上后，预制件间采用连接件连接以确保稳定性。

具体吊装步骤：(1) 预制件运输至门式起重机悬臂下方；(2) 挂吊钩起吊至预制件底部位于围挡顶以上；(3) 采用缆风绳人工辅助将预制件旋转 90°，操纵吊钩平移，将预制件从门式起重机支腿间吊运至基坑上方；(4) 采用缆风绳人工辅助将预制件旋转 90°，操纵下放吊钩至预制件底部距基底面 50cm；(5) 进行精准吊装就位。预制件吊装就位过程中利用缆风绳人工辅助牵引，以确保准确就位。

3.2.2 钢丝绳、卸扣选用

经受力验算，选用 2 段长 4.2m，抗拉强度为 1770MPa 的 ϕ26mm、6mm×37mm 纤维芯钢丝绳及 8.5t 卸扣进行吊装作业。

3.2.3 吊装就位控制措施

(1) 画定位线。底板防水保护层施工完成后，在基面上用红油漆画各预制件的定位线，定位线宽度 5mm，线条醒目。

(2) 安装定位块。在预制件吊装时，安装定位块，吊装过程中人工辅助就位。

1) 侧墙定位：侧墙定位块采用高 250mm 的 I10 工字钢和 10mm 厚钢板加工而成，定位块在进行防水保护层浇筑时预埋入固定位置。固定块后背与侧墙基面防水间空隙采用 2mm、5mm、10mm 厚钢板垫片进行填塞。

2) 中隔墙：中隔墙采用定位桁架进行定位，定位桁架由 ϕ50 钢管+I10 工字钢块制作而成。

(3) 门式起重机精度控制

1) 在横向，门式起重机小车行走至吊装就位 50cm 范围时，将小车行走调频至最低，行走速度控制在 0~20m/min；

2) 在竖向，门式起重机增加 8 倍绕绳方式，使竖向吊装精度达到 1cm 内；

3) 在纵向，门式起重机轨道上安装液压夹轨器，每一节首件吊装就位后，门式起重机停机位置锁死夹轨器，使每一节各预制件沿纵向位于同一位置。

(4) 调整侧墙吊耳位置

因侧墙预制件形状为 L 形，构件重心轴线与侧墙中轴线未在一条线上，而侧墙预制件吊耳设计位置在侧墙中轴线上，吊装过程中受偏心受力作用，构件底面无法保持水平状态，下落时容易对基面造成破坏。为了确保构件地面水平，施工过程中根据重心将吊耳设计位置进行了调整。

3.3 现浇连接段施工

3.3.1 模板支撑体系

(1) 底板端模

底板端模采用方木加工制作而成，方木水平放置将止水钢板夹紧，方木背后设置竖向 ϕ20@1500 钢筋加劲肋与主筋绑扎连接。钢筋缝隙采用砂浆填充，以免混凝土浇筑时漏浆。

(2) 侧墙模板支撑

侧墙连接段宽 50cm，墙厚 0.4m。模板采用新型复合材料模板，上下披角位置采用定型钢模板。模板外侧设置 2 根竖向 100mm×100mm 方木，采用 M14 拉杆进行固定，拉杆内侧设置弯头拉钩钩在外侧主筋上（主筋预制件预制时已预留出）。脱模后将侧墙外露部分拉杆进行切除，为避免拉杆切除后拉杆头外露，在拉杆上近混凝土面位置加装胶套，脱模后拆除胶套再切除外露拉杆头，最后将拉杆头位置用砂浆回填抹平。

(3) 中隔墙模板支撑

中隔墙连接段宽 50cm，墙厚 0.3m。模板采用新型复合材料模板，上下披角位置采用定型钢模板。模板外侧设置 2 根竖向 100mm×100mm 方木，采用 M14 拉杆进行对拉固定。

3.3.2 钢筋混凝土工程

（1）钢筋工程

现浇连接底板钢筋（图 3）在场地内直接加工成钢筋笼，采用门式起重机将钢筋笼吊装就位。侧墙连接处横向钢筋在预制件中已预留，纵向钢筋在场地内加工后坑内安装，顶板钢筋在叠合板预制时已安装好。

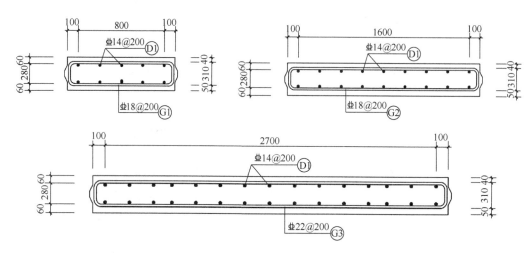

图 3　现浇连接底板钢筋图

（2）混凝土工程

现浇结构采用 C40、P8 微膨胀混凝土，钢筋混凝土保护层厚度为结构外侧 50mm、内侧 40mm。

3.3.3 防水施工

目前预制叠合管廊的防水做法主要是利用各叠合板中间贯通的现浇部分解决，利用现浇混凝土设置止水钢板、橡胶止水带等防水构造，防水性能较好。预制段与现浇段的连接大样图如图 4 所示。

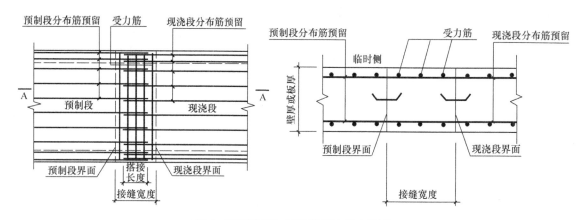

图 4　预制管廊与现浇管廊连接大样图

3.4　预制拼装施工分段

预制拼装结构单节长度模数为 4.5m，施工按 13.5m/段（即 3 节）进行施工，每开挖出 13.5m 后施工一段垫层及防水，吊装 3 节预制件。

因预制拼装段管廊基坑支护为标准断面，第一道混凝土支撑间距为9m，刚好为预制节段4.5m的2倍。在预制件吊装施工时，每个范围内第一节吊装位置选取时，预制件中心位置应避开上方混凝土支撑位置，以避免预制件吊装时吊装钢丝绳与混凝土支撑相交而影响吊装就位，如图5所示。

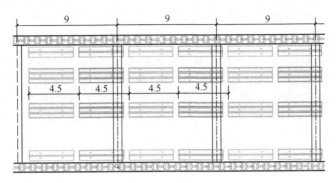

图5 预制件吊装位置平面示意图

3.5 施工过程关键环节控制

（1）防水材料铺设、止水钢板安装需严格把关，尤其是各施工段分界处，这是保证管廊不漏水的关键。

（2）预制拼装段主体预制件从预制厂定制购买，预制件在工厂生产过程中配备专人驻厂检查验收各施工工序；预制件在装车、运输、吊装等过程中要做好成品保护工作；预制件进场时必须提供与预制件有关的全部质量证明文件，包括钢筋、预埋件、砂石等原材料的质量证明文件及抽检复试报告等；预制件安装前编制吊装专项安全方案经监理审批，并对作业班组交底、培训。预制件节段连接部位采用定型钢模板，以确保混凝土外观及质量。

（3）预埋件、预留孔洞的施工质量直接关系到单位工程整体质量。预制构件混凝土浇筑前应确保预留孔洞、预留钢筋及其他预埋件（如支架预埋、接地预埋、吊装孔预埋）数量齐全、位置准确。

（4）预制构件吊装允许偏差及检验方法如表1所示。

预制件结构尺寸允许偏差表   表1

项目		允许偏差（mm）	检验方法
构件中心线对轴线位置	基础	15	尺量
	竖向构件（柱、墙、桁架）	10	
	水平构件（梁、板）	5	
构件标高	梁、柱、墙、板底面或顶面	±5	水准仪或尺量检查
构件垂直度	柱、墙 <5m	5	经纬仪或全站仪量测
	≥5m，且小于10m	10	
	≥10m	20	
相邻构件平整度	板端面	5	钢尺、塞尺量测
	梁、板底面 抹灰	5	
	不抹灰	3	
	柱、墙侧面 外露	5	
	不外露	10	

4 工效分析

预制叠合式综合管廊施工分为构件工厂预制和现场拼装两部分，预制拼装施工工艺将钢筋绑扎、模板安装、混凝土浇筑与养护、构件脱模与质量验收等主要内容置于工厂完成，对总工期没有影响，故分析时该部分工期不做统计。在现场施工流程中，由于基坑支护、开挖、垫层施工、土方回填以及基坑支护拆除等环节，对于预制叠合式和现浇要求是一样的，因此所需工期也相同。表2中列出了预制叠合式和整体现浇综合管廊的工期及人员投入对比。以30m的施工段为例，预制叠合式管廊工期约为24d，现浇综合管廊工期约为34d，预制拼装综合管廊比现浇综合管廊施工工期缩短10d，工期缩短约30%。同时，现浇需要大量的人员投入，对比总人工时发现，预制叠合式管廊总人工时约为173人·d，而现浇管廊总人工时约为301人·d，总人工时缩短了43%。

施工工效分析表　　　　　　　　　　　　　　　　　　表2

施工方式	工作天数（d）	总人工时（人·d）
30m 预制叠合式管廊	24	173
30m 现浇管廊	34	301

5 结语

在城市地下综合管廊建设项目中，相较于明挖现浇法，采取预制拼装施工技术，不仅能大大缩短工期，节约劳力成本，还能减少施工现场钢筋绑扎、模板体系搭设、混凝土浇筑等环节，有效降低污染，更符合城市绿色持续发展理念。同时，相较于传统的整节段预制施工技术，叠合式拼装施工技术具备生产模具用量少、节约生产成本、运输效率高、运输吊装限制条件少等优点。随着近几年国家政策推动下的预制综合管廊建设浪潮，预制叠合式拼装综合管廊在今后的城市建设发展中将拥有广阔的前景。

参考文献

[1] 谭忠盛，陈雪莹，王秀英，等．城市地下综合管廊建设管理模式及关键技术[J]．隧道建设，2016，36(10)：1177-1189．

[2] 邓家勋．新型装配式综合管廊结构预制及拼装施工技术[J]．四川建筑，2020，40(4)：279-282．

[3] 邓建军，梁智岳，张友林．预制叠合(装配)式地下综合管廊施工技术[J]．广东土木与建筑，2019，26(11)：65-69．

[4] 白帆，张世浪．各型式预制综合管廊的特点与关注问题探讨[J]．南方能源建设，2017，4(2)：81-85．

[5] 李六连，仲鑫，姚再峰，等．城市地下分片预制装配式综合管廊施工技术[J]．特种结构，2021，38(3)：82-83．

作者简介：刘畅(1995—)，男，大学本科，助理工程师，目前主要从事城市轨道交通施工与管理工作。

CD法隧道开挖阶段力学模型及中隔壁形状力学性能研究

高智鑫，王晓明，贾秀洋

（中电建铁路建设投资集团有限公司　北京 100070）

摘　要： 为研究 CD 法暗挖隧道开挖阶段初期支护受力状态，分析弧形、折线形、直线形中隔壁形状对其受力的影响，以某地铁工程为依托，考虑围岩的弹性抗力，用合理的边界模拟锁脚锚杆作用，建立 Midas 平面杆系有限元模型分施工阶段进行分析比较。初步得出中隔壁形状会影响初支的力学状态，弧形中隔壁时初支内力分布最合理，刚度方面直线形最优，但在黏质粉土地层均能满足开挖阶段受力要求。通过对现场实测数据进行分析，验证结论的合理性，得出在保证安全的前提下，黏质粉土地层 CD 法隧道临时支撑可以采用直线形中隔壁代替弧形中隔壁，使中隔壁钢支撑制作安装简便快捷，可重复使用，开挖方便易控制，从而加快施工进度，节约工程成本。

关键词： CD 法隧道；有限元力学模型；中隔壁优化；实测数据分析

1　前言

城市地铁暗挖区间大多为跨度在 8～10m 的大中型隧道，在软弱围岩地层开挖地铁区间隧道常用 CD 法。自 1981 年德国地铁首次应用 CD 法以来，国内外工程技术及研究人员对 CD 法中隔壁临时支护结构进行了大量的应用与研究，罗彦斌等采用结构力学方法建立了支座可移动的 3 次超静定无铰拱—梁固结结构模型，分析钢格栅拱架与中隔壁受力，概念清晰，计算简便，但未考虑围岩与初支的相互作用即围岩弹性抗力，可能会导致计算结果偏保守。目前普遍认为围岩既是造成荷载的主要来源，又是承受一定荷载的结构体，即把围岩与初支视为一体，作为共同的承载体系比较合理。随着计算理论的进步及大量的工程实践表明，CD 法隧道中隔壁多为弧形，在开挖单侧导洞时，中隔壁近似于两端固定的拱结构，比较稳定；为了提高施工效率，工程实践中也有应用直线形中隔壁的案例，如河南五西高速公路桃花峪隧道成功应用直线形中隔壁，有效控制拱顶沉降，同时提高施工速度，但同样应用直线形中隔壁的宝汉高速武关驿隧道，大范围出现中隔壁顶部与初支交接部位配设混凝土掉落，局部坍塌冒顶。可见 CD 法隧道中隔壁的作用很关键，其形状对初支受力影响较大，本文以考虑围岩弹性抗力的"荷载—结构模型"径向反力法建立弧形、折线形、直线形三种中隔壁形式初支结构有限元模型，分析比较不同形状中隔壁在不同开挖阶段的受力状态，通过试验段的数据分析验证模型结果，为类似工程的建设提供了技术支持。

2　基于施工阶段的模型分析

2.1　计算原理与假定

地下工程从外表看很简单，但在力学模型上却是一个高度复杂的体系，没有简化就不能用理论去分析，前文已述及，隧道支护体系是由支护结构和围岩共同组成的承载体系。按设计隧道初支采用钢格栅拱架与型钢中隔壁、喷射混凝土、锁脚锚杆的结构受力体系，超前注浆小导管预加固土体，为简化运算，同时把支护结构与围岩作为一个统一的力学体系来考虑，用有限梁单元模拟钢格栅拱架及型钢中隔壁，用多组弹性连接来模拟围岩与初支两者之间的相互作用。锁脚锚杆在软弱围岩中能提供较大反力的作用，其受力状态同样极其复杂，表现为非线性规律，为简化运算同时又能模拟锁脚锚杆的支护作用，从陈丽俊的模型及实验数据中关于锁脚锚杆内力与位移之间的关系曲线估算出其约束刚度。以上述假设建立弧形、折线形、直线形中隔壁三种支护结构模型，以弧形中隔壁为例示意(图1、图2)。

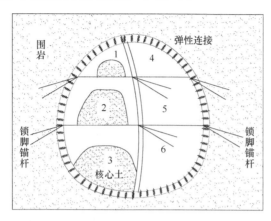

图1 弧形中隔壁开挖阶段示意图

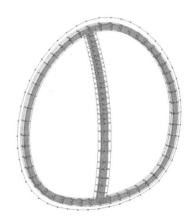

图2 模型图

2.2 参数选取

（1）围岩压力计算

根据现行国家标准《铁路隧道设计规范》TB 10003 中推荐的计算围岩垂直均布松动压力公式：

$$q = \gamma h_q = 0.45 \times 2^{S-1} \times \gamma w$$

式中，h_q——等效荷载高度；

  S——围岩级别数；

  γ——围岩的重度；

  w——宽度影响系数，$w = 1 + i(B-5)$；

  B——坑道宽度（m）。

围岩水平分布压力按表1经验公式估算。

围岩水平分布压力表   表1

围岩级别	I、II	III	IV	V	VI
水平分布压力	0	<0.15q	(0.15~0.3)q	(0.3~0.5)q	(0.5~1)q

通过查阅相关地质资料，代入上述公式，得出围岩垂直均布松动压力 $q = 70$kN/m；取水平分布压力 $e_1 = 28$kN/m；$e_2 = 35$kN/m，沿覆土深度线性变化。

（2）弹性抗力及边界约束

假定作用在隧道周边围岩某一点的压应力与该点发生的变形成正比，即：$\sigma = K\delta$，根据《铁路隧道设计规范》TB 10003—2016 中密度黏质粉土弹性抗力系数取值在 $22000 \sim 35000$kPa/m，则弹性支承径向刚度为 $k = Kb_s = 6250$kN/m。

2.3 施工阶段分析及结果比较

CD法施工分左洞上中下、右洞上中下共六个导洞，上中导洞开挖完在初期支护钢拱架及中隔壁脚底处及时打设锁脚锚杆以确保初支结构稳定，模型计算三种中隔壁工法每个开挖阶段的弯矩及组合应力值，具体数据如表 2 所示。

模型分析三种中隔壁形式开挖阶段初支内力值　　　　　　表 2

比较项	施工阶段	弧形	折线形	直线形	最大部位
拱顶弯矩 （kN·m）	左上开挖	39.7	45.9	48.6	拱顶
	左中开挖	100.7	106.7	110.2	拱顶
	左下开挖	124.8	129.9	132.3	拱顶
	右上开挖	78.5	89.7	97	拱顶
	右下开挖	49.3	62.2	72	拱顶
	拆除中隔壁	44.7	58.3	66.7	拱顶
中隔壁弯矩 （kN·m）	左上开挖	−39.7	−45.9	−48.6	上部
	左中开挖	−100.7	−106.7	−110.2	上部
	左下开挖	75.2	78	86.7	腰部
		−124.8	−129.9	−132.3	上部
	右上开挖	34.5	39.7	54.7	腰部
		−30.8	−35.3	−41.8	拱顶
	右下开挖	−13.6	−15.9	−14.9	拱顶

从模型计算结果可初步得出：CD 法暗挖隧道初支结构受力最大部位在拱顶，拱顶节点为固接，右洞开挖前，中隔壁与钢拱架内力基本一致；中隔壁形状会影响初支的受力状态，结合开挖阶段模型分析结果及不同开挖阶段受力状态分析，左洞开挖时由于弧形中隔壁起到拱的效应，能抵消部分弯矩，因此也能降低拱顶初支弯矩，本阶段较直形和折线形中隔壁要好；随着右洞的开挖，初支结构受力体系逐渐发生变化，钢拱架越来越发挥更大的作用，且弧形中隔壁始终优于其他形状，在此初步判断是由先期受力状态产生了不可恢复的应力导致的。后期弧形中隔壁受力状态的优势越发明显，但三种形状中隔壁均能在最不利状态下满足受力需要。

3　试验段数据分析

为了进一步验证模型所得初步结论，同时为今后应用直形中隔壁提供试验依据，在本暗挖工程中应用弧形、直形两种中隔壁作为试验段，在试验段施工中监测初支拱顶沉降、水平收敛、拱顶钢架应力三组数据随开挖阶段的变化。测点布置如图 3 所示。

3.1　钢架应力监测

对两个试验段采集的格栅钢架应力结果见图 4，数据表明拱架应力随开挖工序变化较大，其拱顶钢架应力与模型分析数据能较好地吻合，但整体较模型数据偏小，初步判断是由于模型分析中围岩压力选取较实际土质状况偏大，导致荷载偏大，影响受力状态。两种中隔壁受力状况与模型分析一致，两者均能满足受力需要，且弧形优于直形。初支闭合后的几天内拱架应力仍有缓慢上升趋势，由此可以判断围岩及初支之间由于喷锚不密实，两者仍在缓慢相互作用，直至达到平衡。

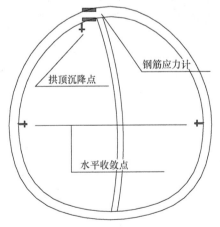

图 3　试验段监测点布置图

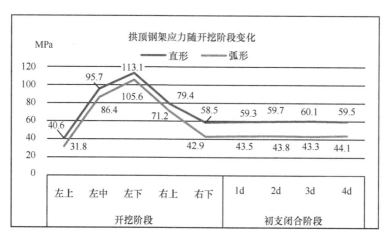

图 4　拱顶钢架应力随开挖阶段变化

3.2　隧道净空监测

隧道拱顶沉降及拱腰水平收敛见图 5、图 6，数据表明在无水黏质粉土地层下，开挖过程中受较小扰动时地层自稳性较好，拱顶沉降及拱腰水平收敛值均在规范及设计允许范围内，且从数

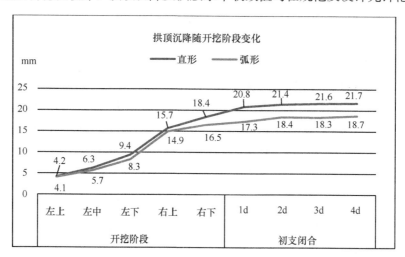

图 5　拱顶沉降随开挖阶段变化

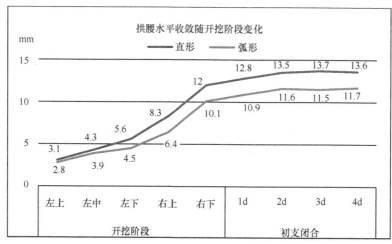

图 6　拱腰水平收敛随开挖阶段变化

据得出从左下开挖到右上开挖过渡时，沉降速率变大，结合钢拱架应力数据，同时拱架应力也较大速度地降低，这是由于结构跨度变大，初支围岩受力体系转化，荷载重新分配的结果，这也完全合理。待初支结构闭合后 3d 内拱顶沉降及拱腰水平收敛值仍缓慢加大。从隧道净空监测数据的角度同样表明执行中中隔壁及弧形两者均能满足隧道开挖稳定，但弧形更优于直形。

4 结语

（1）CD 法暗挖隧道可以采用 Midas 平面杆系有限元模型，用弹性连接模拟围岩与初支之间弹性抗力，弹性支撑模拟锁脚锚杆，通过试验段数据验证本模型有较好的模拟效果。

（2）中隔壁形状对开挖阶段初期支护结构受力有一定的影响，弧形中隔壁要优于直形和折线形，但直形中隔壁在无水黏质粉土地层也能满足开挖时强度、刚度、稳定性需要。

（3）暗挖过程中及时打设锁脚锚杆封闭初支结构对降低钢架受力、稳定拱顶沉降及隧道水平收敛有重要作用，初支闭合成环后，围岩与初支之间可能存在间隙，要及时进行壁后注浆填充。

（4）弧形中隔壁型钢制作安装复杂耗时，安装测量偏差较大，且不能重复利用，在保证安全的前提下，能优化为直形中隔壁，能够提高施工效率，降低施工成本。

参考文献

[1] 罗彦斌，石州，陈建勋，刘伟伟，陈丽俊，李尧，武云飞. 超大跨度隧道上台阶 CD 法中隔壁力学计算模型及施工力学行为研究[J]. 中国公路学报，2020，33(12)：235-248.

[2] 张向东. 隧道力学[M]. 徐州：中国矿业大学出版社，2010.

[3] 谭忠盛，孟德鑫，石新栋，姬同庚，何历超. 大跨小间距黄土隧道支护体系及施工方法研究[J]. 中国公路学报，2015，28(11)：82-89，97.

[4] 薛山，孟尧尧，邓祥辉，王睿，武君. 武关驿隧道中隔壁法施工中临时中隔壁选型分析[J]. 西安工业大学学报，2018，38(5)：466-474.

[5] 张向东. 隧道力学[M]. 徐州：中国矿业大学出版社，2010.

[6] 陈丽俊，张运良，马震岳，白少国. 软岩隧洞锁脚锚杆—钢拱架联合承载分析[J]. 岩石力学与工程学报，2015，34(1)：129-138.

[7] 杨新安，丁春林，徐前卫. 城市隧道工程[M]. 上海：同济大学出版社，2015.

作者简介：高智鑫(1994—)，男，大学本科，在职研究生，助理工程师，目前主要从事城市轨道交通施工与管理工作。

王晓明(1984—)，男，大学本科，高级工程师，目前主要从事城市轨道交通施工与管理工作。

贾秀洋(1992—)，男，大学本科，助理工程师，目前主要从事城市轨道交通施工安全质量管理工作。

软土地区地铁区间隧道六步开挖 CD 法研究与应用

王天梁，高智鑫

（中电建铁路建设投资集团有限公司 北京 100070）

摘　要：在城市地铁施工过程中，由于场地条件受限，部分隧道工程施工过程中需采用矿山法开挖，在开挖断面较大时，为加强对初期支护变形和围岩变形进行有效的控制，通常采用 CD 法或 CRD 法施工，传统 CD 法开挖分四步作业。在软土地层施工时，为进一步减少围岩变形，本文以实际工程为例，对六步 CD 施工工法的沉降进行理论分析，并对施工步骤及施工工艺进行详细介绍。

关键词：软土地层；地铁；区间隧道；六步 CD 法

1　工程概况

郑州轨道交通 8 号线郑州大学站位于科学大道与长椿路交叉路口，与既有 1 号线 T 形换乘，既有车站与长椿路以东新建风井通过区间隧道连接，长度 53.7m，采用 CD 法施工，左右线洞中心间距约 16.2m，覆土埋深约 17m。工程地质自上而下依次为素填土、黏质粉土、粉质黏土等，拟建场地附近无地表水体分布。

暗挖隧道断面开挖尺寸为 8.446m×8.761m，内净空尺寸为 7.091m×6.846m，采用马蹄形断面（图 1）。结构采用复合式衬砌，初期支护为喷混凝土、钢筋网、格栅钢架、锁脚锚管等组成支护体系，二次衬砌为 450mm 厚 C35、P10 防水钢筋混凝土。

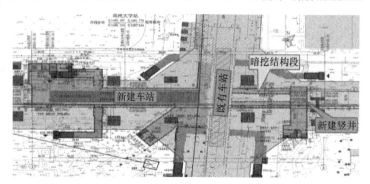

图 1　暗挖段位置及支护结构图

2　施工方法比选

CD 法是在正台阶开挖基础上发展起来的，将大、中跨洞室的开挖转换为中、小跨洞室的开挖，从而有效地减少地面沉降和隧道周边收敛，适用于软弱、松散地层的浅埋暗挖隧道开挖。CD 法的施工步骤对施工影响较大，不同的施工步骤所造成的隧道最终变形受力均有所不同，CD 法的施工工序对于隧道安全的影响有着一定的影响，台阶大小及分级对隧道施工拱顶沉降有较大影响，因此本文分别建立了 CD 法四步开挖及六步开挖有限元模型，对受力及初支变形进行对比分析。

根据隧道支护体系是由支护结构和围岩共同组成的承载体系，按设计隧道初支采用钢格栅拱架与型钢中隔壁、喷射混凝土、锁脚锚杆的结构受力体系，超前注浆小导管预加固土体，同时把支护结构与围岩作为一个统一的力学体系来考虑，用有限梁单元模拟钢格栅拱架及型钢中隔壁，用多组弹性连接来模拟围岩与初支两者之间的相互作用。

根据设计方案，当采用四步法开挖施工时，通过建立 Midas 平面杆系有限元模型，取左上导洞整体开挖为研究对象，开挖步序及模型计算结果见图 2，其拱顶沉降最大值为 37.9mm，超过沉降允许值 30mm，达不到要求。

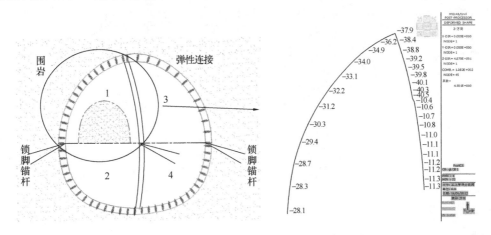

图 2　四步法开挖左上导洞开挖步序及沉降分析图

为进一步控制拱顶沉降，应进一步减小洞室的开挖断面尺寸，增加一道锁脚锚杆约束。结合设计图情况，将隧道左右上导洞分两次开挖，采用六步开挖法进行施工时，通过 Midas 平面杆系有限元模型计算，结果见图 3，其拱顶沉降最大值为 24.8mm，满足设计对沉降控制的要求。由此可见，通过上述方法能有效减小暗挖隧道拱顶沉降，增强初支刚度，保证施工更加安全可靠。

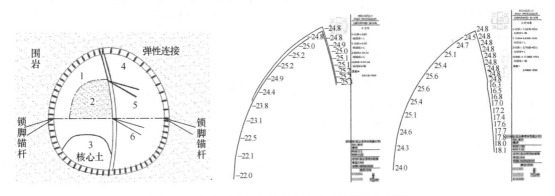

图 3　六步法开挖左上导洞开挖步序及沉降分析图

经对比分析，采用六步 CD 法施工，由于减小一次开挖断面尺寸，增加一道锁脚锚杆，起到可显著抑制沉降的效果，既能满足沉降控制要求，同时在上台阶开挖时，减小一次安装中隔壁长度，使施工安装中隔壁时方便快捷，可以缩短上台阶开挖及初支封闭时间，更有利于现场施工。

3　六步开挖 CD 法施工步序（图 4）

（1）超前小导管注浆，加固土体。
（2）第一步开挖，开挖左侧洞室的上台阶 1 部，并施作初期支护和临时支护，及时施作锁脚锚管。

（3）第二步开挖，开挖左侧洞室的中台阶 2 部，并施作初期支护和临时支护，及时施作锁脚锚管。

（4）第三步开挖，开挖左侧下导洞，并施作初期支护和临时支护，及时施作锁脚锚管。

（5）第四~六步开挖，左线开挖 8~10m 后，依次开挖右侧上台阶 4 处、5 处及下台阶 6 处，间距 3~5m，并施作初期支护和临时支护，及时施作锁脚锚管。

（6）分段局部凿除临时中隔壁下部，敷设防水层，绑扎钢筋，浇筑仰拱混凝土。

（7）分段局部凿除临时中隔壁上部，敷设防水层，绑扎钢筋，浇筑拱墙混凝土。

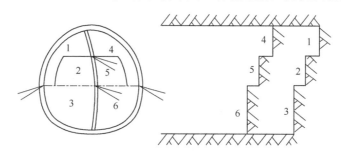

图 4　六步开挖 CD 法施工步序

4　CD 法施工主要工艺

（1）超前注浆小导管施工

隧道拱部 150° 采用 ϕ42mm×3.25mm，L＝3.0m 超前注浆小导管加固地层，每两榀打设一环 10°~15° 小导管，环向间距 0.3m。注浆压力为 0.3~0.5MPa。水泥浆水灰比为水泥浆：水＝（1~1.5）∶1（重量比），注浆后土体抗压强度不低于 0.8MPa，通过土体取芯法检测，无水情况下注浆采用纯水泥浆，有水地层采用水泥水玻璃双液浆。

小导管采用 ϕ42mm×3.25mm 钢管加工。前端加工成锥形，中间部位钻 ϕ8mm 溢浆孔，呈梅花形布置，尾部 1.0m 范围内不钻孔防止漏浆，末端焊 ϕ6 环形箍筋，采用引孔顶入法，通过注浆泵由两侧对称向中间进行，自下而上逐孔注浆。

（2）土方开挖

上台阶 1 部及 4 部土方开挖采用人工开挖，其他部位土方人工配合机械挖土，采用 PC55 挖掘机开挖。每循环开挖进尺 0.5m，初期喷护混凝土为 1 榀一喷。出渣通过人工配合挖掘机装电动三轮车，在竖井将土提升至地表临时堆土坑。

（3）格栅钢架加工及安装

格栅钢架主筋 C22，斜筋 C16，箍筋 A10，格栅之间设 C22 纵向连接筋。格栅钢架在洞外分片加工，放大样检验，洞内安装。

钢拱架在地面场地钢架加工区冷弯制作，在加工区安装设立 1∶1 胎膜的工作台，钢架分段制作，在地表按单元试拼合格后编号。

拱部格栅钢架安装前应清除拱脚下的虚渣及其他杂物，超挖部分用混凝土块垫实。格栅钢架精确定位，注意标高、中线，防止出现"前倾后仰、左高右低、左前右后"等各个方位的位置偏差。

（4）钢筋网片加工及安装

隧道初期支护全断面设钢筋网，纵向、环向采用 ϕ8 钢筋，间距为 200mm×200mm。钢筋网片提前加工成型，每一步开挖后应立即初喷 40mm 厚混凝土，然后打锚杆、架立钢架，再挂网。

（5）锁脚锚管施工

钢格栅安装完毕后，要及时施作锁脚锚管。锁脚锚管采用 $\phi42mm \times 3.25mm$ 无缝钢管制作，长度为 3m，钢架每个脚有 2 根锁脚锚管；锁脚锚管采用风钻钻孔，与钢架连接采用 L 形钢筋焊接；锚管安装完成后及时注浆填充。

（6）喷射混凝土

喷射混凝土采用湿喷工艺，喷射混凝土前对开挖轮廓线的位置进行检查，超欠挖应在规定允许范围内，对开挖轮廓表面进行清理，清除浮灰和松动土块。喷射混凝土作业分段分片进行。喷射作业自上而下，先喷钢格栅架与拱壁间隙部分，后喷两钢格栅架之间部分。

喷射混凝土分层进行，当开挖进行一个循环后，立即喷射 40mm 厚混凝土封闭洞身开挖面，钢格栅、型钢钢架及锁脚锚管等安装完毕后，进行分层复喷至设计厚度，先喷射 50～100mm 厚，余下部分再分次施工。

（7）初期支护背后注浆

为保证隧道防水效果及控制后期地表沉降，在隧道初期支护完毕后需对隧道进行初支背后注浆。注浆管在初期支护施工时拱部预埋 $\phi42$ 钢管，长 550mm，环向间距：起拱线以上为 2.0m，边墙为 3.0m，纵向间距为 3.0m，梅花形布置，初支闭合成环一定长度后（1～2 倍洞径），即对初支背后压注水泥砂浆，水灰比 1∶1，注浆压力为 0.2～0.3MPa，确保回填密实。

（8）二衬结构施工

开挖右侧下导洞，封闭初期支护。分段局部凿除临时中隔壁下部，敷设防水层，绑扎钢筋，浇筑仰拱及拱墙。

5　结语

CD 法常用于浅埋及比较软弱的地层中，而且是大断面隧道的开挖。合适的开挖方法，既能保障施工安全，又能加快施工效率。本文以实际工程为例，对六步 CD 工法与四步 CD 工法受力及地层沉降进行分析对比，并对施工步骤及开挖施工技术进行了详细的解析，确保施工顺利完成，六步 CD 工法取得了良好的应用效果，值得类似工程借鉴和参考。

参考文献

[1]　丁建方. 六步 CD 工法在偏压浅埋地段隧道开挖中的应用[J]. 建筑安全，2017，32(9)：58-60.

[2]　张向东. 隧道力学[M]. 徐州：中国矿业大学出版社，2010.

[3]　谭忠盛，孟德鑫，石新栋，姬同庚，何历超. 大跨小间距黄土隧道支护体系及施工方法研究[J]. 中国公路学报，2015，28(11)：82-89，97.

[4]　张永晓. 大断面隧道 CD 开挖工法受力及应用分析[J]. 东方企业文化，2012(8)：122-123.

[5]　刘晓峰. 浅谈隧道开挖六步 CD 法施工技术[J]. 江西建材，2014(8)：198，203.

作者简介：王天梁(1985—)，男，大学本科，高级工程师，目前主要从事城市轨道交通施工与管理工作。

高智鑫(1994—)，男，大学本科，在职研究生，助理工程师，目前主要从事城市轨道交通施工与管理工作。

轨道交通绿色智能建造

光电式双向位移计自动化监测技术在地铁基坑边坡监测中的应用

翟　宁

（中电建南方建设投资有限公司　深圳 518000）

摘　要： 依托深圳地铁某车辆基地工程，本文介绍了光电式双向位移计在基坑边坡沉降和水平位移自动化监测中的应用，包括传感器的详细安装过程及监测原理，并将现场自动化监测与人工监测数据进行对比分析，证明光电式双向位移计进行的自动监测效果可以达到理想要求，进而为推广应用提供技术支撑。

关键词： 光电式双向位移计；基坑边坡；自动化监测；沉降；水平位移

1　引言

基坑作为城市地铁、隧道及高层建筑的基础性工程，其设计的合理性与施工的安全性均会对整个工程产生较大的影响。基坑工程具有较强的综合性，涵盖地质、岩土、环境、结构等多个学科，且具有较高的风险性。目前我国城市轨道交通安全监测主要采用全站仪进行人工监测，也在探索静力水准、测量机器人、三维激光扫描等先进技术，从而降低人工监测中的人为因素、天气和现场施工情况等各项因素对数据准确性的干扰。

本项目使用的 JPLD-1000 光电式双向位移计由激光发射器和二维图像传感器组成，由激光发射器投射激光光斑到二维图像传感器的成像面上。由二维图像传感器识别激光光斑的二维位置，从而测量激光发射器和二维位移传感器之间的相对位移。激光因直线度好的优良特性而得到广泛应用，激光位移传感器可以进行位移、厚度、振动、距离、直径等精密的几何测量，如韩翀应用激光位移传感器测量卧式机组测量轴向位移，宫伟力等巷道支护恒阻大变形锚杆位移。

本文依托该工程采用光电式双向位移计进行自动化监测的原理，对边坡的沉降和水平位移进行监测，为今后类似工程提供技术指导。本工程所在地块基本呈长方形，长约 1200m，宽约 500m，场地内地势西高东低，自西向东基本呈 3 个台地地形，高程分别约为 130m、110m、70～90m，地块内相对高差为 10～70m。施工难度大，安全风险高，基坑开挖深度 8.5～21.2m，基坑安全等级为一级，重要性系数为 1.1。

2　传感器的选择与测点安装

使用 JPLD-1000 光电式双向位移计进行边坡沉降和水平位移监测。具体安装流程为：

（1）在基坑（边坡马道）端头处安装一个观测墩，安装一个激光发射器，作为测试的基准点。

（2）根据设计文件与现场条件，利用水准仪或全站仪放样确定测点位置。

（3）确保光电式双向计接收器水平，提高测试精度。

（4）安装支架并固定。

（5）将 ABS 防水盒放置在安装支架上，将信号线预留孔与安装支架上的孔对齐即可。

（6）将安装完成的光电式双向位移计用信号线串联，信号线双线端与本测点接收器连接，信号线单线头端与下一个测点的发射器连接。

（7）在相邻两个无盖保护盒的 8cm 洞中间分别安装薄 PVC 管用于保护光路，每隔 2m 安放 PVC 管支架。

（8）将信号采集端通过网线连接入机房，检查自动化采集数据是否稳定并与工程实际相一致。

3 测量原理

光电式双向位移计原理采用激光光斑成像技术，是将激光准直技术、光电成像技术、图像处理技术融合在一起的变形测量技术。利用激光的单向性，从一个测点将激光对准另一个测点的成像靶面，在固定成像光电器件、激光器和成像靶面的情况下，在成像靶面上显示激光光斑，将初始的光斑位置拍照后，经过图像处理的方法找出激光光斑的中心位置，以记录其初始的光斑位置。当测点 2 相对于测点 1 发生位移，系统再次拍照，

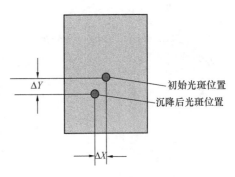

图 1 双向位移计成像示意图

经过同样的处理，将数据记录，根据两次的测量数据，从而可以得到两测点的相对位移 ΔX、ΔY。如图 1 所示，设 XY 为成像靶面局部坐标系，初始激光光斑中心点坐标为 $(X_0，Y_0)$，变形后激光光斑中心点坐标为 $(X'，Y')$。则激光发射器和图像传感器的水平错动距离为 $X'-X_0$，沉降差为 $Y'-Y_0$。

4 监测结果

4.1 沉降监测

针对边坡沉降采用双向位移计和人工监测两种方式进行为期 3 个月的变形监测，测点布置图见图 2，监测数据见表 1，监测变化曲线见图 3、图 4。两种监测方式所得的边坡沉降随着施工的进行，边坡的沉降开始快速增加，然后增加速度变缓，最后趋于稳定，其变化规律是一样的，均小于控制值 30mm，表明基坑施工稳定安全；自动化监测所得的边坡沉降量值与人工监测沉降量值最大差值范围为 1.03～1.23mm。由此表明，采用光电式双向位移计自动监测边坡沉降技术误差小于 3mm，能满足精度要求。

边坡沉降自动化监测与人工监测数据对比表（单位：mm） 表 1

测点	监测方法	6月6日	6月8日	6月11日	6月15日	6月19日	6月26日	7月3日	7月10日	7月22日	8月5日	9月4日	9月28日
1号位移计	人工监测	−0.786	0.359	1.268	1.897	2.563	2.945	4.236	5.360	6.884	5.945	6.012	6.354
1号位移计	自动化监测	−1.12	−1.56	0.94	1.40	1.86	4.25	4.78	5.04	5.85	4.88	5.06	5.24
2号位移计	人工监测	−0.562	−0.951	1.630	2.560	2.980	4.560	6.854	7.123	6.880	7.129	5.186	6.954
2号位移计	自动化监测	−0.89	−1.35	−0.96	1.28	1.84	3.69	5.30	6.41	6.52	7.98	6.12	6.86
3号位移计	人工监测	0.883	1.567	3.546	5.236	4.886	5.641	7.050	8.156	8.890	9.159	8.786	9.018
3号位移计	自动化监测	1.06	0.74	2.65	4.22	4.61	5.95	7.14	8.86	7.97	8.95	9.20	9.41
4号位移计	人工监测	1.896	2.425	3.660	6.157	8.554	9.456	8.887	10.258	10.876	11.259	12.694	13.745
4号位移计	自动化监测	0.36	1.62	2.45	5.15	7.68	9.23	9.56	10.20	9.64	10.77	12.52	11.87
5号位移计	人工监测	0.567	2.451	3.590	5.240	6.123	6.785	8.564	7.563	8.122	5.641	6.874	7.154
5号位移计	自动化监测	1.15	2.36	3.34	4.45	5.10	6.26	7.35	7.68	8.34	6.50	6.24	6.96

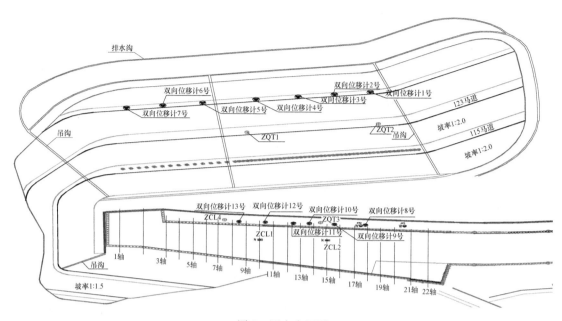

图 2 测点布置图

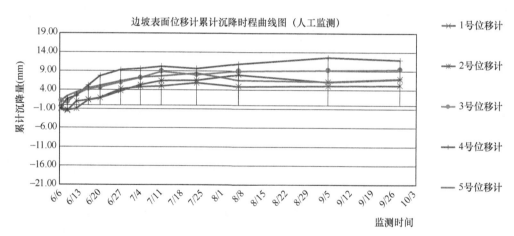

图 3 边坡沉降人工监测变化曲线

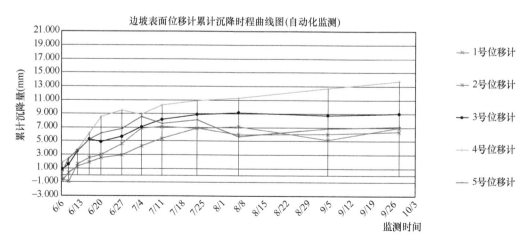

图 4 边坡沉降自动化监测变化曲线

4.2 水平位移监测

针对边坡水平位移，采用双向位移计和人工监测两种方式进行为期3个月的变形监测，监测数据见表2，监测变化曲线见图5、图6。两种监测方式所得的边坡水平位移随着施工的进行，边坡的水平位移开始快速增加，然后增加速度变缓，最后趋于稳定，其变化规律是一样的，均小于控制值30mm，表明基坑施工稳定安全；自动化监测所得的边坡水平位移量值与人工监测值最大值变化范围为0.724～1.390mm。采用光电式双向位移计自动监测边坡沉降技术误差小于3mm，能满足精度要求。

边坡水平位移自动化监测与人工监测数据对比表（单位：mm） 表2

测点	监测方法	6月6日	6月8日	6月11日	6月15日	6月19日	6月26日	7月3日	7月10日	7月22日	8月5日	9月4日	9月28日
1号位移计	人工监测	0.6	0.3	−1.1	−2.6	−1.9	−3.4	−4.4	−5.2	−6.7	−7.4	−8.2	−7.6
1号位移计	自动化监测	0.0687	−1.242	−2.680	−3.200	−3.542	−5.686	−5.983	−6.866	−7.354	−7.530	−8.040	−7.544
2号位移计	人工监测	−0.3	−0.8	−1.3	−2.8	−3.5	−4.2	−5.7	−11.7	−10.2	−9.3	−8.4	−8.9
2号位移计	自动化监测	−0.450	−1.180	−1.865	−3.223	−3.754	−4.680	−6.874	−12.590	−9.541	−8.867	−8.450	−8.653
3号位移计	人工监测	1.2	0.8	−0.6	−2.8	−3.8	−8.1	−8.5	−7.3	−9.6	−9.1	−8.2	−7.9
3号位移计	自动化监测	−1.155	−1.983	−3.560	−3.756	−4.516	−8.456	−7.896	−6.942	−10.496	−8.120	−7.543	−7.846
4号位移计	人工监测	−0.4	−0.9	−1.4	−1.2	−1.9	−2.5	−3.1	−3.9	−4.5	−3.5	−4.9	−4.7
4号位移计	自动化监测	−0.423	−0.265	0.248	−0.174	−0.847	−1.743	−2.657	−3.268	−3.941	−3.687	−4.128	−5.624
5号位移计	人工监测	−1.2	−1.5	−2.5	−3.1	−2.8	−3.6	−4.2	−6.9	−10.8	−11.2	−9.1	−8.3
5号位移计	自动化监测	0.750	−1.420	−1.956	−2.413	2.846	−3.687	−4.582	−7.459	−11.241	−9.423	−8.652	−8.714

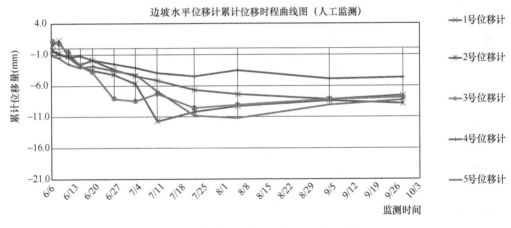

图5 边坡水平位移人工监测变化曲线

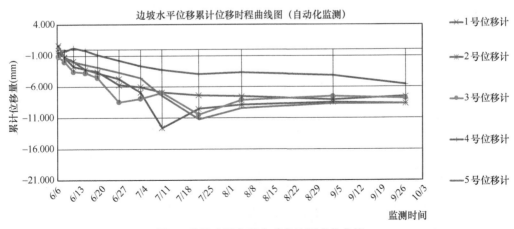

图6 边坡水平位移自动化监测变化曲线

5 结论

依托深圳地铁某车辆基地工程，利用双向位移计开展了施工自动化监测技术的研究，对边坡的沉降和水平位移进行监测，经自动化监测与人工监测对比分析，结果表明：由自动化监测数据和人工监测数据对比分析可知，沉降和水平位移变化规律相同，其累计变化量值基本相当，表明采用光电式双向位移计进行的自动监测效果达到理想要求，可以进行现场实用。

参考文献

[1] 高开强. 自动化监测系统在深基坑工程中的应用及可靠性分析[J]. 经纬天地，2021(1)：75-86.

[2] 祝丽红. 岩土工程中基坑支护工程存在的问题及对策[J]. 江西建材，2016(22)：210.

[3] 曹宝宁. 城市轨道交通工程风险监测综合技术应用[J]. 北京测绘，2018，32(12)：1456-1460.

[4] 韩翀. 激光位移传感器在卧式机组测量轴向位移中的应用[J]. 水电与新能源，2018，32(10)：49-50，55.

[5] 宫伟力，张自翔，高霞，何满潮，孙雅星. 激光位移监测恒阻大变形锚杆 SHTB 试验研究[J]. 岩石力学与工程学报，2018，37(S2)：3926-3937.

作者简介：翟宁(1997—)，女，大学本科，工程师，目前主要从事城市轨道交通施工与管理工作。

盾构施工废浆固液分离技术及其应用

嵇舒瀚

（中电建南方建设投资有限公司　深圳 518000）

摘　要： 采用自主设计的废浆固液分离技术对盾构渣土进行处理并运用于实际工程中。结果表明：盾构渣土通过筛分、水洗、回收等设备提取泥浆中的骨料、石砂，通过泥浆絮凝得到净化后的泥浆，再通过压滤机使泥浆压滤成泥饼，实现泥水的干堆干排及水的回用。该工艺通过对渣土的泥水分离处理，使盾构渣土处置进入无害化、减量化、资源化，减少因渣土消纳对工程建设的影响，为国内盾构泥浆处理提供了较好的借鉴。

关键词： 盾构渣土；固液分离；泥沙分离系统；泥浆脱水系统；絮凝沉降

1　引言

在城市地铁建设中，国内越来越多的隧道采用盾构机施工，由其产生的废弃泥浆迅速增长，盾构渣土主要污染物为粒径大小不等的固体颗粒及膨润土、黏土水合作用形成的胶体，这种特殊的絮状结构，使其包含的水分很难被脱除，导致废弃泥浆含水率高，难以堆放，外运困难，不利于泥浆的回收，污染环境。国内外对于废弃泥浆的无害化处理以固化技术研究较多，但处理方法在废弃泥浆的资源化方面并未得到改善，相比之下，固液分离技术更有发展前景，符合社会发展需求。

固液分离技术主要包含泥砂分离系统和泥浆脱水系统，渣土通过筛分、水洗、回收等设备提取泥浆中的骨料、石砂，通过泥浆絮凝得到净化后的泥浆，再通过压滤机使泥浆压滤成泥饼，实现泥水的干堆干排及水的回用。

2　盾构渣土的产生及影响

2.1　盾构渣土的产生

在土压平衡盾构施工中，为使入仓的渣土具有较好的流动性，降低渣土黏度和土仓内的温度，减少盾构机械磨损，改善盾构机掘进参数以及提高盾构机掘进质量，需添加泡沫剂和高分子聚合物，会导致外排的盾构渣土中含有泡沫剂和高分子聚合物。

2.2　盾构渣土的危害

（1）盾构渣土的产量巨大，盾构渣土专用处置和收纳场所严重不足。

（2）盾构渣土中含有影响生态环境的高分子聚合物，这些高分子有机物进入环境后，会造成自然水体水质的恶化，进而会对人类健康造成危害。

（3）盾构渣土主要污染物为粒径大小不等的固体颗粒及膨润土、黏土水合作用形成的胶体，因而盾构渣土中会有大量流动性泥浆，很难干化、流动性大，运输途中会产生泄漏等问题，而矿洞填埋或大量堆积存在潜在地质危害。

3　工程实例

工程位于深圳地铁 12 号线土建六工区，工区包含南起于深圳宝安国际机场东（不含）、北至永和站间4站4区间工程，包含：机场东站（不含）—翠岗工业园站、翠岗工业园站、翠岗工业园站—怀德站、怀德站、怀德站—福永站、福永站、福永站—永和站、永和站，线路全长6.12km。

翠岗工业园站—怀德站区间主要穿越地层为全、强、中、微风化混合花岗岩，局部砂质黏土，全断面穿越强、中等风化碎裂岩。区间中间约260m范围内全断面穿越微风化混合花岗岩，微风化混合花岗岩饱和单轴抗压试验成果，其强度在18.6～107.5MPa，平均81.8MPa，属极硬岩。

4 盾构施工废浆固液分离施工工艺

4.1 工艺原理及流程

盾构渣土施工工艺流程包含进料、筛分、泥浆调理、压滤及尾水处理五个环节，可分为泥砂分离、泥浆脱水两大系统。本次自主设计的盾构施工废浆固液分离系统设置在怀德站，为翠怀区间进行盾构泥浆处理。现场使用的设备主要包括勾渣斗、振动筛、洗砂机、细砂回收机、沉淀罐、压滤机等，结合不同地质特性，通过设备配置和参数调整形成一套完整的盾构渣土施工工艺。盾构渣土施工工艺流程如图1所示，盾构施工废浆固液分离系统布置如图2所示。

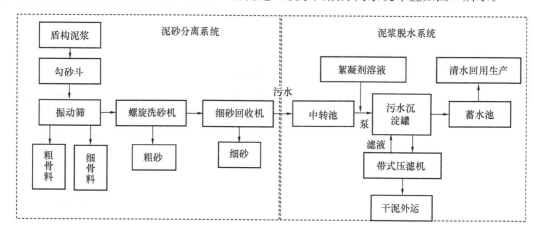

图1 盾构施工废浆固液分离施工工艺流程图

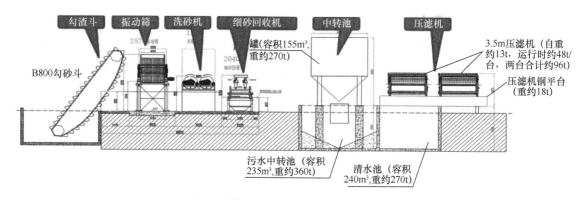

图2 盾构施工废浆固液分离系统布置图

盾构泥浆通过电瓶车、门式起重机运输至车站渣土坑，再通过勾渣斗提升至振动筛进行筛分，粗砂经振动筛上网滑落至粗砂堆场，而细砂则滑落至螺旋洗砂机，经螺旋洗砂机搓散原料中的泥团，最终产出成品细砂，至此完成泥砂分离过程。

冲洗物料的洗砂废水流入中转池，通过污水泵将污水提升至高位沉淀罐，利用罐体巧妙的结构，湍急的水流速度逐渐减缓，经过污水罐的沉淀后，上部清水溢流到清水池中，在清水池安装清水泵即可回用至洗砂设备。而通过加入聚丙烯酰胺（PAM）作为絮凝剂配制的絮凝剂溶液进行反应，迅速沉淀的浓泥浆进入到压滤机进行深度脱水，通过反复挤压后，达到最大限度的泥、水分离，从而完成泥水分离，而滤液回收到污水罐再利用。

泥浆脱水在污水沉淀罐中进行，并经压滤机挤压至完全泥水分离。泥浆脱水部分由缠绕在多个转辊上的高透水性滤带，和自由水重力脱水区、多辊排列而成的弧形面预压区和7～10个直径逐渐递减的系列转辊形成的低压区及高压区组成。泥浆经输送泵注入污水沉淀罐，与同时加入的浓度为0.05%～0.1%阴/阳离子絮凝剂溶液相混合并充分反应后，泥浆中的微小固体颗粒（或悬浮物）聚凝成体积较大的絮状团块，物料间的结合及表面水分离成自由水，当物料被输送铺展到预脱水区的滤网上，在重力作用下自由水透过滤网背面而渗出分离，网正面形成不流动状态的污泥，达到压榨脱水区实施最大压力条件，然后随着网带的移动而夹持在上下两条网带之间，经过具有可调性张紧力的过滤带及直径逐渐递减的转辊，实施连续增加的缓慢挤压力、剪切力作用，通过低压区、中压区和高压区将泥浆中的水分最大限度地挤压出来，形成含水率较低的滤饼，方便运输、储存及后续加工等处置要求。

4.2　絮凝沉降及絮凝剂溶液

废弃泥浆中较多颗粒可通过自重沉降及离心分离技术去除，但该物理方法对于粒径小于0.05mm的粉细砂颗粒、大部分的重晶石粉颗粒和几乎全部的膨润土、黏土水合物不能进行有效去除。絮凝沉降作为固液分离的重要方法之一，能有效去除废弃泥浆中的细小颗粒。

聚丙烯酰胺（PAM）通常不能直接使用，需要按一定的比例用水进行稀释溶解，待其彻底溶解之后再使用，简要步骤如下：将聚丙烯酰胺（PAM）作为絮凝剂，制备絮凝剂溶液时，操作人员先手工称量絮凝剂（团状粉末或液体），按溶解比例0.05%～0.1%将一定量的絮凝剂倒入自动投药器中，开动搅拌，将絮凝剂与水缓慢混合并充分搅拌溶解，搅拌时间为30～50min，最后排入污水沉淀罐。同时注意要选用水质较好的清洁水来溶解PAM；配制浓度一般控制在0.05%～0.1%，具体数量根据污水浓度以及处理标准确定，污水浓度高，则需用配制低浓度的絮凝液，污水浓度低，则需要配制高浓度的絮凝液；絮凝剂要缓慢投入水中，并伴随80～120r/min的搅拌速度。若形成棉花团胶块，则需放慢投加速度。溶解好的絮凝液需在30h内用完，过期会逐渐分解失效。

4.3　盾构泥浆分离施工过程前后注意事项

（1）设备工作前的准备及注意事项

确保主机、配套设备、连接管路、阀门安装符合要求，清扫现场及主机上的杂物，尤其是主机滤网上不可遗弃任何杂物，以防滤网运转时受夹挤而破损。

（2）盾构泥浆分离施工过程注意事项

对主机及其附属设备进行维护，维修时需在断电停机状态下工作。絮凝反应效果不理想时，应检查溶药系统、加药系统及絮凝剂的质量、选用种类、配制浓度和污泥浓度、成分、酸碱性等方面可能引起的问题。滤饼同滤网不易刮离，或刮离后滤网上仍附着较多污泥，需检查污泥絮凝反应效果，适当调节污泥泵和药液泵的混合比以及流量，使之水、泥反应分离彻底。滤网通过清洗装置后，滤带表面仍有大量残余污泥阻塞网面间隙时，需停机彻底疏通喷嘴，保持高压喷水畅通均匀，否则将严重影响滤网的透水性，并直接影响滤饼的干度和产量。滤网张紧及纠偏装置需灵活可靠，否则会损坏或减少滤网使用寿命。

4.4　工艺效果评价

这套工艺流程简洁明快、操作简便、布局紧凑及占地面积小（占地面积仅为早期污水处理系统的1/3左右），非常适合泥浆渣土的处理。而且泥浆压滤施工过程中，压滤系统为全自动化操作，设备稳定性好，人员操作简单，安全度高，可以大大降低事故发生率，避免或减少了因安全事故造成的额外投入。

盾构施工废浆固液分离施工工艺能达到泥砂分离、泥水分离及固废干排的效果，处理后的水、泥均能达到国家环境保护要求，排出的泥饼含水率极低，方便运输，也可另作他用，合理解决了泥浆外运困难的问题，不仅满足了基础施工的质量控制要求，同时对节约工程开支、文明施工、环保施工做出了巨大贡献。

4.5 盾构渣土资源化利用

根据此工艺流程，盾构渣土得到无害化处理，根据翠怀区间现场实际存量 1800m³ 盾构渣土，共产生 261m³ 粗砂（占比 14.5%）、86.4m³ 粗骨料（占比 4.8%）、162m³ 细骨料（占比 9%）、225m³ 细砂（占比 12.5%）、450m³ 泥饼（占比 25%）、水及其他分离物（占比 34.2%）。

泥浆经过振动筛分离出来的骨料如图 3 所示，可以直接外销。洗砂机处理后得到粗砂如图 4 所示，可以直接外销。通过细砂回收机回收的细砂可以直接用于盾构区间同步注浆，压滤后的渣土形成泥饼如图 5 所示，可直接外运。压滤机压滤后的清水如图 6 所示，可作为调整和拌制泥浆的原料循环利用，真正做到"零污染、零排放"。

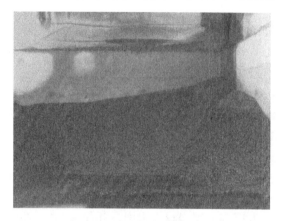

图 3　筛分成品骨料

图 4　筛分成品粗砂

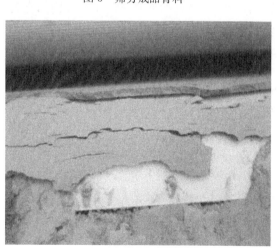

图 5　泥饼压滤效果

图 6　清水排放

5　结论

以深圳地铁 12 号线一期六工区翠怀区间渣土处理为研究对象，盾构施工废浆固液分离系统不仅满足了基础施工的质量控制要求，同时对节约工程开支、文明施工、环保施工做出了巨大贡献。通过盾构施工废浆固液分离系统的应用，通过筛分、洗砂、沉淀和压滤等设备将盾构渣土进行处理，实现了盾构渣土资源化、减量化、无害化。

该工艺技术成果先进，适用性强，施工安全性高，施工成本低，节能效果明显，为地铁施工带来不可估量的效益。研究成果也为我国同类城市盾构渣土处理积累了一些宝贵经验。

参考文献

[1] 茅宁，刘志明. 城市轨道交通建设渣土资源化利用现状[J]. 非开挖技术，2020(2)：1-5.

[2] 侯孝军，陈圆云，高小红，等. 盾构渣土处理技术研究与应用[J]. 云南水力发电，2021，37(8)：57-60.

[3] 刘智峰，崔剑峰，蒋勇兵，等. 絮凝剂对打桩废弃泥浆的处理研究[J]. 山西建筑，2015，41(22)：181-183.

[4] 左俊卿. 盾构工程废弃泥浆固化技术研究[J]. 建筑施工，2016，38(3)：332-334.

[5] 平洋，油新华，马庆松，等. 工程废弃泥浆快速无害化处理研究[J]. 施工技术，2020，49(7)：114-116.

[6] 郭卫社，王百泉，李沿宗，等. 盾构渣土无害化处理、资源化利用现状与展望[J]. 隧道建设（中英文），2020，40(8)：1101-1112.

[7] 杨春英，白晨光，马庆松. 絮凝固液分离技术处理废弃泥浆试验研究[J]. 实验室科学，2013，16(1)：50-53.

[8] 梁兵，李林栖，廖子浩，等. 一种带式辊压泥水分离系统[P]. 四川省：CN211645022U，2020-10-09.

[9] 翁晨凯. 污水絮凝剂配制设备及其污水处理方法[P]. 广东省：CN112194229A，2021-01-08.

[10] 李珂，陆新生. 一种用于污水处理厂的污泥离心式压滤脱水装置[P]. 北京市：CN215480481U，2022-01-11.

作者简介：嵇舒瀚（1994—），男，硕士研究生，目前主要从事城市轨道交通施工与管理工作。

BIM 技术在地铁明挖车站土建施工中的应用分析

王晓明[1]，李金武[1]，何树文[2]

(1. 中电建铁路建设投资集团有限公司　北京 100070；
2. 中国水利水电第八工程局有限公司　长沙 410004)

摘　要： 从地铁不放坡开挖的明挖地铁车站着手，以地铁车站土建施工内容为主线，应用 BIM 技术建立车站结构模型，对复杂结构和关键节点进行深化设计，实现在前期管线迁改、施工场地布置和可视化交底等方面的应用，提升了地铁车站土建施工的技术管理水平，较好地指导现场施工，同时也为今后明挖地铁车站施工提供一些参考和借鉴。

关键词： 明挖地铁车站；土建施工；BIM 技术；应用

1　前言

目前我国 BIM 技术发展迅速，在工程建设领域应用广泛，特别是在房屋建筑领域应用比较成熟。随着我国地铁建设力度不断加大，面临的最大问题是难以对形式复杂的车站结构进行统一协调管理，由于地铁车站深基坑工程涉及专业众多，需要处理的信息数据来源广、类型多，不同专业间的沟通协调比较困难，施工过程中容易产生工序安排和工期控制方面的问题，严重影响了地铁基坑工程的施工效率和建设质量，而解决途径之一是利用 BIM 技术进行数字化模拟，准确地分析出车站结构信息，对施工环节中可能出现的问题提前做出预判，寻找优良解决方案，提升工作效率。当前，BIM 技术在地铁工程领域已经取得一些应用，在地铁车站机电安装、装饰装修方面不乏成功案例，而在车站深基坑土建施工应用较少，未引起足够的重视，加大 BIM 技术应用是实现车站施工高效率、规范化、低成本、全面协同的关键。

2　BIM 技术在地铁深基坑设计中的应用

2.1　车站围护结构和主体结构模型建立

根据施工设计图纸、文件资料以及相关 BIM 标准和技术要求，采用 Revit 软件建立车站围护结构和主体结构模型（图1、图2）。对建模过程中发现由于设计不合理或施工违规导致的问题

图1　车站 BIM 土建围护结构模型图示例

提出相关检查报告，并及时同步更新相应 BIM 模型。车站结构模型包含结构图纸中所表达的相关信息，在发生设计变更时，及时修改和维护 BIM 模型。根据施工图建立结构模型，实现施工过程可视化模拟、节点细化可视化交底、工程量计算及预留预埋等相关工作的实施，并与土建完成的结构实测数据进行对比修正，为后续机电设备安装模型搭建工作提供基础。

图 2　车站 BIM 土建主体结构模型图示例

2.2　车站复杂结构三维深化设计

应用 Revit 软件对车站复杂结构进行深化设计，以保障工程安全质量及使用性能。基于确定后的复杂方案 BIM 模型，结合详细设计图纸进行深化三维建模，即建立结构细化模型，并进行设计冲突分析，自动生成分析报告。一旦发现设计问题，则进行图纸修改→再建模→再检测，直至全部解决设计问题，确保施工方案快速稳定。

（1）土建结构深化设计

土建结构孔洞预留与埋件预埋的位置和尺寸直接影响后续设备房间的管线布置。利用 BIM 三维管线综合图，对应管线桥架等穿墙点和机电安装的预埋位置，获取对应管线、桥架尺寸、位置和高度等信息，通过剖面图、报表等形式提取孔洞和预埋信息，形成轴测图、剖面图二三维相结合的预留预埋二次深化图纸，指导作业班组施工，最大限度地避免管线拆改或重新开孔和封堵空洞，减少返工和材料浪费，保障施工工期，如表 1 所示。

土建施工阶段深化过程数据说明　　　　　　　　　　　　　　　　　表 1

模型类型	模型包含数据信息
三维管线综合图	三维管线综合图是设计阶段 BIM 输出成果。BIM 三维管线综合模型应包括施工图设计对应的土建、机电、钢结构模型等
开孔剖面	剖切面中孔洞的高度、尺寸，以及剖切面对应的建筑、结构信息
孔洞清单	按尺寸等统计的孔洞信息，包含孔洞编号、尺寸、高度等信息
预埋清单	按尺寸等统计的预埋信息，包含预埋件编号、尺寸、高度等信息
土建 BIM 深化成果	1. 里程、标高以 m 计（括号内为绝对标高）、面积以 m² 计，其他尺寸以 mm 计。 2. 单独孔洞按孔洞图预留，孔洞周边构造设置措施可参见土建结构图纸。 3. 对于管线与土建结构之间等不易封堵的地方，可根据管线情况，在管线安装前提前采取措施。 4. 根据一定的尺寸范围，分批次提供孔洞。根据管线综合图纸，综合考虑孔洞的合并和预留。 5. 孔洞的合并与预留调整，与设计沟通确认后方可实施。 6. 预留预埋实施前，按照管线图纸对隔墙预留孔洞的尺寸和位置进行核对，设计确认无误后再施工

（2）细化复杂节点钢筋排布

利用 Revit 软件对于复杂节点的钢筋排布进行深化，辅助班组对钢筋的连接、钢筋笼的绑扎及复杂节点进行交底。利用 BIM 技术建立钢筋焊接、绑扎、成品保护等措施模型，进行施工交付；项目存在复杂节点，建立复杂节点模型，对复杂节点施工进行技术交底。如图 3、图 4所示。

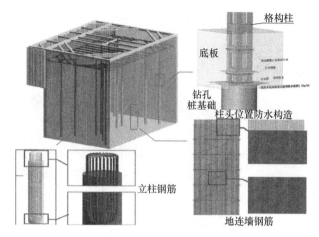

图 3　支撑结构关键节点模型

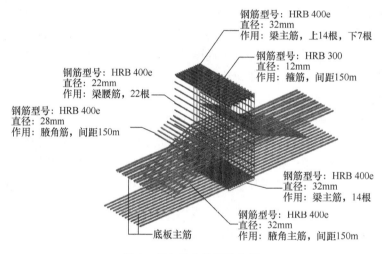

图 4　复杂节点处钢筋布置

3　BIM 技术在地铁深基坑施工中的应用

3.1　前期工程施工应用

由于地铁车站绝大多数位于繁华都市区，构筑物、管线及道路等相关设备设施较多，施工前期，面临管线迁改、交通疏解等复杂工程，对工程实施影响较大，若施工前未充分筹划，对相关问题预判不足，导致工程推进进度慢，工期滞后。在施工前，施工单位应按照设计方提供的设计图纸和经纬度坐标，通过地质勘察报告和管线实测位置信息，建立车站管线模型，并在同一坐标系下整合车站围护结构模型、主体结构模型和管线模型，实现前期工程的三维可视化模拟，及时掌握管线迁改的类别、位置等信息，采取相应的施工方案，预判实施过程中可能存在的问题，最大限度地避免二次迁改（图 5）。

使用无人机垂直定点航拍，确定地铁车站平面位置。利用 BIM 技术将二维交通疏解图变成

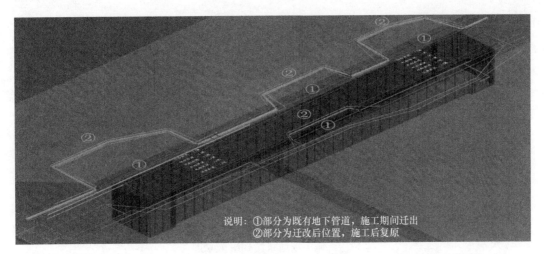

说明：①部分为既有地下管道，施工期间迁出
②部分为迁改后位置，施工后复原

图 5　管线迁改 BIM 模型图

三维立体形象的可视化模型，使各相关单位直观了解既有道路拆改后的情况，然后建立交通流，模拟道路改造后的交通状况，并针对模拟后的交通疏解方案进行优化分析，提高交通疏解方案的审核通过率（图 6）。

图 6　车站交通疏解模拟图

3.2　施工场地布置应用

施工前，结合自身项目的特点，在项目施工准备阶段，使用 Revit 软件创建各类标准化族文件，并不断收集整理各类族、标准化图片，建立标准化族库，为场地布置模型的建立奠定基础，提高模型创建的效率。

通过 Dynamo、Civil 3D 等相关软件建立场地周边道路、主要建筑物、施工围挡与场地布置的三维模型，实现良好的视觉效果，通过三维化模拟，输出高清三维图片和模拟动画，对施工场地布置合理性分析起可视化指导作用，有效解决二维图纸无法体现竖向空间布置的问题，可以更好地解决施工用地布局问题，使临时设施建设和布置更加合理，有利于指导施工。利用 3DS MAX 漫游软件，对规划的临建进行视角分析，形成《安全文明施工标准化施工图册》，指导现场施工，确保工地宣传牌、标语、标识标牌布置整齐划一，保证视觉效果，推进安全文明施工。如图 7 所示。

图7 施工场地布置 BIM 效果图

3.3 可视化交底方面的应用

施工前，熟悉掌握危险性较大的分部或分项工程施工方法及内容，利用 Revit 软件对工程车站围护、主体结构施工等关键节点进行模拟，完成成果将包含详细的节点模型、节点材料清单及相应的虚拟施工影像。进行相应书面、可视化交底，提高施工工艺的标准化程度，提高施工质量，确保工程施工安全。在施工阶段可将技术、质量和安全重要问题表现在 BIM 模型中，通过三维动态漫游、输出静态渲染图片、剖面详图、三维模拟动画等方式对各工区项目部相关技术、质量和安全人员进行可视化交底。

（1）基坑开挖与支护方案模拟

为便于技术人员、施工工人等直观掌握工程各阶段施工内容及施工要点，可利用 BIM 技术对车站施工进行施工工序模拟。模拟内容主要为施工方法及施工顺序，明确复杂工序的最优施工方案，形成带时间参数的土建局部模型、管线综合模型、相应工序的虚拟施工影像及相应工序的施工方案，并进行可视化交底（图 8）。

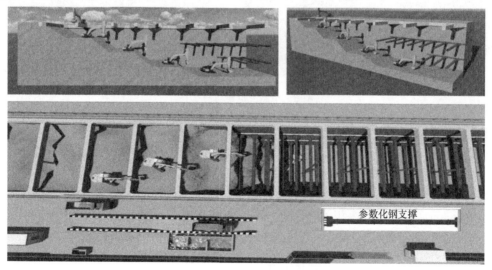

图8 基坑开挖与支护方案

建立基坑开挖围护结构模型，模型包含工程地质、施工场地布置、基坑开挖方式、分层分段、开挖顺序、支护结构等施工信息，直观模拟基坑开挖场地布置方案、机械设备三维干涉、基坑开挖施工工艺等，输出的图片和动画及模型信息成果贯彻方案的评审、校核和优化等整个过程中。

（2）关键、复杂节点的工艺模拟

利用 Revit 软件对车站基坑围护结构施工等关键、复杂节点工艺进行模拟，完成成果将包含详细的节点模型、节点材料清单及相应的虚拟施工影像（图9）。

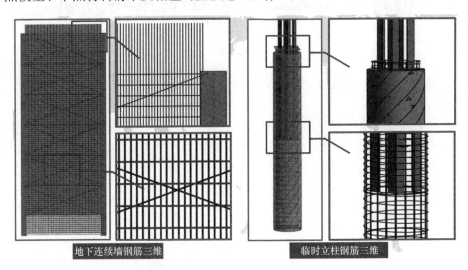

地下连续墙钢筋三维　　　临时立柱钢筋三维

图9　节点三维可视化质量交底

4　结语

随着地铁建设的迅猛发展，BIM 技术在施工现场管理中的应用已经十分广泛，现场可挖掘的应用点很多，因此，施工单位创新运用 BIM 技术管理施工现场显得尤为重要。施工人员通过 BIM 技术进行土建深化设计，利用 BIM 技术的可视化、模拟性、优化性、协调性等功能，将传统的二维平面图纸、复杂节点设计转换为直观可视化的三维模型，将复杂的施工技术交底从文字转换为三维模型演示等，使工程能够更加安全、优质、高效地完成，从而有效地提高现场施工信息化管理水平。

参考文献

[1]　王清富. BIM 技术在地铁车站土建施工中的应用[J]. 工程技术与应用，2020，34(9)：74-76.

[2]　农兴中，史海欧，袁泉，曾文驱，郑庆，丁国富. 城市轨道交通工程[J]. 西南交通大学学报，2021，56(3)：451-460.

[3]　张鹏. BIM 技术在地铁车站土建施工中的应用探讨[J]. 施工技术，2020，47(2)：33-34.

[4]　李坤. BIM 技术在地铁车站结构设计中的应用研究[J]. 铁道工程学报，2015，2(197)：103-108.

[5]　刘加福. BIM 技术在土建现场施工管理工作中的应用[J]. 散装水泥，2021(6)：58-60.

[6]　李直，曾宏强，滕飞. BIM 技术在传统土建施工深化设计中的运用[J]. 城市住宅，2021 (1)：194-195.

[7]　高承喜. 试论 BIM 技术在土建工程施工中的应用[J]. 砖瓦，2021，76(9)：155-157.

[8]　郭坚，陈韬. BIM 技术在地铁建设交通疏解中的应用研究[J]. 公路与汽车，2022，1(208)：29-33.

作者简介：王晓明（1976—），男，大学本科，高级工程师，目前主要从事城市轨道交通施工与管理工作。

李金武（1984—），男，硕士研究生，高级工程师，目前主要从事城市轨道交通施工与管理工作。

何树文（1996—），男，大学本科，助理工程师，目前主要从事城市轨道交通施工与管理工作。

地铁项目施工噪声控制策略分析

张宇睿

（中电建南方投资有限公司　深圳 518000）

摘　要： 城市轨道交通建设施工靠近城市商业区、居民区等人口密集地段，不仅施工建设周期长，而且让建筑施工噪声严重影响了附近居民的日常生活。本文通过对地铁施工过程中 5 种主要施工机械的噪声产生特点分析，从地铁施工技术和管理方面，提出相应的噪声控制策略，为地铁施工噪声管理提供思路。

关键词： 噪声；地铁施工；工程机械；控制；策略

1　引言

随着我国经济的高速发展、城市化进程的加快和人口的快速集中，我国城市轨道交通建设也进入了快速全面发展的新时期。同时也导致我国施工环境污染十分严重，大气污染、水污染、噪声污染等问题突出。而在各种施工环境问题中，噪声污染对于人们日常生产生活的负面影响尤为明显。在城市化快速进程中如何做好施工环境保护，是当前我国面临的最为艰巨的任务之一。在城市轨道交通建设中，施工噪声污染产生了十分严重的问题，不仅影响施工现场的正常秩序，还对施工人员和建筑周边居民的心理健康、听力和神经系统的健康带来严重影响。针对施工噪声污染问题，2021 年 3 月国务院公布的"十四五"规划和 2035 年远景目标纲要，明确提出"加强环境噪声污染治理"，为环境噪声污染防治工作指明了方向。深圳市生态环境局根据《深圳经济特区环境噪声污染防治条例》，制定了《建设工程施工噪声污染防治技术规范》DB 4403/T63—2020，并于 2020 年 5 月 1 日正式实施。

同时，针对施工现场噪声污染的研究和防治实验也在摸索中前进。Jinwoo Choi 等（2021）基于施工现场的设备和工作类型的不同，建立自动化噪声暴露评估模型，以实时预测施工现场噪声水平。Seunghoon Jung 等（2020）采用定量模型计算施工现场建筑噪声及其对附近居民的健康影响程度。胡月琪等（2017）通过对北京市地铁列车运行引发的建筑室内结构噪声进行研究，得出地铁列车运行引起建筑室内结构噪声的特征频率为 31.5～100Hz。李辉（2012）从城市道路交通噪声频谱特征、噪声随时间变化规律、噪声在垂直方向的传播特征等维度分析城市道路交通噪声污染特征。目前对于地铁施工噪声的研究相对较少，目前施工噪声的研究更多侧重于噪声的来源、产生和传播，针对噪声传播过程的管控研究相对较少。

2　地铁噪声来源

地铁噪声主要来源于施工机械，如表 1 所示是常见的几种施工机械的噪声大小。

对于地铁项目，尤其是地铁深基坑围护结构施工中，主要大型工程机械设备有成槽机、双轮铣、旋挖钻机、冲击钻机、履带吊。上述 5 种设备结构复杂、功率大，噪声辐射严重，是地铁建设施工现场的主要设备噪声源。

常见的几种施工机械的噪声大小　　　　表1

施工设备名称	距声源 5m（dB）	施工设备名称	距声源 5m（dB）
液压挖掘机	82～90	旋挖钻机	92～100
电动挖掘机	80～86	冲击钻机	100～110
轮式装载机	90～95	双轮铣	70～75
推土机	83～88	风镐	88～92
移动式发电机	95～102	混凝土输送泵	88～95
各类压路机	80～90	商品混凝土搅拌车	85～90
履带吊	82～90	混凝土振捣器	80～88
成槽机	100～105	空压机	88～92

2.1　成槽机、双轮铣

对于成槽机，其工作机制是放斗→开爪→下斗→合爪→提斗→转向→开爪→放土；噪声来源是柴油机噪声。液压抓斗工作过程中，柴油机持续向四周辐射噪声。对于双轮铣，其工作机制是下放双轮铣→碎石→抽浆→泥砂分离→回浆，噪声产生于油机噪声和配套泥砂分离机振动筛噪声，噪声具体来源是双轮铣柴油机，其功率高达 567kW，工作过程中辐射噪声严重；双轮铣配套的泥砂分离机振动筛与碎石块撞击噪声。成槽机和双轮铣分别如图1、图2所示。

图1　成槽机　　　　　　　　　　　　　图2　双轮铣

2.2　旋挖钻机

旋挖钻机的工作机制是放钻筒→旋挖→提钻筒→转向→甩桶倒渣；噪声主要来自柴油机噪声、钻杆、钻筒振动辐射噪声。旋挖钻机工作过程中，柴油机辐射噪声；钻挖过程中遇到坚硬石块时，钻杆振动辐射噪声；钻筒倒渣过程中的活门撞击声。图3和图4分别是旋挖钻机和动力头、钻杆、钻筒的照片图。

图 3　旋挖钻机

图 4　动力头、钻杆、钻筒

2.3　冲击钻机、履带吊

冲击钻机：工作机制为抽绳→放绳（自由下落）→制动，主要噪声问题是制动噪声。

履带吊的工作机制是移动就位→捆挂→吊起→移动到位→下放，主要噪声问题是履带噪声，噪声来源为吊车移动过程中，履带地面摩擦噪声。图 5 和图 6 分别为冲击钻机和履带吊。

图 5　冲击钻机

图 6　履带吊

3　噪声控制策略

成槽机、双轮铣、旋挖钻机、冲击钻机和履带吊等工程机械通常工作在重载或冲击载荷等条件下。对于工程机械的减振降噪改造，不仅要考虑噪声控制效果，更要保证设备的安全可靠运行与正常施工能力。此外，施工现场的泥水、灰尘等恶劣环境还会对减振降噪装置的降噪效果、可靠性和使用寿命造成不利影响。因此，研究成槽机、双轮铣、旋挖钻机、冲击钻机和履带吊等工程机械的噪声控制策略，综合考虑工程机械的工作环境、性能要求和降噪需求，制定安全、可靠、高效、经济的工程机械降噪策略。

3.1　技术方面的改造和提升

使用新型低噪声工程机械。新型正向钻机采用泥浆循环方式排渣，没有甩土出渣操作，噪声排放小。新型全液压反循环钻机采用液压系统控制冲击锤的升降及制动，制动噪声小。双轮铣槽机、成槽机等设备采用电驱动代替燃油驱动。利用城市电网提供电能，利用移动电源车传输电能，具有使用成本低、碳排放低、噪声小等优点，符合工程机械行业发展的新趋势。

现有工程机械低噪声改装。对于柴油机，可以设计排气消声器，降低柴油机排气噪声；设计隔声罩，减少柴油机噪声辐射；设计隔振垫，隔离柴油机振动，降低噪声辐射。对于旋挖钻机，设计吸振器，减轻旋挖钻机振动；设计低噪声钻筒，改甩土出渣为推土出渣，降低出渣噪声。对于泥砂分离机与滤砂机优化泥砂分离机大型面板刚度和阻尼，增加加强筋，并包覆阻尼材料，抑制面板振动，降低结构辐射噪声；优化双轮铣配套泥砂分离机振动筛，采用橡胶筛板替换冲孔钢筛板，降低砂石筛分过程中撞击噪声。对于履带设备，优选低噪声挂胶履带，降低履带设备行走过程中的履带噪声。

具体措施如下：

（1）严格把控设备进场年限，禁止 8 年及以上设备进场作业。尽量投入使用旋挖钻机、双轮铣、履带吊等的全新设备。

（2）优先选择使用先进的地下连续墙成槽生产设备宝峨双轮铣，退场冲击钻机等低噪声设备。

（3）设备外面安装噪声防护棚，对主要噪声源如空压机、卷扬机、成槽机等，采用有效的吸声、隔声材料进行封闭。

（4）针对管线改迁施工，加强设备管理，杜绝老旧设备进场，采取严禁设备急停急启、禁止鸣笛、禁止设备与金属物猛烈碰撞等措施减少噪声污染，对空压机、卷扬机等采用有效的吸声、隔声材料进行封闭。

3.2 施工前期的管理控制

（1）开工前编制相应施工噪声污染防治方案，明确分工。

（2）购置施工设备应符合国家及地方相关要求，敏感区域禁止使用大型噪声设备。

（3）特殊时段（中午、晚上），向生态环境主管部门申请开具中午或者夜间作业证明。

（4）采购先进施工设备、施工工艺，源头降噪。

（5）合理布置施工场地，将高噪声施工设备远离噪声敏感建筑。

（6）施工围挡应按照要求设置，钢结构装配式围挡和 PVC 围挡应确保基座密封无泄漏。

（7）在施工现场醒目位置，应设置环保公示牌，同时应根据施工进度安排，及时向周边居民公告主要噪声产生时段、噪声污染防治方案，以及中午或夜间施工作业证明等。

（8）对施工人员进行安全教育。

3.3 施工过程中的噪声控制

（1）严格落实噪声监测要求，现场安装装设 TSP 噪声监测系统，设置在噪声发生频率比较高的位置。与生态环境、住房和城乡建设等相关管理部门联网管理，专人定期统计噪声监测数据。噪声超标时，及时进行分析与采取相应的降噪措施，实时进行噪声控制。

（2）深基坑施工修建防淹墙，在噪声传播途径中进行阻断。

（3）按照标准化要求修建可移动式钢筋加工棚，预埋轨道，可随工作面转移，确保对钢筋加工区域全覆盖。

（4）使用新能源挖土设备，场内使用电抓斗进行基坑土方转运，安装龙门吊吊装基坑内材料。使用清洁能源设备代替油动设备，降低噪声源产生噪声。

（5）现场使用空气压缩机在进场前组织验收，确保设备防护设施良好，降低噪声源噪声。

（6）钢筋切断机、钢筋弯曲机等钢筋加工设备严格把控使用年限，优先使用全新设备。切割机等高噪声设备安装防护罩，减少噪声传播。

（7）抗拔桩作业区域使用水马和护栏进行双重防护，在噪声传播途径中阻断传播。

（8）现场设置环保投诉接访点，及时与周边居民沟通联系，听取周边居民意见，并在各站大门口设置环保公示牌，及时向周边小区公示噪声污染防治方案、应急预案、夜间施工证明等信息。设置防止噪声污染监管公示牌以及创建项目与居民沟通群，加强与周边群众的沟通联系。

（9）围护结构施工、开挖等噪声较大的项目均在白天施工，管线碰口、钢筋安装调整到夜班施工。

（10）晚上 22：00 至早上 6：00 现场抗拔桩停止钻孔施工，旋挖钻机移至空旷地区停放，现场只进行噪声较小的钢筋笼吊装及混凝土浇筑施工。

（11）二期交通疏解倒边作业，提前向生态环境部门及交警大队报备，确认倒边日期，做好公示，提前将现场材料设备退场，尽量减少倒边用时。夜间进行新建路面摊铺等作业时。禁止鸣笛，尽可能减少噪声的产生。

（12）在特别时段（如中考、高考期间），项目部严格按照上级单位要求控制噪声，所有涉及高噪声的机械设备全部停止使用。同时在其他时间段，夜间作业办理夜间作业许可证，高噪声设备一律不得使用。

（13）施工现场设置群众接待室，指定环保联络员，及时处理周围居民的投诉。定期走访周边居民区，倾听群众诉求，发布公开信告知施工内容、施工时间及采取减少噪声的具体措施，争取周边群众的谅解。

（14）当由于施工工艺或其他原因，必须连续作业或进行夜间施工时，在施工前 15 日向当地行政主管部门申报，并通报社区居民等相关方，争取得到社区及相关方的认可和谅解。

（15）积极在深圳卫视、深圳晚报、深圳商报、深圳卫视、深视新闻等多家媒体宣传平台发布报道，接受采访，正面宣传项目建设信息，让广大群众对工程建设有充分的了解。

走进社区、服务群众工作，积极联系周边街道、社区，多次与项目部共同开展"开工宣传""建设咨询日"等走访活动，分发宣传单、集中答疑，组织送关怀活动，为工地周边群众面对面答疑，送去口罩、耳塞、防暑降温药物等爱心物资，获得群众理解与好评。

4 结论

通过对地铁深基坑围护结构施工中主要大型工程机械设备成槽机、双轮铣、旋挖钻机、冲击钻机、履带吊 5 种机械设备产生的噪声来源分析，结合项目现场实际情况，提出从设备提升、施工前管控和施工中管理三个方面共 27 种措施来降低和解决噪声污染问题，在实际运用中取得一定的效果。

在相关实践中发现开展城市轨道交通工程施工控制策略研究，对于降低城市轨道交通工程施工噪声排放，提高城市居民生活舒适度具有重要的意义。同时，开展城市轨道交通工程施工控制策略研究，形成轨道交通工程施工噪声的防治方案和降噪措施，对提升我国城市轨道交通工程安全文明施工水平和减少因噪声投诉停工而造成的损失具有重大的实际价值。

参考文献

[1] 高红光，刘蓓蓉，钟恒，段华波．深圳市某高速公路桩基础施工噪声影响研究[J]．环境科学与技术，2016，39(S2)：544-548．

[2] 黄达，蒋时兴，黄星，沈洁，范俊，袁建华．建筑工程施工现场环境保护与污染控制[J]．城市住宅，2020，27(9)：190-191．

[3] 骆晨．浅析夜间建筑施工噪声污染防治[J]．现代盐化工，2021，48(1)：125-126．

[4] 李琳，范存峰，琚会艳．浅谈城市噪声的综合防治[J]．资源节约与环保，2018(8)：96-97．

［5］ Jinwoo Choi，Kang Hyuna，Hong Taehoon，Baek Hoyoung，Lee Dong-Eun. Automated noise exposure assessment model for the health of construction workers［J］. Automation in Construction，2021，126.

［6］ Seunghoon Jung，Hyuna Kang，Jinwoo Choi，Taehoon Hong，Hyo Seon Park，Dong-Eun Lee. Quantitative health impact assessment of construction noise exposure on the nearby region for noise barrier optimization ［J］. Building and Environment，2020，176(prepublish).

［7］ 胡月琪，刘倩，王铮，姜涛，孔川，张虎，邬晓东. 北京市地铁列车运行引起的建筑室内结构噪声污染特征与评价［J］. 环境工程技术学报，2017，7(5)：606-614.

［8］ 李辉. 城市道路交通噪声污染特征分析与管理对策研究［D］. 长沙：湖南农业大学，2012.

［9］ 邢崴崴，王宁. 地铁路基段噪声治理方案研究［J］. 江苏建筑，2017(4)：113-115，120.

［10］ 韩彦来，付正军，赵鑫. 成都地铁4号线施工期环境影响分析及对策［J］. 环境科学与技术，2011，34 (S1)：383-386.

作者简介： 张宇睿（1995—），男，大学本科，助理工程师，目前主要从事城市轨道交通施工与管理工作。

PC工法桩支护下地铁车站附属结构监测分析

朱尚明[1]，吴圣杰[2]

(1. 中电建（福州）轨道交通有限公司　福州 350015；
2. 中国电建集团华东勘测设计研究院有限公司　杭州 311100)

摘　要：PC（Pipe-Combination，钢管桩组合）工法桩作为一种新型的支护体系已在地铁车站附属围护结构中应用，有必要对其监测情况进行分析，以此指导施工。本文依托福州地铁 5 号线福湾路站附属结构工程，对附属结构施工过程中支撑轴力变化、周边地表、管线及建筑物沉降产生原因及规律进行分析，并提出一些注意事项，可为 PC 工法桩在地铁施工中的设计及应用提供指导。

关键词：PC 工法桩；地铁车站附属结构；监控量测；基坑开挖

1　前言

PC 工法桩是指钢管桩＋钢板桩新型组合支护结构，其作为新型支护工艺，通过焊接在钢管上的锁扣，与一个或多个拉森钢板桩连接，形成一道连续的组合桩用于挡土和止水。与地铁施工常规围护结构钻孔灌注桩、SMW 工法桩比较，其具有经济性好、施工速度快、成墙质量好等优点。目前该工法已在江浙地区地铁施工中成功应用，在国内其他地区也慢慢得到推广。地铁施工作为一项市政工程，施工对周边地表、建筑物、管线等沉降控制要求高，而 PC 工法桩作为一种新型围护结构形式，当前关于其在地铁附属结构应用过程中引发的各类变形、受力分析研究并不多。如何正确认识 PC 工法桩结构形式下地铁车站附属结构施工监测变化规律，并以此指导施工，是当前亟须解决的问题。

本研究中 PC 工法桩为福州地铁车站附属结构首次采用此种新型围护结构，通过对其施工过程中的监控量测数据进行分析，可为类似工程提供借鉴。

2　工程概况

2.1　工程概况

新建福湾路站位于仓山区福湾路台屿路之间，为地下二层岛式站台车站，车站共设置 3 个出入口、2 组风亭，主体及附属结构均采用明挖法施工。其中 D 号出入口位于车站南侧中间位置，基坑标准段深度约为 10.14m，围护结构采用 PC 工法桩施工。南侧邻近钱隆奥体城小区，距离福晟奥园售楼部（2 层浅基础）13.18m，处于 1～2 倍基坑开挖深度范围之内。

2.2　围护结构设计方案

围护结构采用钢管桩＋钢板桩新型组合支护结构（以下简称 PC 工法桩），一道混凝土支撑＋一道 ϕ609mm 钢支撑；附属结构与主体结构交界处采用 ϕ800@600 三重管旋喷桩止水；基底处于淤泥地层，进行 ϕ800@600 旋喷桩抽条加固。PC 工法桩三维立体图如图 1（a）所示，围护结构剖面示意图如图 1（b）所示。

2.3　工程地质水文地质条件

根据地质勘察报告，基坑开挖范围内工程地质从上至下主要为杂填土（1-2）、填砂（1-4）、

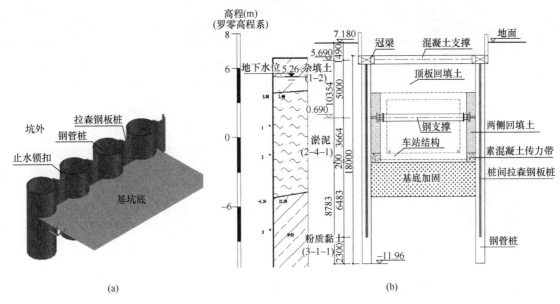

图 1　围护结构设计示意图

（a）PC 工法桩三维立体图；（b）围护结构剖面示意图

淤泥（2-4-1），其中杂填土、填砂厚度分别为 1.4m、2.8m，以下至基底 3m 范围内全部为淤泥地层，地质剖面图见图 1（b）。

地质勘察时测得钻孔中初见水位埋深为 0.80～3.70m，初见水位标高为 2.80～6.44m；稳定水位埋深为 0.20～4.20m，稳定水位标高为 2.55～6.88m。根据开挖结果，浅层的杂填砂中有部分地下水，淤泥土层中无地下水，基坑开挖前采用降水井对基坑内水进行抽排。

3　围护结构监控量测方案

根据相关方案和规范要求，本站监测项目包括：支护桩（墙）顶部水平位移、竖向位移，地表沉降，支护桩（墙）体水平位移，支撑轴力，包括混凝土支撑和钢支撑，地下水位，周边建（构）筑物，周边地下管线。本研究主要针对支撑轴力变化，周边地表、管线及建筑物沉降数据展开分析。监测点布置图如图 2 所示，相关要求见表 1。

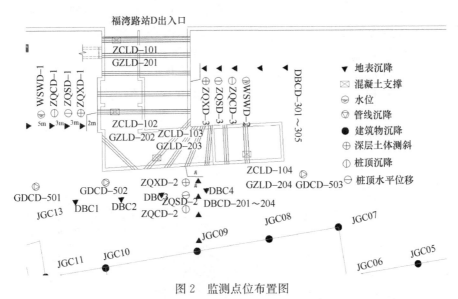

图 2　监测点位布置图

序号	监测项目	位置及监测对象	监测方法	监测要求
1	支护桩顶部竖向位移	设于冠梁上,观测支护桩顶垂直沉降,以判断围护结构的稳定性	几何水准测量法	往返中误差小于1mm/km
2	支护桩顶部水平位移	设于支护桩顶冠梁上,观测支护桩顶水平位移,以判断围护结构的稳定性	极坐标法	测角精度优于1″,测距优于1mm+2ppm
3	地表沉降	设于基坑外侧1~3倍基坑深度范围内,每个剖面测点数约3个	几何水准测量法	往返中误差小于1mm/km
4	支护桩体水平位移	设于支护桩内,监测基坑开挖及施工过程中地下墙体的水平位移	预埋测斜管+测斜仪	测斜仪系统精度小于或等于0.25mm/m
5	地下水位	设于基坑围护结构外侧2m	水位管+水位计	观测精度小于或等于10mm
6	支撑轴力	混凝土支撑中钢筋计布置在支撑长度1/3部位,钢支撑轴力计布置在支撑端头	钢筋计+轴力计	精度小于或等于0.5%FS
7	基坑周边房屋基础监测	沿基础周边	几何水准测量法	往返中误差小于1mm/km
8	周边管线变形	埋设影响范围内	几何水准测量法	往返中误差小于1mm/km

4 监控量测数据分析

4.1 支撑轴力变化

第一道混凝土支撑轴力变化如图3所示。由图3可知,轴力随基坑开挖及后期主体结构施工逐渐增大。基坑开挖前5d,支撑受力变化不明显,此阶段土体的自稳能力和钢管桩受力起作用。随着基坑开挖深度增大,支撑受力缓慢增大。测点ZCLD-101第39d(土方全部开挖完成)时支撑受力达到开挖以来最大值,即1219.88kN,较初始值增长22.1%;第67d(钢支撑拆除)时支撑轴力增长变化速率较大,单日变化速率218.2kN/d,累计达1402.59kN,轴力累计增长40.3%,分析原因为此处混凝土支撑邻近主体结构,轴力受主体结构地下连续墙破除、钢支撑拆除、主体结构与地下连续墙接缝处渗漏水影响。测点ZCLD-102在钢支撑架设后基坑开挖过程中变化不明显,分析原因为随着基坑开挖深度增大,围护结构墙体位移会随着基坑深度增大而向下移动,第一道支撑受到的影响会越来越小;该支撑第42d时连续4d出现明显增长,后期也呈波段特性缓慢增长,分析原因为此期间基坑周边有钢筋等材料堆载,导致支撑轴力增大。

由GCLD-201、GCLD-203钢支撑轴力监测情况可知,2个钢支撑测点受力变化情况类似,

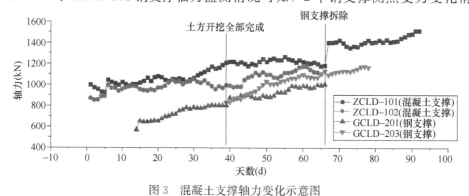

图3 混凝土支撑轴力变化示意图

均随基坑开挖深度增大而增大，底板施工期间持续增大，最大达到1172.52kN，受力满足设计要求（累计绝对值为3700kN）。

4.2 周边地表沉降变化分析

选取 DBCD-101～105、DBC-101～105 断面监测数据作为分析对象，分析施工工况与地表沉降的关系。其中测点 DBCD-101～105 为基坑开挖前布点，沉降曲线如图4所示；因后期冠梁破除对监测点的破坏，DBC-101～105 为钢管桩拔出阶段新布置的监测点，沉降曲线如图5所示。

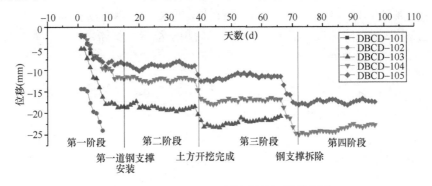

图4 DBCD-101～105 测点累计沉降示意图

由累计沉降曲线可以看出，地表沉降速率变化可分为4个时间段，分别为第一道钢支撑架设前土方开挖、基坑开挖见底、钢支撑拆除、钢管桩拔出4个阶段。以 DBCD-104 测点为例，这4个时间段的累计沉降值分别为12.02mm、−14.67mm、25.01mm、36.92mm（叠加了拔桩新增测点），期间最大沉降速率分别为−2.19mm/s、−2.27mm/s、−2.06mm/s、−1.47mm/s，沉降速率曲线如图6所示。通过对地表沉降监测时态曲线和对应的工况进行分析，周边地表沉降与附属结构施工存在如下关系：

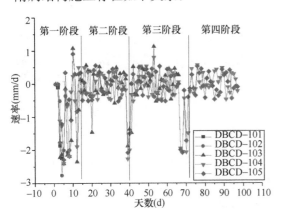

图5 DBCD-101～105 测点累计沉降监测示意图

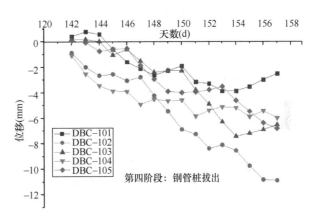

图6 DBC-101～105 测点累计沉降监测示意图

（1）第一阶段从基坑开挖至 6.2m 深处，从此阶段的数据变化可以看出，地表沉降随基坑开挖深度增大呈近直线增大。在停止开挖、架设钢支撑期间，沉降变化相对较缓。

（2）第二阶段为基坑开挖见底（10.14m）阶段，地表沉降增大主要集中在基坑开挖期间，基坑见底后基本趋于稳定。

（3）第三阶段为主体结构底板施工、主体结构钢支撑拆除阶段。此阶段最大沉降达到25.01mm，最大变化速率为2.06mm/s。分析原因，受场地影响，基坑周边堆载大量钢筋、支架等材料，导致围护结构受力及地表沉降增大；钢支撑拆除后，围护结构支撑受力出现转移，引起地表沉降。

（4）第四阶段为混凝土支撑割除、钢管桩拔出阶段，新增沉降点最大达到11.91mm，变化速率最大达到1.47mm/s。分析原因为混凝土冠梁、支撑破除后，钢管桩单侧受力，呈"悬臂式"受力，导致土体出现变形；同时，钢管桩拔出时，会带出一部分土体，钢管桩振动导致周边土体也会被扰动，导致地表沉降。

4.3 周边管线沉降情况

基坑南侧存在一根DN800污水管，监测沉降曲线示意图如图7（a）所示。随着基坑开挖深度增大，测点GDCD-501沉降呈波浪形变化，整体呈增大的趋势，在基坑开挖见底后沉降速度变缓，在钢支撑拆除时沉降达最大值7.04mm，之后趋于稳定。整体来说，管线变形累计值及速率满足设计要求（控制值20mm）。

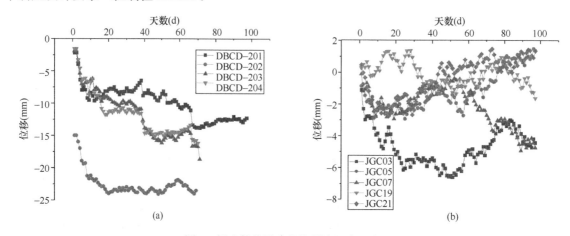

图7　周边管线及建筑物累计沉降示意图
(a) DN800污水管沉降位移示意图；(b) 建筑物沉降位移示意图

4.4 建筑物沉降分析

建筑物沉降曲线如图7（b）所示。由沉降曲线分析可知，大部分测点随基坑开挖变化相对轻微。前期开挖时部分测点出现轻微沉降，在基坑土方开挖见底后第7d达最大值6.55m，之后逐渐趋于稳定，随着主体结构施工，有轻微回弹，累计沉降控制值在5mm之内。在后期拔桩期间，建筑物沉降控制在1mm内，沉降变化满足设计要求。

5 监测分析及讨论

从混凝土支撑轴力变化来看，不同部位混凝土支撑轴力变化趋势存在差异，影响最大的为邻近主体结构侧支撑。基坑开挖到底时支撑轴力增大22.1%。后期受主体地下连续墙破除、钢支撑拆除及周边堆载影响较大，轴力增大40.3%。钢支撑随基坑开挖深度增大而持续增长，期间要持续做好监测。

PC工法桩支护下车站附属结构基坑开挖主要分为4个阶段，其中前两个阶段为基坑开挖阶段，地表沉降变形主要集中在开挖过程中，在基坑开挖见底时达到最大值，此阶段沉降约占总沉降的48.9%。在结构施工及钢支撑拆除过程中，地表会因围护结构受力转换及地表堆载等因素进一步沉降，此阶段沉降比例约占18.9%。在结构封顶后的冠梁支撑割除及钢管桩拔除过程中，钢管桩呈"悬臂式"受力，同时拔出振动会带出、扰动一部分土体，引起土体进一步沉降，此阶段沉降比例约占32.2%。以往关于车站基坑开挖的研究中，大多认为周边地表最大沉降发生在基坑开挖见底阶段，很少考虑后续一系列影响。

周边建筑物和管线沉降变化不明显，说明受影响相对较小，变化均在设计控制值（20mm）之内。

6 结论

（1）混凝土支撑和钢支撑轴力均随基坑开挖深度增大而逐渐增长，混凝土支撑风险最大点在底板施工、钢支撑拆除期间，支撑轴力受地面堆载、钢支撑拆除、主体结构地下连续墙破除、围护结构渗漏水综合影响，期间需要加强监测。

（2）钢管桩拔出阶段，混凝土拆除导致钢管桩呈"悬臂式"受力，同时钢管桩振动拔出会带出、扰动土体，此时周边地表沉降较明显，期间沉降值约占总地表累计沉降的 32.2%。

（3）主体结构底板与钢管桩空隙间素混凝土建议与底板同时浇筑，降低基坑长时间暴露的风险；主体结构施工、钢支撑拆除期间，要避免基坑周边过量堆载；施工要加强钢管桩与主体结构空隙回填土及压实度控制，优化钢管桩拔出方案，降低钢管桩拔出对周边地表的影响。

参考文献

［1］ 浙江大学建筑设计研究院有限公司．杭州大华饭店地下停车场基坑围护设计［R］．杭州，2015．

［2］ 许海明，郭生根，卢纪璠，等．PC 工法桩在基坑支护中的研究及应用［J］．施工技术，2019，48（4）：85-89．

［3］ 左卓，傅鹤林，张加兵，等．深厚软土地层长大深基坑开挖施工的实测与分析［J］．现代隧道技术，2019，56（6）：107-113．

［4］ 中华人民共和国住房和城乡建设部，中华人民共和国质量监督检验检疫总局．城市轨道交通工程监测技术规范 GB 50911—2013［S］．北京：中国建筑工业出版社，2013．

作者简介： 朱尚明（1992—），男，硕士研究生，工程师，目前主要从事轨道交通工程技术与管理工作。

吴圣杰（1991—），男，大学本科，工程师，目前主要从事市政工程监控量测工作。

富水砂层泥水盾构渣土二次再生利用
技术研究与应用

解 洋，孔锤钢

（中电建（西安）轨道交通建设有限公司 西安 710016）

摘 要：本文以西安地铁1号线三期××区间泥水盾构下穿渭河为工程背景，对富水砂层中泥水盾构产生的渣土二次再生利用技术进行了系列研究及应用。盾构施工排出的泥浆通过调整池调整优化配合比可重复利用于进浆系统，减少泥浆浪费；通过筛分系统筛出的砂子经室内试验合格后可用于管片背后同步注浆和混凝土搅拌站，卵石等可用于现场临建施工，废弃泥浆可作为同步注浆原材及用于土压盾构渣土改良。通过对渣土二次再生利用研究，提高了泥浆及渣土利用率，为保护环境、减少浪费、践行"双碳"目标做出了突出贡献，经济效益和社会效益显著。

关键词：富水砂层；泥水盾构；渣土再生利用

1 引言

泥水平衡盾构是用泥浆压力代替气压或土压，应用管道输送代替轨道出渣运输，加快了施工速度，改善了劳动条件和施工环境，较好地稳定开挖面和防止地表隆沉。但在施工阶段会产生大量的废浆，如果没有得到妥善处理，会对环境产生较大的污染。目前，国内众学者针对泥水平衡盾构隧道产生的废弃泥浆分离技术进行了系列研究。杜贵新分析了泥水处理设备、压滤设备及离心设备相结合的泥浆综合处理技术，有效地实现了盾构施工"零排放"，为类似施工条件的工程提供了技术参考。张亚洲、夏鹏举等以南京纬三路过江通道工程为背景，根据泥水盾构前后掘进所穿越地质条件的差异，通过废弃黏土和废弃黏土泥浆配制盾构掘进用泥浆、废弃粉细砂用作壁后注浆材料以及废弃卵砾石和碎岩用于混凝土骨料等技术，实现了全线路废弃土的再利用。袁永学针对杭州望江路过江隧道施工过程中产生的废弃泥浆处理技术进行了探讨。许满吉针对南京长江隧道泥水盾构施工中泥浆处理的工艺流程进行了深入研究，其研究结果为泥浆妥善处理提供了在经济上控制成本、时间上保证进度的有力依据。目前关于泥水盾构工程泥水分离技术介绍较多，而对于废弃土的再利用研究较少，如何实现废弃土的现场再利用成为泥水处理中的一个重要问题。

本文以西安地铁1号线三期泥水盾构下穿渭河为研究背景，根据工程地质条件分析泥水处理的难点，阐述泥水处理设备的配置方案和采取的各项措施，通过现场试验，对泥水盾构产生的渣土进行二次利用研究，提高了泥浆及渣土利用率，减少了环境污染，为类似工程施工提供参考。

2 工程概况

西安地铁1号线××区间采用泥水平衡盾构下穿渭河。隧道左、右线长分别为2027m和2054m，区间隧道洞顶覆土11.08～30.29m，线间距13～18m，左右线各含两处平曲线，最小曲线半径为400m。线路纵坡形式为"V"字形坡，最大纵坡25‰。结构拱顶距河底竖向净距约15.3m，距最低冲刷线约5.4m。

区间隧道洞身范围内地层自上到下分别为人工填土、细砂、中砂、粗砂，部分区间存在圆砾及卵石层，盾构区间主要处于中砂层。地质剖面图如图1所示。

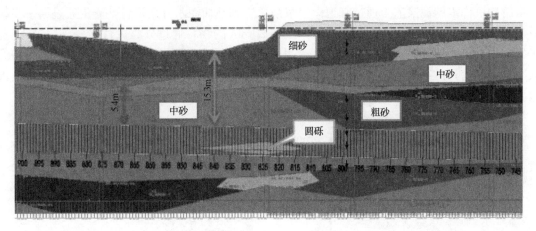

图 1　区间地质纵剖面图

3　泥水处理施工工艺

3.1　施工工艺

泥水处理系统是泥水平衡盾构必不可少的配套系统，它的作用主要是：（1）能够及时向开挖面密封舱提供适合掘进各种地质条件的优质化学泥浆。（2）能够及时把掘进切削下来的泥土、砂石所形成的混合泥浆顺利输送到地面，经过泥水分离设备有效处理后，对回收的泥浆进行调整，继续进行循环利用。（3）能够减少机头转动时与隧道产生的摩擦力，并起到润滑冷却机头作用。（4）在掘进工作面形成一层薄而坚韧的泥膜，减少内、外水分的相互渗透，保证掘进工作面的稳定。

泥水处理系统主要由泥水分离系统、制调浆系统及压滤系统三部分组成。

3.2　泥水分离系统

每台盾构配置一台泥水处理设备，设备由黏土块—浆液分离机＋粗筛、一级旋流、二级旋流组成，盾构排出泥浆由排泥泵送至处理系统，经过三级处理后循环施工，其工作流程如图 2 所示。

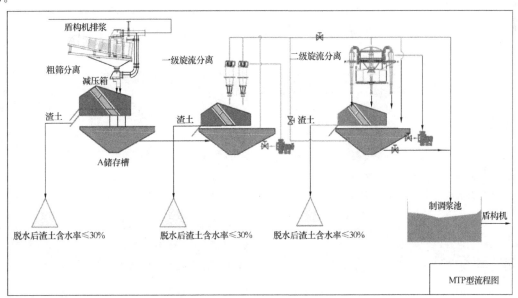

图 2　泥水分离系统流程示意图

第一阶段：黏土块—浆液分离机（图3）

从盾构机排出的泥浆渣土通过管道由渣浆泵泵送到地面泥水分离设备，渣土通过第一步缓冲箱减压后流到下部的黏土块—泥浆分离机，大于20mm的物料通过分离机直接分离后进入渣土，小于20mm的颗粒和泥浆进入粗筛进行下一步分离，筛上物的大块物料落到渣场，筛下物泥浆进入下方储浆槽，进行下一步的分离分级和脱水；落到渣场的物料含水量小于30％，满足汽车运输要求。

第二阶段：粗筛

筛选层式震动筛选机将浆液中大于2mm的颗粒筛出（图4）。

图3　黏土块分离机

图4　粗筛示意图

第三阶段：一级旋流、一级脱水筛

经预筛分离后直径小于2mm的物料进入下部储浆槽，由1号渣浆泵抽至一级旋流器进行分级，直径大于0.074mm的颗粒物进入底流，落至一级分离2号振动筛筛分脱水；旋流器的溢流经一级旋流回浆箱进入二级分离模块。振动筛（图5）的筛上物主要为0.074～2mm的砂料，落至渣场。

第四阶段：二级旋流、二级脱水筛

一级旋流器的溢流经一级旋流回浆箱进入二级分离的储浆槽后，由2号渣浆泵将其抽至二级旋流器分级，直径大于0.020mm的颗粒物进入二级旋流器底流，落入二级脱水筛（图6）脱水；二级旋流器的溢流进入制、调浆系统，调整后送回盾构机循环使用；振动筛筛上物为粒径0.074～0.020mm的颗粒，落至渣场。

图5　一级筛分示意图

图6　二级筛分示意图

3.3 制、调浆系统 (图7)

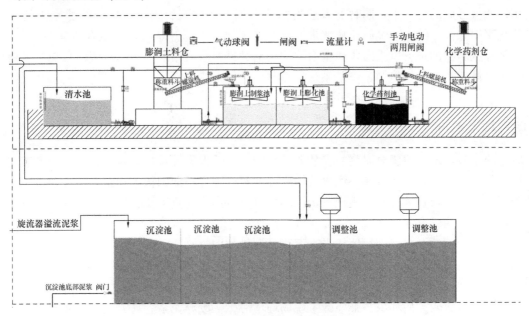

图7　制、调浆系统示意图

（1）制浆系统组成

由新浆制备池、新浆泵、新浆贮存池、CMC搅拌池、CMC泵、化学制浆机等组成。

（2）调浆系统组成

由调整池、调整池搅拌器、调整泵、清水池、滤液池、清水泵等组成。

（3）浆液存储单元

清水箱：储存清水供地面泥水处理设备专用。

储浆池：储存新鲜膨润土泥浆。

调浆池：储存泥水处理设备处理后泥浆。

回浆池：是调浆池功能的延伸。

沉淀池：是盾构排泥应急处理通道（根据实际需要布置）。

废浆池：储存废浆，根据需要泵回循环系统或作为废浆处理。

3.4 压滤系统 (图8)

经泥浆分离处理后的浆液（粒径≤0.02mm）进入现场浓缩池，自然沉淀后，密度较大

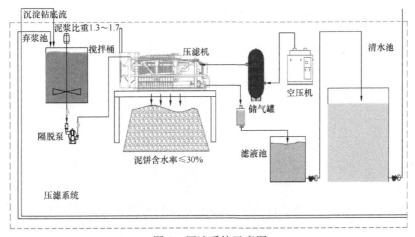

图8　压滤系统示意图

（1.3～1.7g/m³）的泥浆通过浓缩池底流泵泵送至弃浆池。在弃浆池中，废浆通过入料泵把浆液注入相邻滤板形成的滤室中，同时加入适当的化学剂，在注满后继续泵料，给滤室内的物料施压，使废浆中大部分的水通过滤布从滤板上的沟槽流出。过滤开始时，滤浆在进料泵的推动下，经止推板和压紧板的进料口进入各滤室内，滤浆借助进料泵产生的压力进行固液分离，滤液由排液口排出。滤液水可以作为制、调浆系统运行时内循环系统所需用水，也可用于内循环系统管道清洗。

4 现有技术不足

盾构施工时，不同地层对泥浆的参数要求不同，比重太大导致携渣能力降低，导致浆液不合格，比重较低会导致开挖面较差。泥水盾构废弃泥浆处理是长期困扰工程施工的难题，现有的泥浆处理方法大多采取直接排放、槽罐车运出场外自重沉淀、自然干化、掺入水泥固化和石灰泥浆浓缩等措施。这些废弃泥浆处理方法存在以下问题：

（1）城市专门的泥浆处理场地较少，泥浆处理排放困难。

（2）废弃泥浆外运大多采取槽罐车，长距离运输受市政环卫等限制，运输时间及运量受限，运费较高，处理效率低，严重影响施工进度和提高施工成本。

（3）容易造成较大的环境污染，施工现场环境恶劣，废弃泥浆容易渗漏，可能导致市政管道堵塞。

（4）泥水分离系统筛分的渣土利用率低，直接外排造成巨大的浪费，提高渣土利用率是亟须解决的问题。

5 二次再生利用技术研究

主要对泥浆再生利用、渣土再生利用、废弃泥浆再生利用、改良提高压滤工效等一系列再生利用进行研究，提高渣土及浆液的利用效率，最大限度地减少资源浪费，节约施工成本。

5.1 泥浆再生利用（图9）

泥水盾构由排浆管排出的泥浆经过滤后被送到泥浆沉淀池内，经泥水分离系统分离出来的泥浆，进入调整池重新使用，在调整池内按比例加入一定量的黏土、CMC、清水进行混合，制成适合地层特征的新泥浆，由泥浆泵泵入盾构泥水室内，多余泥浆储存在调整池内。储浆池内泥浆不足时，可直接开动泥浆搅拌机制备泥浆，制浆材料以膨润土为主，辅助CMC、纯碱等其他材料。泥水的调制浆系统由清水池、新浆池、新浆贮备池、CMC搅拌池、CMC储备池、调整池和剩余余水及搅拌机、气动和手动阀门以及相应的泵、控制系统等有机组合。经过搅拌装置充分搅拌后，送入调整池，经过24h膨化后进入储浆池。

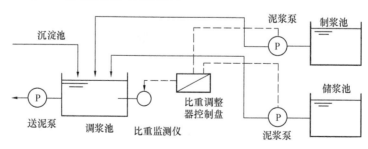

图9 泥浆再生示意图

调整池泥浆以膨润土为主，同步注浆采用的浆液材料主要有粉煤灰、砂子和膨润土等，在调整池接入管路引到砂浆拌合站，作为同步注浆的水源。通过引用调整池中的浆液拌制砂浆可减少膨润土和粉煤灰的用量，同时对砂浆做配合比试验，初凝时间、固结强度和浆液稳定性均满足要求。

5.2 渣土再利用

根据区间详细勘察及地质补勘资料显示，区间隧道穿越地层主要为中粗砂，部分存在粉质黏土，通过筛分系统中的黏土—浆液分离机将盾构泥浆中含有的砾石、大颗粒筛选出来，然后被多级振动筛按粒径进行分离，得到不同粒径的粗砂、中砂、细砂，通过振动筛分别传送堆场存放。通过对砂石送检，满足要求后可用于拌合站同步注浆和附近建筑物混凝土浇筑使用，另外不同粒径范围内的砂石可用于建筑行业，实现固体废物资源化利用的效果。

（1）通过对分离的砂子进行二次筛分、清洗，进行壁后注浆试验，壁后注浆材料主要为水泥、粉煤灰、粉细砂、膨润土（黏土）、水、添加剂（减水剂）。利用泥水分离后的粉细砂作为浆液的细骨料，检测合格后可用于同步注浆原材及混凝土拌合站使用，二次筛分后的砂子见图10。

（2）通过对分离的石子进行二次筛分、清洗，检测后用于混凝土拌合使用，不同粒径范围内的卵石可用于临建施工，实现二次分离再生利用。

图 10 分离出的砂子

5.3 废弃泥浆再生利用

废弃泥浆主要用于同步注浆原材料、土压盾构机渣土改良。

（1）用于同步注浆原材料

同步注浆材料主要有粉煤灰、砂子、膨润土、水泥等，废弃泥浆含有大量的膨润土，通过现场试验优化同步注浆配合比，布置管道由弃浆池接入砂浆拌合站，用于同步注浆液拌制，减少膨润土、粉煤灰及水的使用。浆液配合比如表1所示。

（2）用于土压盾构机渣土改良

基于本工程同一车站两端分别采用2台泥水盾构机和2台土压盾构机反向掘进，因此泥水盾构机产生的废弃泥浆可利用于土压盾构机渣土改良，通过现场实际使用，可有效降低刀盘扭矩、减小刀盘刀具磨损，提高盾构掘进施工工效。

本工程浆液配合比如表2所示。

原同步注浆材料配合比表   表1

P.O42.5水泥（kg）	Ⅰ膨润土（kg）	Ⅱ粉煤灰（kg）	砂（kg）	水（kg）	外加剂
140	65	350	360	500	按需要根据试验加入

调整后同步注浆材料配合比表

表 2

P.O42.5水泥（kg）	I膨润土（kg）	II粉煤灰（kg）	砂（kg）	水（kg）	泥浆（kg）
160	0	280	360	0	1000

5.4 改良提高压滤工效

根据本项目所用的压滤系统，入料比重为 1.1～1.25g/cm³ 时，压滤系统每小时平均处理泥浆量 31.5m³，滤饼含水率约 30%。每小时平均产出干渣 7.2m³；滤液固含率小于 2g/L，可以直接循环使用。压滤设备每分钟生产约 0.1m³ 干渣。生产 1m³ 干渣土约需要 10min。入料比重为 1.22～1.36 g/cm³ 时，压滤系统每小时平均处理泥浆约 44m³，滤饼含水率约 30%。每小时平均产出干渣约 9m³；处理效果比泥浆比重低于 1.2g/cm³ 时好。

通过在弃浆池中添加生石灰（含钙量达到＞80%，颗粒粒径＜200 目）、阳离子聚丙烯酰胺，可使废弃泥浆受到极大的絮凝效果，从而减少压滤时间，每次压滤时间可减少 10～20min，提升压滤处理能力，减少压滤设备投入。

6 结论

本研究结合现场实际施工情况，大力响应绿色环保政策，通过将泥水盾构产生的泥浆经过泥水分离系统、制调浆系统、压滤系统等工艺的处理，使盾构排出的泥浆及筛分出的渣土得到有效利用。

（1）泥浆通过调整池调整，优化配合比，可重复利用于进浆系统，减少泥浆浪费。

（2）将分离的砂子进行筛分及清洗后，经检测合格后可用于同步注浆原材料和混凝土细骨料，卵石、石子等也可用于现场临建施工。

（3）废弃泥浆可作为同步注浆原材料及用于土压盾构渣土改良。

（4）改良提高压滤工效，减少压滤设备投入，降低施工成本。

参考文献

［1］ 杜贵新. 复杂城市环境泥水盾构泥浆绿色处理技术分析[J]. 铁道建筑技术，2020(1)：121-124.

［2］ 张亚洲，夏鹏举，魏代伟，等. 南京纬三路过江通道泥水处理及全线路废弃土再利用技术[J]. 隧道建设，2015，35(11)：1229-1233.

［3］ 袁永学. 人直径泥水盾构泥浆绿色处理技术探讨[J]. 山东工业技术，2018(8)：125-127.

［4］ 许满吉. 南京长江隧道泥浆处理技术分析[J]. 铁道建筑技术，2012(11)：70-72.

［5］ 李雪，黄琦，王培鑫，黄大维，耿凤娟. 粉细砂地层泥水盾构渣土回收利用及性能优化[J]. 建筑材料学报，2019，22(2)：299-307.

［6］ 彭康，周东波，梅源. 泥水盾构弃浆处理方案综合比选[J]. 施工技术，2020，49(4)：5-8，43.

［7］ 魏向明. 全黏土地层泥水盾构环流系统泥浆处理关键技术研究[J]. 铁道建筑技术，2018(7)：77-80.

［8］ 钟小春，左佳，刘泉维，韩月旺. 地层中粉细砂在盾构壁后注浆中的再利用研究[J]. 岩土力学，2008，29(S1)：293-296.

［9］ 赵海涛. 京张高铁大直径泥水盾构施工泥浆环保处理措施研究[J]. 铁道勘察，2020，46(1)：79-81＋94.

作者简介：解洋(1990—)，男，硕士研究生，工程师，目前主要从事城市轨道交通施工管理工作。

孔锤钢(1981—)，男，本科，高级工程师，目前主要从事城市轨道交通管理工作。

基于 BIM 技术的盾构区间参数化建模及应用

何树文[1]，李金武[2]，高智鑫[2]

(1. 中国水利水电第八工程局有限公司　长沙 410004；

2. 中电建铁路建设投资集团有限公司　北京 100070)

摘　要：BIM 技术从设计到施工管理都有一套完整的生命周期管理体系，BIM 技术是建筑业智能化转型的必然选择。本文采用 BIM 技术对盾构区间和区间地质进行建模，利用 BIM 技术可视化特点，对不可见的区间地质情况用三维模型展示出来，将周边建筑和地下管线模型连接区间模型，可对盾构机掘进环境进行预演，提前知晓盾构机所在位置的周边环境和地质情况。在盾构机掘进之前可对区间环境进行分析，对管线位置、不良地质情况提前做出预警。通过对盾构区间周边环境可视化分析和地下管线碰撞检查，进行超前地质预报，并分析和总结 BIM 技术应用成果，为今后类似工程 BIM 技术应用提供参考。

关键词：BIM 技术；盾构建模；碰撞检查；地质预报

1　引言

　　BIM 最早在英国发展起来，随着全球化的进程，已经扩展到欧洲、日、韩、新加坡等国家和地区。相对于国内而言，目前这些国家和地区的 BIM 发展及应用都已达到很高的水平。BIM 技术已经在全国逐步推广展开，数据分析调查表明，86％的施工企业、74％的设计企业在超过65％的项目中应用 BIM，说明市场对 BIM 的潜力普遍持积极态度。

　　目前国内地铁盾构区间施工，盾构机在掘进中的各种参数信息方面做不到协同和集中，精细化管理程度不够高。引进 BIM 技术与盾构区间施工深度融合，恰好可以弥补盾构施工中的这些缺陷，施工人员可以应用 BIM 技术全面有效地掌控地铁区间施工中存在的相关风险因素，同时有效协调管理相关信息数据，实现对地铁区间的优化管控，管理人员对地铁区间的相关信息进行全面精准的了解，能够更加科学地配置人力资源、施工原材料、机械设备等各项资源，提升资源的实际应用效率。

　　本文主要介绍盾构与地质的参数化建模，介绍的 BIM 应用主要结合可视化与参数化的功能特点，可以对区间周边环境提前做出分析，对地质情况做出超前预报，为盾构机掘进提供更加全面的信息。

2　工程概况

　　郑州市轨道交通 8 号线工程同乐站—丰庆路站区间线路出同乐站后，沿东风路东行，途经丰乐路、天旺广场、天明路、五洲大酒店、天明森林国际公寓，到达丰庆路站，区间线路全部敷设在东风路下方。区间先后侧穿同乐小区、某培训中心、加油站、绿茵公寓、中国农业银行东风路支行以及银河公司家属院，其中侧穿加油站及绿茵公寓风险等级为三级，侧穿中国农业银行东风路支行、银河公司家属院、同乐小区、某培训中心风险等级为四级。本区间采用 2 台土压平衡盾构机先后从同乐东端头井始发，掘进至丰庆路站西端头井接收。

　　同乐站—丰庆路站区间左线起点里程 ZDK29＋573.517，终点里程 ZDK30＋529.241，左线区间长 955.724m（左线长链 7.027m），右线起点里程 YDK29+573.517，终点里程 YDK30+529.241，右线区间长 955.724m，区间在左 DK30+032.879（右 DK30+040.608 处）设置联络通道兼泵房，联络通道施工采用冷冻法加固，矿山法开挖施工。区间为 V 字形坡，最大坡度为 18.211‰，最小平曲线半径 R＝700m，线间距 13.0～17.2m，隧道顶板埋深 11.68～21.05m。区间隧道穿越主要地层为黏质粉土、粉质黏土、粉砂、细砂。地下水位埋深约在地表下 9m 处。

同丰区间采用土压平衡盾构施工，所在区间地上重要建（构）筑物、道路设施多，盾构隧道与地表之间管线复杂，盾构机通过时对沉降控制要求高（图 1）。盾构机掘进地质情况多以黏质粉土、粉质黏土和粉砂地层为主，控制沉降难度大。

图 1　区间示意图

3　BIM 盾构区间建模

3.1　区间盾构建模

盾构建模采用 Dynamo 与 Revit 软件结合进行参数化建模，将测量技术人员提供的区间计划线数据整理出一张新的数据表格，里面包含 X、Y、Z 坐标、K 块角度、管片号、区间名称和左右线。在 Revit 软件中绘制一个盾构管片环

图 2　Dynamo 运行出的区间盾构模型

族，用于载入区间项目模型当中。在 Revit 软件中打开 Dynamo，在设置好的 Dynamo 程序中导入区间盾构管片的数据表格和管片环族，开始运行 Dynamo。运行完成后区间盾构模型已在 Revit 软件中生成(图 2)。每一片管环都有区间名称、左右线和环号参数（图 3）。

图 3　盾构管片模型及参数

3.2 区间地质建模

地质建模采用 Civil 3D 辅助生成模型，Dynamo 与 Revit 软件结合进行参数化建模。先将 CAD 地质剖面图中的勘探点数据以及地质高程整理成数据表格，再通过数据表格导出的 txt 文本格式在 Civil 3D 中生成地质模型，再将 Civil 3D 中的模型转化成 sat 文件。进入 Revit 软件后将设置好的 Dynamo 程序导入 sat 地质模型文件和之前预设好的材质板，开始运行 Dynamo。运行完成后地质模型已在 Revit 软件中生成（图 4），每一层不同的土层都带有不同的颜色，赋予其相应的材质（图 5）。

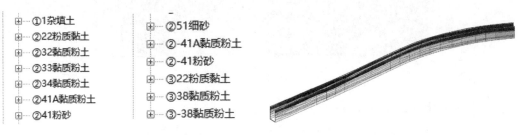

图 4　区间地质土层分层　　　　　　　　图 5　区间地质模型

3.3 模型连接及周边建筑导入

将完成的盾构模型和地质模型连接，再将已经完成的地下管线的模型导入进来。按照盾构区间总平面图，对周边建筑物进行简单翻模，导入盾构区间总模型当中（图 6）。

图 6　盾构区间总模型

4 区间 BIM 模型应用

4.1 盾构区间周边环境可视化分析

盾构机掘进时，土仓压力不易达到预设状态，地表沉降难以控制。在通过重要建（构）筑物、道路设施时对沉降控制要求高。在区间盾构模型完成后，对区间周边的建（构）筑物进行翻模，在 BIM 模型当中还原周边环境进行分析。模拟盾构机到达重要建（构）筑物下方时所掘进的环数（图 7），提前做好姿态调整，严格进行姿态控制，选定合适的泡沫剂含量、刀盘转速等参数，降低刀盘扭矩，减少土体扰动对建筑物产生的震动。侧穿过程中"勤纠偏、少纠偏"，保持盾构掘进均匀、连续施工。在 BIM 模型当中找出重要建（构）筑物沉降最敏感的位置，将其进行监测，盾构机到达位置时加密监测工作并及时反馈信息，依据监测结果调整盾构掘进的参数，做到信息化施工。

图 7 盾构区间周边环境

4.2 盾构区间内地下管线碰撞检查

盾构机下穿 DN800 污水管与 1600mm×1400mm 雨水箱涵，为混凝土结构，管底埋深 4.5m，与右线水平间距 2.67m，风险等级为三级（图 8）。将地下管线模型与盾构区间模型进行连接，观察盾构隧道与地下管线的相对位置，找出管线离盾构隧道较近的位置，盾构机经过时对管线影响较大，应加强地面巡查和监测。

图 8 盾构区间地下管线

4.3 盾构机掘进超前地质预报

区间盾构施工需要穿越长距离的黏质粉土、粉质黏土和粉砂地层，盾构机在该类地层施工时，由于黏性土本身具有内摩擦角小、黏性大、流动性困难等特点，掘进过程中易形成泥饼。砂性土没有黏聚力，在土仓内、螺旋机内的渣土和易性差，导致出渣及刀盘扭矩不稳定，且地层稳定性较差，易产生地面沉降。

根据区间盾构、地质 BIM 模型，可以非常直观、清楚地看到每一环盾构管片所处的土层信息和地质情况（图 9）。根据现场施工进度，可以明确知道盾构机所处的地质土层。在盾构机即将进入黏质粉土、粉质黏土层时，可以进行超前地质预报，提高警惕。加强盾构掘进时的地质预测和泥土管理，密切注意开挖面的地质情况和刀盘的工作状态。控制好掘进参数，减少刀盘扭矩过大、长时间推进导致刀盘高温造成结泥饼现象的发生，及时分析掘进参数，出现异常时及时检查调整。当盾构机即将进入粉砂地层时，注意渣土的和易性。合理进行土体改良，主要以膨润土为主、泡沫为辅等进行渣土改良，避免喷涌的发生。同时做好同步注浆和二次注浆工作，一方面，防止隧道后方的水流入土仓；另一方面，及时填充管片背后空隙，防止沉降进一步扩大。

图 9　盾构区间地质情况

5　BIM 技术应用中的总结和分析

在城市地下工程的建设与项目管理当中，引入 BIM 技术，可以大幅度降低参建各方项目管理难度，从而解决许多二维平面模型不能解决的问题。在三维模型当中有更多的可用性，首先它可以实现对盾构隧道与地下管线的可视化碰撞检测、盾构机掘进进度模拟、周边建筑环境分析，对盾构机做出超前地质预报、周边环境变化的预警等。其次在建筑密集、交通繁忙的城市中，BIM 技术可以综合岩土地质信息、地下管线信息、周边建筑技术信息、机械人员信息、施工监测信息等，通过三维模型可视化演示，在高风险特殊区段地铁施工中，能够实时对安全风险进行感知，及时防范事故发生，降低灾难性事故的发生概率。

然而 BIM 技术在应用当中也存在许多问题，完成一个综合 BIM 应用往往需要多个软件配合，本次盾构区间 BIM 应用就由 5 款软件辅助完成，软件之间的文件格式不相通，需要在不同格式之间来回转换。而转换格式则避免不了 BIM 模型信息的丢失。Revit 产品的本地化还不完美，各专业配合不够完善，细节不到位，特别是缺乏本土第三方软件的支持。

总的来说，BIM 发展还在初级阶段，但是 BIM 带来的建筑业革命是一个不可阻挡的趋势，它将二维转化为三维，从单纯的几何线条转向信息集成模型，让设计更加可视化，让建筑信息更加透明，让管理更加智能化，未来 BIM 必定会让城市更加智能。

参考文献

［1］　钱七虎. 隧道工程建设地质预报及信息化技术的主要进展及发展方向[J]. 隧道建设. 2017, 37(3)：251-263.

［2］　冀程. BIM 技术在轨道交通工程设计中的应用[J]. 地下空间与工程学报. 2014, 10(1)：1663-1668.

［3］　李坤. BIM 技术在地铁车站结构设计中的应用研究[J]. 铁道工程学报. 2015, 2(197)：103-108.

［4］　李俊卫，袁杰，张文津. BIM 技术在城市轨道交通施工阶段的应用研究[J]. 建筑经济, 2017, 38(9)：80-84.

［5］　张恺韬. 基于 BIM 技术的隧道参数化建模与应用研究[D]. 成都：西南交通大学, 2018.

作者简介：何树文(1996—)，男，大学本科，助理工程师，目前主要从事城市轨道交通施工与管理工作。

李金武(1984—)，男，硕士研究生，高级工程师，目前主要从事城市轨道交通施工与管理工作。

高智鑫(1994—)，男，大学本科，在职研究生，助理工程师，目前主要从事城市轨道交通施工与管理工作。

BIM 技术在地铁车辆基地复杂土方工程施工中的应用分析

冯 亮[1]，吕 品[2]，符运祥[3]

(1，3. 中国水利水电第五工程局有限公司　成都 610065；
2. 中电建铁路建设投资集团有限公司　北京 100070)

摘　要：随着我国经济的高速发展，全国各大城市地铁项目持续增加，其中地铁车辆基地涉及道路工程、管涵和箱涵工程、轨道交通工程、给水排水工程、建筑工程等，专业种类多，结构复杂且交叉多。在施工过程中会导致土方重复开挖和回填，影响工期，增加施工成本，且难以准确计算土方工程量。针对以上情况，施工前通过 Revit 软件创建车辆基地所有建筑物基础、道路、各种管线土方开挖前原始的地形模型，在原始地形上用场地建模功能创建各建筑物和构筑物开挖后的地形模型，通过两次地形模型变化得到土方开挖和回填工程量，建模过程可清晰地反映交叉开挖回填部位，进行施工过程推演，提供更清晰的施工思路，优化土方工程施工方案，增效降本。同时，利用 Revit 地形明细表功能计算土方开挖和回填工程量，相比传统土方工程计算方法更加准确、方便。

关键词：Revit 地形建模；土方开挖量；BIM 技术；场地平整

1　前言

近年来，各行业都在进行数字化、信息化发展，建筑信息模型 BIM 技术作为数字建筑技术新概念、新理念和新技术，进一步推动了工程行业信息化发展，成为传统的二维概念向三维空间转换的纽带。拟建建筑物和构筑物三维模型表现施工性更高，可做到施工预演，从而可优化施工方案，使精益化施工成为可能，尤其是对复杂项目降本增效表现更佳。在政府、住房和城乡建设部的大力推广下，我国 BIM 技术有了快速发展，但在岩土、土方工程还处于探索阶段。对于涉及地下管廊和管线、建筑物基础、道路等相互交叉的复杂土石方工程，应用 BIM 技术能否减少其开挖回填量、缩短工期、降低成本，还有待深入研究。

针对以上问题，本文结合地铁车辆基地项目实例，分析 Revit 软件在创建地形模型方面的优势，讲述模型创建过程，分析 BIM 技术能否降低复杂土石方工程施工成本。

2　工程概况

郑州轨道 8 号线圃田车辆基地工程位于郑州市郑东新区，占地面积 31.9hm²，段内包含运用库、联合检修库、洗车库、调机工程车库及材料棚、污水站、物资总库、维修中心厂房等 16 个建筑单体、箱涵、综合管廊、电缆隧道、污水管线、给水管线、雨水管线、消防管线，站场排水沟 34 条、站场道路 4294m；另外还有一条市政道路自西向东横穿站场中央。整个场地土方开挖量约 70.03 万 m³，土石方回填量约 80.68 万 m³。土石方工程造价占工程总造价的比例约 10%，所占比例较大。本场地地形起伏较大，地表杂填土厚，土方工程量大，各结构基础形式复杂，开挖交叉多，容易造成重复开挖，增加施工成本；传统土方量计算方法计算难度较大，且计算精度不高。针对上述项目特点，利用 BIM 技术建立三维模型，可优化土方工程施工方案，避免重复开挖和回填；同时，三维模型又可以提供高精准的土方开挖和回填工程量。

3 工程地质情况

本场地主要为绿化草地，局部为绿化道路和菜地，东北侧局部为愚公山绿化工程用地，土方堆高 5.0～20.0m。根据勘测资料，拟建场地地层结构如下：

①1 杂填土（Q4ml）：绿化道路上表层主要为柏油路面，厚约 30cm，下部主要为灰土垫层、人工堆填粉土；道路两侧空地多为新近回填粉土、粉质黏土，含大量砖块、混凝土、灰渣等建筑垃圾，成分杂乱，结构松散。本层土力学性质不均匀。东北侧局部为愚公山绿化工程用地，土方堆高 5.0～20.0m。

②31 黏质粉土（Q4al）：褐黄色，稍湿，稍密—中密。含锈斑，有砂感，干强度低，韧性低。

②31A 黏质粉土（Q4al）：褐黄色，灰褐色，稍湿，稍密—中密。含锈斑，有砂感，干强度低，韧性低。局部夹粉质黏土，可塑。

②31C 粉砂（Q4al）：褐黄色，稍湿，稍密—中密。主要矿物成分为长石、石英，含少量云母。

②32 黏质粉土（Q4al）：褐黄色，稍湿，稍密—中密。含锈斑，有砂感，干强度低，韧性低。

②32C 粉砂（Q4al）：褐黄色，稍湿，中密。主要矿物成分为长石、石英，含少量云母。

②22 粉质黏土（Q4al）：灰褐色，软塑—可塑，切面有光泽。干强度及韧性高，无摇震反应。见蜗牛壳碎片。

②34 黏质粉土（Q4al）：褐黄色，稍湿，稍密—中密。含白色钙质条纹，锈色斑点，有砂感，见蜗牛壳碎片。局部夹粉砂薄层，稍湿，中密。

②41 粉砂（Q4al）：灰褐色、褐黄色，饱和，中密—密实。主要矿物成分为长石、石英，含少量云母。局部夹粉土薄层，稍湿，中密。

4 圃田车辆基地土石方工程施工地形建模

三维地形建模以实测地形数据为基础，数据获取方式有全站仪数据采集、GPS-RTK 数据采集、三维激光扫描测量、摄影测量等方法。将获取的地形数据导入 Revit 软件中，利用地形表面功能建立三维地形模型，再通过建筑场坪或平整区域对原地形进行模拟开挖和回填，完成后可生成地形明细表以查阅开挖和回填土方量，创建流程如图 1 所示。

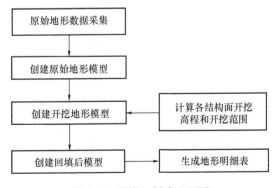

图 1 地形模型创建流程图

4.1 三维原始地形建模

将地形高程数据事先导入CAD总平面布置图中，插入CAD图，单击功能区中【体量和场地】选项卡的【场地建模】面板的"地形表面"按钮（图2）。

图2 选择地形表面

单击上下文选项卡修改编辑表面中的"通过导入创建"，选择"选择导入实例"（图3），选择CAD汇总的等高线或者高程点图层，单击"完成"按钮，建立三维地形模型（图4）。

图3 选择通过导入创建

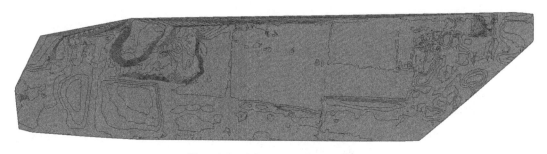

图4 圃田车辆基地三维地形模型

4.2 创建开挖回填模型

事先计算好各结构开挖底面标高和各结构开挖范围，并画到已经插入的总平面布置图中。选择上述创建的三维地形，在其【属性】对话框中修改创建阶段为现有类型。单击功能区中【体量和场地】选项卡中的【场地建模】面板的"平整区域"按钮，选择"创建与现有地形表面完全相同的新地形表面"（图5），创建一个地形表面新构造。

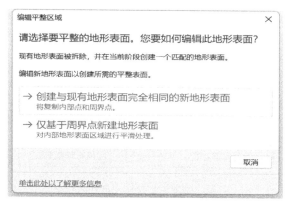

图5 选择创建与现有地形表面完全相同的新地形表面

选择新构造地形，单击上下文选项卡【修改｜地形】中【编辑表面】按钮（图6），进入草图模式，按照已经计算好的结构开挖范围和开挖底面标高删除或添加点，修改高程，创建土方开挖后三维地形模型（图7）。土方开挖地形的编辑重点在于地形点的准确度和密度，地形点越准确、密度越高，建立开挖后的地形越真实，统计出来的土方量也越准确。

图6　选择编辑表面

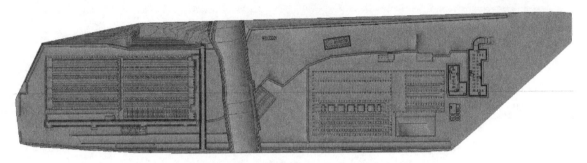

图7　开挖后三维地形模型

在编辑新地形表面时，可利用【修改｜场地】面板中的"拆分表面"按钮，按不同建筑物或构筑物拆分后分别进行编辑，并计算好交叉部位开挖底面标高。标注每个拆分地形的名称，以便后期土方工程量的统计。

4.3　创建结构模型

根据设计图纸在开挖模型基础上创建建筑物基础结构模型，并统计回填面下的结构体积，以运用库为例（图8）。单击上下文选项卡【修改｜地形】中的【建筑场坪】按钮，设置场坪高程，完成场坪（图9）。

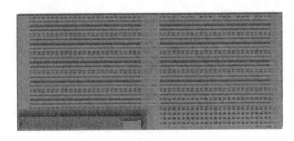

图8　新建地形明细表图

图9　明细表属性对话框

4.4　生成地形明细表

明细表是显示项目中各类图元属性信息的列表，地形明细表可以统计各区域开挖和回填土方量。单击功能区中【视图】选项卡的【明细表】下拉列表中的"明细表/数量"，在系统弹出的【新建明细表】对话框中选择"地形"类别并单击"确定"（图10），弹出【明细表属性】对话框（图11）。

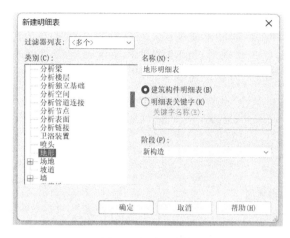
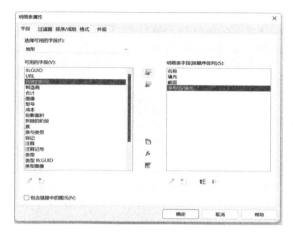

图 10　新建明细表　　　　　　　　　图 11　明细表属性对话框

在"可用的字段"中选择名称、填充、截面等需要的字段移动到"明细表字段",并单击"确定",即可生成地形明细表(图 12)。其中截面即为开挖土方量,填充即为回填土方量。还可以将地形明细表导出为 Excel 表格。

场地	(3D)	地形明细表 ✕	

\<地形明细表\>			
A	**B**	**C**	**D**
名称	填充	截面	净剪切/填充
轨行区一	7102.85	8734.29	-1631.44
运用库、综合管廊及箱涵	23677.52	141721.74	-118044.22
电缆沟	0.22	290.38	-290.17
边坡外	4728.78	2031.16	2697.62
联合检修库	51956.84	8701.52	43255.32
物质总库	2467.62	1167.83	1299.79
轨行区	167753.36	57417.26	110336.10
瑞佳路	735.08	209607.44	-208872.36
挡墙、N24水沟及围墙	562.94	37772.65	-37209.71
单体外	37670.14	8349.61	29320.53

图 12　地形明细表

5　BIM 技术在土方工程中的建模技术分析

在郑州地铁 8 号线圃田车辆基地土方开挖建模过程中,可以发现运用库和综合管廊、综合管廊和雨水箱涵过渡段、边坡挡墙和 N24 水沟、N24 水沟和围墙基础、围墙基础和中水管线等部位土方开挖均有交叉。以往是各结构基础分别开挖、分别施工,现在通过施工前开挖面三维地形建模,相当于在计算机上提前模拟一遍土方施工,可以提前反映交叉部位重复开挖的问题。土方开挖施工时,可以将交叉部位同时开挖,减少开挖量,综合考虑交叉部位基坑放坡比例,避免扰动建筑物或构筑物基础下的原状土,更好地保证施工质量。

以往土方工程量计算方法适用于较规则形状和简单形状的计算,对于不规则形状的计算难度较大,且计算结果与实际土方量往往有一定的差异;而运用 Revit 软件进行开挖面地形建模过程即为土方计算过程,并且其计算结果为真实土方量,无论是施工前期计划还是后期土方计量,均可提供便利条件,避免不同施工阶段的反复计算。圃田车辆基地主要交叉部位土方开挖量对比见表 1。

传统计算与建模计算土方开挖量对比表　　　　　　　　　　表1

名称	分别计算量（m³）	建模合并计算量（m³）	差值（m³）	节省开挖比例
运用库	128021.99			
综合管廊	18288.91	141721.74	11511.86	8.1%
箱涵	6922.7			
N24水沟	18916.68			
挡墙	13159.98	37772.65	1670.84	4.4%
围墙	7366.83			
合计	192677.09	179494.39	13182.7	7.3%

根据表1显示，通过建模后优化方案、合并交叉部位进行土方开挖可以节省开挖方量比例为7.3%。

6　结语

BIM技术是实现建筑业信息化的重要工具，能优化建筑信息化发展环境、加快推动信息技术和建筑工程管理发展的深度融合。BIM技术在土方工程运用中的主要优点有：

（1）可提供三维可视化地形模型，信息表达直接，容易被不同层次的人员接受。

（2）指导土方工程施工方案编制，优化施工方案，可提高施工质量，节约施工成本，缩短土方工程施工工期。

（3）可提供真实的土方工程量，降低了复杂基础开挖土方量计算难度，并提高了土方工程量计算的准确性。

现阶段，大部分施工单位对BIM技术的运用还处在初级阶段，大多数项目只安排2~3个人组成BIM小组完成建模工作，成效不高。今后应推广到整个项目全员应用BIM技术，真正做到信息化和协同工作，提高工作效率，控制项目成本。

参考文献

[1] 孙仲健，肖洋，李林，等. BIM技术应用——Revit建模基础[M]. 北京：清华大学出版社，2018.

[2] 刘学贤，郝占鹏，王乐生，等. Revit 2016建筑信息模型基础教程[M]. 北京：机械工业出版社，2016.

[3] 宁津生，贾文平，李建成，等. 工程测量学[M]. 武汉：武汉大学出版社，2020.

[4] 邓江峰，李自强. BIM技术在土石方测量及地形测绘的应用[C]// 第二届全国智慧结构学术会议论文集. 绵阳：上海宝冶集团有限公司，2016.

作者简介： 冯亮（1983—），男，大学专科，工程师，目前主要从事城市轨道交通施工与管理工作。

吕品（1992—），男，硕士研究生，助理工程师，目前主要从事城市轨道交通施工与管理工作。

符运祥（1998—），男，本科，助理工程师，目前主要从事城市轨道交通施工与管理工作。

数据分析在轨道交通工程生产管理中的应用创新

朴韩植，张　衡

（中电建（福州）轨道交通有限公司 福建　福州 350015）

摘　要： 为改善轨道交通工程施工中易出现的决策缺乏数据支撑的现象，推动大数据技术在工程建设中的应用，本研究建立了轨道交通施工生产数据平台，设计了以应完成量和人工绩效参数优化进度指标的计算方法，开发了历史数据追溯、进度评价预警和资源配置优化三大功能，为工程决策提供智能高效的数据报表及管理建议。研究成果已成功应用在 3 个工程项目中，为项目履约、提质增效和企业精细化管理提供了有利条件。

关键字： 轨道交通；大数据；工程管理；智能高效

1　引言

在施工高峰期，轨道交通一座车站有 10 余个专业、百余个施工项目同时施工，管理复杂。大多数项目中，承包商依靠人力计算进度、产值等施工数据供决策者分析工程进展，这种方式伴随两个问题：一是人力难以准确高效地完成大量的数据计算；二是缺乏提炼与优化的数据阅读时费时费力，无法为决策者提供深层次信息。而建设单位广泛使用的工程项目管理系统平台虽然能够以高度可视化的数据报表展现项目整体进展情况，为决策者提供资源调度依据，但在其进度管理模块中往往仅简单记录基本进度数据，未进行进度数据与人力资源数据的融合分析，也未专门针对轨道交通工程项目特点设计进度分析工具。

本研究依托大数据技术"采集—预处理—存储—分析"的数据处理思路，建立了以历史数据追溯、进度评价预警和资源配置优化为主要功能的轨道交通施工生产数据平台。利用平台的预测性分析和可视化分析，促进工程管理从以个人经验为主的定性分析向以数据分析为基础的定量分析转变，为工程决策提供智能高效的数据报表及管理建议，也为人数据技术在工程管理中的应用开发和建筑企业信息化建设提供参考。

2　数据平台的设计思路

随着大数据时代的到来，应用大数据技术收集、分析数据成为各行业辅助决策制定的主要手段。通过数据采集、预处理、存储、分析 4 个环节，大数据技术可以分析海量数据并挖掘隐藏信息。而利用统计分析、预测性分析、可视化分析等手段的数据分析环节是大数据技术的核心。

作为建筑企业信息化建设的主要技术方向，大数据技术可以在成本分析、招标投标、工程管理等环节中帮助建筑企业实现精细化管理。如何有效利用数据真实、全面、直观地反映实际生产情况，从而切实指导生产是信息化管理平台发挥其功用的重点亦是难点。本研究基于大数据技术处理原理及轨道交通工程生产管理的实际需求，以 Excel 为开发软件，建立了包含基层数据台账、分类汇总数据库、数据导出表、成品报表 4 个结构层级的轨道交通施工生产数据平台，便于管理者快速使用、其他分析软件调取数据；平台通过应完成量和人工绩效参数优化进度指标、给出进度评价，以多专业融合分析辅助管理者进行工程决策，切实裨益于工程管理。数据平台结构层级关系图如图 1 所示。

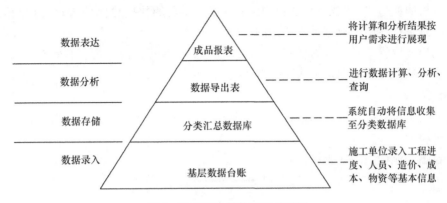

图 1　数据平台结构层级关系图

3　数据平台的结构设计

3.1　基层数据台账

基层数据台账用于数据录入，是数据平台运作的基础。台账使用项目代码和时间标记作为分类汇总数据库抓取数据的依据。其中项目代码由两部分组成，第一部分表示工作地点，第二部分表示施工专业及施工项目，每部分由项目名称拼音字母和顺序数字构成。时间标记是数据记录的时间信息，在数据平台中以日期的形式表示。

以某车站电缆桥架安装为例，如图 2 所示，第一部分代码 cz1 表示项目所在位置为第一个车站，第二部分代码 dz1 表示项目为动力照明专业的第一个施工项目，时间标记 2020/6/15 表示该数据在 2020 年 6 月 15 日产生。使用项目代码和时间标记可以实现分类汇总数据库对基层数据台账中数据的准确抓取，施工单位根据使用需求改变台账的格式和结构不影响数据抓取的准确性。

项目代码			时间标记
第一部分	第二部分	项目代码	
cz1	dz1	cz1dz1	2020/6/15

图 2　项目代码与时间标记示例

3.2　分类汇总数据库

分类汇总数据库用于数据存储，包含进度、产值、人员、物资 4 种类别，分别抓取、整理并存储基层数据台账中施工项目的计划进度与实际进度信息、产值与成本信息、作业人员数量信息、物资供货与库存信息。汇总数据库使用与基层台账一致的项目代码和时间标记，保证了数据的准确传递。

3.3　数据导出表

数据导出表用于数据的计算和分析，是数据平台的技术核心。导出表设计了 4 个模块：基本信息模块、数据提取模块、数据判别模块和数据查询模块。

基本信息模块用于加载数据筛选计算需要的公共信息，包括时间标记、扰动因子等。

数据提取模块中构建了数据筛选过滤器，是成品报表的数据引源。管理者在下拉菜单中选择需要读取的施工项目，过滤器将自动生成被选取项目的项目代码，结合基本信息模块中的基础信息和时间标记提取、计算项目各项统计指标并得出分析结论。

数据判别模块通过对 4 类汇总数据库中同一施工项目的数据对比分析自动检测数据的有效性,可以反映是否存在施工数据录入错误的情况。

数据查询模块以管理者需求为导向,设计了任意日期生产情况查询、有效施工天数查询等功能,帮助管理者从海量施工数据中快速提取信息。

3.4 成品报表

以管理者需求设计结构的成品报表是数据分析结果的表达界面,包括数据表、管理建议、可视化图表 3 种类型。

数据平台工作流程如图 3 所示。

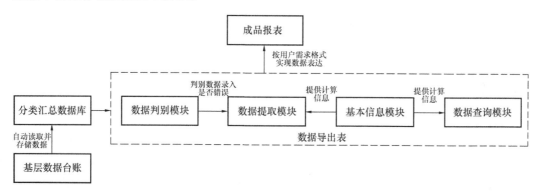

图 3 数据平台工作流程图

4 数据分析的技术实现

4.1 数值计算

数值计算是实现工程数据有效利用的基础。以往的进度评价中大多以是否完成节点计划值作为评价标准,难以实现实施过程中计划完成情况的分析预测;当进度超前或滞后时,仅对施工人数的减少或增加做出定性判断,缺乏增减人数的定量分析。为此,本研究设计了应完成量和人工绩效两个参数优化进度管理指标。

应完成量与统计周期相对应,对于给定的生产计划,将计划周期分解为若干个统计周期,每个统计周期内应完成的生产计划量即为应完成量。利用应完成量可以进行计划周期内完成情况的细化分析,从而实现在计划周期内能否完成生产计划的预测。如给定月度生产计划,以自然周为统计周期,则应完成量计算的是在该自然周内应当完成的月度计划值。应完成量的计算在假定施工量分布均匀的情况下进行,计算公式如下:

$$S = S_0 + P_c \times D_c / D_p \tag{1}$$

式中,S——统计周期应完成量;

S_0——上个统计周期的剩余应完成量;

P_c——给定的生产计划;

D_c——统计周期的天数;

D_p——计划周期的天数。

人工绩效以施工完成量和作业人数为计算依据,用来评价施工效率,并为既定工程量条件下施工人数的计算提供依据,计算公式如下:

$$K = Q/N \tag{2}$$

式中,K——统计周期人工绩效;

Q——统计周期内施工完成量;

N——统计周期内作业人数。

4.2 历史数据追溯

数据平台对历史数据的存储使得管理者能够轻松实现回溯分析，进而更好地了解项目开展以来的总体生产情况，总结生产势态，查找问题原因。

如图 4 所示，以散点图的形式对比了两座车站风管安装从开始施工到第 36d 的人工绩效及其变化趋势，可以看出两座车站风管安装绩效均在增长且逐渐趋于稳定的总体情况。对比图显示，B 车站绩效总体低于 A 车站且未连续施工；而 A 车站虽然开始施工时间较晚但绩效总体偏高且连续施工。结合工程经验分析，这有可能因为 B 车站作业界面条件比 A 车站的差，处于"见缝插针作业"的施工状态，而 A 车站车站风管安装处于"大面积作业"的施工状态。管理者可据此重点推动 B 车站作业界面的改善。

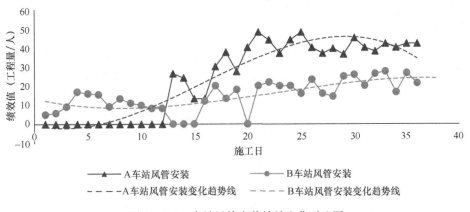

图 4　A、B 车站风管安装绩效变化对比图

此外，数据平台在数据查询模块中设计了任意日期生产报表、施工项目起始日期、任意日期范围内有效施工天数、产值大于给定值的施工日数量 4 种查询功能，可以帮助管理者实现更深层次的信息挖掘。

4.3 预测性分析

预测性分析是通过历史数据预测未来的数据值或发展趋势的分析手段。本研究通过对统计周期内和近 30 个有效施工日内的数据分析实现对项目进展趋势的判断，并将计算结果以管理建议的形式呈现，解决报表中数据量过大、难以阅读的问题。

（1）进度评价预警

进度评价预警是以实际完成量和应完成量为依据计算进度评价值，通过对进度评价值的判别判断进度情况，并依据前 30 个有效施工日的平均进度预测完成剩余计划值需要的天数。计算公式如下：

$$J = \frac{Q}{S} - 1 \tag{3}$$

$$D_n = \frac{S - Q}{Q_{30}} \times 30 \tag{4}$$

式中，J——进度评价值；

$\quad Q$——统计周期内实际完成量；

$\quad S$——统计周期内应完成量；

$\quad D_n$——完成剩余应完成量需要的施工天数；

$\quad Q_{30}$——前 30 个有效施工日总施工量，有效施工日指产生完成量的施工日。

由于实际难以与计划完全吻合，本研究引入扰动因子 δ 进行辅助进度判别，通过分析历史数据，以历史完成率超越（$1-\delta$）的概率为 90% 确定 δ 值，且规定 $\delta \leqslant 0.2$。数据库通过比较 J 与 δ 输出进度评语，并以突出颜色的形式展现，当进度较慢时，同时给出预测结果。逻辑结构如图 5 所示。

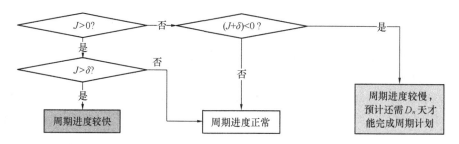

图 5　进度评价预警逻辑框图

（2）资源配置优化

根据预警信息，数据平台通过对进度异常项目的人工绩效参数计算需要增加或减少的人员数量，向管理者提供资源配置优化建议。逻辑结构如图 6 所示，计算公式如下：

$$N_1 = \left| N - \frac{S}{D_c \times K} \right| \tag{5}$$

$$N_2 = \left| \frac{S-Q}{D_{cr} \times K} - N \right| \tag{6}$$

式中，N_1——进度较快时可以减少的作业人数，向下取整；

　　　N_2——进度较慢时需要增加的作业人数，向上取整；

　　　N——统计周期内作业人数；

　　　S——统计周期内应完成量；

　　　Q——统计周期内实际完成量；

　　　K——统计周期人工绩效；

　　　D_c——统计周期的天数；

　　D_{cr}——计算日期至统计周期末的剩余天数。

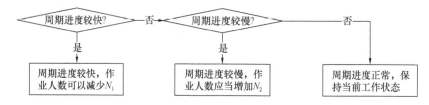

图 6　资源配置优化逻辑结构图

4.4　数据可视化

数据可视化是借助图形高效表达信息的技术手段。数据平台应用大量可视化图表，不仅让数据直观呈现，也可以帮助管理者更好地进行工程决策。

施工专业多是轨道交通工程的特点之一。在区间施工中，35kV 电缆敷设、水消防管道安装往往一并进行，通信光缆敷设、信号电缆敷设往往在 35kV 电缆敷设后进行。通过对同一区间多个施工专业的进度融合分析，可以更好地辅助管理者进行决策。如图 7 所示，以百分比图的形式对比了不同工点内同一施工项目、同一工点内不同施工项目的进展情况，反映 B 区间整体进度落后、E 区间整体进度领先、部分项目进度需要调整的信息。结合施工经验分析，B 区间

"35kV环网电缆敷设"项目已具备实施条件、C区间"水消防管道安装"项目应加快进行。

	A区间	B区间	C区间	D区间	E区间	
轨道铺设	100%	100%	100%	100%	100%	轨道铺设
钢轨焊接	67%	0%	0%	36%	100%	钢轨焊接
疏散平台	10%	0%	0%	0%	77%	疏散平台
35kV环网电缆敷设	70%	0%	94%	33%	100%	35kV环网电缆敷设
1500V接触线架设	13%	2%	0%	0%	89%	1500V接触线架设
通信光缆敷设	22%	0%	58%	15%	73%	通信光缆敷设
信号电缆敷设	5%	0%	0%	0%	42%	信号电缆敷设
电线敷设	10%	0%	0%	26%	35%	电线敷设
水消防管道安装	100%	0%	30%	82%	100%	水消防管道安装

图 7　区间进度百分比图

5　应用情况

数据平台已在深圳轨道交通 7 号线、武汉轨道交通 11 号线、福州轨道交通 6 号线 3 标段项目中成功应用，累计分析超过 200 万条施工数据。以往需要 3～5 人耗费 20～30min 计算填写的报表，利用数据平台仅需 2 人在 3～5min 内即可完成；通过绩效对比分析，清楚地展现了不同作业队伍的工作效率；进度分析时将计算结果以文字结论的形式展现，为管理者决策提供直观的依据，为施工单位节约管理成本。

实际应用中，平台对连续作业施工项目（如土方开挖、电缆敷设）有较好的使用效果。下一步研究中将以工序数量作为非连续作业施工项目应完成量的计算依据，提升数据平台的分析能力。

6　结论

现阶段建设工程已有质量管理、安全管理、进度管理、成本管理的大数据技术应用研究，但在具体实施及目标控制方面的应用成果较少。本文提出应用数据指导施工生产管理的方法，并从结构设计、功能设计、算法设计 3 个方面阐明轨道交通施工生产数据平台的建立方式和数据分析方法：

（1）设计数据筛选过滤器，完成了数据高效精准地提取、计算，节约了施工单位的人力成本和时间成本。

（2）以应完成量和人工绩效参数优化了进度管理指标，提供了进度预警及资源配置优化建议；针对轨道交通工程专业多的特点进行多专业融合分析，通过可视化报表为管理者提供决策依据。

（3）完整清晰地留存施工数据，满足管理者进行回溯分析、实现问题追踪的需求，为大数据技术在工程中的应用提供基础条件。

参考文献

[1] 张云翼，林佳瑞，张建平．BIM 与云、大数据、物联网等技术的集成应用现状与未来[J]．图学学报，2018，39(5)：806-816.

[2] 崔校郡．新时期大数据分析与应用关键技术研究[J]．信息技术与信息化，2020(1)：204-206.

[3] Natalija K，Guoda R. Big data in building energy efficiency：understanding of big data and main challenges [J]. Procedia Engineering，2017，172.

[4] 杨富春，王静，谭丁文.《建筑业10项新技术(2017版)》信息化技术综述[J].建筑技术，2018，49(3)：290-295.

[5] 郑心铭，魏强，孟飞.基于数据驱动的铁路工程项目群总控信息化研究[J].中国铁路，2018(5)：8-12.

[6] 刘铭，吕丹，安永灿.大数据时代下数据挖掘技术的应用[J].科技导报，2018，36(9)：73-83.

[7] 施骞.智能交互的决策场大数据情景下重大工程项目管理新趋势[J].项目管理评论，2018(2)：22-25.

[8] 戚小玉，李平，岳应宁，刘宁宁，杨连报，刘彦军.铁路大数据可视化技术研究及应用[J].铁路计算机应用，2018，27(12)：36-41.

[9] 周苏，王文.大数据可视化[M].北京：清华大学出版社，2016.

[10] 刘爽，毛栯睿.大数据背景下工程项目管理的革新要点[J].工程建设与设计，2019(4)：230-231.

作者简介： 朴韩植(1993—)，男，大学本科，工程师，目前主要从事轨道交通工程管理工作。

张衡(1993—)，男，硕士研究生，工程师，目前主要从事轨道交通工程管理工作。

成都地铁 18 号线委托运营模式下
信息化管理探索与实践

任国庆，王　睿，杨元元

（成都中电建瑞川轨道交通有限公司　成都 610000）

摘　要： 自 2020 年 3 月 12 日中国城市轨道交通协会发布《中国城市轨道交通智慧城轨发展纲要》以来，国内城市轨道交通运营单位围绕交通强国、新基建的新发展理念，已先后开始运营信息系统及智慧车站的规划建设，其中上海、天津、南京、成都等城市系统建设已取得相当成效。但是目前由于全国城市轨道交通 PPP 项目开通运营实施委托管理的线路仅 6 条，委托运营管理模式在国内属于新兴模式，委托运营管理信息系统在国内无成熟案例借鉴。本文通过介绍成都地铁 18 号线 PPP 项目信息化建设实施情况，探讨项目公司在委托运营模式下如何运用信息化手段强化项目公司对运营的管理，为同行提供借鉴与参考。

关键词： 城市轨道交通 PPP 项目；委托运营管理；信息系统

随着国内城市轨道交通 PPP 项目的广泛实施，多条线路已经进入初期运营阶段，目前国内城市轨道交通 PPP 项目运营管理主要分为两种模式：自主运营管理及委托运营管理。本文主要讨论委托运营管理模式下如何通过信息化、智慧化手段提升委托运营管理效能，加强对委托运营单位的管理，切实履行项目公司安全管理主体责任，达到 PPP 项目《特许经营合同》约定，为乘客提供安全可靠的运输服务。

1　成都地铁 18 号线 PPP 项目概况

成都地铁 18 号线 PPP 项目起于成都南站，途经高新区、天府新区及东部新区，止于天府国际机场航站楼站，是服务于成都市区与成都天府国际机场之间的快速专线，也是一条与成都地铁 1 号线分担客流并兼顾市域客流的复合线，于 2020 年 12 月 18 日全线开通初期运营。线路全长 69.39km，共设车站 13 座（地下站 11 座，高架站 2 座），均为换乘车站，最大站间距 19.1km，平均站间距 5.5km。项目业主为成都中电建瑞川轨道交通有限公司（由中国电力建设股份有限公司与成都轨道交通集团有限公司合资成立，股权占比 7：3），负责项目投资、设计、建设、运营管理、运营维护以及授权范围内的非客运服务业务经营等。

项目公司在进入运营期后采用委托运营管理模式，将具体的运营生产组织工作交由被委托方实施，但是项目运营及安全管理主体责任并未委托转移，仍由项目公司承担。同时根据《特许经营合同》约定：政府将以季度为考核期，对 PPP 项目运营管理包括列车服务指标、客运服务表现、设施设备管理等 14 个运营指标及 18 大项运营管理工作进行考核监督，车公里数、客运量及票务收入等指标完成情况更直接关系到政府补贴年度发放。

2　系统建设

为夯实项目公司运营安全生产主体责任，提升项目公司的运营管理水平，完成各项经营指标与运营任务，提高对被委托单位的管理质量，系统一期开发聚焦安全、指标、资产、非客运业务、基础及政策合同管理六大业务板块。同时为提升用户使用感及系统便捷性，开发移动端及PC端双入口，实现移动办公需求，部署在项目公司已全面推广使用的企业微信平台上，此举将系统和企业微信强大的通信能力、OA办公能力整合，起到1+1＞2的效果。系统的建成，一是对项目公司的线路基本情况、资产及日常生产情况有了一个清晰精准的掌握；二是使规章制度和安全管理有了可查询、可记录的平台，管理更加规范，解决项目公司参与安全生产管理不及时、不深入的问题。

2.1 系统结构

系统搭建由6个层级构成，分别为数据来源层、基础设施层、业务中台层、业务系统层、用户终端层、平台嵌入层。如图1所示。

数据来源是所有管理数据的采集入口，也是目前管理模式下最难解决的问题。出于信息安全、企业管理等因素考虑，被委托单位使用的专业化系统不具备数据自动上传接口条件，数据采集问题不解决，系统搭建犹如无源之水，建成后根本无法使用。基于上述问题，建设团队多次讨论后决定按照数据重要性分层级，现阶段暂时采取由项目公司专业管理人员录入加定期导入的方式解决数据来源的问题，同时预留接口满足后期自动获取方式。

同时为避免多端登录、信息孤岛等问题的发生，系统部署在企业办公软件企业微信端，用户可通过PC端或者移动端登录，系统自动识别登录方式并适配相应的界面。系统服务端部署在腾讯云上，借助腾讯云强大的网络安全防护来确保系统安全。

业务中台搭建包括流程引擎和数据可视化引擎，满足系统对流程和报表的灵活管理，以及各层级人员的管理需求。流程引擎支持表单配置、流程配置，可以按照实际需求对管理内容及流程进行自定义配置。数据可视化引擎通过对数据类型及展示方式的配置，可快速呈现丰富、直观的数据分析结果，为用户决策提供数据支持。数据中台解决了传统烟囱式系统建设模式导致的扩展困难、数据孤岛问题，让系统升级和扩展更具体系，让系统间数据一体化。

业务系统包括安全管理、客运管理、非客运管理、资产管理、基础资料管理、政策制度合同文电6个子系统，基本覆盖了PPP项目委托运营模式下的各个业务板块。

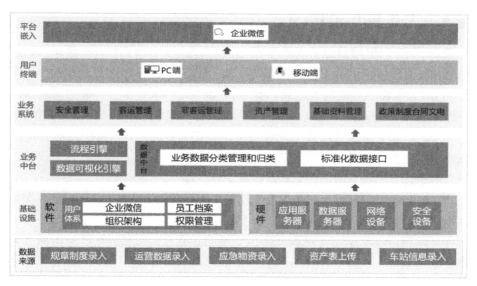

图1　系统结构图

2.2 系统功能

（1）安全及应急管理子系统由应急管理、安全管理两部分构成，一是对应急值守点、项目公司及被委托运营单位应急抢险队、专家技术组、抢险物资、大型装备等应急资源进行信息化管理，实现应急资源的快速查看、精准调拨；二是对运营典型事件及应急预案进行数字化管理，支持实时在线查看；三是实现对各岗位安全检查工作开展、整改及推进的全过程系统监督，确保安全隐患及时整改。

（2）客运管理子系统目前主要侧重客流、行车、票务及能耗四大板块数据分析。提供实时的生产数据，实现运营报表自动生成（日报、周报、月报、季报），通过分析对比关键运营数据，为公司决策提供辅助支持。

（3）非客运管理子系统对全线广告灯箱、商铺、非客收入等非客运业务进行管理。一是实现灯箱、商铺、民用通信等非客设备信息电子化管理，对设备信息进行准确记录，通过系统可以清晰掌握非客运资源位置及经营开发状态；二是实现非客运业务相关的合同信息电子化台账管理，同时为保障合同信息安全性，仅有权限的人员可以查看合同明细；三是实现非客运业务签约额、到账额、非客运目标完成情况系统分析。

（4）资产管理子系统以新线资产接管及运营采购为起点，建立含土地、构建筑物、设备、无形及经营性资产在内的移交台账和运营、筹备资产台账，实现对项目运营资产的快速和全部查询。同时实现运营期资产年度盘点功能，以及运营期资产增加、更新改造、报废管理功能。

（5）基础资料管理子系统用于对线路的走向、车站、设备分布等信息进行二维可视化展示。以 GIS 地图的方式，准确显示线路走向、车站主所场段的分布、结构、防汛点位及物资分布等信息。

（6）政策制度合同文电子系统用于系统化管理轨道交通相关的政策制度及合同文电。按照国家、地方、行业、公司内部、制度类别、往来函电等多个维度对政策制度进行分类存档管理，利用该模块可迅速查找所需的政策制度及合同文电并实现统一版本管理。

2.3 系统优点

（1）实用性强：系统建成后，委托运营管理各项工作能够实现信息化、电子化管理，满足信息内容全面、实时准确、快捷调阅、灵活组合的运营信息管理要求。系统查询功能实现了线路基本情况、规章制度及数据报表的实时及历史查询；安全检查功能实现了安全检查的闭环管理，可有效应对政府安全绩效考核需求；同时系统数据分析功能为公司决策提供依据资料。

（2）安全性高：系统部署在企业微信平台上，借助企业微信强大的网络安防措施有效保证系统平稳及安全。

（3）具备可延展性：因委托运营管理工作无成熟管理经验借鉴，项目公司运营管理人员仍在探索高效可靠的管理方式，系统预留后期开发接口，确保系统能保证不断增加及更新的管理需求。

（4）经济性高：系统开发费用不高，开发子系统均得到很好的应用，真正实现了"花小钱办大事"的目标。

3 系统运用成效

3.1 实现移动端及 PC 端双入口移动办公

满足项目公司各级管理人员使用需求，实现移动端及 PC 端双入口界面，主页直观展示安全运营天数、客运量及车公里完成情况等关键数据，方便项目公司领导及相关工作管理人员随时查看，及时发现核心数据偏差情况（图 2）。

3.2 实现线路基础信息数字化、可视化

对线路、车站的设计、建设、运维、结构等信息利用可视化方式进行管理与展示，实现 13 个站点、3 个主所、1 个车辆段的设计信息、施工信息、运营基础信息、维保信息电子化管理，

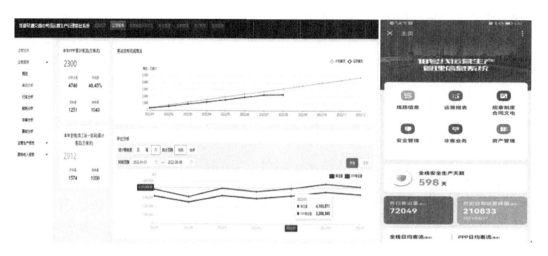

图 2　系统主页（PC 端、移动端）

存储车站工程设计图纸 99 份。

3.3　初步建立运营关键数据监控体系

以客运量、车公里及票务收入等城轨 PPP 项目运营期关注焦点为目标，建立 PPP 项目运营关键数据监控体系，根据委托运营工作实际开展情况，将核心数据按日、周、月录入系统并通过数据环比、同比以及与特许经营合同约定客流及约定车公里进行分析比对，制定报警阈值，及时发现偏差及异常，为委托运营管理工作开展提供指导方向及数据支持（图 3）。

图 3　运营数据统计（PC 端、移动端）

实现自动生成运营生产日报、周报及月报等。截至 2021 年 12 月 21 已生成日报 368 份、周报 48 份、月报 12 份，方便数据信息调用及查看（图 4）。

3.4　规范管理政策制度及合同文电

政策制度合同文件管理规范化，为各部门建立统一的政策制度合同文电归档保存制度，减少在政策制度合同文件查询借阅过程中的时间消耗以及版本不一致带来的管理风险，提升管理质量与效率，同时留存所有的公司合同，分权限查阅使用。

系统已全面收录各级政策制度及来往文电 199 份。

图 4　运营生产报表（PC 端、移动端）

3.5　建立安全标准化管理体系

安全管理标准化，针对线路安全、应急两大管理领域，建立全面的计划、检查、记录、跟踪、闭环机制。对运营相关的安全风险、安全隐患从预防、监督、销项进行全生命周期管理，实现安全标准化。

截至 2021 年 12 月 21 日，累计开展安全生产检查工作 200 余次，安全风险在管在控 165 项，完成安全隐患排查治理 293 项，落实 18 号线工程开通试运营至 2021 年 11 月全周期安全生产会议纪要，管理线路应急基地、应急值守点、车站应急物资 994 项（图 5）。

图 5　安全管理子系统（PC 端、移动端）

3.6　促进非客运资源经营盈利

实现非客运资源的电子化、精细化管理。通过系统可直观查看线路非客运资源情况，建立非客运资源设备电子台账，对设备状态进行实时跟进。建设非运营收入统计模块，直观查看年度非客运收入情况及占比。实现非客运资源合同分层级查看及管理，确保商业信息的可追溯性及安全性（图 6）。

3.7　确保项目资产完整

通过系统实现资产特许经营期内的完整性，对项目运营管理类资产进行电子化管理，录入系统资产 4772 项，其中设备设施 4712 项、房屋建筑 60 项。对资产移交、盘点、更新改造、报废、新增等资产管理全周期各种状态进行精确管理，项目公司对所有资产的变化准确记录，实现有据

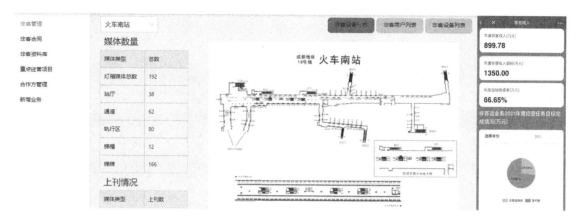

图 6　非客运资源子系统（PC 端、移动端）

可查、精确管理（图 7）。

图 7　资产管理子系统（PC 端、移动端）

4　系统二期建设展望

由于国内外无成熟委托运营管理经验可借鉴，系统开发思路受限因素较多，系统建成后虽然基本满足了委托运营管理工作需求，但是经过一年多的运营管理，也发现了系统的不足与缺陷。笔者对系统二期开发有几点构建思考及建议，在不断完善一期功能的基础上，新增 4 大功能模块：

（1）以绩效考核为抓手，继续完善客运及非客运模块功能，建设绩效考核子系统，实现对委托运营单位管理情况考核自动化，系统根据数据指标完成情况自动生成考核意见，供项目公司管理参考。

（2）以成本管控为核心，建设成本管控子系统，实现运营成本及车辆全生命周期系统管理。

（3）以项目管理为支撑，建设项目管理子系统，实现运营期内新增项目、科研项目等的履历管理。

（4）以智慧运维为推手，建设可视化运维子系统，深挖与建设期 BIM 系统实现接入的可能，提高运营维护水平。

5　结语

近年来，国内外相继出现了公共事业社会化的趋势，通过运用 PPP 模式来提高公共产品的供给能力与服务水平。随着国内城市轨道交通 PPP 项目的广泛实施，多条线路已经进入初期运营阶段，目前国内城市轨道交通 PPP 项目的运营管理主要分为两种模式：自主运营管理及委托运营管理。在委托运营管理模式下，项目公司虽不实际参与运营生产，但特许经营期内，承担项目的安全及运营管理主体责任，委托运营实质为"委工不委责"。在此背景下，如何通过信息化手段在特许经营期内履行运营及安全管理主体责任，达到特许经营合同约定，为乘客提供安全可靠运输服务、控制运营成本、开拓非客运服务业务、确保项目公司盈利等是各城市轨道交通 PPP 项目业主亟须研究和解决的问题。

成都地铁 18 号线运营生产管理信息系统是国内首个城市轨道交通 PPP 项目委托运营管理信息系统，在无前人经验可参照的情况下，项目团队深挖业务需求，力求系统建成后实际解决委托运营管理的难点和痛点。在仅用 4 个月建设周期且建设费用较低的情况下，系统基本实现建设目标，有效提高了项目公司委托运营管理效能，截至 2022 年 4 月 30 日，实现全线安全运营 499d，各项运营指标完成良好，实现了项目建设"花小钱办大事"的目标。

参考文献

[1] 周兰萍，樊晓丽，江杰慧，等. 城市轨道交通 PPP 的问题与对策[J]. 都市快轨交通，2016(10)：8-12.
[2] 龚维源. 徐州轨道交通 PPP 实践简介[C]//2016（第三届）轨道交通 TOD&PPP 国际研讨会论文集. 上海：西南交通大学（上海）TOD 研究中心，2016：75-77.
[3] 郭上. 北京地铁四号线 PPP 模式案例分析[J]. 中国财政，2014(9)：32-33.
[4] 储跃星. 我国城市轨道交通 PPP 的问题及对策 [J]. 区域治理，2018(5)：32-33.
[5] 刘智丽，于向阳，鲁放. 城市轨道交通项目 PPP 模式应用研究及建议 [J]. 现代轨道交通，2020(5)：1-4.
[6] 王寅. 地铁 PPP 模式起步 [J]. 中国报道，2015(8)：60-61.
[7] 徐玉萍，覃功，张正. 城市轨道交通调查大数据应用研究[J]. 铁道运输与经济，2015，37(4)：78-81.
[8] 罗斌. 对轨道交通企业信息化之路的探索[J]. 科技与企业. 2014(5)：56-57.
[9] 王宇. 浅析城市轨道交通行业中的信息化建设[J]. 铁道勘测与设计，2012(3)：63-66.

作者简介：任国庆（1967—），男，大学本科，高级工程师，目前主要从事城市轨道交通施工与管理工作。

王睿（1983—），女，硕士研究生，高级工程师，目前主要从事城市轨道交通运营管理工作。

杨元元（1987—），女，大学本科，经济师，目前主要从事城市轨道交通运营管理工作。

隧道高精度贯通误差因素分析及
测量放样方法的运用

孙立懔，王　军

（中电建铁路建设投资集团有限公司　北京 100089）

摘　要： 在我国快速发展过程中，隧道越来越多地被应用于市政、水利、供电、供水等工程，隧道施工过程中严格按照设计线路掘进和顺利贯通是工程的关键部分，直接影响工程的成败。本文以地铁隧道施工测量为例，通过对影响隧道贯通精度的原因进行分析并利用科学的测量放样方法，实现了隧道的高精度贯通及在矿山法隧道施工过程中的工程零欠挖。

关键词： 控制测量；测量放样；矿山法隧道；测量软件；贯通精度

1　引言

在城市轨道交通工程隧道施工过程中，为保证工程质量，提高轨道交通列车运行的舒适性及安全性，对隧道开挖过程中隧道中线位置控制及最终成型隧道的贯通误差精度要求较高。因此，对于如何提高测量贯通精度及隧道开挖过程中线路按照设计线路正常掘进的研究与探讨就显得十分有意义。因此，本文结合南京地铁青龙山隧道实例，着重就贯通误差的影响因素进行分析及利用新型测量放样方法解决隧道开挖过程中线型偏差过大的问题。

2　概况

隧道区间位于南京市江宁区，北侧隔着 S122 与汤山相望，为一级水源涵养地。青龙山隧道穿越青龙山及西侧宕口回填区，两侧接高架桥。青龙山隧道穿越二级水源保护范围。西侧洞口及宕口回填区位于二级水源保护范围外侧，东侧洞口位于二级水源保护范围内。青龙山隧道起讫里程为：YK8＋993.688～YK10＋057.21，长度约 1063.522m，其中 YK8＋993.688～YK9＋218 岩洞口填区为明洞段，长度约 224.312m，明洞设置桩基础；YK9＋218～YK10＋035 为矿山法隧道，长度约 817m；YK10＋035～YK10＋092.468 为明洞段，长度约 57.468m。隧道最大埋深约 53m。

根据施工实际情况，其控制测量精度主要有 4 个方面的因素：洞外 GPS 控制点精度；洞内精密导线的精度；贯通前联系测量成果的精度；有针对性地制定控制测量方案及作业实施中的注意事项。施工测量放样利用全站仪自带蓝牙功能与测量软件的配套使用，提高测量放样精度，确保测量数据准确，实现了该隧道的高精度贯通及工程零欠挖。

3　提高贯通精度相关测量技术分析

3.1　布置科学合理的地面控制网

根据设计院提供首级 GPS 控制点，按照同网型、同精度原则组织 GPS 网复测。依据二等 GPS 网精度指标进行控制，见表 1。设计院提供 GPS 网型结构详见图 1。测控平差精度见表 2。

GPS 测量的精度指标 表1

控制网等级	平均边长（km）	固定误差 a（mm）	比例误差 b（mm/km）	相邻点的点位相对中误差（mm）	最弱边相对中误差
二等	2	≤5	≤5	±20	1/100000

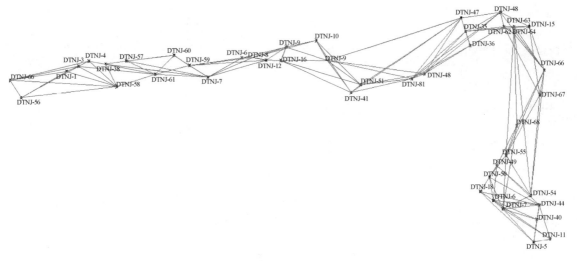

图1 设计院提供的 GPS 控制点网型图

平差后最弱边、最弱点精度统计 表2

最弱边精度统计			
基线边	中误差 _ DN（mm）	中误差 _ DE（mm）	中误差（mm）	相对误差
DTNJ 63-DTNJ 64	0.5	0.5	0.7	1：214227

最弱点精度统计		
点名	中误差 _ N（mm）	中误差 _ E（mm）	点位中误差（mm）
DTNJ 15	0.8	0.8	1.1

复测成果统计显示，地面 GPS 网满足要求，达到规范限定指标最弱边相对中误差≤1/100000要求。

3.2 两端洞口地面加密导线测量

采用附合导线法，以 DTNJ 12 、DTNJ 46X、DTNJ 9、DTNJ 51、DTNJ 41 为导线起算点，按精密导线网精度三等要求施测，见表3。

精密导线测量主要技术指标 表3

平均边长（m）	闭合环或附合导线总长度（km）	每边测距中误差（mm）	测距相对中误差	测角中误差（"）	水平角测回数		边长测回数	方位角闭合差（"）	全长相对闭合差	相邻点的相对点位中误差（mm）
					Ⅰ级全站仪	Ⅱ级全站仪	Ⅰ、Ⅱ级全站仪			
350	3	±3	1/80000	±2.5	4	6	往返各2测回	±5$\sqrt{n}$	1/35000	±8

施测采用平面控制点 DTNJ-12、DTNJ-46X、DTNJ-9、DTNJ-41、DTNJ-51 为已知边，联测中间控制点 DHQJ-06A、DTNJ-45、JM-2、JM-1、DTNJ-10X、DTNJ-9、4JM-1、4Z-1、4Z-2、4Z-3，导线线路布设为附合导线，见图 2。

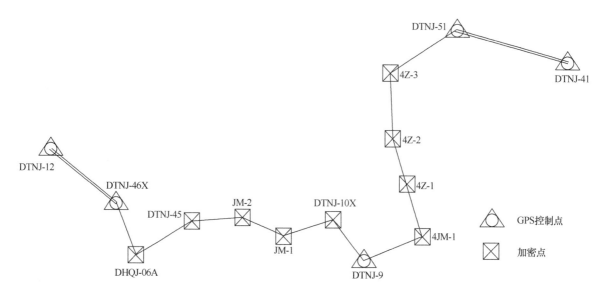

图 2　地面加密导线测量网型示意图

平差成果各项指标均优于规范指标要求（表 4）。

精密导线测量成果各项指标　　　　　　　　　　　　　　表 4

序号	项目	实测值	限差
1	角度闭合差	5.1″	17.3″
2	相对精度	1∶149764	1∶35000

3.3　洞内控制网测量

洞内控制测量的横向测量精度受洞内测角精度的影响最大。为了提高控制网外业数据采集质量及成果的精度，具体措施如下：

（1）为减弱仪器对中误差及旁遮光影响，洞内全线控制点，视线距离隧道两侧建筑物不少于1.2m，相邻边长度严格在不小于 1/2。

（2）导线测量前对仪器进行常规检查与校正。施测过程中，严格仪器整平、对中。洞内外观测均在大气稳定和成像清晰的条件下进行。

（3）洞内控制网布设成闭合导线＋三角网形式，采用左、右角观测，左、右角平均值之和与360°的较差小于 4″。

（4）在测距时应读取现场温度和气压，温度读至 0.2℃，气压读至 50MPa，将温度、气压输入全站仪内自动改正。

在施工前对测量方案中的洞内控制网点位置进行预判，有条件的情况下采用双支导线或导线网的形式，提高整体测量控制网的精度。在隧道掘进过程中，根据现场情况提前埋设控制点，测量过程中严格执行测量方案中的相关技术措施，后经科傻 98 平差软件严密平差，并利用平差成果指导隧道施工。洞内控制网网型见图 3。

具体洞内平面控制网平差指标见表 5。

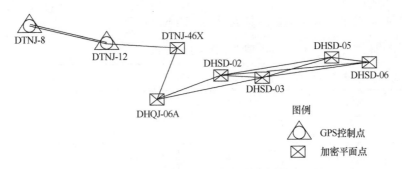

图 3　洞内测量控制网网型示意图

洞内平面控制网计算成果表　　　　　　　　　　　　　　　　　　　表 5

闭合环号	1			
线路点名	DHSD-06	DHSD-02	DHQJ-06A	DHSD-03
角度闭合差	−4.9	(Sec)	通过	
角度限差	10.0	(Sec)		
边长闭合差	0.0091	(m)		
总长度	0.6484	(km)		
边长相对闭合差	1∶71253			
边长相对闭合差限差	1∶35000			
闭合环号	2			
线路点名	DHSD-05	DHSD-02	DHQJ-06A	DHSD-03
角度闭合差	−0.1	(Sec)	非常好	
限差	10.0	(Sec)		
边长闭合差	0.0045	(m)		
总长度	0.613	(km)		
边长相对闭合差	1∶136222			
边长相对闭合差限差	1∶35000			

3.4　贯通误差测量

本工程青龙山隧道在 K9+780 处贯通，在此处架设棱镜基座，分别从隧道两头的加密控制点架设全站仪，同时观测贯通面上测点（棱镜基座），正倒镜三测回采集贯通点坐标平均值，计算该点在线路右线偏距及里程，即偏距差为横向贯通误差，里程差为纵向贯通误差，高程差为高程贯通误差。

根据《城市轨道交通工程测量规范》GB/T 50308—2017 规定，地下隧道横向贯通测量限差应小于 100mm，高程贯通测量限差应小于 50mm。

青龙山隧道贯通误差测量示意图见图 4。

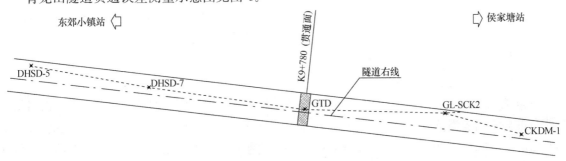

图 4　青龙山隧道贯通误差测量示意图

洞内加密控制点成果、贯通误差测量成果列于表6、表7。

洞内加密控制点成果 表6

点名	X（m）	Y（m）	H（m）	备注
QLSCK2	348143.5725	349296.2949	49.8	出口段加密控制点
CKDM-1	348127.0956	349357.4393	49.654	
DHSD-7	348184.0695	348906.6063	51.0437	进口段加密控制点
DHSD-5	348211.2297	348708.9499	53.0049	

贯通误差测量成果 表7

点名	X（m）	Y（m）	H（m）	桩号	偏距（m）
GTD1	348162.8697	349091.0212	53.0472	K9+779.447	−2.312
GTD2	348162.9091	349091.0411	53.046	K9+779.465	−2.33
横向贯通误差	2.312−2.33＝−0.018m＝−18mm			<±100mm	
高程贯通误差	53.0472−53.046＝0.0012m＝1.2mm			<±50mm	

4 大断面测量放样测量方法的运用

本工程青龙山隧道全长约1063.522m，其中矿山法隧道约817m，开挖断面分为5种类型，最大径宽14m，在线路平面线型和纵断面高程存在多处断面变化地段，给隧道施工测量带来较多考验。

传统方法是利用计算器编程的放样方法，首先，由内业员将隧道线路平面参数、纵断面高程信息、断面形式、隧道偏移量等隧道相关信息，利用ASCII码形式编辑进入计算器，此方法需要测绘作业人员掌握一定的编程信息，在程序调试过程中，也会耗费大量的时间。其次，进行隧道断面放样时，需要将测量仪器中数据人工输入计算器中，外业工作效率偏低。最后，外业采集的测量数据，后期还需要内业逐点检查，并由人工汇编成图，内业数据处理任务繁重。

改进后的方法是外业测量放样及数据采集时，利用全站仪机载蓝牙功能配合手机测量软件实施测量工作，内业数据处理使用道路测设大师软件输入数据后自动计算并自动成图，极大地提高了测量工作效率，降低了数据处理过程中的失误。采取该方法在青龙山隧道测量放样及内业数据处理中收到极佳的效果。

4.1 外业测量软件

外业测量软件是一款依托于智能手机的专业测量软件，测量人员只需根据图纸，将线路参数、断面类型等要素编辑在软件中，外业软件手机测量员直接与全站仪机载蓝牙连接，测量数据通过蓝牙传输到手机进行计算运行，操作简单，数据精确，图表直观，减少了测量数据手工输入计算器和数据手工记录的环节，缩短测量占用时间，提高了工作效率。

测量数据成果输出：测量工作结束后，外业测量人员将手机储存的数据，通过手机网络发送到测量办公室内业测量人员计算机，外业测量人员可进行其他工作面的测量工作，避免将仪器带回测量办公室提取数据，提高测量工作效率。测量软件测量数据成果见表8，测量软件测量数据及成果在手机屏幕上直观体现，见图5。

线路名	断面类型	实测 X 坐标 (m)	实测 Y 坐标 (m)	实测 Z 坐标 (m)	匹配断面	超欠挖	里程	纵坡	记录时间
青龙山隧道	二衬	348219.9704	348634.1661	57.2297	二衬 A 型	欠 0.02m	YK9+319.5621	−0.51%	2019-11-22 11：56：38
青龙山隧道	二衬	348217.6221	348634.5117	59.6519	二衬 A 型	超 0.0623m	YK9+320.0046	−0.51%	2019-11-22 11：56：29
青龙山隧道	二衬	348213.4165	348635.6829	60.3553	二衬 A 型	超 0.1439m	YK9+321.3541	−0.51%	2019-11-22 11：56：22

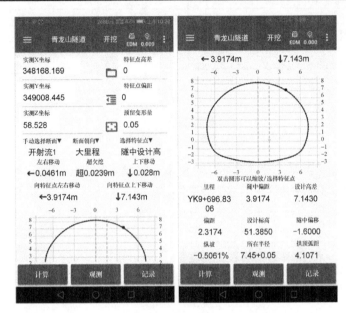

图 5　测量数据计算成果软件显示图

4.2　内业测量数据处理软件

道路测设大师测量软件是一款依托于计算机运行，集成各种施工测量放样中的程序，工程测量人员根据图纸，将线路参数、断面类型等要素编辑在软件中，测量数据通过软件进行计算运行，操作简单，数据精确，测量图表自动形成，降低了测量内业人员绘制测量图表的工作量，提高了测量报监工作效率。

测量成果生成：测量内业人员将外业测量数据导入软件中，软件自动生成《开挖隧道断面分析数据表》，可将数据表输出 Excel 和 Word 格式。见图 6、图 7。

图 6　测量数据内业处理软件显示界面（软件界面）

开挖隧道断面分析数据表

公路		段							第 页 共 页		
断面桩号	点号	实测坐标			相对隧中		里程差	超欠挖			
设计断面名称		X(m)	Y(m)	H(m)	平距(m)	高差(m)	(m)	径向	水平	垂直	
K9+235.002	5	348214.408	348549.206	51.751	-3.013	-2.556	0.051	超0.000	内0.010	上0.000	
标准段开挖	4	348215.983	348549.035	51.923	-4.595	-2.385	-0.033	超0.001	内0.003	上0.001	
	3	348217.152	348549.059	52.2	-5.761	-2.107	0.053	欠0.000	外0.000	下0.000	
	2	348218.601	348548.876	52.763	-7.217	-1.546	-0.049	超0.000	内0.000	上0.000	
	1	348220.187	348548.836	55	-8.803	0.692	-0.002	超0.240	内0.246		
	9	348208.002	348549.535	55.223	3.402	0.916	0.031	超0.000	内0.000	上0.001	
	8	348210.25	348549.345	52.394	1.147	-1.914	-0.038	欠0.000	外0.001	下0.000	
	7	348211.848	348549.318	51.952	-0.45	-2.355	0.024	欠0.000	外0.001	下0.000	
	6	348213.307	348549.177	51.766	-1.915	-2.542	-0.038	欠0.000	外0.000	下0.000	
计算:				复核:				日期:			

图 7 测量数据内业处理软件显示界面（断面分析数据表）

测量开挖验收断面：测量内业人员将外业测量数据导入软件中，软件自动生成断面分析图，可计算设计断面面积、实际断面面积、超欠面积，极大地提高了工程量计算速度和测量成果报监质量，断面分析图可输出 CAD 和 DXF 格式，测量内业人员只需将 CAD 按报监格式做适当的调整即可，见图 8。

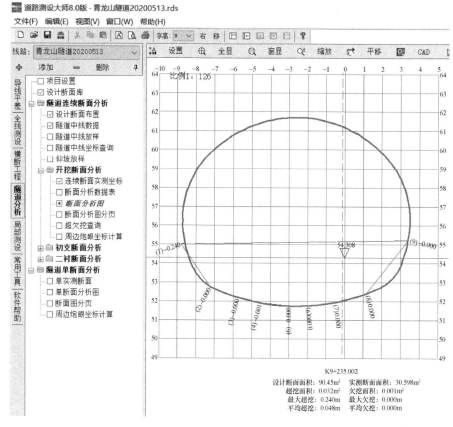

图 8 测量数据内业处理软件显示界面（断面分析图）

5 提高测量精度的措施

（1）严格按照规范及设计的控制测量等级相关技术要求进行布网及施测，施测过程中可以采用强制对中盘或三联脚架法，减少对中对控制网精度的影响。

（2）施测前检查各设备是否处于正常状态，注意各基座脚螺旋是否正常、棱镜觇牌中心与棱镜光学中心是否一致，棱镜对中器是否对中，对中偏离是否较大，气泡有无偏离。如有上述情况，要对测量仪器设备进行检修和校正，找出问题所在。

（3）各测回间要重新对中仪器及棱镜，摆正棱镜觇标。测量时，采用左右角观测方法，两次照准读数限差为±2″，最后将左右角取平均值，以减小对中误差和对点误差的影响，保证测角精度。

（4）洞内观测时，尽可能在洞内烟尘小、光亮度清晰时进行。当洞内烟尘过大，目标漂浮无法确定时，应立即停止观测，另外选择合适时间段进行测量。

（5）隧道每开挖 400m，应进行一次洞外导线复测、联系测量及洞内导线测量，保证隧道开挖的正确性。

（6）隧道的横向贯通误差随着测站站数的增加而迅速增大，因此在测量时导线要尽可能布设成等边直伸导线，在测量环境允许范围内尽可能拉长导线边，以减小方位角传递误差。

（7）要严格进行边长的投影计算，正确计算平面坐标。

（8）由于洞内与洞外空气密度不均，所以洞内外温差、湿度相差较大，测量前一定要让仪器充分适应操作环境，对测站及镜站的气温、湿度、气压进行测量记录，并由内业进行改正。

（9）洞口内外两个测站测角的精度对整条隧道贯通误差影响较大，应安排在阴天或夜间进行。必要时还应加密进行测量，取多次成果的平均值作为指导隧道贯通的起算角度。

（10）当发现测量过程中有不良反射物体、旁折光等影响时，应对其采取一定措施进行减小或消除。必要时，需重新补测。

6 结语

通过制定和严格执行控制测量方案，合理布设控制网点，施工测量中严格执行测量规范、设计图纸要求，按流程进行作业，以满足隧道开挖和顺利贯通的精度要求，同时达到高效率与精度要求的双保障。在施工测量放样过程中实现外业全站仪＋测量采集计算软件＋内业测量处理软件的模式，极大地提高了测量工作效率，保证隧道工程质量。2019 年 9 月 11 日青龙山隧道顺利贯通，提前设计工期 60d，实现了青龙山隧道的高精度贯通：其贯通精度为横向 18mm、纵向 1.2mm。

隧道的高精度贯通验证了测量相关方案的合理性及产出成果的可靠性，为同行业以后做好长距离大洞径矿山法施工隧道控制测量、施工测量放样积累了经验，同时为后续工程建设提供了可借鉴的案例数据支撑。

参考文献

[1] 孔祥元，等．控制测量学[M]．武汉：武汉大学出版社，2015
[2] 项鑫，等．GPS网的网形结构对点位精度影响的探讨[J]．中国西部科技，2010(1)：22-23.
[3] 尚小琦，等．隧道工程控制测量主要方法与误差分析[J]．测绘技术装备，2008(4)：12-15.

作者简介：孙立慄(1981—)，男，大学本科，高级工程师，目前主要从事城市轨道交通工程施工与管理工作。

　　王军(1970—)，男，中专，工程师，目前主要从事水利水电工程测量、城市轨道工程测量与管理工作。

轨道交通综合施工

混合梁斜拉桥过渡段混凝土纵桥向裂缝成因探讨

李 征

（中电建南方建设投资有限公司　深圳 518000）

摘　要： 为研究混合梁结合部过渡段混凝土纵向裂缝产生的原因，探究不同工况下产生的横桥向拉应力对裂缝的贡献程度，通过建立混合梁结合部三维实体—板壳有限元模型，研究在不同工况下混合梁过渡段混凝土产生横桥向拉应力的大小及其对易开裂位置的影响。分析结果表明：混合梁过渡段混凝土在箱梁顶板过渡面处能产生较大的横桥向拉应力，尤其是边箱梁室内顶板过渡段混凝土部分容易产生纵桥向裂缝，其受温度效应和收缩作用影响显著。由于腹板嵌固约束的影响，两种作用产生的体积变形受到限制，进而导致过渡段混凝土箱梁顶板过渡面容易产生纵向裂缝。

关键词： 混合梁；过渡段混凝土；纵向裂缝；温度；收缩；有限元法

1　引言

混合梁是指主梁沿梁长度方向由钢和混凝土两种材料组成，主跨的梁为钢梁，边跨（部分连结或全部连结或伸入主跨一部分）的梁体为混凝土梁。混合梁能够很好地发挥两种材料的各自优势，改善结构体系的受力性能，合理利用施工条件，提高工程经济性，世界上千米级别的斜拉桥，尤其是边跨长度受到限制时，大多采用这种结构。采用中跨钢箱梁与边跨预应力混凝土结构的斜拉桥主梁，由于其两侧梁体刚度变化大，过渡段通常采用结合部连接。结合部构造特点与受力性能复杂，是影响混合梁性能的关键部位。通过对目前已建桥梁的调查发现，混合梁结合部过渡段混凝土裂缝的产生，对结合部耐久性及桥梁的正常使用有着显著的影响。以往的研究主要考虑过渡段混凝土横桥向裂缝的成因及分析，而对顺桥向产生的裂缝研究较少，因此有必要对过渡段混凝土顺桥向裂缝成因进行分析，探究不同工况下产生的拉应力影响。

本文以某斜拉桥混合梁结合部过渡段混凝土顶板底面开裂为工程实例，如图1所示，拟建立钢—混凝土间相对滑移和接触的实体—板壳有限元计算模型，通过受力角度研究过渡段混凝土易开裂位置，探究不同工况产生的拉应力对裂缝的影响，找出影响裂缝成因的关键因素。

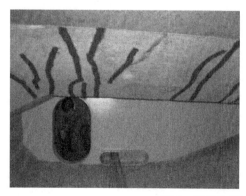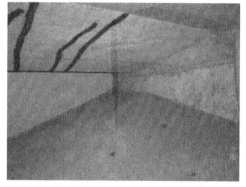

图1　某斜拉桥过渡段混凝土开裂

2 结合部过渡段混凝土构造特点

钢—混结合部是主梁刚度突变点，易形成结构体系的弱点，为使混合梁结合部与普通混凝土梁之间平稳传力和变形，一般在两者之间设置过渡段混凝土，避免应力集中和突变。过渡段混凝土顶板、底板和腹板之间通常采用小斜率长倒角形状过渡，以使结合部和普通混凝土梁两者刚度平缓过渡。过渡段混凝土一般由横梁、顶底板、纵腹板以及预应力筋组成，有些桥梁不设置横梁。

以国内建成的某混合梁斜拉桥为工程背景，中跨钢箱梁及边跨 PC 箱梁横断面如图 2 所示，主梁中心线高 2.8m。中跨钢箱梁采用封闭扁平流线型断面，采用正交异形钢桥面板。边跨预应力混凝土箱梁为单箱四室，顶板厚 37cm、底板厚 30cm。

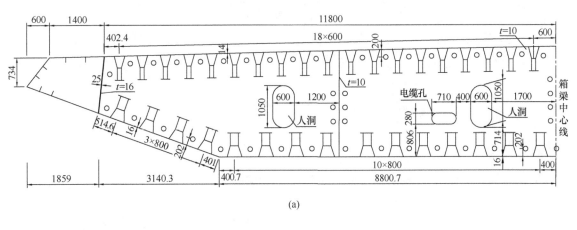

(a)

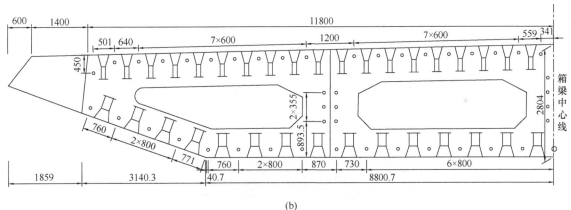

(b)

图 2　主梁横断面（单位：mm）

（a）1/2 钢箱梁端横断面；（b）1/2 预应力混凝土梁端横断面

钢—混结合部采用无格室后承压板构造，如图 3 所示。钢箱梁一端设置横隔板，另一端与厚度 80mm 的承压板相连接，顶、底板深入混凝土段 1m。为了有利于内力传递，该段钢箱梁采取加强措施，即在 U 形肋上增加了 Ⅱ 形加劲来增大承压板受压面。承压板与厚度 1m 的等断面混凝土加厚段相接触，与混凝土加厚段接触的各种钢板表面都焊有剪力焊钉，用以加强与混凝土的粘结性。结合面共配置 89 根 $\Phi^{j15.24}$-7 钢绞线，一端锚固于承压板上，一端设齿板锚固于桥塔附近的边跨上。

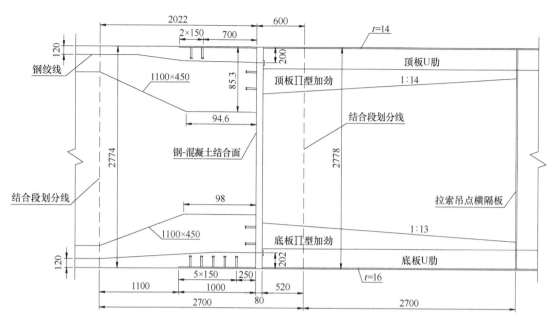

图 3　结合部立面（单位：mm）

3　结合段模型计算

图 4 为结合部有限元计算模型，考虑到结合段梁体构造和受力对称的特点，减少计算幅度和增加计算精度，拟选取半结构建立三维实体—板壳有限元模型。模型总长 7.1m，其中混凝土梁段 3.5m，钢箱梁段 3.6m 中间钢—混结合部长度 1m。模型中用壳单元模拟钢板，实体单元模拟混凝土，杆单元模拟预应力筋，焊钉采用弹簧单元模拟。结合部钢与混凝土之间建立接触单元来模拟钢与混凝土之间的接触传压和相对滑移，并忽略接触面间的摩阻力。有限元模型如图 4 所示，共计约有 15 万个单元、20 万个节点。钢材弹性模量为 210GPa，泊松比为 0.3，容重为 78.5kN/m³；混凝土弹性模量为 3.5×10^4MPa，泊松比为 0.1667，容重为 25kN/m³；钢绞线弹性模量为 1.95×10^5MPa。

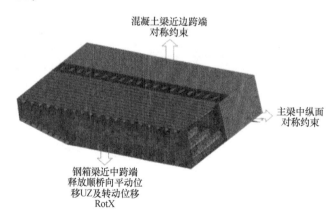

图 4　结合段有限元模型

模型边界条件中，混凝土梁近边跨端设置固结约束，主梁中纵对称面施加对称约束，钢箱梁近中跨端释放顺桥向平动位移 UZ 和转动位移 RotX，同时在钢梁端部截面形心处建立节点并施加截面内力，加载节点与钢梁端部节点用刚域连接，主要考虑截面纵桥向轴力、纵桥向弯矩和竖桥向剪力。考虑结构自重，桥面恒荷载采用等效均布荷载施加在桥面上，预应力钢绞线初始应力为1860MPa，其中张拉控制应力为75％，另计入25％的预应力损失，计算模型中实际施加预应力为1046MPa。以恒载＋活载最不利组合工况分析混凝土梁过渡段横桥向拉应力，同时考虑温度、收缩、徐变作用的影响。

4 过渡段横桥向拉应力分布及开裂机理

4.1 横桥向拉应力分布最不利位置

图5给出了过渡段混凝土在恒载＋活载最不利组合下横桥向应力分布云图，拉应力主要分布于结合部与普通混凝土梁过渡部分拐角周围，且主要分布在箱梁顶板底部，底板顶面也存在部分横向拉应力。其中，边箱梁内顶板过渡段混凝土横向拉应力分布区域最大，最容易产生纵桥向裂缝。图6则显示恒载与恒载＋活载最不利组合作用下在过渡段混凝土易开裂位置产生的横桥向应力分布对比。其中，最大横向拉应力位于边箱梁室内顶板过渡段混凝土部分，约2.2MPa，相比恒载状态下增幅约为175.0％。图7给出恒载＋预应力组合下易开裂位置横桥向应力对比，最大横向拉应力约为1.7MPa，增幅约为100％，位置与恒载＋活载组合下最大拉应力位置相同。

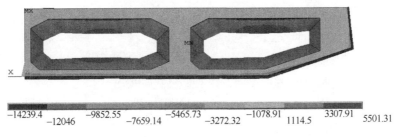

图5 过渡段混凝土横桥向应力云图（单位：10^3 Pa）

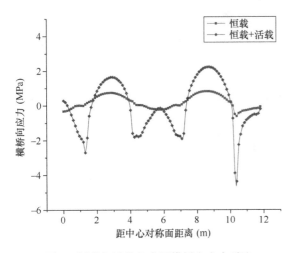

图6 恒载与活载组合下横桥向应力对比

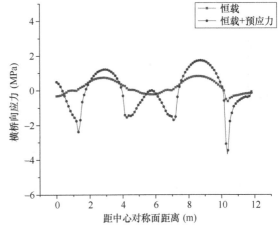

图7 恒载与预应力组合下横桥向应力对比

4.2 收缩徐变作用下横桥向应力

图8、图9显示的是在收缩徐变10年效应作用下过渡段混凝土顶底板最不利位置处横向拉应力变化对比。其中徐变产生的横桥向拉应力普遍较小，大部分处于横向受压状态，最大值为1.3MPa，较恒载＋预应力工况下降了0.4MPa，降幅约为23.5％。混凝土收缩作用下影响明显，横桥向拉应力基本较大，横桥向基本处于受拉状态，其最大拉应力值约增大至4.0MPa，增幅为135.3％。

徐变是物体在荷载作用下，随时间增长而增加的变形。混凝土徐变是指混凝土在长期应力作用下应变随时间持续增长的特性。对普通混凝土构件，徐变能够消除混凝土内部温度应力和收缩应力，减弱混凝土的开裂现象；而对于预应力混凝土结构，混凝土徐变是极为不利的，因其能大大增加预应力损失。混凝土收缩是指在混凝土凝结和硬化的物理化学过程中，体积随时间推移而减小的现象。混凝土在不受力情况下的自由变形，在受到外部或内部约束时将产生混凝土拉应力，甚至使混凝土开裂。

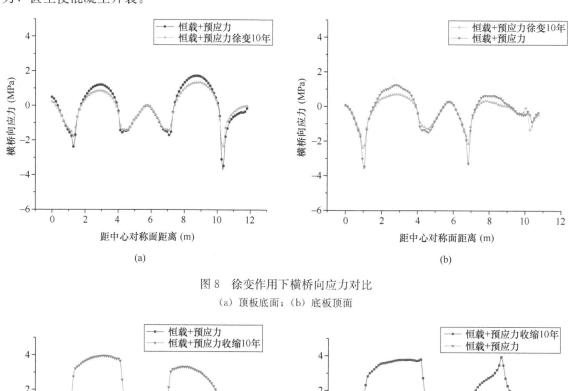

图 8　徐变作用下横桥向应力对比
（a）顶板底面；（b）底板顶面

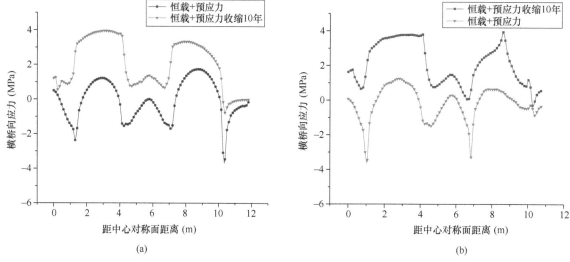

图 9　收缩作用下横桥向应力对比
（a）顶板底面；（b）底板顶面

4.3　温度梯度作用下横桥向应力

　　温度梯度是指当桥梁结构受到日照温度影响后，温度沿梁截面高度变化的形式。各国规范对梁式结构沿梁高方向的温度梯度表现形式基本一致，仅在取值上存在差异。国内外桥梁受温度效应影响产生温度拉应力进而使结构发生严重开裂的案例屡见不鲜。德国 Jagst 箱梁桥通车运行第 5 年发生严重开裂，温度拉应力经粗略计算高达 2.6MPa；新西兰某高架预应力混凝土箱梁桥由于日照产生结构内部巨大温差致使该桥严重开裂；我国湖北光化汉江大桥桥梁顶面产生纵向裂缝，经分析亦是主要由温度拉应力引起。

　　理论研究和实测表明，在超静定结构中，温度作用产生的温度应力不亚于活载影响产生的应力，是裂缝分析不可忽视的部分。为探究温度梯度作用下产生的温度次内力对过渡段混凝土纵向开裂的影响，对结合段有限元模型按规范施加温度梯度。如图 10 所示，其中钢箱梁部分采用英国规范加载，混凝土部分采用美国 AASHTO 规范加载。加载后的模型温度分布云图如图 11 所示。

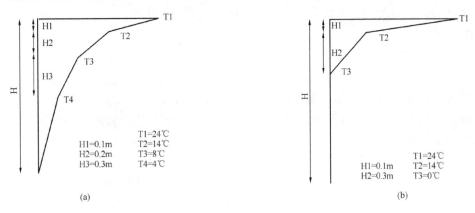

图 10　温差曲线

（a）钢箱梁温差曲线（英国规范）；（b）混凝土温差曲线（美国 AASHTO 规范）

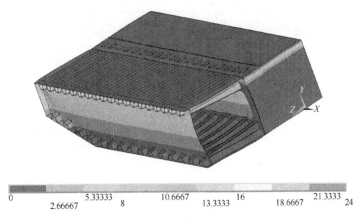

图 11　结合部模型温度分布云图

根据按温度梯度加载的结果，提取最不利位置处的横桥向应力，如图 12 所示。其中，顶板

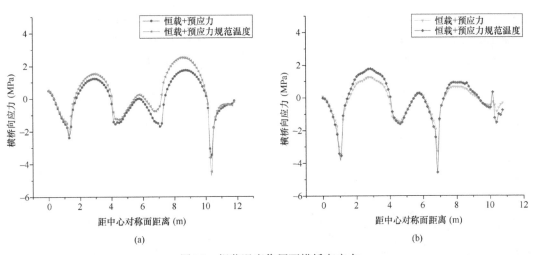

图 12　规范温度作用下横桥向应力

（a）顶板底面；（b）底板顶面

横桥向拉应力最大约为 2.5MPa，较恒载＋预应力工况下增大 0.8MPa，增幅约为 47.0％；底板横桥向最大拉应力约为 1.8MPa，较之增加 0.55MPa，增幅约为 44％。这是由于结构受到自然环境温度的影响（升温或降温）将产生伸缩或弯曲变形，而当变形受到多余约束时，便会在结构内产生附加内力，当温度次内力过大时，甚至会使混凝土结构开裂。

4.4 开裂机理

表 1 显示各种工况作用下，在过渡段混凝土易开裂位置产生的横桥向最大拉应力，可以看出顶板部分横桥向拉应力较大，也是最容易开裂的位置。其中徐变作用使横向拉应力减小，是因为徐变消除了部分混凝土内部应力，从而减弱了混凝土的开裂现象。而最不利位置，即横桥向拉应力产生的纵向裂缝位置之所以出现在边箱梁室内顶板过渡段混凝土位置处，一方面，是因为在自重和外荷载引起的内力作用下，巨大的弯矩和剪力使混凝土顶板向上拱起；另一方面，是因为腹板的存在而产生嵌固约束，限制了顶板的变形，从而使得这个区域出现较大的横桥向拉应力，而由于边箱梁受到剪力滞效应影响显著，故而更容易产生裂缝。由于混凝土收缩作用，过渡段混凝土产生自由变形，但是顶/底板收缩变形受到纵腹板约束时，使得顶/底板产生较大的横桥向拉应力，进而产生纵向裂缝。

不同工况下混凝土过渡段顶/底板横桥向最大拉应力（单位：MPa）　　表 1

工况	顶板	底板
恒载	0.8	—
恒载＋预应力	1.7	1.25
恒载＋活载＋预应力	2.2	1.83
恒载＋预应力＋徐变	1.3	0.7
恒载＋预应力＋收缩	4.0	3.9
恒载＋预应力＋温度	2.5	1.8

5　结论

（1）根据有限元模型分析结果，过渡段混凝土由于横桥向拉应力产生的纵向裂缝分布位置与实际图片基本吻合，即在边箱梁内顶板过渡段混凝土部分易产生纵桥向裂缝。

（2）除徐变作用外，过渡段混凝土在其他工况作用下均产生较大的横桥向拉应力。其中，收缩作用最为明显，最大拉应力为 4.0MPa，增幅达到 135.3％。故以后对过渡段混凝土纵向裂缝的分析，要着重考虑收缩作用的影响。

（3）温度效应对过渡段混凝土纵向裂缝的产生亦有较大影响。结果显示，在规范温度作用下过渡段混凝土横桥向拉应力最大为 2.5MPa。因此，在以后设计中也应当考虑温度效应的影响。

（4）徐变由于能够削弱混凝土内部温度应力和收缩应力，故对过渡段混凝土纵向裂缝有抑制作用，但由于其能够使预应力造成损失，因而不能忽略。

参考文献

[1] 徐国平，张希刚，刘玉擎，刘明虎，赵灿晖，刘高. 混合梁斜拉桥[M]. 北京：人民交通出版社，2013.
[2] 邵旭东. 桥梁工程[M]. 北京：人民交通出版社，2016.
[3] 陈开利，混合梁斜拉桥结合段的力学特性研究[D]. 沈阳：东北大学，2006.
[4] 张武. 混凝土箱梁桥温度效应研究[D]. 南京：东南大学，2016.
[5] 谭中法. 浅谈对剪力滞的认识[J]. 科建园地，2013，15(15)：213.

作者简介： 李征(1996—)，男，硕士研究生，助理工程师，目前主要从事城市轨道交通施工与管理工作。

时速140km地铁工程安全保障关键技术

靳利安，石卓鑫，房师涛

（中电建成都建设投资有限公司　成都 610212）

摘　要： 随着城市群及现代化都市圈建设的持续推进，100～160km/h 的市域快线规划及建设逐步增多，但在规划设计、特殊地层施工、长大区间运维等多方面无成熟经验。依托成都轨道交通18号线工程，开展了线网规划、车辆选型、行车组织、供电制式、车地通信、轨道减振、长大区间防灾救援等多个方面的创新设计，进行了大规模穿越油气田高瓦斯地层、复杂地层盾构掘进、下卧可溶岩地层沉降控制等多个方面的技术攻关，同时进行了 BIM 全生命周期系统管理平台的开发及应用，为后续类似工程提供参考和借鉴。

关键词： 市域快线规划设计；瓦斯防控；复合地层盾构掘进；可溶岩沉降；BIM 全生命周期；长大区间防灾救援

随着城市群及现代化都市圈建设的持续推进，建设轨道上的都市圈成为共识，100～160km/h 的市域快线规划及建设逐步增多。2021年国内34座城市开通了53条城市轨道交通线路，新增运营里程合计 1153.5km，时速 160km 的线路只有 1 条，长 58.3km，占总里程的 5%，而 2021 年共有 27 条城市轨道交通项目可行性研究报告获批，线路长度合计 630.4km，其中时速 140～160km 的线路 5 条，长 192.7km，占总长的 31%。

在成渝双城经济圈、成德眉资同城化大背景下，成都都市圈规划了 9 条快线、19 条市域铁路，设计时速为 100～160km。18 号线为成都第一条时速 140km 的市域快线，特点鲜明、充满挑战。

1　工程概况

成都轨道交通 18 号线由火车南站至天府国际机场（图 1），线路长 69.39km，设计速度

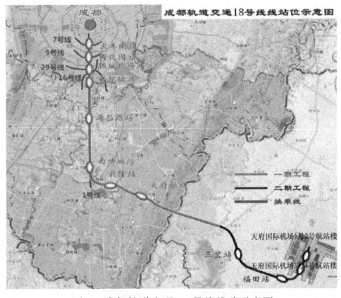

图 1　成都轨道交通 18 号线线路示意图

140km/h（天府新站至机场 T1T2 站预留 160km/h 条件），共设 13 站 12 区间，最大站间距 19.2km。是成都市轨道交通线网中的第一条市域快线，既要快速连接中心城区和成都新机场，满足"30min 直达新机场"的出行时间要求，又要兼顾城市通勤客流的出行，缓解成都南北向巨大的客流压力，同时实现双流机场与新机场之间跨线直达。

依据上述功能需求及地质条件，18 号线具有以下特点：

（1）多功能复合线路设计难度大：18 号线具有分担市区中轴线大客流出行、30min 直达天府机场、双机场跨线运营等多重功能需求，在车辆选型、运营组织模式、隧道断面与压力波、牵引供电制式、长大区间防灾救援等方面无成熟经验。

（2）高瓦斯隧道施工风险高：龙泉山油气田高瓦斯隧道，正线长度 9.7km，油气田高瓦斯段长达 5.8km，单孔最大涌出量 5.5m³/min，是国内最长的地铁油气田高瓦斯长大隧道。

（3）盾构首次长距离穿越油气田瓦斯地层：瓦斯段落长度达 38km，占盾构比例的 70%，对防爆改造、盾体密封、管片拼装、洞内瓦斯监测和通风要求极高。

（4）复杂地层盾构施工难度大：首次在成都采用 8.6m 直径盾构，地层主要是富水砂卵石及砂卵石—泥岩复合地层，参数控制难，易引发地表沉降，同时多次下穿敏感建（构）筑物，安全风险高。

（5）可溶岩地层沉降风险大：在成都地区发现地下深层大规模可溶性石膏岩，周边地源热泵系统将加剧地层变形，区域沉降风险大。

2 规划设计

2.1 线网规划

18 号线突破了传统的市域快线与市内地铁线网分离的模式，是国内首条开进中心城区的市域快线，实现了两网融合。18 号线在线网上呈现以下特点：

（1）与成都最繁忙的地铁 1 号线共廊近 30km，有效地分流南北向大通道中长距离出行客流，缓解 1 号线客流压力。

（2）在天府新区以东与 19 号线共线运营 35km 至天府国际机场，实现双机场"无缝"联通直达功能。

（3）联通成都市主城区、天府新区、东部新区及天府国际机场，与成都市城市发展战略高度契合。

（4）通过 S11 线北连德阳，通过 S3 线、S5 线南接资阳、眉山。对助推成渝双城经济圈建设及成德眉资同城化发展具有重要意义。

2.2 行车组织模式

通过设置双岛式站台和越行线，首创了在同一条地铁线路上同时采用慢车、快车、直达车混合运行，大小交路嵌套，实现了市内通勤、机场直达和多线共运的综合运输组织模式（图2）。

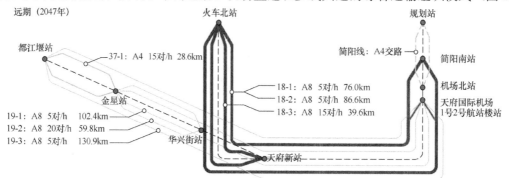

图 2 成都轨道交通 18 号线及相关线路贯通运营示意图

进行快慢车运行规律、系统能力损失计算方法、越行点确定方法等关键技术的研究，为多功能复合线路运营组织提供完整的解决方案，形成完整的快慢车理论体系。

开行18、19号线、简阳线、资阳线等多线路、不同编组的贯通运营模式。根据新的运营模式进行信号及道岔系统的设计及施工。

2.3 地铁 A 型车升级改造研究

18号线由地铁 A 型车升级改造为市域 A 型车（图3），实现140km/h 的高速运行，具有造价低并与常规地铁车型维保资源共享的优点，主要进行以下升级：

（1）流线性优化：采用全新节能减阻头型，保证列车流线性和低阻力。

（2）牵引能力提升：牵引电机功率为250kW，相比地铁 A 型车提高60kW。

（3）电气系统升级：由直流1500V 升级为交流25kV，保证高速工况下受流的稳定性。

（4）气密性优化：增加车门辅助锁闭组件，增加空调压力自动调节功能，一体式高密闭贯通道，整车动态密封指数3.0，司机室6.0。

（5）转向架升级：采用新型 SDA-140转向架，增加抗蛇行减振器。

图3 升级改造后的市域 A 型车

2.4 地铁 25kV 交流牵引供电适应性分析及关键技术研究

常规地铁采用直流牵引制式，适用于列车功率不大、供电半径较小、列车密度高且启动频繁的城市轨道交通。

18号线采用140km/h 速度目标值、负荷较重的8辆编组 A 型车辆，需解决牵引供电制式与高速度、长区间、大容量轨道交通的兼容性问题。因此建设规划时，提出18号线采用25kV 交流牵引制式。由于其电磁环境与直流牵引的电磁环境存在较大变化，信号系统又是涉及行车安全的关键系统，建设时国内没有25kV 交流牵引制式为地铁 A 型车供电的先例。

为确定信号等弱电系统是否能够在交流25kV 牵引系统的电磁环境下正常工作，开展了信号轨旁设备、通信系统设备、车载设备、电缆工艺布线要求等多个方面的研究。经现场测试分析，信号轨边设备无影响，通信系统基于 LTE 的 CBTC 系统及乘客信息系统适用于25kV 交流制式，车载设备均应该按照《轨道交通　电磁兼容　第3-2部分：机车车辆　设备》GB/T 24338.4—2018的要求设计和制造。电缆应采用屏蔽双绞电缆。

2.5 长大区间空气动力学效应及减缓措施研究

利用一维特征线法研究全线地下车站、区间的压力波特性，得出列车以160km/h 速度运行、隧道盾构直径为7.5m 时区间隧道可能达到的最大压力幅值、最大活塞风速，以及不同密封指数下的车内压力变化，为屏蔽门、设备及管线安装提供依据（图4）。

采用三维数值计算方法，研究列车对车站端部、中间风井截面变化以及隧道进、出口缓冲结构对隧道压力波的影响，给出结构细部的设计方案。分析列车分别以80km/h、100km/h和120km/h越行过站时屏蔽门滑动门和端门所承受的最大压力，并据此提出技术措施，以保证乘客乘车安全及设备正常运行（图5）。

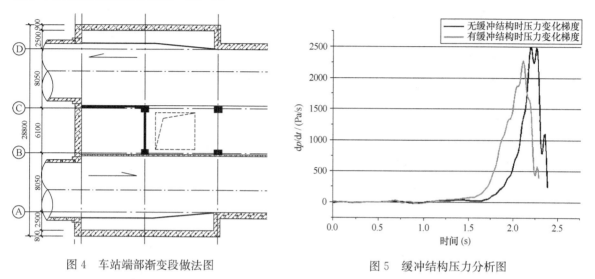

图4 车站端部渐变段做法图   图5 缓冲结构压力分析图

2.6 高速运行下的车地宽带无线通信系统研究

传统地铁的PIS系统车地通信一般采用Wi-Fi技术实现，可满足最高时速120km的运行需求。为保证时速140km运行条件下数据的实时、稳定、可靠传输，华为技术有限公司基于4G国际标准通用技术开发了在开放频段下针对高速地铁使用的LTE-U无线通信技术，并首次在18号线中应用（图6）。5.8GHz开放频段，理论上支持350km/h高速移动通信。

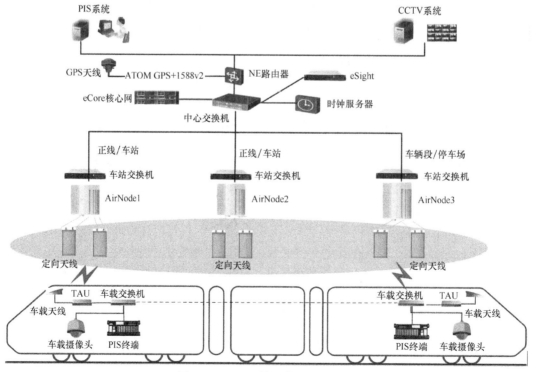

图6 LTE-U无线通信系统示意图

2.7　地铁轨道综合减振降噪关键技术研究

（1）可更换框架式减振浮置板道床（图7）：轨道高等减振道床首次引用框架式现浇结构，相较于传统减振垫浮置板道床增加了纵向限位凸台，实现了减振元可更换等功能。

（2）双层非线性减振扣件：轨道中等减振措施，较常规扣件铁垫板增加了中间橡胶垫，能够起到对轮轨振动冲击的缓冲和隔离作用。

（3）减振器道岔：在传统道岔扣件上增加硫化体减振器，通过减振器实现减振。

（4）DZⅢ-3型扣件：由 $\phi18mm$ 弹条升级为 $\phi20mm$ 弹条，较常规 DZⅢ 型扣件强化了 C4 弹条服役性能。

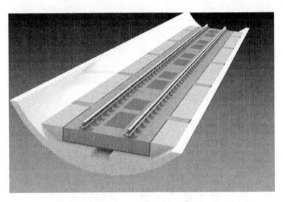

图 7　框架式减振垫浮置板道床

3　建设管理

3.1　轨道交通工程 BIM 全生命周期集成管理系统研究及应用

针对18号线工程规模大、专业多、接口复杂等问题，开展了轨道交通工程 BIM 全生命周期集成管理系统研究及应用。BIM 全生命周期集成管理系统以"一个模型、一个数据架构"为核心，搭建了协同设计、建设管理、运维管理 3 个平台，并形成一套 BIM 应用新标准（图8）。

（1）标准体系

建立了以技术标准（信息模型成果技术规范、数据对象分类与编码标准）为主体，管理标准

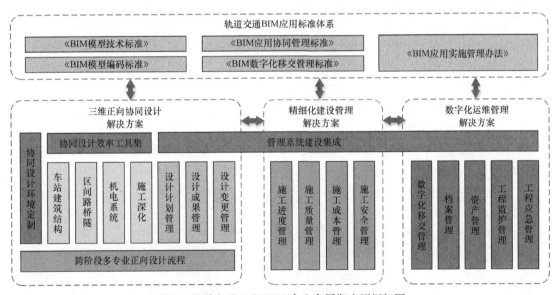

图 8　轨道交通工程 BIM 全生命周期应用框架图

和工作标准（实施管理规范、协同管理指南、数据交付管理要求）相配套的 BIM 成套应用标准体系，极大地推动了轨道交通工程全生命周期整体解决方案的标准化应用。

（2）协同设计平台

基于"统一平台＋N 个专业系统"的框架，研究形成了城市轨道交通工程数字化协同设计成套技术，实现了轨道交通工程正向三维协同设计技术应用。自主开发了 MetroStation 轨道交通工程三维协同设计平台，提出了平台标准化配置和自动推送技术，研制了地质、土建、机电、算量、校审等轨道交通工程三维数字化设计系统，提出了其三维协同设计整体解决方案，创建了轨道交通工程三维协同设计管理体系。

（3）建管平台

建立了城市轨道交通工程数字化建设管理平台，开发了多终端管理决策系统，研发了集设计、进度、质量、安全和成本等全要素管理模块，解决了云平台架构下的跨企业数据共享、要素数据可视化、实时数据动态分析、跨终端应用等需求问题，实现了建设工程"集团、公司、项目"三级管理和建设全过程精细化管控。

（4）运维平台

搭建开放、共享、兼容的底层平台，开放数据接口，通过统一编码规则，实现工程功能系统对象、数据对象、资产对象等实物资产和全信息虚拟资产的整体移交。实现轨道交通工程运营期间静态和动态的信息管理智能化，从而提高运营管理的质量和效率。

3.2 基于企业微信平台的地铁智慧工地管理系统研发与应用

（1）在企业微信移动办公平台架构下，研发了地铁工程机电安装与装饰装修工程智能化项目管理系统，构建了人力资源管理、安全与应急管理、劳务管理和办公等多功能模块，具有轻量化、低成本、易维护、实用性强等特点，实现了安全高效作业。

（2）开发基于 UWB 高精度定位的现场管理技术，构建了施工现场安全管理电子围栏，实现了对现场作业人员工作状况、不安全行为及安全状态等的全方位、全过程高效智能监管。

（3）集成开发了施工现场射频识别巡检系统，实现了对巡检对象的安全隐患排查和安全状态在线评估与评价。

4 施工技术

4.1 高瓦斯地铁特长山岭隧道施工关键技术

（1）瓦斯精准预报技术：根据油气田区瓦斯富集于断裂构造带和节理构造带中的特点，只要有构造带就有瓦斯溢出的可能性，因此探测的重点就是探测构造带，建立从宏观（区域地质构造分析、无人机 Lidar 微地貌识别、EH4 电磁探测）到微观（洞内 TSP＋地质雷达、钻探与地质素描）的层次递进探测方法，实现了瓦斯精准预测。

（2）机械设备防爆改造：包括配电系统的"双回路电源""三专两闭锁"、运输设备的"瓦电闭锁"以及施工台架等设施的防爆改装，形成一套完备的瓦斯隧道设备防爆改装及验收流程。

（3）智能通风技术：采用控制系统和风机变频装置，通过洞内传感器，获取并处理气体浓度数据，实时匹配风机频率，节约通风设备运行费用。

（4）瓦斯自动监测报警技术：隧道内设置传感仪实时监测瓦斯含量、风速、风压，实现了瓦斯浓度自动报警（图 9）。瓦斯浓度大于 0.3％或风速低于 0.5m/s 时，自动报警并加大风量；瓦斯浓度大于 0.5％时，自动断电并撤出洞内人员。

4.2 大直径盾构长距离穿越石油气地层关键技术

（1）瓦斯防治体系：构建了集设备密封设计、通风稀释瓦斯浓度、瓦斯监测、门禁管理于一体的瓦斯综合防治体系。

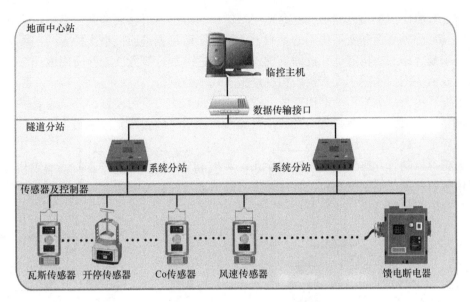

图 9　隧道瓦斯自动监控系统结构示意图

（2）防爆及密封设计：采用基于瓦斯渗透源理论分类方法，系统提出了土压平衡盾构隧道瓦斯溢出的主要路径，主要位于螺旋输送器出土口、盾构机铰接处、盾尾密封处、渣土运输中、管片接缝处。

针对主要逸出路径开展有针对性的防爆及密封设计，螺旋输送机采用双闸门设计，盾构铰接密封采用 2 道橡胶、2 道紧急气囊、1 道环形钢压板密封，盾尾密封采用 4 道密封刷和 1 道止浆板，管片接缝处采用遇水膨胀止水条和三元乙丙橡胶止水条双层密封，采用防爆照明。

（3）瓦斯监测报警：在瓦斯溢出点设置瓦斯自动监测装置，主控 PLC 系统实时读取瓦斯监测数据，当瓦斯浓度达到 0.3％时，设备停机，自动关闭螺旋机后闸门，隔绝主要溢出点。当瓦斯浓度达到 0.5％时，盾构机内用电设备电源自动断电。

（4）加强通风：基于隧道通风动力学分析，研发了"轴流风机压入式主通风＋多部位射流风机辅助通风＋横向联络通道贯通通风＋后期中部增强通风"的低瓦斯盾构隧道施工多级串并联通风新技术，有效降低了隧道瓦斯浓度（图 10）。

4.3　富水砂卵石—泥岩复合地层盾构设计施工关键技术

（1）建立了管片三维壳—弹簧荷载—结构模型（图 11），分析了管片衬砌结构力学特性的变化规律，从而给出大直径盾构隧道管片衬砌结构设计参数。

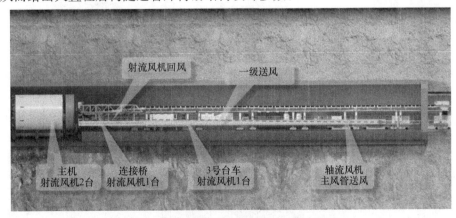

图 10　盾构隧道瓦斯隧道通风结构示意图

（2）通过数值模拟给出砂卵石及复合地层掘进面前方土体滑移面的数学表达，建立了三维力学模型，在满足静力平衡和变形协调的基础上，推导了盾构掘进面最小支护力的三维极限平衡解析解，提出了复合地层盾构隧道开挖面支护压力与掘进参数计算方法，并应用该计算方法，给出掘进参数的取值范围，实现了大直径盾构掘进施工精准控制。

（3）依据盾构刀具破岩力学磨损选取合适的盾构盘形滚刀受力模型，分区建立了盾构滚刀磨损量计算模型，并根据掘进参数与刀具磨损量关系，提出了砂卵石复合地层条件下刀具磨损优化合理技术，确定了最优换刀距离。

（4）为精准控制管片拼装质量，在螺栓孔位置预留定位凹槽，在拼装时安装定位榫(图12)。为了克服传统管片定位棒刚度过大、管片错台时易造成管片破损的问题，研发采用了高强度尼龙改性增强材料的管片定位榫，兼具强度和韧性的功能要求。

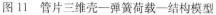

图 11　管片三维壳—弹簧荷载—结构模型

图 12　管片定位榫安装图

4.4　下卧可溶岩地层地铁车站沉降控制关键技术

火车南站施工过程中，基坑围护桩、车站底板、大鼎世纪广场均出现不明原因的异常差异沉降，为查明异常沉降原因，通过钻孔电视、钻孔 CT 等手段进行勘察，进行一系列现场及室内试验，根据勘察及试验数据并结合沉降监测和数值模拟分析（图13），查明了异常沉降的原因为埋深 36m 以下有可溶性石膏岩，并发育有溶蚀空腔，动水循环加速了可溶岩的溶蚀，导致溶蚀空腔持续扩大，进而引起地表不均匀沉降。

采用水电领域的深层注浆技术，开展深层注浆试验（图14），进行注浆抬升和监测联动控制，实现了地铁车站底板抬升精细化控制，有效抬升幅度达 40mm。

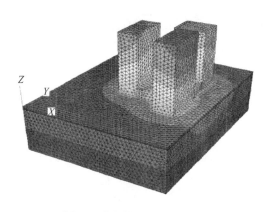

图 13　数值模拟总位移云图

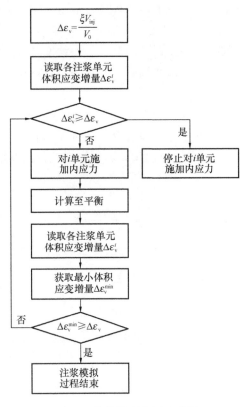

图 14 注浆模型分析示意图

5 运营维护

5.1 通风系统及设备专项研究

利用 IDA Tunnel 软件模拟优化（图 15），减少湍流，改善了地铁乘车环境，提高了地铁系统消防排烟能力，降低了通风系统整体能耗。

研究活塞风特性及影响，设计高压活塞风工况地铁风机（图 16），提高了地铁风机安全性，保障了通风系统安全运行。

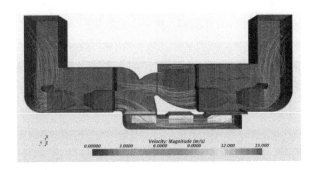

图 15 通风模拟优化图

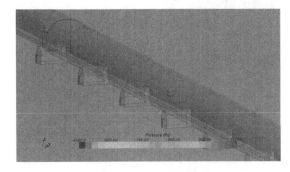

图 16 活塞风压模拟图

5.2 长大区间防灾救援关键技术

18 号线平均站间距为 5.5km，其中天府新站至三岔站区间为 19.2km，长大区间防灾救援措施如下（图 17）：

（1）通过数理统计方法对可用安全时间与必须疏散时间进行分析，分析得出最优联络通道间距、宽度以及其他设施布置方案。长大隧道斜井处增设应急救援点、值守点、材料工具房，满足了人员紧急疏散的要求。

（2）建立了长大区间应急救援管理体系，规范了一般情况及紧急情况下的应急处置措施、应急救援的组织流程、处置预案。长大隧道两端站各设置一组热备车，救援车速度由 25km/h 提升至 70km/h。

（3）在地铁运营线路上采用隧道瓦斯监控系统，隧道内每间隔100m设置一个瓦斯监控点，实时监测洞内瓦斯浓度，当瓦斯浓度超标时通过综合监控系统进行报警，由 OCC 根据相应的应急处置预案进行处理，当需要调整通风时由 OCC 远程操作或授权站点进行通风系统的调整。

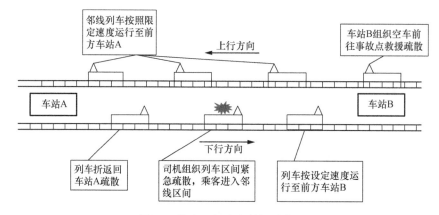

图 17　长大区间防灾救援示意图

6　结语

本文依托成都轨道交通 18 号线工程，针对在规划设计、建设管理、施工技术、运营管理等多个阶段遇到的难题，开展了系统创新，形成了市域快线建设标准，对未来市域快线的规划建设具有示范引领作用；建设过程中，解决了大规模穿越油气田高瓦斯地层和复杂地层盾构施工等技术难题，进行了 BIM 全生命周期系统管理平台的开发及应用，为后续类似工程提供了参考和借鉴。

参考文献

陈新雨. 都市圈空间与通勤交通发展机理初探与通勤视角都市圈空间规模研究[D]. 南京：东南大学，2020.

作者简介：靳利安（1974—），男，大学本科，正高级工程师，目前从事城市轨道交通工程等市政工程的技术管理工作。

房师涛（1984—），男，硕士研究生，高级工程师，研究方向：隧道及地下建筑工程。

浅谈智能集中直流照明供电系统在地铁中的运用

占小龙

（中电建南方建设投资有限公司　深圳 518000）

摘　要： 地铁车站大多设置于地下，主要依靠灯具来保障内部照度。当车站面积比较大、灯具数量比较多时，传统做法照明质量受限，维护成本高，不能很好地实现节能降耗。本文结合合肥市轨道交通 5 号线省政务中心东站的直流照明系统工程案例，系统阐述智能直流照明系统在地铁中的运用。

关键词： 直流照明；地铁；节能；智能控制；维保

1　引言

近年来，LED 照明广泛应用于各类场所，其直流驱动的特性以及直流供电技术的成熟发展使得照明直流供电成为可能。直流照明技术的应用将在一定程度上改善 LED 照明光环境质量并降低维护成本，将推动照明供电方式的变革。对此，中国建筑科学研究院有限公司牵头主编了中国工程建设标准化协会标准《直流照明系统技术规程》T/CECS 705—2020，为设计、施工、科研等相关人员开展直流照明应用提供指导。智能集中式直流照明必将在未来的地铁中扮演越来越重要的角色。

2　案例工程概况

省政务中心东地铁站是合肥市轨道交通 5 号线智能集中直流照明供电系统的试点站，该车站为地下二层岛式车站，本次直流照明面积共计约 6900m² （含公共区和通道）。车站在设备层 A、B 两端分别设置变电所，提供车站相邻两端设备区及站厅站台公共区半区的动力及照明负荷，以车站中心线分界各自负责约 50%；车站两端分别设置环控电控室、照明配电室以及电缆井，提供终端控制及路由。

3　智能直流照明供电系统在本案例中的运用

因直流供电只需要两芯线即可实现供电和信号传输，使得整个系统的造价增加不多，且线缆敷设减少近 50%。与传统交流照明系统相比，对后期运营要求主要差异是交流系统出现故障通常为单个回路故障，交流系统输入的供电能力不变，可单独维修单个回路故障。直流照明系统故障通常存在两个可能，一个是回路出现故障，另一个是 AC-DC 模块电源出现故障。对于回路出现故障，可维修单个回路故障，冗余模块电源出现故障不会影响系统的供电能力。当故障模块未及时处理、累积故障模块过多，系统按额定功率计算供电能力不足时，系统会自动降低 LED 的功率以保证直流照明系统的正常工作。对 AC-DC 模块电源故障，系统会显示告警信息，通知维护人员更换 AC-DC 模块，模块电源维护方便，不用断电拔出故障模块，可直接插入进行模块更换，降低了维保工作强度。

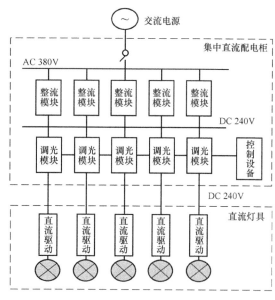

图1 省政务中心东站智能集中直流照明供电系统拓扑图

本系统主要由智能集中式直流照明配电柜、直流灯具及其配套驱动、单回路调光模块、配套智慧控制软件（平台）组成，详见图1。该系统适用于地铁车站照明场景，基于嵌入式系统和PC系统的控制系统，可实现多种调光方式，不仅满足地铁节能照明需求，还能有效降低维修次数，提高安全性能及管理效率。

3.1 智能集中式直流照明供电柜

智能集中式直流照明供电柜承担交直流变换、电气保护、回路智能控制等功能。柜内集成分布智能控制模块，可以对多个大功率照明供电回路进行智能控制，智能控制模块集成了耦合直流电力载波通信功能，无须在灯具上附加调光信号线即可完成回路或单灯智能调光。直流照明柜可通过外接照度传感器、微波传感器、红外传感器等照明传感器对外界进行智能感知，从而智能且静态地调节照明回路上的灯具亮度。智能集中式直流照明供电柜工作原理如图2所示。

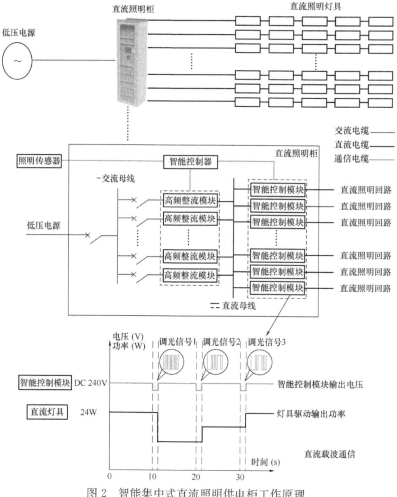

图2 智能集中式直流照明供电柜工作原理

3.2　综合照明控制系统监控平台

使用建筑自动化系统（BAS）以及智能集中式直流照明控制系统（IDCL）作为本方案的综合照明控制系统监控平台。该系统高度适合轨道交通电力照明领域，尤其是在地铁电力车站照明的智能电力系统具体实现方式存在一定差异的情况下。在本案例中，使用基于分布式载波通信技术的集中式直流智能电力照明系统是其中先进性较高、性价比较高的实现方式。其工作原理如图3所示。

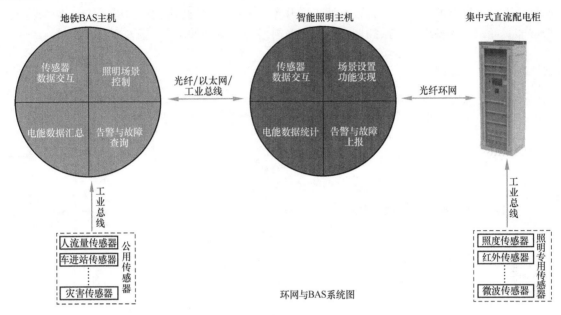

图3　综合照明控制系统监控平台工作原理

3.3　照明灯具及材料选择

公共区照明灯具采用直流 LED 灯具，灯具可以接受 DC 200～300V 直流供电，灯具配套驱动电源采用恒流模式输出，最高转化效率为 92％，可以通过采样输入电压的变化，输入直流载波进行调光，且自动识别调光指令。灯具具体参数详见图4。所有配电线路采用 WDZB-BYJ 导线进行配电，且燃烧性能不低于《电缆及光缆燃烧性能分级》GB 31247—2014 中的 B1 级。

灯具类型	面罩筒灯	圆形筒灯	4寸筒灯	明装筒灯	6寸筒灯	平板灯	壁灯	异形灯具	面板灯	洗墙灯	面板灯	异形灯具	暗藏灯带
额定功率	15W				18W		20W		24W	36W		100W	100W
额定电压	240V DC												
灯具光效	100lm/W												
相关色温	2700~6000K												
显色指数	＞80												
工作温度	−35~+60℃												
工作寿命	≥50000h												

图4　直流照明灯具参数

3.4 车站智能照明参数

车站公共区的照明配电室内分别设置2个总照明配电箱以及2个集中式直流配电柜，两段不同母线分别由变电所引至总照明配电箱，2个直流集中供电柜电源分别自2个总照明配电箱，2个直流集中供电柜交叉向公共区正常照明供电。公共区正常照明采用直流供电，在直流智慧照明控制系统内部可完成AC380V整流为DC240V（同时输出在DC200～DC300 V可调），整流电源模块化、N+X配置，支持热插拔。直流智能控制系统对LED灯具进行智能化控制，直流智慧照明控制系统内具有的基本功能有智能调光、开关。采用该模式后能极大地在保证照明的情况下进行节能减耗。省政务中心东站的灯具布局以及时段亮度设计如图5、图6所示。

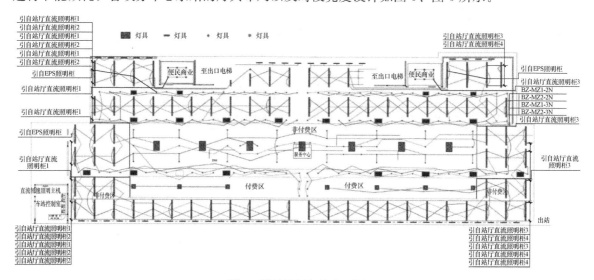

图5 设计图纸灯具布置图

智能照明亮度模式				
时间段(h:m)	照明模式	区域/时段灯具亮度设定值		
		公共照明区	设备照明区	出入口
00:00~05:00	停运模式	0%	50%	80%
05:00~06:00	运营准备	20%	50%	100%
06:00~09:00	早间高峰	80%	50%	跟随光照度
09:00~11:00	运营低谷	40%	50%	跟随光照度
11:00~14:00	午间高峰	60%	50%	跟随光照度
14:00~16:00	运营低谷	40%	50%	跟随光照度
16:00~20:00	晚间高峰	85%	55%	跟随光照度
20:00~24:00	次高峰	50%	50%	80%

图6 亮度控制模式设定

4 结论

传统的AC 220V供电技术成熟，但存在供电效率低、谐波含量大的缺点，当前城市轨道交通地下车站主流采用LED光源的情况下，采用DC 220 V供电可有效解决AC 220 V供电存在的问题，同时还可以大大提高供电安全性。该系统可以根据地铁运行信息、外部环境信息及站厅和站台人流信息，实现自动开关灯和智能调光，系统还具备智能设定亮度参数功能，可实现定时分时调光，达到更好的节能效果。因无电解电容，DC-DC模块故障率远低于传统AC-DC驱动电源，使得驱动电源寿命也大大增加，相比传统照明方式，直流照明在管理、成本控制以及节能上具有明显的优势，更好地秉持了可持续发展理念。

参考文献

[1] 赵建平，高雅春，陈琪，张滨．直流照明系统技术规程技术要点解析 [J]．照明工程学报，2020，31(5)：107-111，141.

[2] 王德发，秦岭．城市轨道交通全直流照明系统设计探讨 [J]．都市快轨交通，2019(6)：63-66.

[3] 李旭东，段盼平．太原地铁 2 号线车站公共区直流照明系统方案设计 [J]．工业技术，2020(9)：81-82.

作者简介：占小龙（1988—），男，大学本科，助理工程师，目前主要从事城市轨道交通施工与管理工作。

地铁停车场群塔布置原则及基础优化设计

谭黎明

（中电建成都建设投资有限公司　成都 610000）

摘　要： 随着城市建设的飞速发展，大型单体建筑工程越来越多，项目建设过程中群塔作业现象日益普遍。本文以成都地铁 19 号线长顺村停车场工程为例，浅要分析群塔布置中需要考虑的因素，探讨如何更为经济、合理地进行群塔布置，以及如何对塔式起重机基础进行有针对性的优化设计。

关键词： 塔式起重机；交叉作业；平面布置；塔式起重机选型；塔式起重机基础

塔式起重机是建筑工程施工中常用的起重运输设备。随着城市建设的高速发展，建筑工程的规模不断扩大，大型单体建筑工程日益增多。城市建设的高速发展也意味着工程项目的工期日益紧张，为了更加高效、安全地完成建设任务，同一区域布置多台塔式起重机同时交叉作业的情况也越来越多。因此，如何避免群塔交叉作业风险，如何更为经济合理地布置现场各塔式起重机的基础位置和高度，成为整个项目安全顺利完成的关键因素之一。

1　工程概况

成都地铁 19 号线长顺村停车场（图 1）位于协和大道以西、牧华路和温家山路以北的地块内，现状为空地、少量村舍和少量鱼塘，规划为居住、教育用地，土地性质为一般农田区。停车场采用地下建设方式，为地下单层结构结合上盖物业开发，长度 1165m，最大宽度 276m，开挖深度 11m，占地面积约 16.32hm²（其中地上场前区占地面积约 3.21hm²），新建建筑面积约 19.32 万 m²（其中地下建筑面积约 16.84 万 m²）。

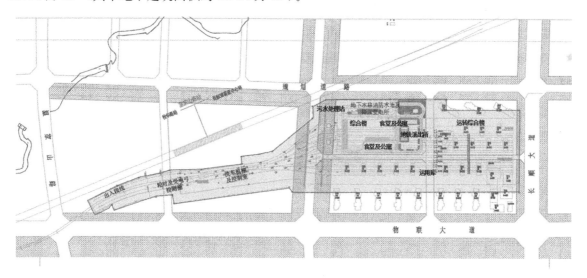

图 1　成都地铁 19 号线长顺村停车场平面示意图

2 塔式起重机选型与平面布置

2.1 选型和布置原则

（1）根据现场实际情况，在满足施工需求的前提下，遵循"安全、经济、合理"的原则进行塔式起重机型号选择和布置。

（2）满足脚手架、模板、钢筋、零星材料等的垂直水平运输需求，确保现场钢筋加工场、木工加工场、模板、材料堆放区全覆盖。由于本工程是地下结构，根据业主相关文件要求，地下结构外墙不允许使用对拉螺杆工艺，需采用定型大钢模施工。因此，本工程塔式起重机选型与布置着重考虑地下室外墙全覆盖及大钢模运输吊装需求。

（3）满足群塔交叉作业安全需求，确保各塔式起重机与相邻塔式起重机及周边建（构）筑物的安全距离满足相关规范规定。相邻塔式起重机臂尖离塔身距离不小于2m，高位塔式起重机起重臂部件最低点距低位塔式起重机起重臂上端高差不小于2m。

（4）由于本工程地下室结构为桩承台基础，塔式起重机基础位置需避开承台、结构柱。

（5）周边存在高压输电线路时，需满足与高压线安全距离要求，见表1。

塔式起重机和高压线边线最小安全距离　　　　　　　　　　　　　　表1

安全距离（m）	电压（kV）				
	<1	1~15	20~40	60~110	220
沿垂直方向	1.5	3	4	5	6
沿水平方向	1.5	2	3.5	4	6

2.2 塔式起重机选型

根据上述选型原则，结合现场实际情况及后续主体结构施工筹划，本工程共选用19台塔式起重机（具体参数见表2），其中W6013A-8A型1台（55m臂长）、W6015-8A型13台（55m臂长9台、60m臂长4台）、W7015-10E型2台（65m臂长）、W7020-12E型3台（70m臂长）。

长顺村停车场塔式起重机选型参数表　　　　　　　　　　　　　　表2

序号	塔式起重机编号	出厂型号	安装高度（m）	吊装半径（m）	覆盖区域
1	0号塔式起重机	W6015-8A	27.2	60	B区出入线
2	1号塔式起重机	W6015-8A	29.4	55	B区出入线
3	2号塔式起重机	W6015-8A	21	55	B区出入线
4	3号塔式起重机	W6015-8A	35	60	B区出入线
5	4号塔式起重机	W6015-8A	26.6	60	B区出入线
6	5号塔式起重机	W6015-8A	35	55	B区出入线
7	6号塔式起重机	W6015-8A	38.3	55	A区咽喉区
8	7号塔式起重机	W6015-8A	30.4	55	A区咽喉区
9	8号塔式起重机	W6015-8A	30.4	60	A区运用库
10	9号塔式起重机	W6013-8A	21.5	55	A区运用库
11	10号塔式起重机	W6015-8A	38.3	55	A区运用库
12	11号塔式起重机	W7020-12E	60	70	A区运用库
13	12号塔式起重机	W7020-12E	25.5	70	A区运用库
14	13号塔式起重机	W6015-8A	33.9	60	A区运用库
15	14号塔式起重机	W7015-10E	42.3	65	A区运用库

序号	塔式起重机编号	出厂型号	安装高度（m）	吊装半径（m）	覆盖区域
16	15 号塔式起重机	W7020-12E	24.5	70	A 区运用库
17	16 号塔式起重机	W6015-8A	33.9	60	A 区运用库
18	17 号塔式起重机	W7015-10E	42.3	65	A 区运用库
19	18 号塔式起重机	W6015-8A	25.5	60	A 区运用库

2.3 塔式起重机布置

根据塔式起重机布置原则及现场实际工况，考虑相邻塔式起重机安全距离及施工场区全覆盖需求，本工程 19 台塔式起重机相互间最小水平距离为 4.7m（臂尖到塔身），相邻塔式起重机间最小垂直距离为 3.4m（高位塔式起重机最低点到低位塔式起重机起重臂最高点），均满足规范要求，具体平面布置情况如图 2 所示，剖面位置关系如图 3 所示。

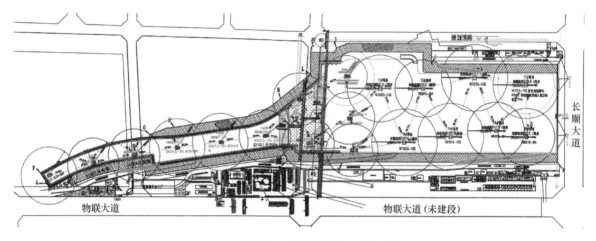

图 2 长顺村停车场群塔平面布置示意图

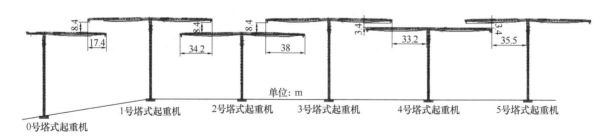

图 3 长顺村停车场群塔剖面位置关系图

3 塔式起重机基础优化设计

3.1 地质情况及塔式起重机基础选型

根据岩土工程勘察报告，本工程 19 台塔式起重机基础所处持力层为硬塑黏土和稍密卵石层，硬塑黏土层承载力标准值为 160kPa，稍密卵石层承载力标准值为 300kPa。

根据《塔式起重机操作手册》中对于塔式起重机基础的相关要求，本工程选用预埋螺栓固定式基础。其中 W6013-8A/W6015-8A 型塔式起重机基础尺寸为 6.5m×6.5m×1.35m，持力层承载力要求不小于 120/110kPa；W7015-10E/W7020-12E 型塔式起重机基础为 8.0m×8.0m×1.65m，基础持力层承载力不小于 120kPa。本工程 19 台塔式起重机基础所处持力层均满足塔式起重机说明书需求，无须增设桩基础。

3.2 塔式起重机基础布置

本工程共设置 19 台塔式起重机，数量多，基础所用混凝土及钢筋等材料用量大。为了合理降低成本，考虑将塔式起重机基础与停车场结构底板永临结合，即将塔式起重机基础顶标高设定为与结构底板顶标高一致，做到塔式起重机基础与重叠部位结构底板同步施工，且塔式起重机基础平面位置选择避开桩基和承台设置，可先行施工塔式起重机基础，提前安装塔式起重机，便于大面积桩基施工时充分利用塔式起重机进行材料运输，提高工效，降低运输成本。

3.3 塔式起重机基础优化设计

由于塔式起重机基础与结构底板永临结合施工，塔式起重机基础所用混凝土及钢筋需参考结构底板设计，不能完全参照《塔式起重机操作手册》施工，需根据主体结构设计图纸进行优化。塔式起重机基础混凝土采用 C35·P8 防水混凝土（同结构底板），钢筋保护层厚度板底及侧面为70mm，板顶面为40mm。由于塔式起重机基础与结构底板顶标高齐平，结构底板面筋采用Φ22@150mm 双层双向布置，所以塔式起重机基础面筋采用双向Φ22@150mm（与主体结构底板面筋拉通设置），面筋第二层附加筋双向Φ18@150mm 布置。另外，考虑到塔式起重机基础厚度1350mm 大于底板基础厚度 1000mm，所以塔式起重机基础底筋第一层采用双向Φ22@150mm、第二层附加筋双向Φ18@150mm 布置；拉筋间距为Φ16@300mm；在塔式起重机基础底向上相应位置按图纸规范预埋底板下部主筋，便于同周围底板底筋连接。塔式起重机基础配筋见图 4。

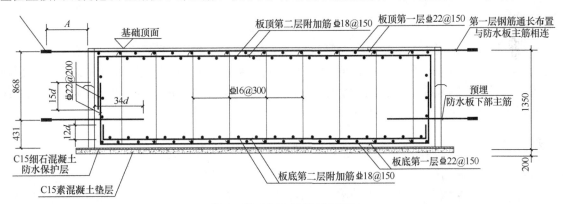

图 4　塔式起重机基础配筋图

4　结语

根据前期塔式起重机选型和布置原则的研究，本工程共布置 19 台塔式起重机，各塔式起重机的位置布置合理，相邻间距满足规范规定，运行期间安全可控，并确保现场作业区、材料区全覆盖，减少了材料二次转运工作量。同时，通过对塔式起重机基础的设计优化，基础位置避开桩基承台，标高做到与结构底板统一、永临结合。一方面可以在桩基施工阶段提前安装投入使用，大大提高了桩基钢筋笼转运效率，加快整体施工进度；另一方面节约了塔式起重机基础混凝土和钢筋用量，真正做到降本增效。

参考文献

[1] 王立平. 群塔作业的施工管理探讨[J]. 科技风，2012(4)：147.

[2] 廖志钻. 大型公建项目多标段集群塔式起重机的布置与管控[J]. 建筑施工，2016(9)：1278-1279.

作者简介：谭黎明(1991—)，男，大学本科，工程师，目前从事城市轨道交通施工与技术管理工作。

市域快线轨道交通风水联动系统节能控制策略研究

李长海

(中电建成都建设投资有限公司　成都 610000)

摘　要： 在四川省成都市都市圈发展战略指引下，市域快线项目逐渐增多。不同于常规的城市轨道交通，市域快线的站间距增大，车站面积也相当于常规地铁的 2 倍多，针对站线长、车站面积大等特点，如何节能是摆在建设者面前的一道考题。结合国家"2030 年前碳达峰、2060 年前碳中和"的目标，本文主要对市域快线轨道交通风水联动系统优化方案进行分析研究和总结，希望能够为轨道交通设计、建设决策者、从业人员在实施中提供参考。

关键词： 风水联动系统；市域快线；节能控制；阶梯式温度标准；前馈；反馈

1　方案背景

针对市域快线站线长、车站面积大等特点，节能是必须考虑的目标，同时结合国家"2030 年前碳达峰、2060 年前碳中和"的目标，成都轨道交通工程首次在全线路地铁车站推广应用通风空调风水联动控制系统。由于缺乏可供借鉴的本地地铁车站采用该通风空调风水联动控制系统的成熟工程案例，建设工程中面对问题较多，应用难度较大。

2　方案分析

2.1　设计标准的分析

目前，地铁空调系统一般采用固定热舒适模式，即地铁车站站厅、站台等不同功能区域的空调控制温度标准是统一的，这种模式对于乘客的舒适度服务性不强，也不利于控制能耗。比如炎热的夏天，当乘客从 38℃的室外进入 26℃的站厅后，瞬间的冷气扑面而来，给人的感觉很不舒服，甚至对健康不利。

针对地铁车站出入口通道、站厅、站台以及车厢等不同功能区的特点，进一步将地铁车站内不同功能区域按照人员停留时间进行动态分区，建立按不同舒适等级确定设计温度、湿度的技术路线，在满足乘客动态热舒适前提下，显著降低空调系统装机容量，可极大地节约地铁系统初期建设投资和后期运营维护费用。

通俗而言，设计标准的分析为地铁空调控制系统装上了"智慧大脑"，它可以自动采集室外温度数据，并根据室外温度的变化，动态调整车站内部不同区域阶梯式温度标准，比如室外温度为 32℃时，站厅温度可设置为 30℃，站台温度可设置为 28℃。这种"因体感而变"的模式既符合人体生理学，又可大大节省能耗。

2.2　通风空调风水联动控制系统优化方案

2.2.1　系统构成

通风空调风水联动控制系统采用 PLC 系统制式，由服务器、非冗余的 PLC 控制器、通信接口及 RI/O 模块、各类变送器、电动二通阀、就地监控工作站、远程访问终端等设备构成。具备设备监控、能耗统计、综合效率计算、运行时间累计、功耗计量、远程访问功能。风水联动控制系统架构如图 1 所示。

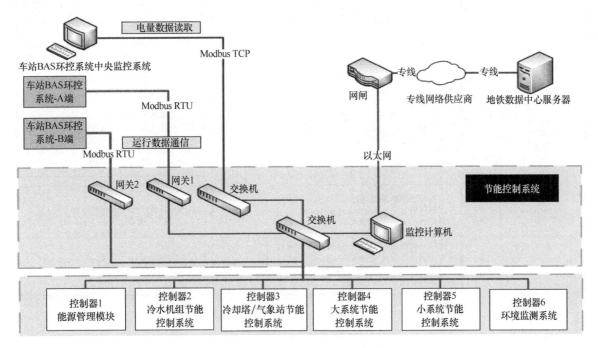

图 1　风水联动控制系统架构图

2.2.2　空调水系统控制策略

车站空调水系统主要包括 2 台冷水机组、2 台冷却塔、2 台冷却水泵、2 台冷冻水泵以及各类阀门、传感器及空调机组等末端装置。空调水系统纳入智能高效空调控制系统进行监控管理，同时将设备状态信息上传 EMCS 系统。

（1）季节判断

季节判断用于确定当前季节是空调季还是非空调季。空调季：开启制冷机，车站空调系统按空调模式运行。非空调季：不开启制冷机，即不管室内外温度如何，均不启动空调水系统。车站通风空调系统按通风模式运行。

（2）空调水系统的顺序控制和联动调节

在空调水系统启动和停止时，需要按顺序进行控制。

水系统设备开启顺序：开启冷却水、冷冻水回路的电动蝶阀→收到蝶阀开到位信号后，以最低频率启动冷却塔→开启冷冻泵→收到冷冻泵运行信号后，给出冷水机组启动信号→根据综合能效最优联动调节冷却水泵、冷却塔以及冷水机组自身。

水系统设备开启具体控制逻辑图如图 2 所示（以其中 1 台主机为例）。

水系统设备关闭顺序：给出冷水机组停机信号→由冷水机组执行关机，并自行联动停止冷却水泵、冷却塔的运行→关闭冷却水回路的电动蝶阀→收到冷水机停运信号 60s 后，关闭冷冻水泵→关闭冷冻水回路的电动蝶阀。

水系统设备关闭具体控制逻辑图如图 3 所示（以其中 1 台主机为例）。

（3）冷水机组控制

节能控制系统对冷水机组的控制是指根据负荷情况对冷水机的运行台数进行调节，主要分为加载主机运行数量控制和减载主机运行数量控制。具体控制逻辑如图 4 所示。

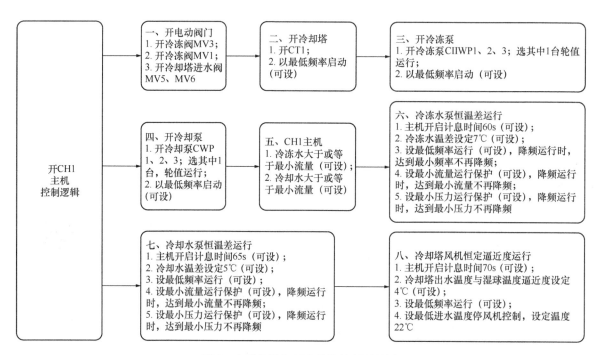

图 2　水系统设备开启具体控制逻辑图

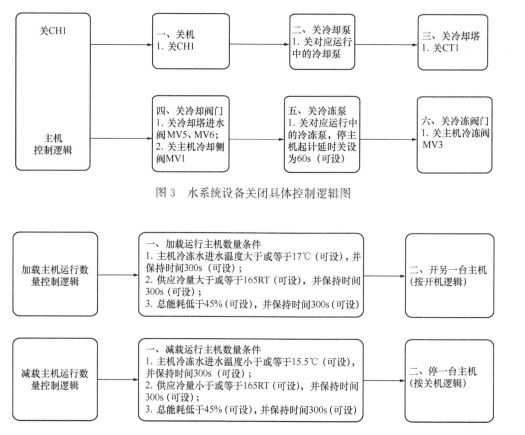

图 3　水系统设备关闭具体控制逻辑图

图 4　冷水机组控制逻辑图

因冷水机的启停过程需时较长，启停过程中会对水温、压力、水量等产生较大的影响，因此应避免频繁改变冷水机的运行台数。

（4）冷冻水系统控制

冷冻水为一次变频泵系统。冷水机组设定冷冻出水温度可根据车站负荷、湿度情况变化。多泵运行时各泵需同频率运行。为了避免大流量小温差运行导致的水泵能耗浪费，冷冻水泵根据冷冻水供回水温差（设计温差为5℃）来进行变频调节，当实际温差大于设计温差时，提高频率；实际温差小于设计温差时，降低频率。

从节能角度考虑，尽量利用水泵变频来实现冷冻水的流量调节，减少二通阀的节流调节。二通阀的主要用途是调节各末端装置的流量平衡。压差旁通的流量对于节能不利，因此应尽量利用冷冻水泵变频进行流量调节，减少旁通损失。一般情况下压差旁通阀应处于关闭状态，只有在小负荷情况下，当负荷过低导致末端需求冷水流量大于水泵流量时，需要开启压差旁通阀，旁通部分流量以保证蒸发器流量。

冷冻水泵的控制逻辑如下：

1）冷冻水泵的运行台数与冷水机组运行台数相同，多台水泵同时运行时，各泵同频运行。

2）首台水泵启动时初始运行频率为40Hz。

3）根据冷冻水供回水温差，控制冷冻水泵的运行频率。当实际温差大于设计温差（5℃）时，提高频率；实际温差小于设计温差（5℃）时，降低频率。

4）水泵的频率变化速率<2Hz/min。

5）水泵运行频率最高为50Hz，最低为30Hz。

（5）最不利末端压差保护

对于可能出现的最不利末端压力不够的情况，在冷冻水泵的频率控制中，设置最不利末端压差保护功能，控制逻辑如下：

1）根据压差传感器的测量值，当实际压差小于设定最小压差时，停止按照供回水温差进行冷冻水泵的频率控制，保持当前水泵运行频率不变。

2）如实际压差小于设定最小压差的持续时间>180s，则以每6s 0.2Hz的速度逐步提高水泵运行频率，直到实际压差大于设定最小压差，停止提高频率，水泵保持当前运行频率运行。

3）如实际压差大于设定最小压差的持续时间>300s，恢复按照供回水温差进行变频控制。

（6）末端电动二通阀的控制逻辑

针对大系统的末端电动二通阀进行节能控制，按以下规则控制大系统电动二通阀的开度：

1）计算大系统空调机组（AHU-01，AHU-02）表冷器的进出水温度差，分别记为：dT01，dT02（为描述方便，以下假设dT01>dT02）。

2）温差较大的空调机组（AHU-01），其二通阀的开度为kd01=100%。

3）差值较小的空调机组（AHU-02），其二通阀开度按以下公式确定：

$$kd02 = dT02/dT01 \times 100\% \tag{1}$$

4）二通阀开度采用定时调节，每80s调节一次。二通阀开度的最小值为20%。

2.2.3 空调风系统控制策略

空调大系统负责车站公共区的环境控制，主要设备（非事故专用设备）包括1台新风机、1台组合式空调、1台回排风机、相关的风阀（全新风阀、小新风阀、回风阀、排风阀等）。本次对组合式空调、回排风机和新风机均设置变频器，可进行变频变风量调节。

大系统的季节和运营时间判断、熔值计算、模式选择（小新风空调模式、全新风空调模式、通风模式）均由EMCS实现，节能控制系统主要实现对设备频率的实时控制。传感器信息可共享给两套系统。

（1）频率上下限值

组合式空调箱、回排风机、新风机的最小运行频率均为25Hz（最小运行频率待定），最大运行频率均为50Hz。频率限值可手动设定。控制系统提供设定界面，可人工输入上下限频率（准确到0.1Hz），初始频率为25Hz。全站1组限值。如果上下限值发生变化，需重新输入。

（2）小新风空调模式的实时频率控制

小新风空调模式是在夏季室外高温高湿情况下使用的运行工况，主要特点是减少室外新风进入，避免新风负荷过大。小新风空调模式下，小新风机运行。系统按以下规则进行送回风机的频率控制（变频变风量）：

根据本端公共区站内温度与站内设定温度的差值进行组合式空调箱的风机频率调节。调节目标为本端公共区站内温度＝设定温度。本端公共区站内温度＞设定温度，风机频率提高；本端公共区站内温度＜设定温度，风机频率降低。调节算法为PID。

回排风机的频率 f_2 则根据组合式空调箱的风机频率按以下公式计算：

$$f_2 = [(Q_1/50)f_1 - Q_3]/(Q_2/50) \tag{2}$$

式中，f_2——回排风机频率（Hz）；

　　　f_1——组合式空调箱风机频率（Hz）；

　　　Q_1——组合式空调箱额定（工频）风量（m³/h）；

　　　Q_2——回排风机额定（工频）风量（m³/h）；

　　　Q_3——小新风机的额定（工频）风量（m³/h）。

具体风量以环控设计提供的数据为准。

（3）全新风空调模式的实时频率控制

全新风空调模式是在空调季室外温度较低的情况下使用的运行工况，主要特点是充分利用室外低温新风，减小空调负荷。全新风工况送入的空气全部是新风，因此新风量可以保证，不必担心新风不够的问题。

系统按以下规则进行送回风机的频率控制（变频变风量）：

根据本端公共区站内温度与站内设定温度的差值进行组合式空调箱的风机频率调节。调节目标为本端公共区站内温度＝设定温度。本端公共区站内温度＞设定温度，风机频率提高；本端公共区站内温度＜设定温度，风机频率降低。调节算法为PID（此处控制方式与小新风空调模式完全相同）。

回排风机的频率 f_2 则根据组合式空调箱的风机频率计算得到，计算方法按以下公式：

$$f_2 = (Q_1/Q_2) \times f_1 \tag{3}$$

各变量的定义同公式（2）。

（4）通风模式的频率实时控制

通风模式是在非空调季室外温度较低的情况下使用的运行工况，主要特点是完全利用室外低温新风来冷却车站。通风模式送入的空气全部是新风，因此新风量可以保证。

系统按以下规则进行送回风机的频率控制（变频变风量）：

当室外温度≥12℃时：组合式空调箱和回排风机的控制方法与全新风空调模式完全相同，此处不再赘述（设定温度改为25℃）。

当室外温度＜12℃时：如果本站室内外温差＜13℃，则匀速降低频率，降频速度为每6s降低0.1Hz，直到达到风机下限频率；如果室内外温差≥13℃，则保持频率不变。

回排风机的频率 f_2 仍根据组合式空调箱的风机频率计算得到，计算方法按以下公式：

$$f_2 = (Q_1/Q_2) \times f_1 \tag{4}$$

各变量的定义同公式（2）。

2.2.4 风水联动控制策略

空调送风量采用前馈控制：利用新风机转速及新风温度计算新风负荷作为空调送风量的前馈控制量，通过变频器改变空调送风量，实现冷量及空调除湿量随负荷变化的自动调整。

冷水量由二通阀调节采用前馈加反馈的控制模式：一方面，采用公共区实测温度作为反馈控制量，纠正控制误差，使得公共区温度稳定在设定范围内。另一方面，新风负荷作为前馈控制量，参与末端冷水量的调节，使负荷的变化也同时反映到冷水量的调节上。二通阀的控制引入不灵敏环节，以避免二通阀频繁动作。

其控制原理如图 5 所示。

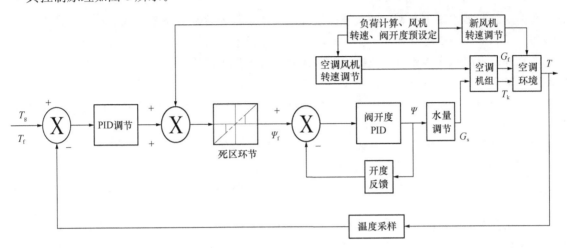

图 5　风水联动控制原理图

3　结束语

针对通风空调风水联动控制系统当前的应用背景和推广情况，结合整个西南地区地铁车站通风空调系统的设计、施工、运维现状，以北京、上海、深圳、广州、杭州、石家庄、南宁、徐州等城市轨道交通工程落地实施地铁车站通风空调风水联动控制系统的建设实施经验为基础，深入分析本项目在设计、施工、运维全过程中存在的重难点问题，并提出应对措施，同时还应注意系统接口类型的齐全完整性以及对远期系统扩展的便利性和兼容性。

参考文献

［1］ 中华人民共和国住房和城乡建设部 . 公共建筑节能设计标准 GB 50189—2015［M］. 北京：中国建筑工业出版社，2015.

［2］ 中国建筑节能协会，中国城市轨道交通协会 . 轨道交通车站高效空调系统技术标准 T/CABEE 008—2020［M］. 北京：中国建筑工业出版社，2021.

［3］ 中华人民共和国住房和城乡建设部，中华人民共和国质量监督检验检疫总局 . 地铁设计规范 GB 50157—2013［M］. 北京：中国建筑工业出版社，2014.

［4］ 中华人民共和国住房和城乡建设部，中华人民共和国质量监督检验检疫总局 . 城市轨道交通技术规范 GB 50490—2009［M］. 北京：中国建筑工业出版社，2009.

作者简介：李长海（1985—），男，大学本科，高级工程师，目前主要从事城市轨道交通施工与管理工作。

长大高速地铁建设关键线路分析

叶至盛

（中电建铁路建设投资集团有限公司　北京 100071）

摘　要： 地铁线路建设周期长，涉及专业众多，全线工程筹划编制的合理性往往决定了地铁是否能如期开通。本文通过对成都地铁 18 号线和 19 号线两条长大高速线路的工程筹划分析比较，研究了工程筹划中影响线路开通的关键线路和注意事项，得出结论：长大高速线路工期关键线路一般为全线洞通→全线轨通→轨行区移交→初期运营，全线洞通为控制性节点。同时提出长大高速线路工程筹划合理化建议与关键线路上关键节点的注意事项。本研究成果对全国长大高速地铁的工程筹划编制具有借鉴意义。

关键词： 关键线路；关键节点；长大高速；工程筹划；工期

1　前言

全国主要城市地铁的骨干线网基本建成，常规低速线路已不能满足城市发展的需要，越来越多的长大高速（速度 140～160km/h）线路启动建设。由于地铁建设涉及专业众多，许多参建者从事设计、建设、运营等工作多年，仍对地铁工程动工建设至初期运营的工程筹划编制、关键线路判断、关键节点的含义等理解得比较模糊，在分析地铁建设关键线路时易造成错误判断，影响线路开通时间。

2　工程概况

18 号线一期工程（图 1）线路长 41.1km，共 7 站 7 区间，均为地下站，平均站间距 6.0km，采用 18 台直径 8.6m 大型盾构机。系统制式采用 A 型车 8 列编组，设计速度 140～160km/h。线路采用 PPP 模式，2016 年 5 月 28 日开工，2020 年 9 月 27 日初期运营，总工期约 52 个月。19 号线二期工程（图 2）线路长 43.2km，共 12 站 12 区间，均为地下站，平均站间距 3.6km，采

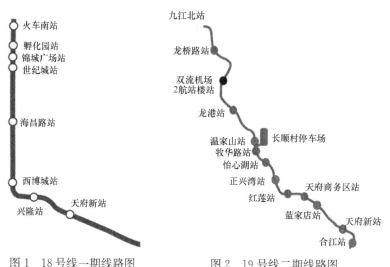

图 1　18 号线一期线路图　　　图 2　19 号线二期线路图

用 32 台直径 8.6m 大型盾构机。系统制式和设计速度与 18 号线相同。线路采用施工总承包模式，2019 年 11 月 26 日开工，初期运营计划为 2022 年 12 月 31 日，总工期仅 37 个月，共 1132d，工期非常紧张。

两条市域快线线路长度、规模相近，均为地下线，共同特点为车站数量少、盾构区间长、行车速度快、隧道断面大，为典型的长大高速线路。国内类似规模线路的建设工期一般为 4.5～5.5 年。

3 地铁建设关键节点

（1）盾构始发。指盾构从组装调试，到盾构完全进入区间隧道并完成试掘进为止的施工过程。

（2）洞通。指全线所有盾构、矿山法、明挖区间等贯通。

（3）轨通。短轨通：短轨最后一节钢轨铺设顺利完成。长轨通：把短轨无缝焊接起来，最后一节短轨焊接完毕。

（4）电通。分为环网和接触网电通。环网电通后车站的设备就带电了，可以开始进行调试工作。而接触网是地铁车辆的电力主动脉，接触网电通就可以进行热滑。

（5）冷滑。指在接触网不受电的情况下，通过在工程车装设受电弓进行滑行，冷滑是对接触网进行动态试验检查，确认实际参数是否满足设计和验收标准。

（6）热滑。指在接触网受电的情况下进行热滑试验，对线路变电所设备、接触网系统、轨道、屏蔽门、通信系统、限界及车辆等相关线路设备稳定性进行综合检测，确认车辆与接触网系统之间配合是否具备列车运行条件。经历过冷滑、热滑后，可进行动车调试。

（7）轨行区移交。指轨行区由建设单位向运营单位移交，全面转入列车动车调试阶段。

（8）全线车站封顶。指所有车站的主体结构封顶。

（9）车站移交。指车站由建设单位向运营单位移交。

（10）场段移交。指停车场、车辆段由建设单位向运营单位移交。

（11）控制中心移交。指控制中心由建设单位向运营单位移交。

（12）综合联调。包含行车设备、非行车设备、线网互通类、系统能力验证类联调。地铁各系统设备在经过前期设计、制造、安装、单体调试等环节后，还需要通过综合联调来验证各系统间的接口是否达到协调运作。

（13）空载试运行。综合联调结束后，通过不载客列车运行，对运营地铁组织管理和设施设备系统的可用性、安全性和可靠性进行检验。期间不对外售票载客，一般内部员工和继续参与开通前剩余工程建设的参建方可以免费乘坐。

（14）政府专项验收。涉及质量监督、防雷、工程消防检测、人防工程、市政道路恢复、路灯恢复、特种设备、供电（外电）、公共卫生、规划核实、工程档案、涉水项目竣工、林业园林、交通设施恢复、环保、水土保持、职业病防护设施验收等需通过政府部门的验收。

（15）运营前安全评估。依据《城市轨道交通试运营基本条件》GB/T 30013—2013 及相关规范标准，对初期运营条件的最后一次系统检验和科学评价。

（16）初期运营。通过专家组运营前的安全评估后即可进行初期运营，以市政府批复时间为准。

4 长大高速地铁关键线路分析

4.1 常规低速地铁关键线路分析

常规低速线路一般建于人口众多和交通繁忙的大都市，其特点为车站多、区间短、速度慢、断面小等。根据多年地铁工程建设经验，总结出轨行区、车站、场段、控制中心的移交运营方都可能成为初期运营的关键线路，如图3所示。但由于车站多、区间短，车站封顶后还需进行大量的机电设备安装和装修，造成车站向运营单位的移交时间普遍较晚，滞后于轨行区、场段、控制中心向运营单位移交，故常规低速线路建设关键线路一般为全线车站封顶→机电设备安装、装修→车站移交→初期运营（图3）。

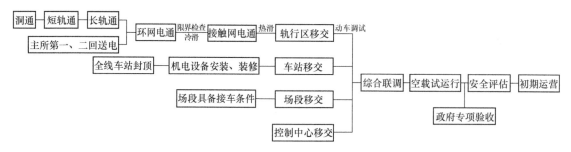

图3　常规低速地铁的多条关键线路

4.2　长大高速地铁关键线路分析

18号线建设历时约52个月（表1），19号线仅约37个月，工期非常紧张。笔者作为实施性工程筹划的编制者全过程参与了两条地铁线的建设，目前18号线已初期运营，19号线土建工程正全面施工，按照工程筹划目标有序推进。两条地铁线总工期相差约15个月，其中开工至全线洞通时间，18号线为36个月，19号线为23个月，相差13个月，工期差别大主要是受征地拆迁、管线迁改等前期工程的影响。但全线洞通后至初期运营工期，18号线为16个月，19号线为14个月，相差仅2个月，可见全线洞通时间是长大高速线路工期关键线路中的控制性节点，直接决定初期运营时间，全线的施工组织设计应以保洞通为核心，围绕其开展。根据长大高速线路区间工程量远大于车站的情况，总结出一条以全线洞通→全线轨通→轨行区移交→初期运营的关键线路，在18号线中已经印证，如图4所示。

		两条长大高速线路工程筹划比较	表1
序号	关键节点	18号线工程筹划（实例）	19号线工程筹划（计划）
1	全线开工	2016.5.28	2019.11.26
2	首台盾构机始发	2017.3.7	2020.5.19
3	全线洞通	2019.5.31	2021.10.31
4	全线车站封顶	2018.7.17	2021.11.30
5	全线短轨通	2019.9.30	2022.2.28
6	全线电通	2019.12.24	2022.5.30
7	全线轨行区移交	2020.3.30	2022.7.31
8	停车场移交	2020.3.28	2022.5.31
9	全线车站移交	2020.5.30	2022.9.30
10	联调联试完成	2020.8.12	2022.10.31
11	空载试运行	2020.6.2~9.2	2022.9.1~11.30
12	初期运营	2020.9.30	2022.12.31

图4　长大高速地铁的常规关键线路

关键线路也可能发生变化，本来位于非关键线路的车站封顶时间可能成为关键线路。以19号线为例，工程筹划原本是以全线洞通为控制性节点。但某车站因位于机场停车场范围，占地协调等周期长，全线车站基本已封顶，该站仍未启动主体施工，滞后原工程筹划约1年。若该车站后期赶工不利成为全线轨通的卡控点，全线则以车站封顶为控制性节点，关键线路变为车站封顶→全线轨通→轨行区移交→初期运营，如图5所示。

图5　变化后的关键线路

5　关键节点注意事项

（1）车站封顶：根据地下车站的层数不同、施工工法不同，一般为12~24个月。车站封顶是向站后单位移交的前提。车站封顶后，土建单位需2~3个月完成剩余内部结构、清理、消缺、验收，同时需具备2出入口1风亭后，才能移交机电设备及装修单位作业，站后工程由此开始，9~15个月内向运营单位移交车站。注意事项：内部结构和附属结构应提前实施，在车站主体封顶前基本完成，不能光有车站封顶荣誉的一时光环，实则站内剩余大量尾工，影响站后作业直线工期。

（2）全线洞通：根据合同约定的初期运营时间，采用倒推法往前至少推14~16个月，即为洞通的时间节点。由于盾构区间长，一般盾构区间的洞通时间会决定全线区间洞通节点。根据地层的不同，盾构掘进指标一般为180~220m/月·台。应重点关注提供盾构机下井始发时间、盾构机及后配套来源保障、盾构大电准备情况、盾构管片供应及时性、下穿风险源辨识、不同地层设定的掘进参数的合理性等。注意事项：全线洞通不仅指隧道土建洞通，应包含向轨道专业的移交时间，长大隧道洞通后还需约2个月进行盾构机吊拆、隧道清理，完成其他剩余工程，如区间内的管线和轨道、盾构施工占压区的底板素混凝土回填、区间人防隔断门、盾构影响范围内的站台板等，通过质检验收后，才能移交轨道单位作业。

（3）全线轨通：洞通后原则上4个月内要求短轨通，短轨通后1个月内长轨通。主要作业指标：普通道床每个作业面55~60m/d，浮置板道床每个作业面15~20m/d，单开道岔7d/组，交叉渡线30d/组。注意事项：道床水沟和疏散平台等应与轨通同步完成。

（4）轨行区移交：是由建设单位向运营单位移交轨行区，由运营单位对轨行区的属地管理权、调度指挥权、设备使用权进行全面指挥和管理，标志着正式由建设阶段转入运营阶段。长大高速线路的移交一般先移交轨行区进行动车调试，后进行车站移交，工期紧张时可分批分段移交。注意事项：全部完成轨行区限界检查、区间隧道冲洗、冷滑、热滑等；全部完成轨行区达到全封闭条件、区间施工内容；区间设备投入使用、信号连锁（有岔）车站车控室、站长室、卫生间全部完成并投入使用，同时具备通风条件。

6　工程筹划合理化建议

根据对两条地铁线建设过程的分析，得出关于长大高速线路的工程筹划建议（表2）：全线洞通至轨通时间宜不小于4个月，主要作业内容：土建清理验收移交、铺轨施工等。轨通至轨行区移交时间宜不小于5~6个月，主要作业内容：土建孔洞封堵、长轨锁定、区间通信、信号、消防、环网电缆、接触网、车站设备安装及调试、限界检查、冷热滑施工等。轨行区移交至初期运营时间宜不小于5~6个月，主要作业内容：车辆调试、跑图、空载、验收评审及整改等。洞通后总计宜不小于14~16个月才能有效保障提供初期运营，意义为洞通后土建单位关键线路上的工作结束，留给站后单位作业及调试，以及运营单位为初期运营准备所需的时间。

合理化建议 表 2

序号	节点项目	18 号线工程筹划	19 号线工程筹划	建议
1	开工至洞通	36 个月	23 个月	缩短前期工程
2	洞通至轨通	4 个月	4 个月	不小于 4 个月
3	轨通至轨行区移交	6 个月	5 个月	不小于 5～6 个月
4	轨行区移交至初期运营	6 个月	5 个月	不小于 5～6 个月
5	洞通至运营合计	16 个月	14 个月	不小于 14～16 个月

7 结论与建议

（1）常规低速线路特点：车站多、区间短、速度慢、断面小等，工程筹划有多条关键线路。

（2）长大高速线路特点：车站少、区间长、速度快、断面大等，工程筹划关键线路一般为全线洞通→全线轨通→轨行区移交→初期运营。全线洞通为控制性节点。

（3）长大高速线路工程筹划合理化建议：全线区间洞通至轨通宜不小于 4 个月，轨通至轨行区移交宜不小于 5～6 个月，轨行区移交至初期运营宜不小于 5～6 个月。洞通后总计宜不小于 14～16 个月方能初期运营。

参考文献

[1] 付庆文，崔根群，刘新鹏．石家庄地铁 1 号线一期工程工期总策划及管理技术[J]．隧道建设，2015(S1)：1-4.

[2] 刘一，谢大文．乌兹别克斯坦 Qamchiq 特长铁路隧道缩短工期方案探讨[J]．隧道建设，2016，36(5)：600-605.

[3] 段晓晨，张新宁，孔卫超，蔡承才，张增强．地铁工程建设工期成本虚拟动态优化管理技术研究[J]．铁道学报，2015，37(5)：101-106.

[4] 刘德纯．运营施工紧密配合缩短工期提高输送能力[J]．铁道运输与经济，1984(6)：31-32.

[5] 黄少群，张艳平，姚文娟．深圳地铁一期工程轨道工程工期策划[J]．地铁与轻轨，2001(3)：5-8.

[6] 油新华，王良，黄修云，郭旭红．盾构施工筹划原则及影响因素分析[J]．都市快轨交通，2007(3)：67-70.

[7] 陈仁东．北京地铁区间盾构工程与筹划[J]．都市快轨交通，2008(1)：68-71.

[8] 唐士焕．综合运用现代化管理方法缩短工期[J]．铁道建筑，1993(2)：37-40.

作者简介：叶至盛（1985—），男，工程硕士，高级工程师，目前从事地铁工程、市政工程相关的工程管理工作。

缩短长大高速地铁线路土建建设
工期的方法与实践

叶至盛

（中电建铁路建设投资集团有限公司　北京 100071）

摘　要： 长大高速地铁线路一般具有站间距大、区间长度长、建筑结构体量大、工期压力大等特点，如何在确保安全质量、减少地铁建设对城市生产生活影响的前提下控制工期，是地铁建设需要考虑的重点。结合成都地铁 19 号线土建工程建设，提出了从设计方案优化入手，通过科学合理的工程筹划和全新的施工组织明显缩短土建工期，缓解后续铺轨、安装装修工期压力，有效控制项目工期的策略。本研究成果对长大高速地铁的设计、施工和建设管理工作具有借鉴意义。

关键词： 缩短工期；长大高速地铁；施工组织；优化

1　引言

中国地铁建设日新月异，截至 2020 年底共有 42 个城市开通地铁，21 座城市的线网规模达到 100km 以上。随着城市扩展和客流量的不断增加，常规低速、低运量线路已不能满足城市发展的需要，许多城市开始新建长大高速地铁线路。面对巨大的工期、质量、安全等生产压力，有效控制成本并缩短土建建设工期，是保障线路如期开通的重要条件，值得全国地铁建设者们深入研究。本文结合长大高速地铁线路的特点，通过优化设计方案和精心组织，成功运用于工程实践中，并基于此总结出多条有效缩短土建工期的方法。

2　工程概况

成都地铁 19 号线二期工程（图 1）为长大高速地铁线，连接双流机场与天府国际机场的机场快线，具有车站少、区间长、速度快、断面大等特点。线路全长约 43.2km，均为地下线，最大站间距 5.39km，最小站间距 1.46km。全线共 12 站 12 区间，其中 10 站为换乘站，区间风井 8 座。系统制式采用 A 型车 8 辆编组，设计速度 160km/h。工程采用施工总承包模式，合同总价 180.92 亿元。

3　工期特点

19 号线为全国及世界长大高速地铁线路中工期最为紧张的工程。据调研，国内类似规模线路的建设工期一般为 4.5～5.5 年。而 19 号线于 2019 年 11 月 26 日开工，初期运营计划为 2022 年 12 月 31 日，总工期 37 个月，仅 1132d。采用

图 1　19 号线二期线路走向示意图

常规的土建设计及施工方法必然无法满足开通条件。项目前期筹划时，从源头思考，除采用常规方法缩短土建工期外，主要通过采取优化设计方案和全新施工组织方式等措施，重点紧抓关键线路的建设，确保车站封顶、区间洞通、区间轨通、车站移交等关键节点，以期满足合同工期，如图2所示。

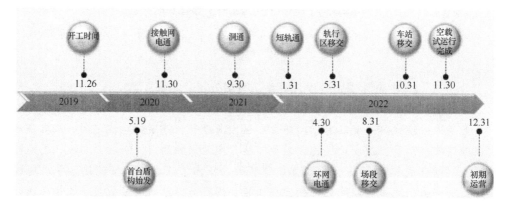

图 2　工程筹划

4　常规缩短土建工期方法存在的问题

施工方为缩短土建工程中的关键工序、关键线路工期，通常采用多开工作面，加大人力、机械、材料等资源投入，采用三班制增加有效作业时间，多工种多工序穿插施工等方法。虽然有可能按期交付，但往往因为工期不合理，付出巨额的抢工费用，造成工程成本大幅增加，工程质量在抢工中也难以保证，施工过程中还伴随着巨大的安全风险。

5　设计方案优化

5.1　优化建筑方案，避免迁改控制性管线

各类管线的正常运行是城市民生的重要保障。地铁建设需迁改部分管线，迁改进度是制约地铁车站封顶的关键因素，特别是10kV以上电力线、高压燃气线、大直径给水排水管线等，周期长达数月，甚至以年计，同时存在安全风险高、经济成本高、社会影响大等问题。19号线在勘探阶段多措并举，采用探挖、物探等方法查清地下管线。在设计阶段，以不影响乘客使用功能为前提，通过优化建筑方案，调整地下结构位置、埋深、尺寸等，采用原位保护或避让管线的设计方案，避免引起城市重要管线迁改。若无法避免迁改，也要求统筹车站主体与附属，做到一次迁改到位，避免将影响主体实施的管线迁改到附属上，附属实施时需二次迁改，延误工期。

5.2　优化盾构始发位置，避免在车站始发

国内盾构机通常在车站端始发，该方法存在以下缺点：盾构区间施工周期长，占用车站端部的范围广。区间洞通后盾构影响区范围内还剩余大量土建工程，如底板素混凝土回填、区间人防隔断门、盾构始发孔及出土孔封堵、站台板、板上混凝土墙、轨顶风道实施等。站后单位需等所有土建完成并移交后才能进场进行机电安装和装修作业，往往导致洞通后3～5个月机电关键设备房作业才能启动，占用机电施工的直线工期，影响车站移交运营工期。而在风井、明挖区间始发盾构，由于站后工程量小，可有效避免土建与站后单位施工场地冲突问题，同时洞通后可立即移交站后作业。

19号线共12段盾构区间，共投入32台直径8.6m大型盾构机。工程筹划阶段，为确保区间

洞通，尽可能将盾构始发点调整到区间风井和明挖区间，减少常规的车站端始发。19号线最终实现区间风井始发18台，车站前后带配线的明挖区间始发8台，国内传统意义的车站始发盾构机仅6台。

5.3 优化轨排基地位置

19号线铺轨长度单线约91.6km，全线拟设置11座铺轨基地、4座散铺基地、21个铺轨作业面。轨排基地设计的合理性往往制约着全线轨通，本线除满足常规5~8km设置1处基地的传统方法外，还吸取以往工程中发生的造成轨通工期延误的各种教训，结合长大高速线路特点，从细节上深化研究轨排基地设计原则。

19号线采用的轨排基地设计原则：有条件时不设于场地布置受限、交通繁忙的道路下方，避免影响社会交通；不设于低洼地带有防汛隐患处，防止汛期雨水通过轨排倒灌入区间；不设于机电关键设备房上方，以免铺轨完成后轨排井封孔占用关键设备房直线工期；不设置大于两层的地下车站、风井，避免增加吊装难度和风险。选择位置应考虑25m长度轨排的地面运输条件，保证运输顺畅；另外将轨排孔与盾构出土孔合建，减少封孔数量；利用盾构孔做散铺下料孔，灵活增加散铺基地等。

5.4 车站附属与主体结构同步实施

国内地铁车站通常的设计施工方法为：先设计先实施车站主体，后设计后实施附属结构，附属结构在主体封顶后实施，站后单位待土建单位提供2出入口1风亭条件后才进场作业。

对此，提出有条件的附属结构与主体同步设计实施的理念。19号线要求附属结构与车站主体同步设计，施工方在施工组织设计时提前考虑实施附属结构，做到与主体一起打围，短期局部交叉施工，于主体封顶前实施完成。19号线出入口（含安全口）61个，同步实施28个；风亭30组，同步实施15组。优点：可缩短车站直线工期约6个月，节约工程投资，减小多次打围对社会交通的影响，站后单位可提前进场。同步实施也有利于从根本上解决主体结构与外挂附属接口处变形缝易渗漏水这一难题。同时19号线精心考虑建筑空间布局，附属结构多采用顶出设计，减少外挂数量，可进一步缩短工期，为土建向站后单位移交、站后向运营单位移交提供有力保障。以天府商务区站为例（图3），本站共设4个出入口、2组风亭、4个安全出口、4处换乘厅，所有附属结构均与主体结构同步设计、同步实施、同步移交。

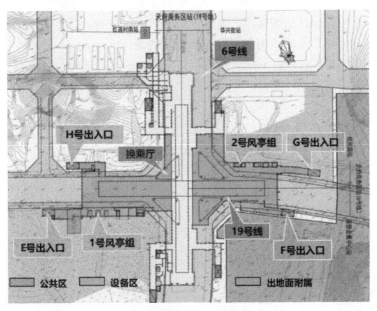

图3 天府商务区站附属

5.5 其他缩短土建工期的设计方法

（1）底板纵梁有条件时原则上设计为上翻梁，结构受力更加合理，更有利于施工作业。避免下翻梁因增加开挖梁槽、防水施工、模板铺设等工序，而延长底板作业直线工期。

（2）在保证基坑安全的情况下，围护结构内支撑设计为钢支撑，减少混凝土支撑。混凝土支撑先期实施慢，养护周期长，基坑出土外运不灵活，后期拆除安全风险大，所需工期明显长于钢支撑。

（3）避免设置长距离区间疏散联络通道。早期天—合盾构区间设计有长 180m 且下穿既有线路的矿山法联络通道，为全线控制性作业，后调整为左右线分设直出地面的疏散通道，与盾构隧道同步实施。

（4）减少盾构空推通过矿山法区间。温家山站后位于道路下方原设计为 91m 长矿山法区间，盾构机需空推通过矿山法区间后从车站端吊出，后调整为倒边明挖法，盾构机直接从明挖区间吊出，无须空推过矿山法区间。因怡心湖站和蓝家店站站后矿山法区间未调整，均制约了盾构空推吊出和区间洞通工期。

（5）尽量采用顶板永久铺盖设计。因地面交通有盖挖需求时，设计为顶板永久铺盖，避免采用贝雷梁、军便桥等临时铺盖。在龙桥路站、双流机场站得到应用，而龙港站采用临时铺盖，后期拆除时再次影响交通，因恢复道路而延长工期。

（6）换乘车站设计时需充分预留后续线路土建及机电装修实施条件，避免后续车站实施时对既有车站大规模改造，造成投资浪费和不良社会影响。如天府商务区站和怡心湖站由于先建车站未预留好后建车站条件，需对既有线路进行大范围改造，改造工期长、难度大，安全风险高。

（7）重视防汛设计。19 号线在图纸中增加专题防汛设计内容，调查清楚防汛水位标高，加强防汛挡墙设计、落实出入口风亭出地面标高、保障与既有线路接口的封堵措施等，从源头上解决每年汛期地铁建设者都要解决的难题，有力保障工期和安全度汛。

（8）强化施工图审查流程。提供正式施工蓝图前，增加建设单位和总承包方会签图纸流程，避免出现工期明显不能完成的设计方案。此外，建设单位组织参建各方进行勘察设计交底和图纸会审时将工期作为重点内容之一。从出图前、出图后实施前两个阶段进行把控，避免开工后出现大量设计变更、大幅修改设计而造成返工。

（9）项目业主与参建各方应加强沟通交流，明确工期、投资等需求。设计人员应充分了解和掌握相关信息，综合考虑设计标准规范、业主方对于减少投资的要求、施工方对工期、安全、成本的压力，提供既能满足功能又适用于现场缩短工期的设计。

（10）项目业主尽早开展设备招标，以便设计单位和施工单位及时确定设备预留孔洞、预埋件、施工预留孔洞相关问题。

6 施工组织优化

6.1 保区间洞通、轨通措施

6.1.1 盾构区间建立渣土分离系统

有场地条件和合适的地层时，应建立渣土分离系统。盾构出渣顺利与否是直接影响盾构洞通工期的关键因素。成都地铁在 19 号线首次建立 4 处渣土分离系统，不仅将砂石等原料进行二次利用，节约成本，同时将分离出来的较稀的渣土综合改良，便于渣土外运，为盾构掘进创造有利条件。

6.1.2 盾构附属与盾构掘进同步实施

盾构附属是指联络通道、洞门封堵等，以往项目一般洞通后才启动联络通道和洞门封堵施工，不能及时移交轨道作业。19 号线要求洞门封堵利用盾构掘进的空隙穿插施工，如停机换刀、过站等时间。要求在洞通前完成联络通道施工，即最后一节台车通过后立即启动联络通道的支撑体系，与盾构正常掘进组织好交叉施工，洞通后立即组织隧道清理移交。同时隧道清理、顶部嵌缝、堵漏作业等应在洞通前提前实施，可有效缩短盾构洞通至移交铺轨作业的直线工期。

6.1.3　区间人防隔断门门框安装先于铺轨施工

人防门框施工一般分为两种，一种为隧道调线调坡后，铺轨作业前施工；另一种为铺轨完成后，根据轨道施工位置及线路中心线进行施工。

19号线工期紧，区间施工单位多、任务重，要求先施工人防门框后铺轨。如果先铺轨后进行人防门框施工，将和接触网、供电等专业交叉施工、相互影响，不利于总体工期。以往项目底板上区间人防隔断门框采用十字形支撑，浇筑混凝土后需25d左右才能拆除十字撑移交轨道作业，且施工期间轨道车受十字撑阻碍无法通过，导致相邻区域的轨道也需停止作业。19号线优化区间人防门框支撑形式（图4），采用4道角钢作斜支撑，为区间正常通行提供高4.5m×宽3.8m的横断面，满足高3.6m×宽3.2m轨道车通行需求，成功地将区间人防门施工对正线工期影响由20d（搭支架、绑钢筋、安装套管、安装模板、隐蔽工程验收、浇筑等强拆架）缩减至5d（搭支架、关模板），为铺轨正常组织提供有力保证，缓解紧张的工期压力。

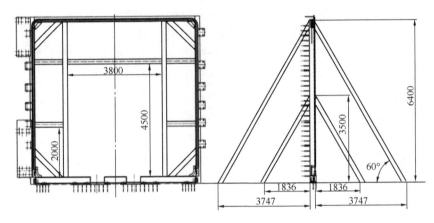

图4　区间人防门加固方式示意

6.2　确保车站土建移交

6.2.1　车站内部结构与主体结构同步实施

成都地铁以往线路通常是主体结构封顶后，在车站内再次搭设脚手架施作站台板和轨顶风道等内部结构。19号线所有车站轨顶风道与主体结构同步实施，2座车站站台板与主体同步实施，解决了材料二次运输困难、混凝土浇筑质量差等问题，明显缩短工期。

6.2.2　车站附属与盾构掘进同步实施

笔者经历过的项目中曾有一个典型教训，盾构作业的龙门吊轨道基础设于围护桩上，附属开挖时需同步破除围护桩，意味着附属必须在盾构掘进完成、拆除龙门吊后才能启动。不幸的是这座盾构区间由于施工组织不利，成为全线最后洞通区间，这个附属就成为全线车站移交的关键工期。19号线所有盾构地面场地和龙门吊轨道基础设置均未占压附属施工空间，基础设于主体侧墙上方（天府商务区站为例），保证附属有条件与盾构掘进同步施工。

6.2.3　采用预制构件或门式支架法封堵孔洞

大量盾构井、出渣孔、轨排井、设备吊装孔或材料孔等临时孔洞，后期需搭设脚手架自下而上进行封堵，时间较长，且封堵期间占用轨行区单位及车站机电安装单位作业场地，影响其直线工期，19号线采用预制构件或门式支架法封孔，可有效缩短封孔工期。

7 实施成果

以上方法已在工程中逐步应用，效果显著。通过采取本文提出的缩短土建工期的各种措施，成都地铁 19 号线自开工以来 340d 实现全线 10 座车站封顶，265d 实现 8 座风井封顶，有效掘进 295d 实现全部盾构区间洞通，相比常规土建工期总体上缩短 45d，为后续施工提供有利条件。

8 结论与建议

（1）长大高速地铁线路建设，通过优化设计和采用全新的施工组织方式保证关键节点，有效缩短土建工期是可行的。

（2）在设计阶段充分调查和研究地铁建设范围内的建（构）筑物，在不严重影响地铁使用功能的前提下，尽可能避免重要建（构）筑物的拆除或迁改。当迁改无法避免时，应与主体工程、附属工程和物业开发工程统筹考虑一次迁改，避免多次迁改影响工期。

（3）重视盾构始发、接收、过站对车站、区间后续土建工程和安装工程的干扰，优先选择非车站位置始发，可有效减少土建与站后单位施工场地冲突问题。

（4）在场地条件允许的情况下，车站附属与主体结构同步实施可节约投资，提高接口变形缝防水质量，减少围护结构对地面交通的影响时间，可加快工期。

（5）确定先期实施工程方案时，应考虑并为后续工程项目或工部位预留实施条件。此外，注重主体结构细部施工、临时工程实施和拆除各工序对工期的影响。

（6）有场地条件时，施工单位提前筹划，为渣土外运、渣土利用、渣土临时堆放提供便利，可一定程度上避免外部环境因素对区间隧道施工的影响。

（7）设计和施工应考虑天气和气候对工期的影响因素。

（8）项目业主加强参建各方的协调管理，建立信息共享机制，各方充分沟通交流对缩短工期意义重大。在充分沟通的基础上，调整优化分项工程施工工序和工法，减少施工干扰，对缩短工期效果明显。

参考文献

[1] 冯磊. 基于工程可实施性的地铁线路设计方案优化案例分析[J]. 城市轨道交通研究，2015，18(10)：27-31.

[2] 高丙丽，任建喜. 盾构始发施工对周围管线的变形影响规律及其控制技术[J]. 现代隧道技术，2014，51(3)：193-199，210.

[3] 王运峰. 地铁机电安装工程的施工协调管理[J]. 城市轨道交通研究，2012，15(5)：22-25.

[4] 卢智强，王超峰. 武汉长江隧道工程盾构始发井施工关键技术[J]. 隧道建设，2006(1)：49-52.

[5] 杨德春，唐琪. 浅析盾构始发井设计与始发技术应用[J]. 隧道建设，2007(S2)：307-313.

[6] 王丽庆. 复杂环境下大型盾构井的设计[J]. 铁道标准设计，2007(S1)：48-50.

[7] 王效文. 地铁盾构隧道施工组织影响因素分析[J]. 现代隧道技术，2005(6)：53-56.

[8] 黎钜宏，盛建龙，邓静，王淇. 地铁车站端头盾构井的空间分析[J]. 都市快轨交通，2013，26(6)：73-77.

作者简介：叶至盛(1985—)，男，工程硕士，高级工程师，目前主要从事地铁工程、市政工程相关的工程管理工作。

含水黏质粉土地层顶管工作井方案比选研究

李名扬，李金武，高智鑫

（中电建铁路建设投资集团有限公司　北京 100070）

摘　要：顶管工作井作为顶管工程的重要部分，其施工效率直接影响总工期，某顶管工程工期不满足要求，且工程所处地层为含水黏质粉土，黏聚力低，稳定性差，施工难度大。本文以此为案例，从优化工作井设计方案的角度出发，针对 SMW 工法桩、拉森钢板桩两种工作井方案，用 Midas 有限元分析软件进行方案设计验算，并用多指标综合比选方法进行比选，确定在含水黏质粉土地层中拉森钢板桩工作井为工期最短、成本最低且能保证基坑安全的最优方案，可为类似工程设计施工合理缩短工期、降低工程成本提供参考。

关键词：黏质粉土；顶管井；拉森钢板桩；SMW 工法桩；方案比选

1　引言

顶管施工以其非开挖施工的特点被广泛应用于城市市政管道施工中，顶管施工前需先行施作顶管工作井，顶管工作井可采用逆作法、拉森钢板桩、SMW 工法桩等围护结构，不同工法各有优劣，在特定的地质条件下总能找到最优的施工方案。经查阅相关资料，国内外对顶管井各种工法受力特性单独研究的内容较多，得出的结论较为宽泛，少有针对弱含水黏质粉土地层这种特定环境的研究，且综合考虑受力安全可靠性、经济性、环境影响性等多指标综合分析必选的研究也较少，本文以某工程工期紧张、用原逆作法难以按期交工为背景，另选合理工作井方案进行论述，主要应用 Midas 有限元分析软件进行受力验算，通过对安全可靠性、工期、成本、占地面积、环境影响等多指标综合比选的方法，选出最优方案。

2　工程概述

现状污水管网位于地铁车站主体上方，影响地铁施工，需要提前将污水管线迁出影响范围，管线迁改平面布置图详见图 1。由于各种原因导致工期延误，导致本管线迁改工程工期只有 60d。

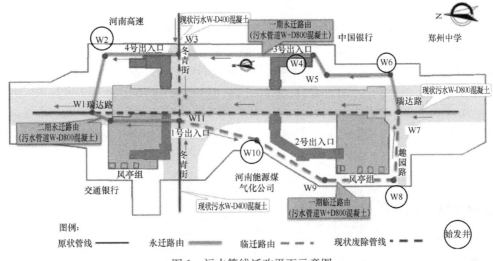

图 1　污水管线迁改平面示意图

本工程揭示的地层主要为杂填土（Q3m1）、黏质粉土（Q3a1），其中黏质粉土为黄褐色，稍湿，中密—密实。地下水稳定水位埋深为5.8m，位于基底以上1.2m，且随季节性变化较大，本场地地下水类型为第四纪松散岩类潜水。本含水黏质粉土黏聚力低，稳定性较差，对支护结构的侧向压力较大。

3 原设计顶管井施工方案分析

顶管井壁为外径6.7m、内径5.9m圆形钢筋混凝土结构外加两排单轴搅拌桩，采用逆作法施工工艺，共分7节逐节施工，逆作井壁在开挖阶段作为围护结构使用，也可兼做永久检查井，这是本工法的最大特点，具体结构见图2、图3。

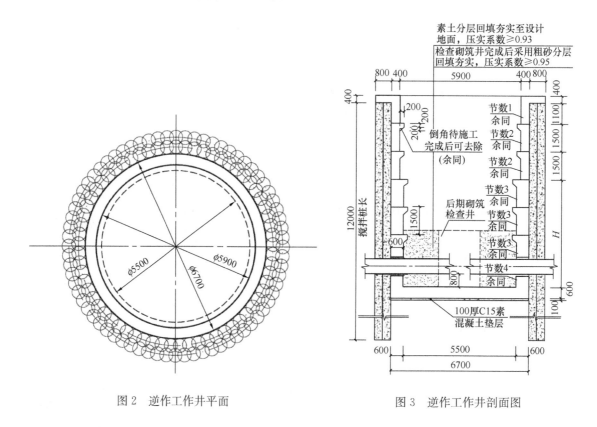

图2 逆作工作井平面　　　　　　图3 逆作工作井剖面图

施工流程：施工准备→测量放线→场地平整→单轴搅拌桩施工→分节开挖逆作井壁（6节）及支撑架设→人工清底及整平→浇筑后背墙→顶管施工。

根据相关技术资料及类似工程施工经验，从设备进场到工作井基坑开挖支护完成并具备顶管施工条件，逆作法工期为30d，通过编制横道图进度计划进行分析：若投入1台高压旋喷桩机设备、2个逆作工作井施工班组、2台顶管设备，则污水顶管工程总工期约为100d，不满足工期要求；考虑到逆作井壁施工工期较长，若再增加1个工作井施工班组，工期缩短为80d，仍不满足工期要求；若再增加资源、人力投入，将会大大增加成本，虽工期满足要求，但成本高难以接受。因此需要选择其他适于本工况、工期满足要求、成本合理的方案。

4 备选方案可行性分析及综合比选

4.1 确定方案比选对象

顶管施工为非开挖施工，一般埋深较深，工作井作为顶管顶进时的作业空间，一般需要满足以下要求：

（1）工作井尺寸应满足顶管施工设备及人员操作所需空间。

（2）作为围护结构，应保证开挖及顶进过程中周围土体稳定，防止基坑坍塌。

（3）若基底位于水位线以下，应能有效止水并通过降水将水位降至基底以下，以满足作业要求。

根据该项目工程地质条件、开挖深度及周边场地情况，通过查阅相关技术资料，结合以往工程经验并根据上述分析，初步确认拉森钢板桩加内支撑、SMW 工法桩两种工法较为适用，现进行对比分析。

4.2 方案设计

方案一：拉森钢板桩加内支撑

钢板桩支护形式：支护结构用 400mm×170mm×15.5mm 拉森钢板桩加两道 36C 型工字钢钢支撑，钢围檩为 45C 型工字钢，结构尺寸为 4m×6m，基坑深度最大 7m，钢板桩长度 12m，土层主要为黏质粉土，特性为：天然重度 26.9kN/m³，内摩擦角为 23°，静止侧压力系数 $K_0 = 0.43$，查表得 $m_0 = 15000$kN/m⁴，主动土压力：$P_a = K_0 Y_z$。其中 z 为埋深，土弹簧约束系数 $k = m_0 abh$，其中 a 为单元宽度，取 0.25m，b 为单元高度取 0.5m，h 为覆土厚度，顶推力取 130kN。

应用 MIDAS/Civil 结构分析软件建模并验算结构钢板桩及内支撑体系强度、刚度等使用指标均满足要求，结果见图 4、图 5。

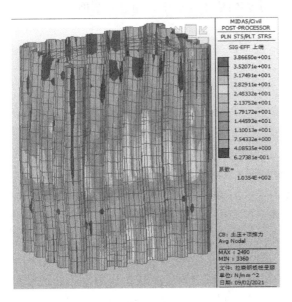
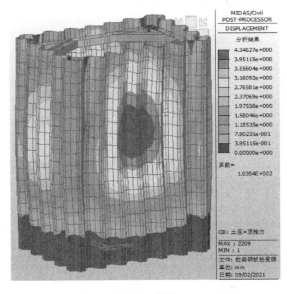

图 4　钢板桩应力图（单位：MPa）　　　　图 5　变形量（单位：mm）

方案二：SMW 工法桩加圈梁

查阅相关资料，暂采用圆形工作井直径 6.8m，基坑深度 7m，围护结构为 $\phi650@450$mm 搅拌桩，桩长 12m，间隔插入 300 型工字钢，在地面以下 0.5m 处设一道混凝土冠梁、4m 处设钢腰梁。各土层参数及顶推力同拉森钢板桩，建模计算分析见图 6、图 7。

计算结果：拉森钢板桩最大应力为 $\sigma_{max} = 38$MPa，变形为 4.3mm；SMW 工法桩最大应力 $\sigma_{max} = 2.7$MPa，变形量为 0.118mm。

显然两种方案均满足受力要求，但 SMW 工法桩方案过于保守。

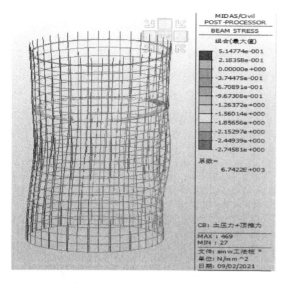
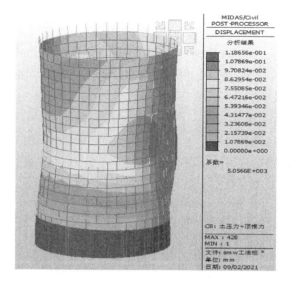

| 图 6　应力图（单位：MPa） | 图 7　变形图（单位：mm） |

4.3　方案比选

从多角度分析比选出最优方案：

（1）安全可靠性：根据计算分析，两种支护体系的整体与局部强度、刚度均能满足要求，两种方式本身都具有可靠的防渗与止水能力，在本弱含水黏质粉土地层中，通过降水能保证干作业环境。

（2）成本：核算工程量并套概算表可得，拉森钢板桩成本为 6.65 万元/座；SMW 工法桩成本为 11.16 万元/座。

（3）工期：SMW 工法因搅拌桩施工效率较低，且开挖工作井前水泥搅拌桩需至少养护 3～5d，综合考虑，按正常施工进度，工作井达到开挖条件需 10d，具备顶进条件需 15d；拉森钢板桩施工效率较高，一般从设备进场至达到开挖条件需要 3d，具备顶进条件需 8d，工期明显优于 SMW。

（4）占地面积：SMW 在施工搅拌桩时一般需配合安装水泥拌合站，用于制备水泥浆液，步履式打桩机一般占地面积大，对场地大小要求较高，经现场分析本工程虽然满足以上制浆及打桩设备的布置，但因占用较多场地，影响同步施工的其他工作内容，进而影响工期；拉森钢板桩加内支撑形式只需要打桩机及钢板原材料场地，占用场地远比 SMW 小，不影响同步施工的其他工作内容。

（5）环境影响：SMW 在浆液制备时，水泥灰易对大气造成污染，其他工序属于湿作业，对环境影响不大；拉森钢板桩在打入时产生的噪声污染较大，可以选择合适的时间段作业。

将两种备选方案及原方案进行多指标综合比较，结果见表 1。

多指标综合比较表　　　　　　　　　　　　　　　　　　　　　　表 1

方案	安全可靠性	具备顶进条件（d）	总工期（d）	单座井成本（万元）	环境影响	占地面积
拉森钢板桩	好	8	55	6.65	有噪声	一般
SMW 工法桩	好	15	65	11.16	大气污染，可采取防尘措施	较大
逆作法	好	34	80	21.8（含 13.8 万元永久井壁）	小	小

由表 1 明显可知，拉森钢板桩方案在工期方面优于逆作法及 SMW 工法桩方案，同时能降低造价，但有噪声污染，可选择在规定时段内施工，减少扰民。

5　结语

上述方案比选经工程实践，取得良好效益，切实降低了工程成本，缩短工期，同时本比选结论成功运用到其他 3 座地铁车站管线迁改工程中，共涉及 26 座工作井，全部变更为拉森钢板桩支护形式，使得前期管线迁改进度大大提高，并直接节约成本 35.1 万元（相比于逆作法节约1.35 万元/座）。

今后在类似含水黏质粉土地层下施作工作井，本文的比选结论可为其提供一定的技术参考。

参考文献

[1]　王珮云，肖绪文 . 建筑施工手册[M]. 北京：中国建筑工业出版社，2013.
[2]　李广信，张丙印，于玉贞 . 土力学[M]. 北京：清华大学出版社，2013.
[3]　宋伟宁，葛春辉 . 顶管工程中后座井壁荷载近似计算方法探讨[J]. 特种结构，1995，12(4)：31-35.
[4]　徐向辉 . SMW 围护桩结构设计[B]. 西部探矿工程，2002，76(3)：113-115.

作者简介：李名扬（1975—），男，大学本科，工程师，目前主要从事城市轨道交通施工与管理工作。

李金武（1984—），男，硕士研究生，高级工程师，目前主要从事城市轨道交通施工与管理工作。

高智鑫（1994—），男，大学本科，在职研究生，助理工程师，目前主要从事城市轨道交通施工与管理工作。

微扰动注浆加固在复合软土地铁隧道中的应用

杜长铃，朱尚明

（中电建（福州）轨道交通有限公司　福州 350015）

摘　要： 针对某盾构区间因外部单位堆土引起的隧道沉降变形，在现场铺轨等工期紧张的情况下，提出当前较为创新的地表微扰动注浆加固进行隧道加固。通过注浆试验段效果分析，选取了合适的注浆工艺、设备及参数，应用于隧道加固中，并对施工过程、监控量测及效果进行了分析。结果表明，本研究微扰动注浆加固技术在富水砂层、淤泥夹砂复合地层地铁隧道中应用良好，可为类似工程提供借鉴。

关键词： 复合地层；地铁隧道；微扰动注浆；试验与应用

1　前言

盾构隧道衬砌由管片拼装而成，各拼缝之间均有可能成为渗漏水通道，引起隧道变形。尤其在富水砂层、淤泥夹沙等复合地层，盾构隧道周边水压大，隧底处于软弱地层，地铁隧道周边沿线地产开发、地表堆载等影响下，隧道极易出现变形，直接影响地铁隧道结构安全及地铁隧道运营安全。上海、南京等地区运营微扰动注浆技术对隧道保护及不均匀沉降纠偏已有成功案例，多为地层自身沉降引起的隧道变形，关于外部施工因素影响下，富水砂层、淤泥夹砂复合地层地铁隧道中采用微扰动注浆进行隧道变形加固的案例及相关研究较少。

本研究为该地区首次采用微扰动注浆进行地铁隧道变形加固，通过对注浆试验段以及各阶段施工参数和效果进行分析研究，以期为类似工程提供借鉴。

2　项目背景

某地铁区间隧道采用盾构法施工，其中右线全长 555.7m，埋深 16.4～21.7m。区间隧道纵断面采用"V"字形，以 18.33‰（坡长 220.3m）下坡，接 28‰（坡长 355.4m）上坡从始发站到达接收站。区间在铺轨前测量时发现隧底沉降出现异常，排查发现有多处渗漏水，地表存在外部单位堆土。

2.1　工程地质及地表堆土情况

区间右线隧道最大沉降段埋深约 17.1m，洞身地层主要为淤泥夹砂、中砂，上层覆土主要为大量可液化砂层，底部为淤泥夹砂，土体物理力学性质如表 1 所示。

土体物理力学性质　　表 1

土层	γ (kN/m³)	c (kPa)	ϕ (°)	K_0	K (MPa/m)
杂填土	17.0	3.0	15.0	—	—
耕植土	16.5	5.0	10.0	—	—
淤泥夹沙	15.8	9.7	4.2	0.8	8
中砂	18.1	—	—	0.55	9
（含砂）粉质黏土	19.4	8.0	2.6	0.46	25
（泥质）粉砂	18.3	—	—	0.45	30

堆土主要集中在右线第170～240环，通过测量、计算，右线正上方堆土高度约5.93m，堆土约15021m³，区间线路60m范围内堆土约71013m³，区间堆土及地质中剖面图如图1所示。堆土发生后通知外部单位对堆土进行了清运。

2.2 监测及病害情况

堆土发生后的监测沉降及收敛曲线如图2所示。由图2可知，隧道沉降及收敛变形明显，受堆土影响较大，最大沉降点发生在第200环，累计沉降63.8mm，收敛变形41.0mm。

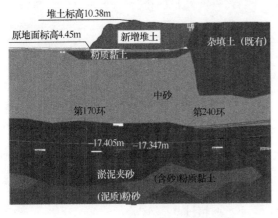

图1 区间隧道堆土及地质剖面图

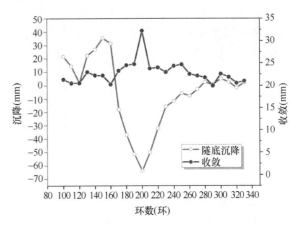

图2 堆土发生后的监测沉降及收敛曲线

堆土发生后，区间第170～240环经排查发现33处渗漏水，部分管片伴有错台、螺栓松动等问题。

3 地表微扰动注浆加固原理及初步方案

3.1 注浆原理

微扰动注浆就是沿隧道治理段两侧地表纵向以合理间距布设注浆孔，对每个注浆孔分阶段、少量、多次自下而上分层注浆，每次注浆量控制适当，以降低注浆对地层、隧道的扰动。浆液在注入过程中，短期会对隧道侧向管片形成挤压力，从而减小隧道收敛。随着后期浆液强度增长，使周边土体对隧道形成一个永久的侧向力，起到控制隧道侧向变形的作用。

3.2 初步实施方案

对右线隧道第170～300环进行注浆加固，注浆孔间距120cm，排距60cm，加固深度为隧道

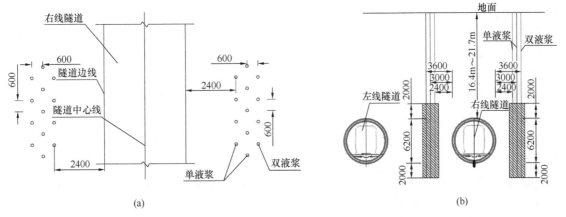

图3 微扰动注浆孔布置图

(a) 注浆孔横剖面图；(b) 注浆孔纵剖面图

直径上下 2m 范围，孔位布置图如图 3 所示。区间加固钻孔共 780 个，隧道最外侧一排注浆孔采用水泥水玻璃双液浆（260 孔），内侧两排注浆孔采用水泥浆（520 孔）。采用钻注一体机根据每孔注浆深度逐根打设至注浆范围底部，提升注浆，注浆施工工序如图 4 所示。

试验段注浆：先在第 170～183 环选取 3 个试验段，水泥掺量分别按加固体积的 25％、30％、35％进行注浆施工，通过拔管速度控制来确定水泥掺入量，试验段期间做好压力参数调整。通过监测数据变化及取芯效果确定最终参数。

实施段注浆：试验参数确定后进行全面注浆施工，初步进场 5 台注浆机注浆施工，后期视监测数据变化及工期进展情况调整注浆机数量。

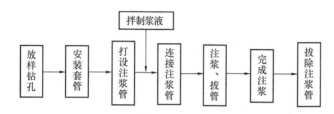

图 4　微扰动注浆施工工序

3.3　初步注浆设计参数

（1）注浆压力：注浆压力根据实际施工监测需要确定，不超过 0.5MPa。

（2）注浆流量：水泥浆泵流量为 14～16L/min；水玻璃流量为 5～10L/min。

（3）注浆顺序：为减小对隧道的影响，地面微扰动注浆应在隧道两侧同时对称进行，先外排后内排，同一纵排内按照做 1 跳 4 环施工（根据监测数据调整）；相邻孔注浆间隔不少于 2d。

（4）单孔注浆终止条件：注浆量达到每次注浆的要求；单次注浆管片变形接近或达到 5mm 控制值则停止注浆。

（5）注浆、拔管采用双泵双液浆方法进行"微扰动"注浆，利用专用拔管设备边注浆边拔管，缓慢连续均匀的进行，拔管速度与注浆流量、注浆单节高度、注浆量相匹配约每 30s 拔 5cm，35cm 注 80L 浆液。

4　试验段注浆

4.1　试验段注浆安排

选择在区间右线地面第 170～183 环范围内，按水泥掺量在 25％、30％、35％情况下外排水泥＋水玻璃双液浆＋内侧单液浆注浆施工，通过工艺性试验调整施工工艺控制（调整浆液初凝时间、钻进及提升速率、注浆压力等），通过试验确定微扰动注浆工艺参数：如水泥掺量、钻注一体机提升及下钻的速度及注浆压力，验证微扰动注浆成桩效果及渗透系数。试验段共选取 3 组（每组 10 根，共 30 孔）。浅覆土桩长约 25.4m，深覆土桩长约 26.3m，试验段桩位布置如图 5 所示，其中 2 号孔皆为双液浆。

4.2　试验段注浆参数

试验段为内侧单液浆（1 号孔、3 号孔）＋外侧双液浆（2 号孔），施工顺序：先施工外侧两排双液浆孔，待双液浆凝固后再施工内侧单液浆孔，隧道两侧注浆同时进行，相邻孔注浆间隔时间不小于 2d。其中：

（1）单桩加固土体积为 8.007m³，设置 3 组试验段，水泥浆掺入量分别为加固体体积的 25％、30％、35％，各孔水泥浆注浆总量依次为 2m³、2.4m³、2.8m³。

（2）内侧单液浆水泥浆浆液水灰比为 1∶1，外侧双液浆中水泥浆∶水玻璃为 1∶1。根据现场试验情况，水玻璃用量浆液初凝时间以 90～120s 为准，水玻璃浓度为 11～12°Bé。

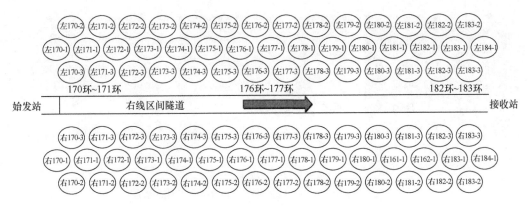

图5　试验段注浆孔位布置图

（3）注浆压力控制在0.5MPa以内。

（4）每次拔管深度18cm，水泥浆掺入量按照加固体体积的25%、30%、35%掺入，每拔管一次的注入量分别为35L、42L、50L。

4.3 试验段注浆效果

5月9日～5月15日，完成试验段注浆。注浆期间隧道沉降及收敛如图6所示。从隧道沉降曲线看，注浆段呈轻微抬升，最大变化为183环，变化量为＋2.8mm。从隧道收敛曲线看，注浆段收敛变小，最大收敛变化为181环，变化量为－6.4mm。注浆产生的效果随25%、30%、35%不同水泥掺量而增长。

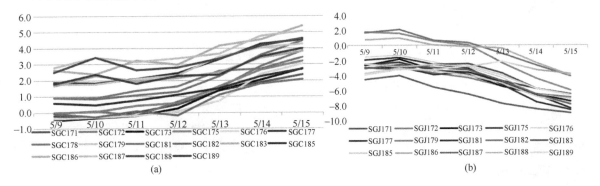

图6　试验段注浆监测情况

（a）隧道沉降曲线图；（b）隧道收敛曲线图

注浆完成后，对试验段进行了取芯验证效果，25%、30%、35%不同水泥掺量下的取芯情况如图7所示。同时，对芯样进行了水平渗透系数检测，分别为8.61×10^{-7}cm/s、8.58×10^{-7}cm/s、8.47×10^{-7}cm/s，均满足设计要求。

5 实施段注浆施工及效果

5.1 第一阶段注浆

为确保注浆效果，单液浆、双液浆均为35%水泥掺量进行注浆，相关参数同试验段。5月15日～5月19日投入5套注浆设备，24h作业，主要注浆范围为第180～208环，隧道沉降变化曲线如图8（a）所示。因现场工期较为紧张，沉降段区间隧道未完成铺轨施工，5月20日新增5套注浆设备进场，现场共投入10套注浆设备，24h作业，主要注浆范围为第190～230环，隧道沉降变化曲线如图8（b）所示。

由图8（a）可知，5台注浆机施工时，右线拱底抬起最大为SGC204，累计值9.7mm，变化

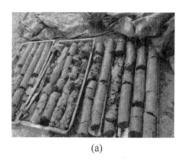
(a)

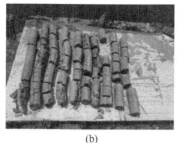
(b)

(c)

图 7　试验段注浆取芯情况

(a) 25％水泥掺量；（b) 30％水泥掺量；（c) 35％水泥掺量

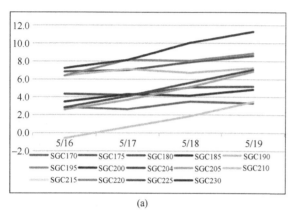
(a)

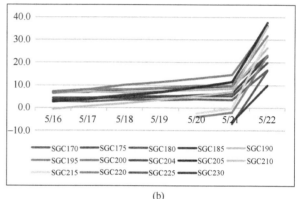
(b)

图 8　试验段注浆取芯情况

(a) 5 台注浆机隧底沉降曲线；（b) 10 台注浆机隧底沉降曲线

速率 2.1mm/d，拱底沉降变化速率最大为 SGC198，累计值 9.4mm，变化速率 2.4mm/d。由图 8（b）可知，10 台注浆机同时施工时，右线拱底抬起累计最大为 SGC205，累计值 37.6mm，变化速率 26.3mm/d，拱底沉降变化速率最大为 SGC215，累计值 35.4mm，变化速率 30.4mm/d。拱底沉降第 170～230 环变化速率较大，分析原因为短时间内集中注浆引起隧道上浮及收敛。

5.2　第二阶段注浆

因区间隧道监测数据变化较大，经预警分析决定放慢注浆速度，减少注浆设备至 4 台，降低水泥掺量至 30％，加大跳孔施工的距离，相邻孔注浆间隔时间不小于 48h，先外排双液浆，再内侧单液浆；现场共投入 4 套注浆设备，左右各 2 套注浆设备，24h 作业，主要注浆范围为第 170～280 环。注浆期间监测数据如图 9 所示，隧道沉降及收敛监测数据变化平稳，隧底轻微上浮，收敛变化不明显，整体注浆过程安全可控。

5.3　注浆效果评价

经地表微扰动注浆加固施工后，隧道周边土体得到加固，变形得到一定的好转，最大沉降点第 200 环抬起 41.9mm（由初始沉降 63.8mm 变为沉降 21.9mm），收敛变小 14.9mm（由初始收敛 41.9mm 变为收敛 27mm），变形均得到明显改善。后期取芯观感、水平渗透检测系数以及静力触探检测结果均满足设计要求，处理效果明显。注浆实施段取芯情况以及静力触探检测如图 10 所示。

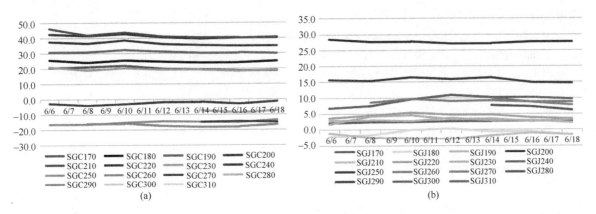

(a)   (b)

图 9   第二阶段注浆隧道监测曲线

(a) 隧底沉降曲线；(b) 隧道收敛曲线

(a)   (b)

图 10   注浆实施段取芯情况以及静力触探检测

(a) 注浆实施段取芯；(b) 静力触探检测

6 结论

通过在某地铁区间隧道实施微扰动注浆加固，对其试验及应用情况进行分析，可得出以下结论：

（1）微扰动注浆施工过程中应严格控制注浆压力，同一纵排内至少按照做 1 跳 4 环施工，相邻孔注浆间隔不少于 2d。注浆机宜控制在 4 台以内，对称同步注浆，避免注浆对隧道产生影响。

（2）微扰动注浆加固期间要加密隧道内监测及渗漏点排查，及时根据监测数据进行注浆参数调整。

（3）本工程地表微扰动注浆在外部堆土引起富水砂层、淤泥夹砂复合地层隧道变形加固中处理效果明显，得到成功应用，对类似地下工程的不均匀沉降、变形加固及纠偏等具有一定的借鉴作用。

参考文献

[1] 王如路. 上海软土地铁隧道变形影响因素及变形特征分析[J]. 地下工程与隧道，2009(1)：1-6＋52.

[2] 王如路，刘建航. 上海地铁监护实践[J]. 地下工程与隧道，2004(1)：27-32，35，57.

[3] 高永. 微扰动双液注浆纠偏技术在南京地铁盾构隧道病害治理中的应用[J]. 城市轨道交通研究，2015，18(6)：109-112，129.

[4] 蔡乾广，贺磊. 双液微扰动注浆在治理盾构错缝管片收敛中的应用[J]. 城市勘测，2019(1)：193-195.

[5] 张峰. 浅议运营隧道微扰动注浆的管理与控制[J]. 信息化建设，2016(5)：127-128.

[6] 汪小兵，王如路，刘建航. 上海软土地层中运营地铁隧道不均匀沉降的治理方法[J]. 上海交通大学学报，2012，46(1)：26-31.

作者简介：杜长铃(1977—)，男，大学本科，高级工程师，主要从事轨道交通工程管理工作。

朱尚明(1992—)，男，硕士研究生，工程师，目前主要从事轨道交通工程技术与管理工作。

横跨地铁车站较大直径管线悬吊保护体系的研究

韩雪银[1]，马 炎[2]

(1. 中国水利水电第十四工程局有限公司 昆明 650041；
2. 中电建铁路建设投资集团有限公司 北京 100070)

摘 要： 城市轨道地铁车站建设过程中，普遍采用的方法为明挖顺做法，而地铁车站深基坑开挖过程中存在各种风险，其中管线便是风险源之一，尤其是遇到直径较大又关乎民用民生的管线，更是开挖过程中的重中之重，采取合适的方法来保证重要管线安全，是基坑继续开挖的重要前提之一。本文就横跨车站 3 根 DN1500 热力管线悬吊保护进行研究，通过悬吊体系比选，实施后悬吊体系变形情况监测等方法，确定大直径管线悬吊保护的可行性，确定悬吊体系的安全性和经济性。

关键词： 地铁车站；深基坑开挖；管线安全；悬吊保护

1 前言

城市地铁车站往往选择路边绿化带、十字交叉口等位置进行建设，而这些位置又是地下管线聚集之地，往往会遇到电力、雨污水、通信、给水、热力、燃气等市政管线，若施工过程中保护不当，可能造成管线破裂，进而导致通信不畅、地面塌陷、人员伤亡等后果，不仅造成巨大的经济损失，还会形成极大的负面影响。管线与地铁车站施工冲突时，风险最低的处理方式是将管线迁改出基坑范围，但遇到大直径自来水管、热力管、雨水箱涵、高压电力等管线时，迁改周期长、投入大，影响车站正常施工，拖慢施工进度，因此，只能对管线进行特殊保护。在这样的情况下，保护方式显得极为重要。现如今，管线普遍采用军用贝雷梁进行悬吊保护，经多年研究，贝雷梁悬吊技术已非常成熟，但贝雷梁悬吊保护过程中，对管线本身的变形控制有待提升，也存在连接上的安全隐患。本文就郑州轨道 8 号线一期工程土建施工 01 标 03 工区轻工业大学站 3 根 DN1500 热力管线悬吊保护进行研究，采用混凝土悬吊梁进行悬吊，更好地控制管线变形，也避免了悬吊梁构造连接的安全隐患，为类似问题积累经验。

2 工程背景

2.1 工程概况

郑州轨道 8 号线一期工程土建施工 01 标 03 工区轻工业大学站位于红松路与科学大道交叉口，呈东西走向沿科学大道北侧绿化带敷设，与车站冲突的管线主要有 10kV 电力管线、DN600 给水管、DN1500 热力＋DN1500 蒸汽管、DN200 燃气管。热力管线及蒸汽管线横跨车站基坑，跨度 19.9m，横跨车站部分埋深 2.1m。

原设计方案为向西迁改出车站范围，迁改长度 273m，迁改周期长，且迁改路由上管线较多，迁改速度缓慢，因此对热力管线的保护进行优化，直接悬吊保护。

2.2 工程地质、水文概况

(1)工程地质情况

轻工业大学站所处地层依次为杂填土(1.73～3.32m)、黏质粉土(14.9～15.92m)、粉质黏土，具体分布如图1所示。

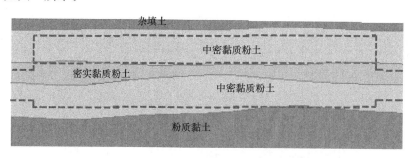

图1　轻工业大学站地质剖面示意图

（2）水文地质情况

地下水稳定水位埋深为18.5～20.5m（标高约90.5m）。据调查，本场地地下水年变幅1.0～2.0m，近3～5年地下水变幅3.0～5.0m，历史最高水位埋深为10.0m（标高约100.0m），低于结构底板下2m。

2.3　地铁车站围护结构设计

轻工业大学站围护结构形式为围护桩＋钢支撑＋桩间网喷（图2），其中，围护桩为直径1200mm钻孔灌注桩，标准段钻孔灌注桩间距为1500mm，盾构吊装井位置围护桩间距为

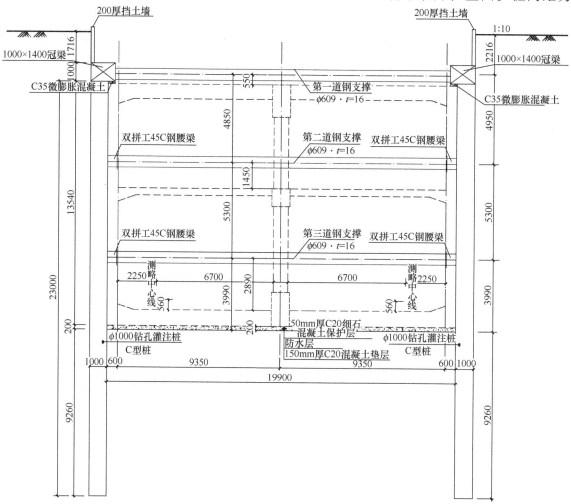

图2　轻工业大学站围护结构横剖图

1400mm，桩顶冠梁尺寸为 1400mm×1000mm，钢支撑为 A609 钢支撑，由上到下共设置 3 层，每层钢支撑间距为 2.8m；桩间网喷混凝土为 C25 早强混凝土，厚度 100mm，钢筋网片采用直径为 8mm 的圆钢，钢筋间距 200mm。

3 热力管线悬吊施工关键技术及工艺

3.1 概况说明

热力管线属于重要的民生管线，肩负着冬季供暖的任务，供暖时间段为每年 11 月中旬至来年 3 月初，因此若要对热力管线进行保护，须在供暖前实施。结合热力管线情况及车站站位，原热力管线除横跨车站基坑外，还纵跨附属结构 B 号出入口，因此，纵跨附属结构段进行迁改，永迁至出入口外侧，横跨车站主体基坑段则进行悬吊保护，两者均需在供暖前实施完成，而因为施工单位进场时间为 5 月中旬，时间紧迫，若热力管线无法在供暖前保护完成，将影响车站整体大开挖。因此，提出先进行热力管线永迁路由下车站围护桩施工，待完成桩顶冠梁后将热力管线迁改至冠梁上。

由于车站冠梁高度较高，而现场实际情况为热力管线永迁后的位置位于道路主道上，根据热力公司相关文件，处于机动车道下的热力管线，埋深不能低于 1.5m，导致迁改后热力管线与车站冠梁冲突，考虑车站安全，围护桩的间距不能增大，因此，需对管线位置围护桩和冠梁进行调整，降低围护桩桩顶标高，使冠梁呈凹口状态，供热力管线通过。

3.2 热力管线保护设计

根据受力验算，采用混凝土梁进行悬吊保护，保护体系由悬吊纵梁和悬吊横梁组成，纵梁横跨车站，保护体系具体设计如下（图 3～图 5）：

（1）沿管道方向布置纵梁＋垂直管道底部设置横梁的方式进行悬吊保护，纵梁尺寸 30.8m×1.5m×0.8m（长×高×宽），共 2 道，横梁 3.7m×0.8m×0.3m（长×宽×高）。为防止热力管线在供热过程中晃动，在纵梁及横梁上预埋型钢，形成门字形抱箍，固定热力管线。

（2）为保证热力管道顶部覆土，对管道下方冠梁做下沉处理，调整桩顶标高，冠梁在原标高基础上下降 1.15m，冠梁高度 0.6m，宽度 0.8m，冠梁底标高低于顶板面 0.3m。

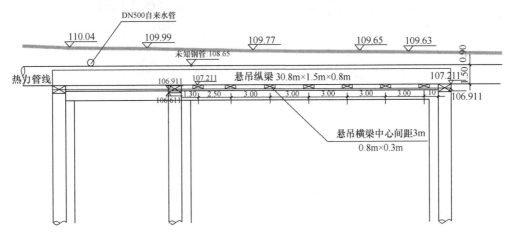

图 3　热力管线悬吊保护纵剖图

3.3 技术要点及安全保证措施

（1）混凝土悬吊保护体系施工时，混凝土纵梁需与冠梁做有效连接，两个构件的钢筋需进行锚固处理，纵梁钢筋完全锚入冠梁中以保证安全。

（2）混凝土横梁与纵梁之间必须有效连接，横梁钢筋锚入纵梁长度必须满足设计要求。

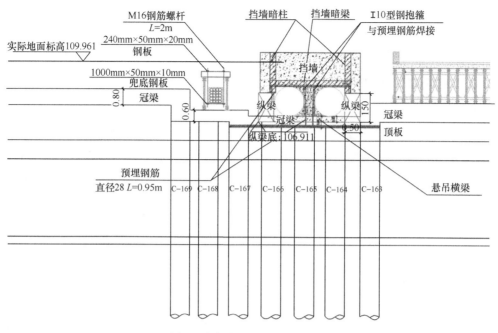

图 4　热力管线悬吊保护横剖图

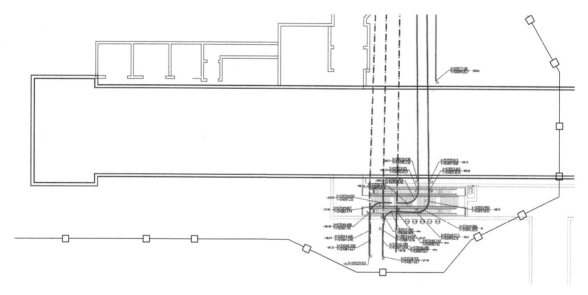

图 5　热力管线迁改后平面图

（3）为避免悬吊保护完成后热力管线因水压作用而晃动导致变形，在热力管线中间混凝土横向上预埋型钢，形成抱箍，将热力管固定。

（4）热力管线为有压管线，所以对坡度无严格要求，但遇到其他无压管线如雨水、污水等，需考虑坡度影响，横梁与横梁之间需设置高差。

（5）施工时，按照监测要求进行管线监测点布置，并采集初始值，基坑开挖过程中加强现场监测，并将数据与初始值进行对比，得出变形数据，将变形数据与允许变形值进行比较，当变形数值出现异常时，及时上报处理。

（6）悬吊体系位置进行土方开挖时，接近悬吊保护位置禁止采用大型机械设备开挖。

（7）悬吊体系附近开挖时，必须由专人专责盯控指挥。

4 结语

通过悬吊保护系统上配置自动测斜仪器、CCD坐标仪和低功耗无线数据采集站，实时监测悬吊体系位移、变形等情况，通过初始值和最终变化值得出，悬吊横梁及纵梁变形量较小，可忽略不计，悬吊体系上管道无变形。由此可见，该悬吊保护体系具备持久使用功能且安全可靠。

地铁车站施工过程中，对管线进行原位悬吊保护，可有效改善以往地下管线随意迁改导致管线错乱的问题，同时，在施工进度紧张的情况下，原位悬吊保护能减小管线迁改对施工工期造成的影响。混凝土梁悬吊保护体系在郑州轨道8号线一期土建施工01标03工区轻工业大学站得到成功应用，使横跨基坑的热力管线得到有效保护，控制了管线本身的变形，避免了悬吊体系连接上的安全隐患，既保证了基坑安全，又节约了热力管线迁改的工期，为车站开挖节约了时间，解决了施工难题，避免了管线迁改中的不确定性，可为类似的管线悬吊保护提供参考，具有一定的指导意义。

参考文献

[1] 金辉. 林源. 某地铁站深基坑开挖过程中的管线悬吊保护技术[J]. 陕西建筑，2020，12(186)：21-24.
[2] 姜伟. 胡长明. 梅源. 某地铁车站深基坑工程管线悬吊施工技术[J]. 建筑技术，2011，42(6)：534-536.

作者简介：韩雪银(1992—)，男，大学本科，助理工程师，目前主要从事城市轨道交通施工与管理工作。

马炎(1984—)，男，大学本科，工程师，目前主要从事城市轨道交通施工与管理工作。